KUNST FÜR KEINEN
ART FOR NO ONE
1933–1945

Gefördert durch / Supported by

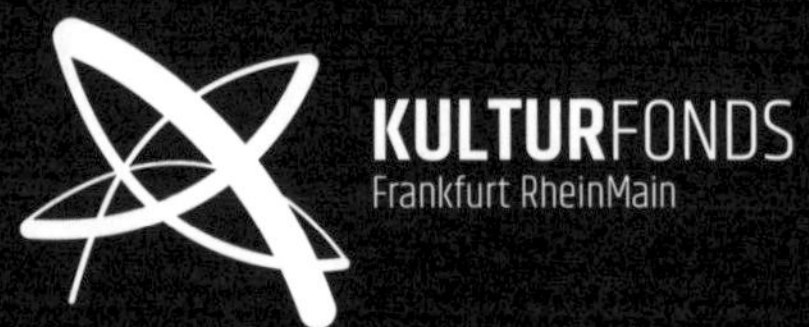

Mit zusätzlicher Unterstützung von / With the additional support of

Georg und Franziska Speyer'sche Hochschulstiftung

Mann Stiftung

KUNST FÜR KEINEN

ART FOR NO ONE 1933–1945

Herausgegeben von / Edited by
Ilka Voermann

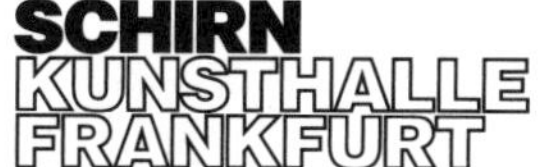

HIRMER

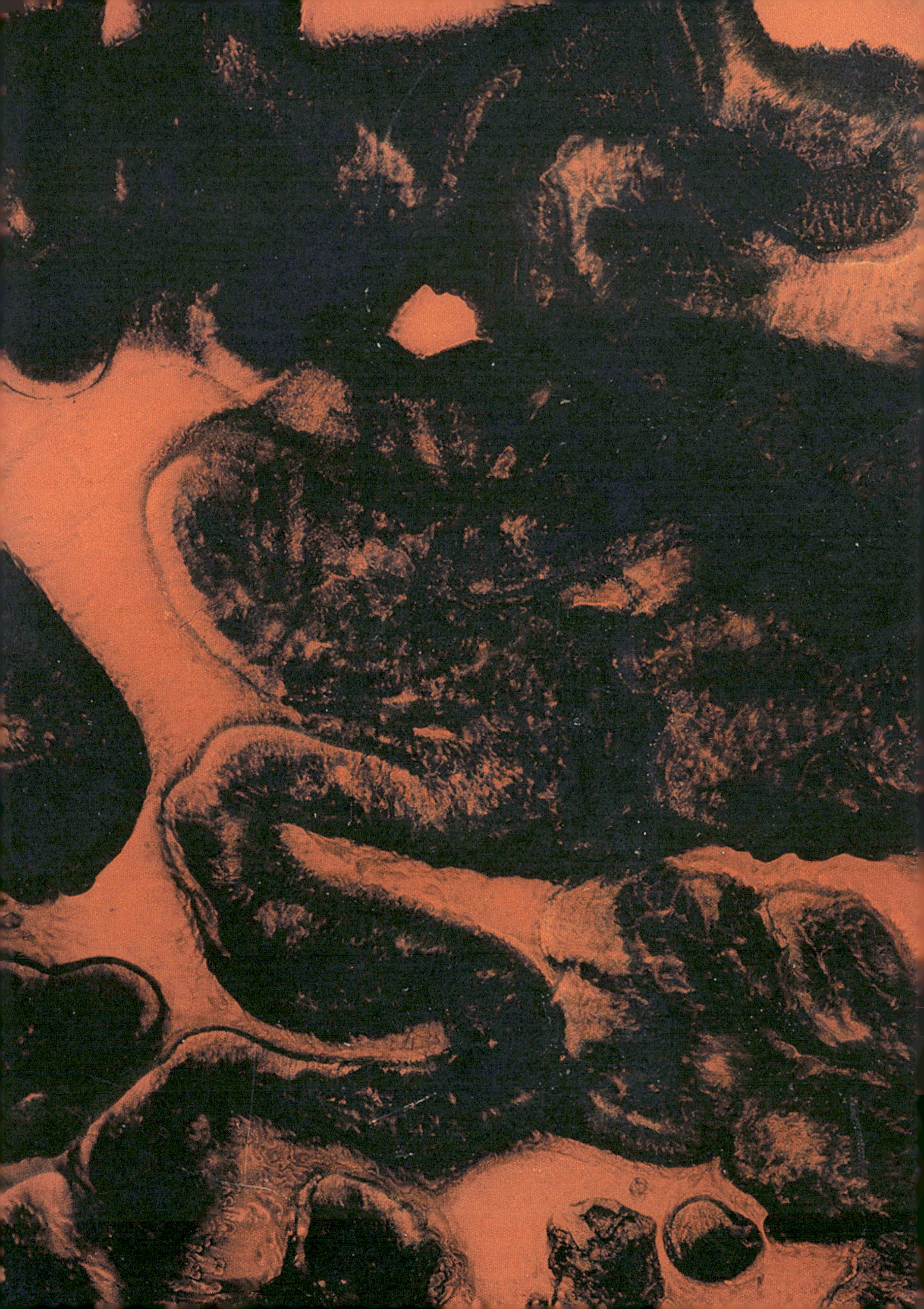

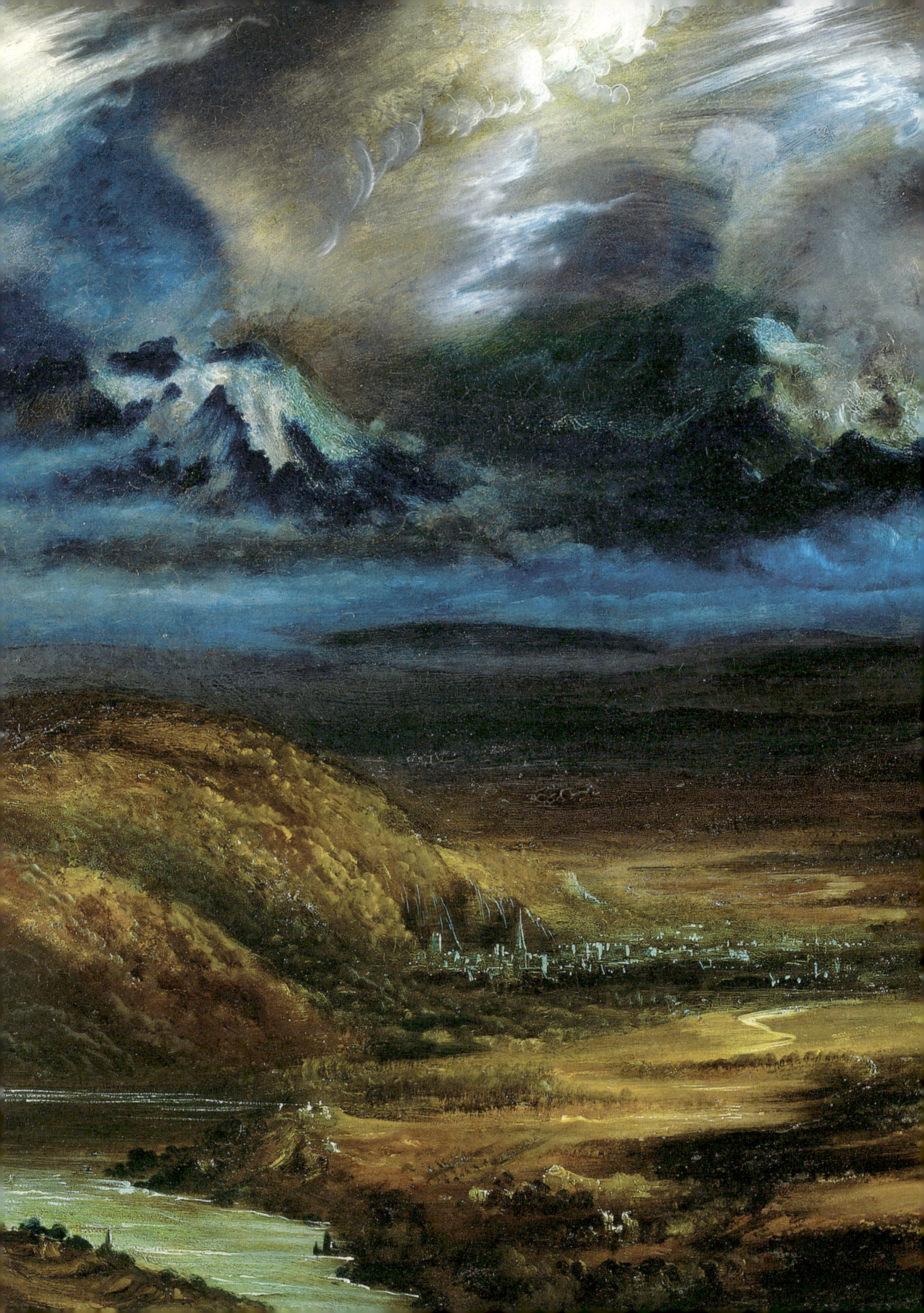

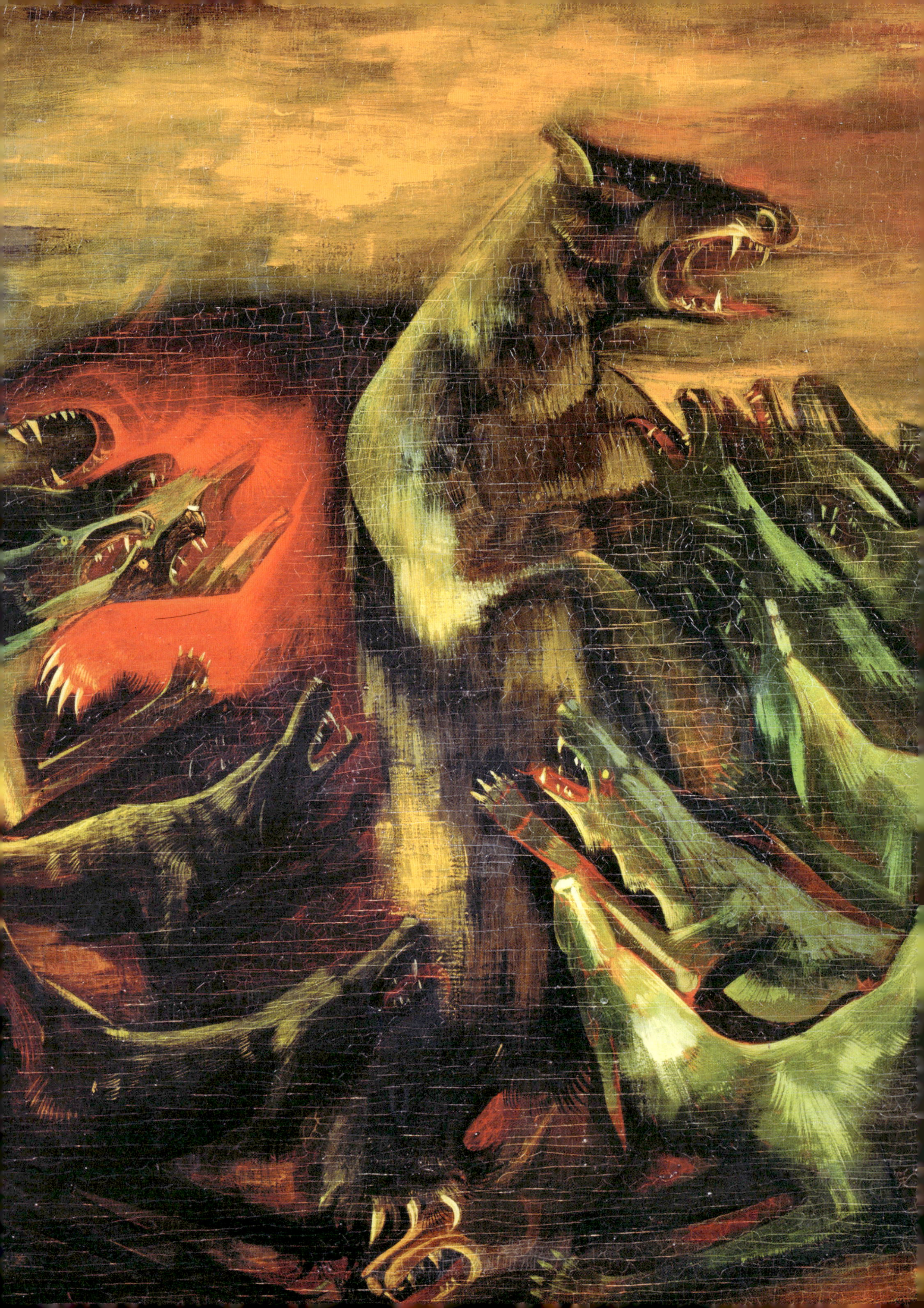

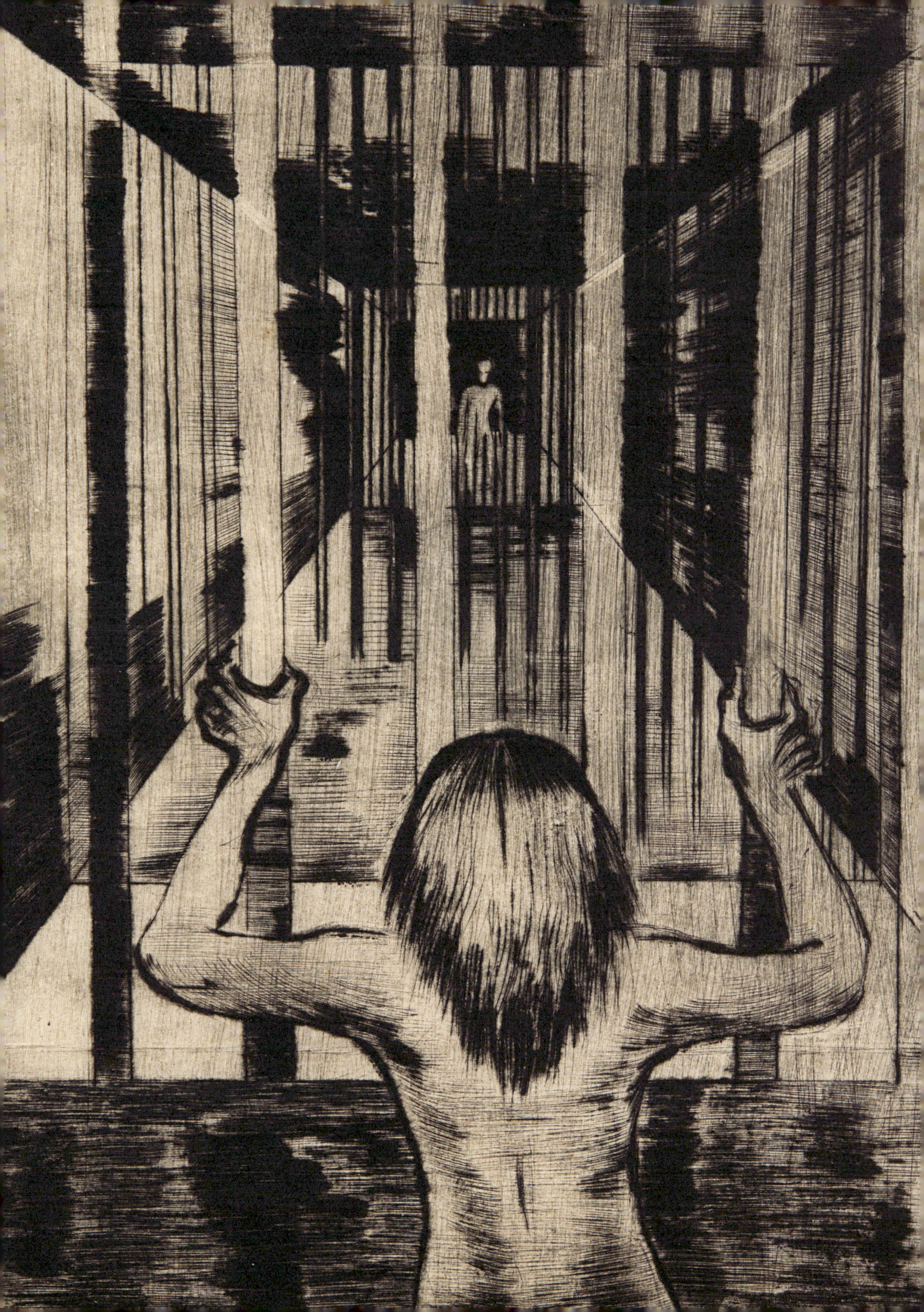

GRUSSWORT

In den vergangenen Jahren ist die Zeit des Nationalsozialismus auch im Bereich der Kunstwissenschaft immer wieder in den Blick genommen worden. Die Schwerpunkte lagen dabei auf der Gegenüberstellung von NS-Kunst und „entarteter Kunst", auf den deutschen Künstlerinnen und Künstlern im Exil und auf der Betrachtung einzelner Künstlerpersönlichkeiten. Weniger Beachtung fanden diejenigen Künstlerinnen und Künstler, die zwar nach 1933 in Deutschland blieben, sich aber abseits des nationalsozialistischen Kunstbetriebs bewegten. Ihre Lebens- und Arbeitssituation wird pauschal als „Verfemung" oder Rückzug in die „innere Emigration" beschrieben. Angesichts der häufig komplexen und widersprüchlichen Lebensläufe greifen diese Begrifflichkeiten jedoch zu kurz.

Die Ausstellung *KUNST FÜR KEINEN. 1933–1945* untersucht anhand von vierzehn Biografien die künstlerische Praxis und die Handlungsspielräume von Künstlerinnen und Künstlern während des Nationalsozialismus. Dabei zeigen die in der Ausstellung und diesem Katalog versammelten Arbeiten, dass das künstlerische Schaffen in dieser Zeit nicht nur von Apathie, Stillstand und Aussichtlosigkeit geprägt war. Rückbezug auf das eigene Werk, Kreativität trotz Materialknappheit, Beschäftigung mit existenziellen Themen, aber auch inhaltliche Anpassung waren individuelle Reaktionen auf die NS-Kunstpolitik.

Der Kulturfonds Frankfurt RheinMain unterstützt mit der Förderung der Ausstellung das Ziel der Schirn Kunsthalle Frankfurt, die Vielschichtigkeit und Komplexität dieser Epoche zu beleuchten.

Karin Wolff
Geschäftsführerin
Kulturfonds Frankfurt RheinMain

WORDS OF GREETING

In recent years, the period of National Socialism has been examined again and again in the field of art history, with emphases put on the juxtaposition of National Socialist art and "degenerate art," on German artists in exile, and on a consideration of artistic personalities. Less attention has been given to those artists who remained in Germany after 1933 but were active outside of the National Socialist art establishment. Their living and working situation has been described in a generalized way as "ostracism" or as a withdrawal into "inner emigration." However, in light of the frequently complex and divergent curricula vitae of such artists, such terms fall short.
The exhibition *ART FOR NO ONE. 1933–1945* examines the artistic practices and scope of action of artists under National Socialism based on fourteen biographies. The works brought together in the exhibition and this catalogue thus show that artistic work at this time was not characterized by apathy, standstill, or hopelessness. Falling back on their own oeuvre, being creative despite a scarcity of materials, an occupation with existential themes, but also an adaptation of content were just some of the individual reactions to National Socialist art policy. With its funding for the exhibition, the Kulturfonds Frankfurt RheinMain supports the aim of the Schirn Kunsthalle Frankfurt to shed light on the multilayered and complex character of this epoch.

Karin Wolff
Managing Director
Kulturfonds Frankfurt RheinMain

VORWORT

KUNST FÜR KEINEN – der Titel unserer Ausstellung mag auf den ersten Blick verwundern, vielleicht sogar verunsichern. Wer macht Kunst für keinen und warum? Die ergänzenden Jahreszahlen 1933 bis 1945 verorten die Ausstellung zeitlich im Nationalsozialismus und machen deutlich, um wen und was es hier gehen soll: diejenigen Künstlerinnen und Künstler, die während der NS-Zeit in Deutschland blieben und, wie es oft pauschal heißt, als „entartet" galten und in die sogenannte „innere Emigration" gingen.

In der Vergangenheit stand immer wieder die Kunst der Exilkünstler im Fokus von wissenschaftlichen Untersuchungen und Ausstellungen. Mit denjenigen Künstlern, die in Deutschland blieben, tun wir uns aber nach wie vor schwer. Während ihr Bleiben und Weiterarbeiten in der Nachkriegszeit als künstlerischer Widerstand interpretiert wurde, blicken wir heute mit Skepsis auf ihre Lebensläufe, die häufig voller Widersprüche sind. Denn fast niemand, der zwischen 1933 und 1945 in Deutschland blieb, konnte sich dem NS-Regime komplett entziehen.

In der Rückschau erscheint es leicht, moralische Urteile über die Künstler im Nationalsozialismus zu fällen. Und ebenso einfach ist es, die tradierten Opfernarrative der Nachkriegszeit unkritisch zu wiederholen. *KUNST FÜR KEINEN. 1933–1945* setzt auf eine vielschichtige historische Aufarbeitung und nähert sich den komplexen Themen der „Verfemung" und „inneren Emigration" anhand von vierzehn künstlerischen Positionen. Die Auswahl der Künstlerinnen und Künstler ist keinesfalls als umfassend oder abschließend zu verstehen, sondern als eine Gruppe individueller Fallbeispiele. Es war uns dabei ein zentrales Anliegen, eine möglichst große Bandbreite an künstlerischen Medien wie Gemälde, Zeichnungen, Druckgrafik, Skulptur und Fotografie zu präsentieren, die stellvertretend für die große Vielfalt an künstlerischen Ausdrucksformen stehen, die neben der offiziellen NS-Kunst existierten, aber öffentlich nicht sichtbar wurden. Ebenso wichtig war es, eine große Varianz an Biografien zu präsentieren, denn der Grad der „Verfemung" hing nicht unwesentlich von Faktoren wie Bekanntheit, Religion, sexueller Orientierung und politischer Zugehörigkeit ab.

KUNST FÜR KEINEN. 1933–1945 blickt auf einen komplexen Abschnitt in der deutschen (Kunst-)Geschichte und wir hoffen, mit der Ausstellung einen wichtigen Beitrag zum Verständnis der Widersprüchlichkeiten jener Jahre leisten zu können.

FOREWORD

ART FOR NO ONE—the title of our exhibition might first come as a surprise, and perhaps even confound people. Who makes art for no one, and why? The range of years added to the title, 1933 to 1945, temporally situates the exhibition in National Socialism and makes it clear who and what this exhibition is about: artists who remained in Germany during the National Socialist period, who were regarded as "degenerate," as is so often emphasized, and withdrew into so-called "inner emigration."

In the past, scholarly examinations and exhibitions have again and again focused on the art of artists in exile. But we still have difficulties with those artists who remained in Germany. While their decision to remain and continue working there has been interpreted in the postwar period as artistic resistance, today we look skeptically at their curricula vitae, which are often full of contradictions. Indeed, nearly no one who remained in Germany between 1933 and 1945 was able to totally evade the National Socialist regime.

In retrospect, it seems easy to pass moral judgment on artists in National Socialism. And it is just as easy to repeat the handed-down victim narratives of the postwar period in an uncritical way. *ART FOR NO ONE. 1933–1945* aims at a multilayered historical reappraisal and approaches the complex topics of "ostracism" and "inner emigration" based on fourteen artistic positions. The choice of the artists should in no way be understood as being comprehensive or conclusive; rather, it is a selection of individual case examples. In creating the exhibition, one of our central concerns was to present the broadest possible spectrum of artistic mediums, including painting, drawings, prints, sculpture, and photography, which stand representatively for the great diversity of artistic forms of expression that existed parallel to official National Socialist art but did not become visible to the public. It was just as important to present a wide range of biographies, since the degree of "ostracism" depended significantly on factors such as prominence, religion, sexual orientation, and political affiliation.

ART FOR NO ONE. 1933–1945 takes a look at a complex period in German (art) history. With this exhibition, we hope to make an important contribution to understanding the contradictions of those years.

Ein so ambitioniertes Ausstellungsprojekt kann nur mit großzügiger Unterstützung zahlreicher Institutionen und privater Sammlungen gelingen. Für ihre substanziellen Leihgaben danke ich Helga Gausling und dem Fritz-Winter-Haus, Ahlen, der Akademie der Künste, Berlin, der Berliner Sparkasse, der Berlinischen Galerie – Landesmuseum für Moderne Kunst, Fotografie und Architektur, dem Kupferstichkabinett Berlin, der Galerie Berinson, Berlin, dem Max-Delbrück-Centrum für Molekulare Medizin in der Helmholtz-Gemeinschaft, dem Museum Reinickendorf, der Neuen Nationalgalerie Berlin, der Jeanne-Mammen-Stiftung im Stadtmuseum Berlin, der Stiftung Situation Kunst, Bochum, den Kunstsammlungen Chemnitz – Museum Gunzenhauser, der Galerie Neue Meister der Staatlichen Kunstsammlungen Dresden, der Günther-Peil-Stiftung im Leopold-Hoesch-Museum und Papiermuseum Düren, der Sammlung Claus Hüppe in der Kunsthalle Emden, dem Museum Folkwang Essen, dem Museum Ettlingen, dem Jüdischen Museum Frankfurt, dem Städel Museum, Frankfurt am Main, dem Zeppelin Museum Friedrichshafen, der Stiftung Historische Museen Hamburg – Altonaer Museum, der Hamburger Kunsthalle, dem Stadtmuseum Hofheim im Taunus, dem Verein der Freunde Kalkars, der Neuen Galerie der Museumslandschaft Hessen Kassel, dem Franz Marc Museum, Kochel am See, Stiftung Etta und Otto Stangl, der Ernst Wilhelm Nay Stiftung, Köln, dem Museum Lände, Kressbronn am Bodensee, Kunsthalle St. Annen – die Lübecker Museen, Döbele Kunst Mannheim, der Staatlichen Graphischen Sammlung München, dem LWL-Museum für Kunst und Kultur, Westfälisches Landesmuseum, Münster, dem Germanischen Nationalmuseum, Nürnberg, dem Stadtmuseum Oldenburg, dem Saarlandmuseum – Moderne Galerie, Saarbrücken, dem Museum zu Allerheiligen, Schaffhausen, dem Archiv Baumeister im Kunstmuseum Stuttgart, dem Kunstmuseum Stuttgart sowie dem DFF-Filmverleih. Mein ganz besonderer Dank gilt den privaten Leihgeberinnen und Leihgebern – namentlich Helga Brüggemann und Dr. Christoph Danelzik-Brüggemann, Dr. Jochen Gutbrod und Felicitas Baumeister, der Sammlung Röse und der Sammlung Rugo.

Nicht weniger bedeutend für die Realisierung dieser Ausstellung ist die fortwährende Unterstützung unserer Förderer und Partner. Erneut steht uns der Kulturfonds Frankfurt Rhein-Main bei einem für die Schirn Kunsthalle Frankfurt typischen und bedeutenden Projekt zur Seite. Die gesellschaftspolitische und kunsthistorisch kritische Ausstellung versteht sich als Beitrag zur durch den Kulturfonds angeregten Diskussion um „Erzählung. Macht. Identität". Mein ausdrücklicher Dank gilt der Geschäftsführerin Karin Wolff mit ihrem gesamten Team sowie dem Kulturausschuss und dem Kuratorium; stellvertretend sei hier Staatssekretärin Ayse Asar sowie Prof. Dr. h. c. Klaus-Dieter Lehmann sehr herzlich gedankt. Darüber hinaus unterstützt uns erneut großzügig die Georg und Franziska Speyer'sche Hochschulstiftung und trägt so einen erheblichen Teil zur Realisierung des Projektes bei. Hierfür möchte ich stellvertretend Prof. Dr. Salomon Korn meinen herzlichen Dank aussprechen. Ebenfalls unterstützt uns bei der Publikation erneut die Mann Stiftung. Ich möchte Eva Maria und Jürgen Mann für ihr kontinuierliches Engagement danken.

Ich danke außerdem der Stadt Frankfurt am Main für ihre Unterstützung unserer Arbeit in der Schirn Kunsthalle Frankfurt, stellvertretend für alle Entscheidungsträger dem Oberbürgermeister Peter Feldmann und der Kulturdezernentin Ina Hartwig.

Mein besonderer Dank gilt Ilka Voermann, Kuratorin der Schirn Kunsthalle Frankfurt, die das Projekt mit großem Engagement verfolgt und auf allen Ebenen vorangetrieben hat. Marie Oucherif hat ihr mit sehr viel Einsatz an der Realisierung von Ausstellung und Katalog zur Seite gestanden.

Such an ambitious exhibition project can only succeed with the generous support of numerous institutions and private collections. For their substantial loans, I thank Helga Gausling and the Fritz-Winter-Haus, Ahlen, the Akademie der Künste, Berlin, the Berliner Sparkasse, the Berlinische Galerie – Landesmuseum für Moderne Kunst, Fotografie und Architektur, the Kupferstichkabinett Berlin, Galerie Berinson, Berlin, the Max-Delbrück-Centrum für Molekulare Medizin in der Helmholtz-Gemeinschaft, the Museum Reinickendorf, the Neue Nationalgalerie Berlin, the Jeanne-Mammen-Stiftung im Stadtmuseum Berlin, the Stiftung Situation Kunst, Bochum, the Kunstsammlungen Chemnitz – Museum Gunzenhauser, the Galerie Neue Meister of the Staatliche Kunstsammlungen Dresden, the Günther-Peil-Stiftung at the Leopold-Hoesch-Museum and Papiermuseum Düren, the Sammlung Claus Hüppe at the Kunsthalle Emden, the Museum Folkwang Essen, the Museum Ettlingen, the Jüdisches Museum Frankfurt, the Städel Museum, Frankfurt am Main, the Zeppelin Museum Friedrichshafen, the Stiftung Historische Museen Hamburg – Altonaer Museum, the Hamburger Kunsthalle, the Stadtmuseum Hofheim im Taunus, the Verein der Freunde Kalkars, the Neue Galerie of the Museumslandschaft Hessen Kassel, the Franz Marc Museum, Kochel am See, the Stiftung Etta und Otto Stangl, the Ernst Wilhelm Nay Stiftung, Cologne, the Museum Lände, Kressbronn am Bodensee, the Kunsthalle St. Annen – die Lübecker Museen, Döbele Kunst Mannheim, the Staatliche Graphische Sammlung München, the LWL-Museum für Kunst und Kultur, Westfälisches Landesmuseum, Münster, the Germanisches Nationalmuseum, Nuremberg, the Stadtmuseum Oldenburg, the Saarlandmuseum – Moderne Galerie, Saarbrücken, Museum zu Allerheiligen, Schaffhausen, the Archiv Baumeister at the Kunstmuseum Stuttgart, the Kunstmuseum Stuttgart, and DFF-Filmverleih. My very special gratitude goes to the private lenders—namely, Helga Brüggemann and Dr. Christoph Danelzik-Brüggemann, Dr. Jochen Gutbrod and Felicitas Baumeister, the Sammlung Röse, and the Sammlung Rugo.

Of no less importance for the realization of this exhibition is the ongoing support of our sponsors and partners. The Kulturfonds Frankfurt RheinMain once again provided funding for a project typical of and significant for the Schirn Kunsthalle Frankfurt. The exhibition with its sociopolitical and art-historical critique is meant to contribute to the discussion of "Erzählung. Macht. Identität" (Narrative. Power. Identity) inspired by the Kulturfonds. I therefore thank its managing director Karin Wolff along with her entire team, as well as the culture committee and advisory board; very heartfelt gratitude is thus expressed here representatively to State Secretary Ayse Asar and Prof. Dr. h. c. Klaus-Dieter Lehmann. In addition, we have once again been generously supported by the Georg und Franziska Speyer'sche Hochschulstiftung, which has thus contributed substantially to the realization of the project. I would like to express my sincere thanks to Prof. Dr. Salomon Korn and his team. The Mann Stiftung also once again provided funding for the publication, and I would thus like to thank Eva Maria and Jürgen Mann for their ongoing commitment.

I am also grateful to the City of Frankfurt am Main for its support of our work at the Schirn Kunsthalle Frankfurt, and, representatively for all of the decision-makers, Lord Mayor Peter Feldmann and Ina Hartwig, head of the culture department.

My special gratitude goes to Ilka Voermann, curator at the Schirn Kunsthalle Frankfurt, who pursued the project with great dedication and propelled it forward on all levels. Marie Oucherif assisted her in the realization of the exhibition and catalogue with great commitment.

Sehr herzlich danke ich allen Autorinnen und Autoren für ihre kenntnis- und aufschlussreichen Beiträge zum Katalog: Eva Atlan, Peter Chametzky, Verena Hein, Karoline Hille, Ina Jessen, Cathrin Klingsöhr-Leroy, Kathleen Krenzlin, Marie Oucherif, Olaf Peters, Carmela Thiele und Martina Weinland. Für die aufmerksame Übersetzung der Texte danken wir Amy Klement und Ursula Fethke sowie Katrin Boskamp-Priever und Dawn Michelle d'Atri für ihr versiertes Lektorat. Dem Hirmer Verlag, insbesondere Kerstin Ludolph und Jutta Allekotte, gilt unser Dank für die hervorragende Zusammenarbeit am Katalog. Seine kreative Gestaltung ist Daniel Fritz und Maik Stapelberg von stapelberg&fritz zu verdanken. Für die kreative Ausstellungsgestaltung in Frankfurt am Main danken wir Benjamin Franzki, Philipp Möller und Jan Münz von Profi Aesthetics. Die gelungene Ausstellungsarchitektur hat Marc Ulm von buero.us entworfen.

Ohne das engagierte Team der Schirn Kunsthalle Frankfurt wäre auch diese eindrucksvolle Ausstellung mit der begleitenden Publikation nicht zustande gekommen. Dafür möchte ich allen Mitarbeiterinnen und Mitarbeitern meinen großen Dank aussprechen, besonders der stellvertretenden Direktorin und Ausstellungsleiterin Esther Schlicht. Karin Grüning, Elke Walter und Fanny Bengsch danke ich für die Koordination des Transports sowie des Auf- und Abbaus der ausgestellten Werke, Christian Teltz und Oliver Taschke für die technische Betreuung und Luise Leyer als Assistentin der Ausstellungsleitung. Darüber hinaus gilt mein Dank Andreas Gundermann und dem Hängeteam sowie den Restauratorinnen Vera Gunder, Stefanie Gundermann und Susanne Silbernagel. Luise Bachmann, Heike Stumpf, Theresa Weise und Angelika Schäfer sind das Marketing und die Gestaltung der Kampagne zu verdanken. Julia Bastian, Elisabeth Pallentin, Simone Krämer und Clara Nicolay möchte ich für die Pressearbeit danken. Außerdem danke ich Renate Voget für die Koordination und Betreuung der Publikationen sowie Anuschka Berthelius für die Redaktion des Schirn Magazins. Für das begleitende Vermittlungsprogramm gilt mein Dank Chantal Eschenfelder mit Simone Boscheinen, Anna Haag, Laura Heeg, Olga Schätz und Sarah Schweizer. Die Entwicklung und Koordination der Veranstaltungen ist Ute Seiffert und Vivien Shahzad zu verdanken. Julia Lange, Miriam Werner und Hannah Ruiz danke ich für die Koordination des Sponsorings sowie die Betreuung der Partner und Förderer. Ebenso gilt mein Dank Heike Berndt, Boris Deckelmann und Yiyao Xu in der Verwaltung der Schirn Kunsthalle Frankfurt sowie Andrea Canthal und Marejke Fries für die Assistenz in zahlreichen Belangen. Abschließend möchte ich dem Boten Stefan Schell, Rosaria La Tona und dem Team der Gebäudereinigung, Bettina Beyermann und Vanessa Bernhardt am Empfang sowie allen weiteren Mitarbeiterinnen und Mitarbeitern der Schirn Kunsthalle Frankfurt danken, die an der Realisierung dieses umfangreichen Projekts beteiligt waren.

Philipp Demandt
Direktor, Schirn Kunsthalle Frankfurt

I very sincerely thank all authors for their knowledgeable and informative contributions to the catalogue: Eva Atlan, Peter Chametzky, Verena Hein, Karoline Hille, Ina Jessen, Cathrin Klingsöhr-Leroy, Kathleen Krenzlin, Marie Oucherif, Olaf Peters, Carmela Thiele, and Martina Weinland. We thank Amy Klement and Ursula Fethke for their sensitive translation of the texts, as well as Katrin Boskamp-Priever and Dawn Michelle d'Atri for the adept copyediting. Our gratitude goes to the publisher Hirmer Verlag, and especially to Kerstin Ludolph and Jutta Allekotte, for the outstanding collaboration on the catalogue. Its excellent creative design is owed to Daniel Fritz and Maik Stapelberg of stapelberg&fritz. We also thank Benjamin Franzki, Philipp Möller, and Jan Münz of Profi Aesthetics in Frankfurt am Main for the outstanding exhibition design, and Marc Ulm of buero.us for the successful exhibition architecture.

The impressive exhibition and the accompanying publication would also not have been possible without the dedicated team of the Schirn Kunsthalle Frankfurt. I would therefore like to express my deep gratitude to all employees, and in particular to Esther Schlicht, the deputy director and head of exhibitions. My thanks go to Karin Grüning, Elke Walter, and Fanny Bengsch for coordinating the transport as well as the installation and deinstallation of the works exhibited, to Christian Teltz and Oliver Taschke for the technical supervision, and to Luise Leyer as assistant to the head of exhibitions. In addition, I am grateful to Andreas Gundermann and the installation team, as well as to the restorers Vera Gunder, Stefanie Gundermann, and Susanne Silbernagel. Luise Bachmann, Heike Stumpf, Theresa Weise, and Angelika Schäfer are thanked for the marketing and the design of the campaign. I thank Julia Bastian, Elisabeth Pallentin, Simone Krämer, and Clara Nicolay for the press relations work. Furthermore, my thanks go to Renate Voget for coordinating and supervising the publications and to Anuschka Berthelius for the editing of the Schirn Magazin. For the accompanying educational program, I express my gratitude to Chantal Eschenfelder along with Simone Boscheinen, Anna Haag, Laura Heeg, Olga Schätz, and Sarah Schweizer. The development and coordination of events is gratefully owed to Ute Seiffert and Vivien Shahzad. I am grateful to Julia Lange, Miriam Werner, and Hannah Ruiz for coordinating the sponsoring as well as for looking after the partners and sponsors. My gratitude goes to Heike Berndt, Boris Deckelmann, and Yiyao Xu in the administration of the Schirn Kunsthalle Frankfurt, and to Andrea Canthal and Marejke Fries for their assistance with numerous other tasks. Finally, I would like to thank the messenger Stefan Schell, Rosaria La Tona and the building cleaning team, Bettina Beyermann and Vanessa Bernhardt at the reception, and all of the other employees of the Schirn Kunsthalle Frankfurt who were involved in the realization of this extensive project.

Philipp Demandt
Director, Schirn Kunsthalle Frankfurt

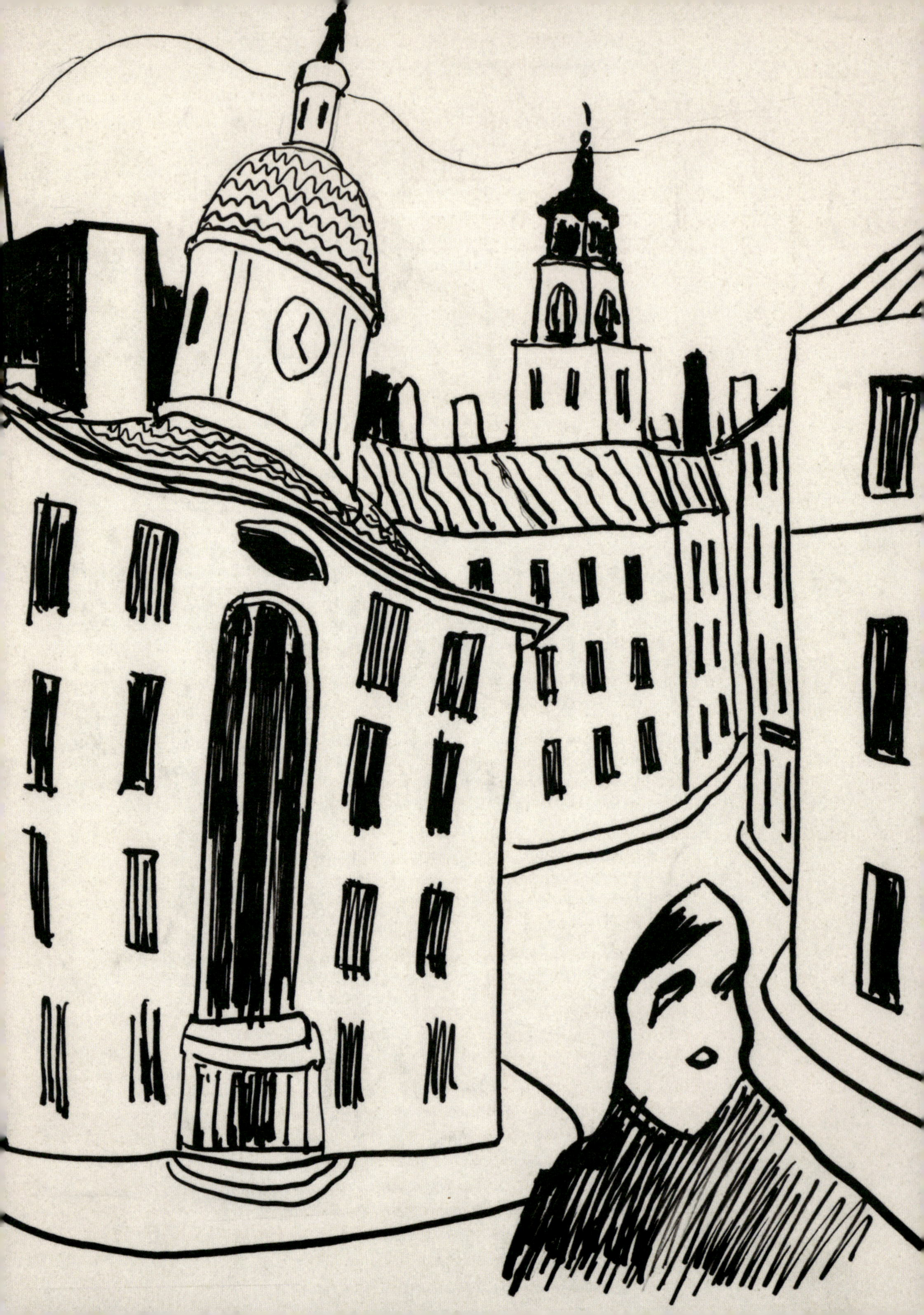

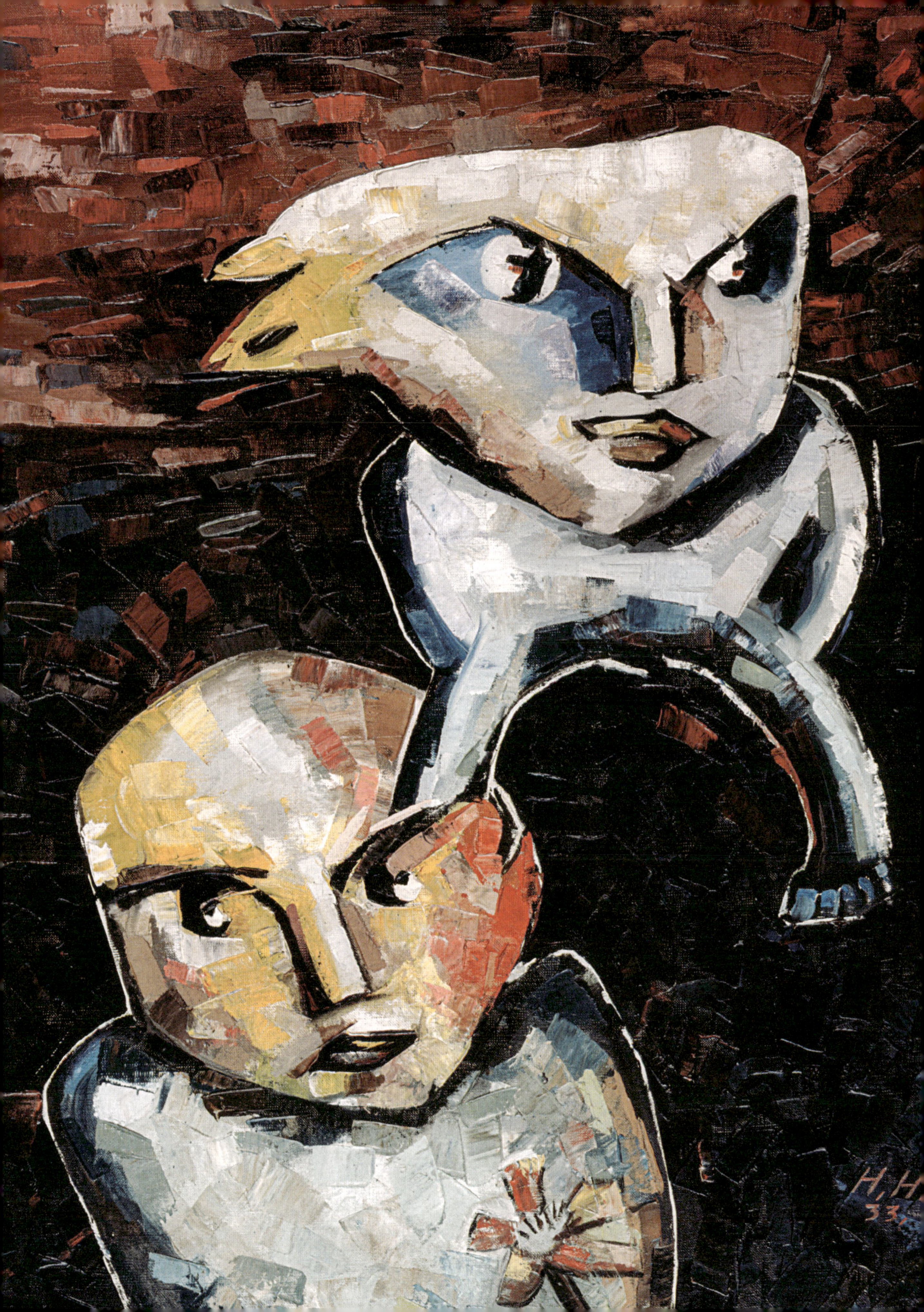
H, H
33.

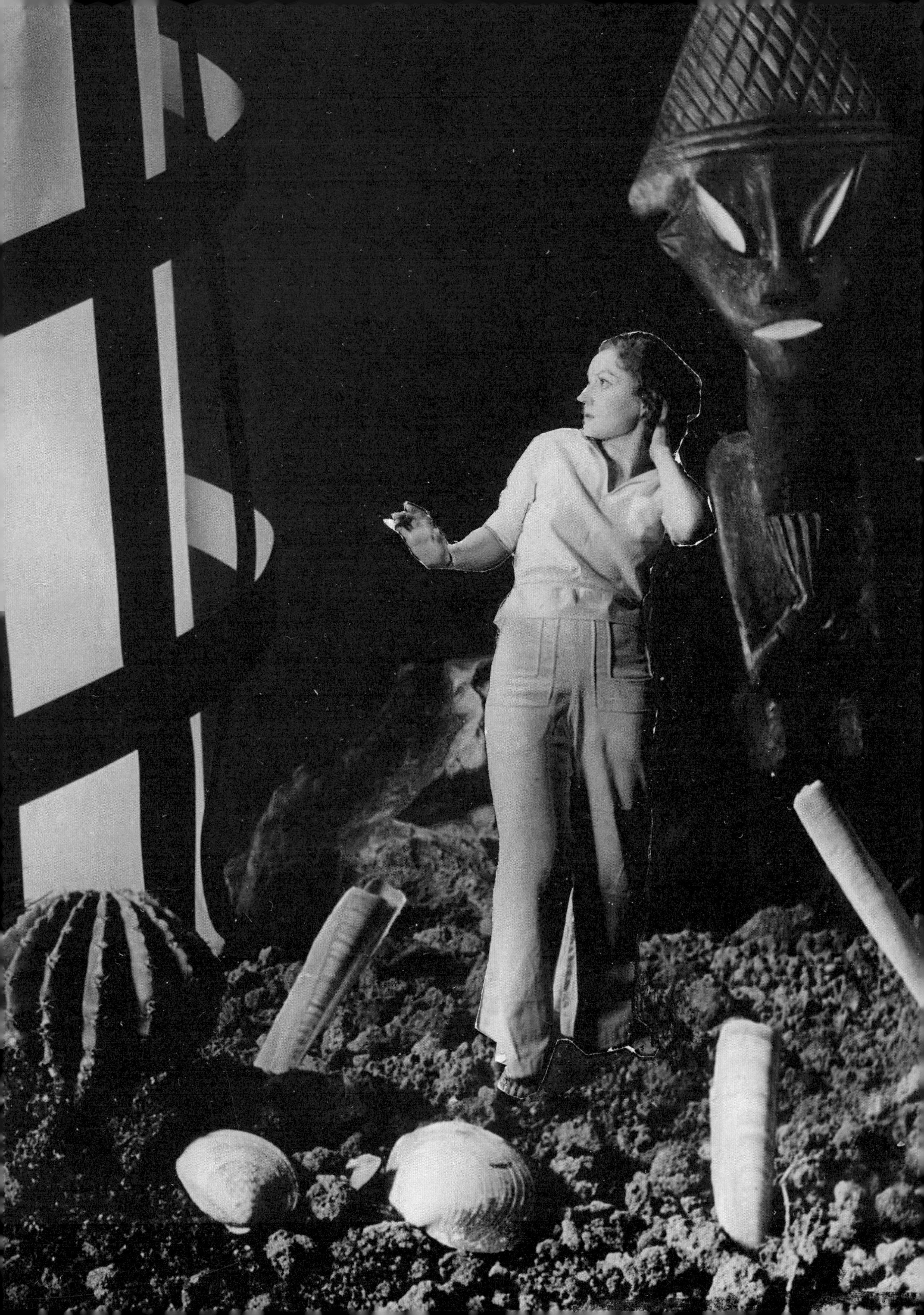

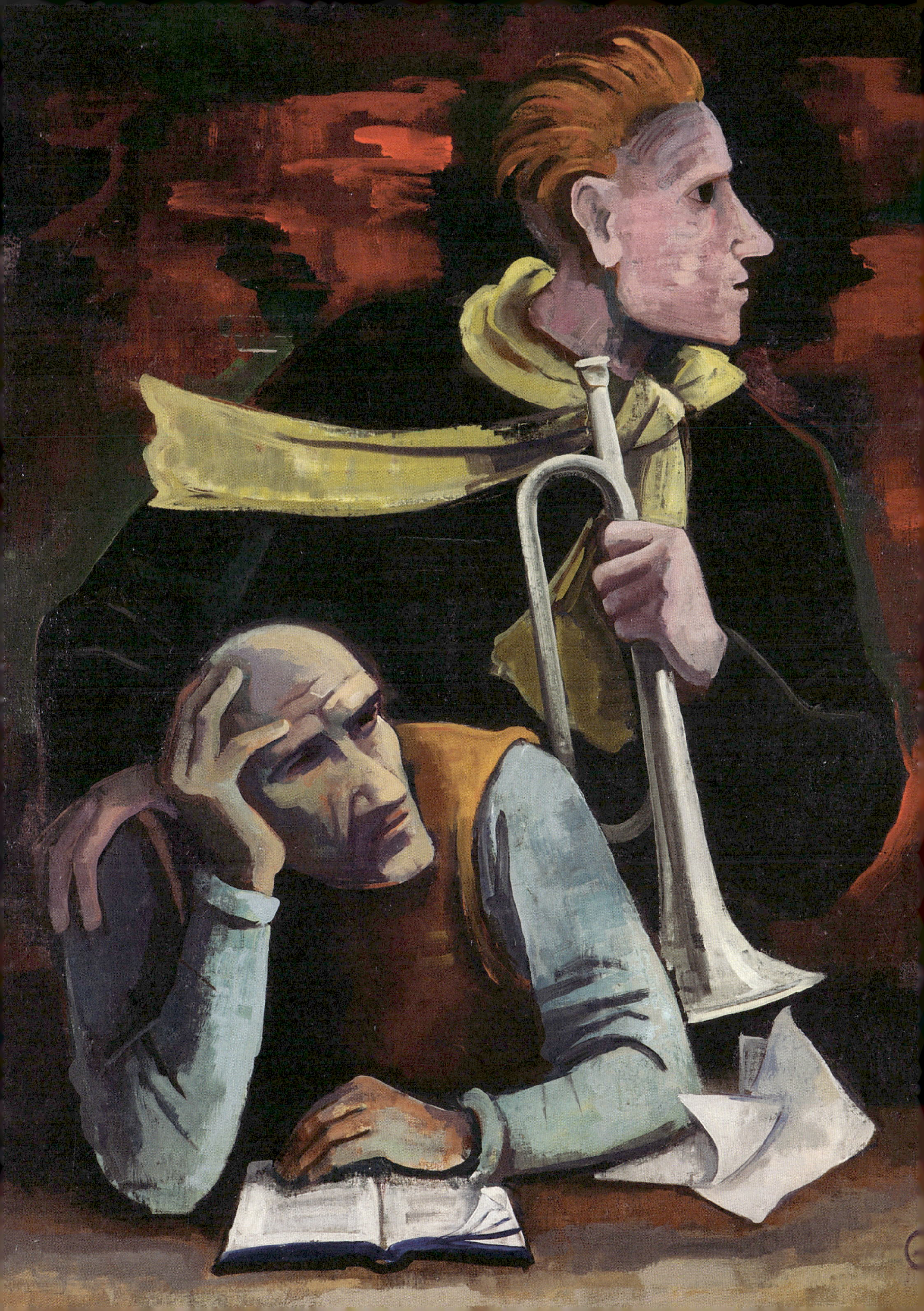

DANKSAGUNGEN

Für den inhaltlichen Austausch sowie für die Hilfe bei der Beschaffung wichtiger Leihgaben möchten wir folgenden Personen ganz besonders herzlich danken:

Eva Atlan, Jüdisches Museum Frankfurt
Felicitas Baumeister, Archiv Baumeister im Kunstmuseum Stuttgart
Hendrik A. Berinson, Galerie Berinson, Berlin
Silke von Berswordt-Wallrabe, Stiftung Situation Kunst, Bochum
Franziska Boegehold-Gude, Stadtmuseum Oldenburg
Maren Buschmann, Franz Radziwill Gesellschaft e. V., Varel-Dangast
Peter Chametzky, University of South Carolina
Magdalene Claesges, Ernst Wilhelm Nay Stiftung, Köln / Cologne
Birgit Dalbajewa, Staatliche Kunstsammlungen Dresden
Hedwig Döbele, Döbele Kunst Mannheim
Alexander Eiling, Städel Museum, Frankfurt am Main
Kathrin Elvers-Švamberk, Saarlandmuseum – Moderne Galerie, Saarbrücken
Nadine Engel, Museum Folkwang, Essen
Regina Freyberger, Städel Museum, Frankfurt am Main
Eva Froitzheim, Kunstmuseum Stuttgart
Helga Gausling, Fritz-Winter-Haus, Ahlen
Dorothee Gerkens, Museumslandschaft Hessen Kassel, Neue Galerie
Cornelia Gerner, Museum Reinickendorf
Hadwig Goez, Archiv Baumeister im Kunstmuseum Stuttgart
Tilo Grabach, Germanisches Nationalmuseum Nürnberg / Nuremberg
Ulrike Groos, Kunstmuseum Stuttgart
Stefanie Heckmann, Berlinische Galerie – Landesmuseum für Moderne Kunst, Fotografie und Architektur
Verena Hein, Forum Ostdeutsche Galerie, Regensburg
Michael Hering, Staatliche Graphische Sammlung, München / Munich
Karoline Hille
Ina Jessen, Universität Hamburg
Peter Keller, Museum Lände, Kressbronn am Bodensee
Cathrin Klingsöhr-Leroy, Franz Marc Museum, Kochel am See
Ulrike Kremeier, Brandenburgisches Landesmuseum für moderne Kunst, Cottbus
Kathleen Krenzlin
Susanne Küster, Berliner Sparkasse, Berlin
Angela Lammert, Akademie der Künste, Berlin
Kristina Lemke, Städel Museum, Frankfurt am Main

ACKNOWLEDGMENTS

For the content-related exchange and assistance in procuring important loans, we would like to express our heartfelt gratitude to the following individuals in particular:

Gabriele Lohberg
Antje-Britt Mählmann, Kunsthalle St. Annen – die Lübecker Museen, Lübeck
Daniela Maier, Museum Ettlingen
Lisa Felicitas Mattheis, Kunsthalle Emden
Sünke Michel
Harald Münzner, Stadt Kalkar
Ina Neddermeyer, Zeppelin Museum Friedrichshafen
Mark Niehoff, Zeppelin Museum Friedrichshafen
Olaf Peters, Martin-Luther-Universität Halle-Wittenberg
Tanja Pirsig-Marshall, LWL-Museum für Kunst und Kultur, Westfälisches Landesmuseum, Münster
Konstanze Radziwill, Franz Radziwill Gesellschaft e. V., Varel-Dangast
Inga Remmers, Stadtmuseum Hofheim am Taunus
Herbert Remmert, ehemals / formerly Galerie Remmert und Barth
Anja Richter, Kunstsammlungen Chemnitz – Museum Gunzenhauser
Lioba Rochell, Verein der Freunde Kalkars
Tina Roßbroich, Leopold-Hoesch-Museum & Papiermuseum Düren
Andreas Rüfenacht, Museum zu Allerheiligen, Schaffhausen
Anna Rühl, Fritz-Winter-Stiftung, München / Munich
Andreas Schalhorn, Kupferstichkabinett Berlin
Eva Scheid
Karin Schick, Hamburger Kunsthalle
Dieter Scholz, Neue Nationalgalerie, Berlin
Rosa von der Schulenburg, Akademie der Künste, Kunstsammlung, Berlin
Henrik Strehmel, Berliner Sparkasse, Berlin
Oliver Sukrow, Technische Universität Wien / Vienna
Florian Sundheimer, Florian Sundheimer Kunsthandel GmbH, München / Munich
Carmela Thiele
Nicole Tiedemann-Bischop, Stiftung Historische Museen Hamburg, Altonaer Museum
Barbara Töpper, Van Ham Art Publications, Köln / Cologne
Peter Volmer, Fritz-Winter-Haus, Ahlen
Martina Weinland, Stadtmuseum Berlin
Markus Wessolowski, DFF – Deutsches Filminstitut & Filmmuseum e. V., Frankfurt am Main

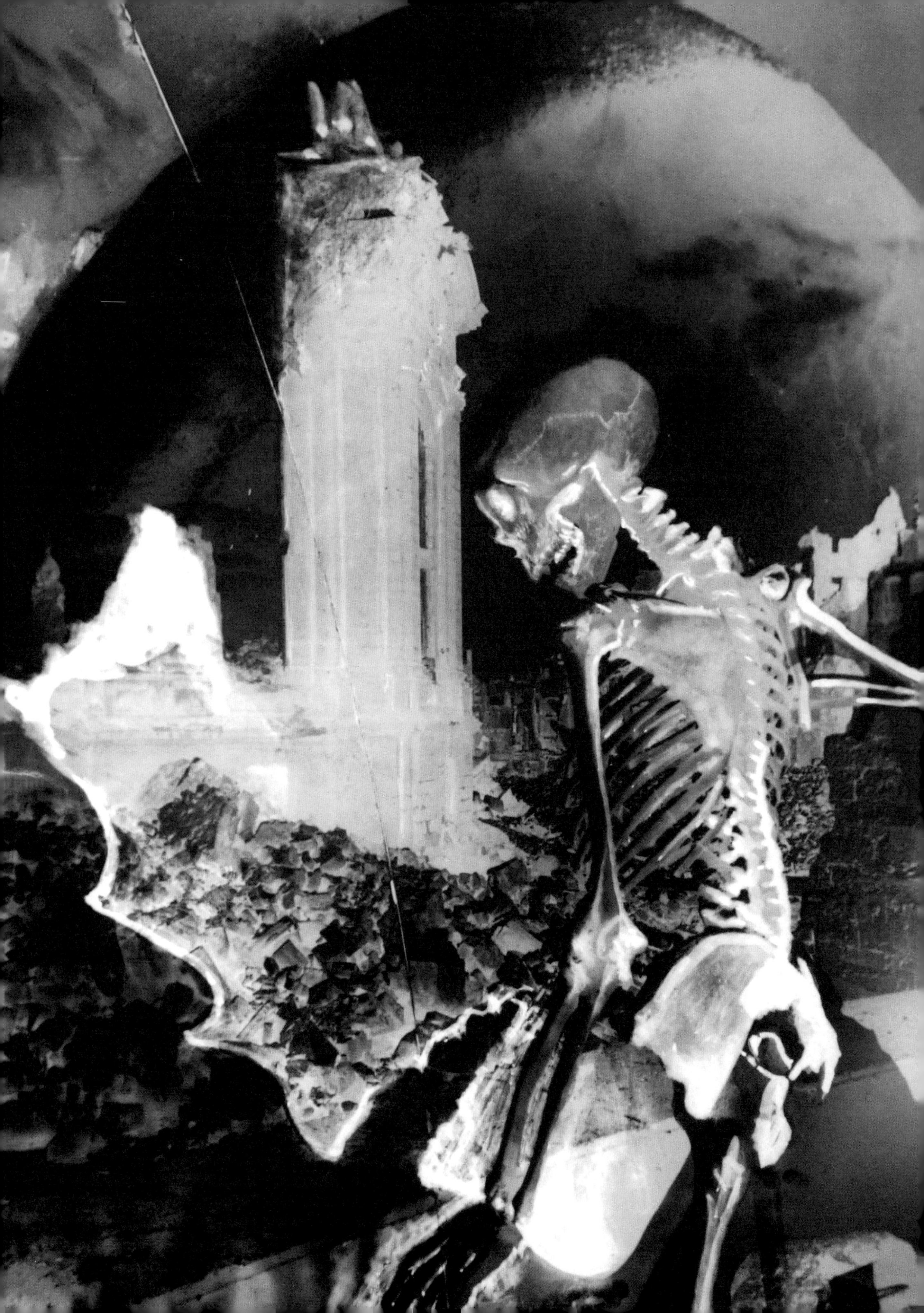

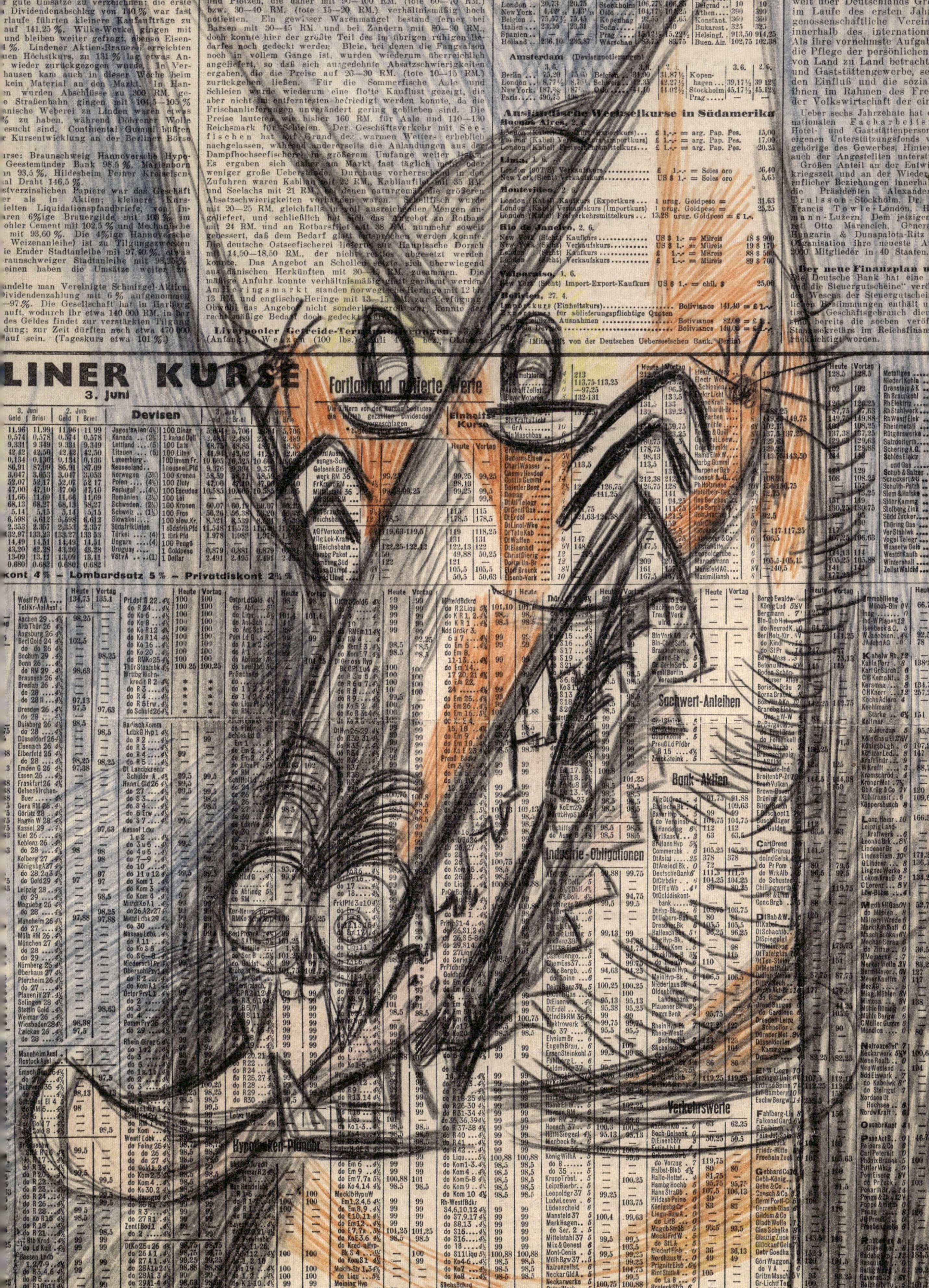
LINER KURSE
3. Juni
Devisen
Fortlaufend notierte Werte
Ausländische Wechselkurse in Südamerika
Schwert-Anleihen
Bank-Aktien
Industrie-Obligationen
Verkehrswerte
Hypotheken-Pfandbr.

KUNST FÜR KEINEN

Ilka Voermann

„Im Atelier ist es sehr schön still. Andererseits ist es nicht leicht, die Depression dieser Zeit auszuhalten. Dies nun seit sieben Jahren. Vermutlich kann ich nie mehr meine Bilder in Ausstellungen zeigen. Ich arbeite also ausschließlich für mich selbst allein."[1] Die Worte, die Willi Baumeister 1941 in sein Tagebuch schrieb, beschreiben die Verzweiflung und Hoffnungslosigkeit, die viele Künstlerinnen und Künstler während der Zeit des Nationalsozialismus empfunden haben. Dies gilt insbesondere für diejenigen, die nach 1933 in Deutschland blieben, deren Werk aber durch das NS-Regime abgelehnt wurde. Trotzdem arbeiteten viele von ihnen weiter – ohne Aussicht darauf, dass ihre Werke ausgestellt und gesehen würden. Auch heute noch ist diese „Kunst für keinen" nicht wirklich sichtbar. Bis auf wenige Ausnahmen schenkten bisher nur wenige Museen den Künstlerinnen und Künstlern, die nach 1933 nicht ins Exil gingen, Beachtung.[2] Die Gründe dafür sind verständlich, denn anders als diejenigen, die emigrierten, machen die in Deutschland Verbliebenen es uns nicht leicht, sie moralisch zu verorten. Aus den erhaltenen Werken und wenigen zeitgenössischen Aussagen ist oft nur wenig über ihre innere Haltung zum nationalsozialistischen Regime zu erfahren. Wie wichtig aber gerade die kritische Auseinandersetzung mit den widersprüchlichen Lebensläufen von Künstlerinnen und Künstlern während der NS-Zeit für ein differenziertes Bild dieser Epoche ist, haben in jüngster Vergangenheit verschiedene Ausstellungsprojekte gezeigt. Besonders zu erwähnen wären hier die 2019 im Hamburger Bahnhof – Museum für Gegenwart in Berlin präsentierte Ausstellung *Emil Nolde. Eine deutsche Legende* sowie die zeitgleich stattfindende Schau *Flucht in die Bilder* im dortigen Brücke-Museum.[3] Gerade diese beiden Projekte haben noch einmal eindrücklich veranschaulicht, dass die lange praktizierte Gegenüberstellung von „verfemter" Kunst auf der einen und systemkonformer „Nazikunst" auf der anderen Seite nicht länger haltbar ist. Das antithetische Narrativ von „guter" und „schlechter" Kunst, das letztendlich auf die nationalsozialistische Kulturpolitik selbst zurückgeht, wurde nach 1945 unter umgekehrten Vorzeichen übernommen und moralisch aufgeladen. Dabei ist zum einen problematisch, dass die Einteilung in „verfemte" Kunst und „Nazikunst" die weitaus komplexere, historische Realität simplifiziert. Zum anderen fußt die Gegenüberstellung auf der Vorstellung, dass es tatsächlich einen festen nationalsozialistischen Kanon und einen Gegenkanon gegeben habe.[4] Tatsächlich wurden Künstlerinnen und Künstler aber

1 Eintrag vom 10. März 1941, Baumeister Tagebuch, Einträge vom 20. April 1936 und 4. Juni 1937, URL: <https://willi-baumeister.org/de/content/willi-baumeister-tagebücher-1928-bis-1955> [Abruf 11.9.2021].

2 Als positive Beispiele wären hier vor allem das Kunstmuseum Moritzburg in Halle (Saale), die Pinakothek der Moderne in München und die Neue Nationalgalerie in Berlin zu nennen.

3 Emil Nolde. Eine deutsche Legende. Der Künstler im Nationalsozialismus, hg. von Bernhard Fulda, Christian Ring und Aya Soika, Ausst.-Kat. Nationalgalerie, Staatliche Museen zu Berlin / Nolde Stiftung Seebüll, München u. a. 2019; Aya Soika und Meike Hoffmann (Hg.), Flucht in die Bilder? Die Künstler der Brücke im Nationalsozialismus, München 2019.

4 Christian Fuhrmeister, Kunst und Architektur im Nationalsozialismus. Ein Überblick, in: Urte Krass (Hg.), Was macht die Kunst? Aus der Werkstatt der Kunstgeschichte, München 2009, S. 187–205, hier S. 189.

ART FOR NO ONE

Ilka Voermann

"It's very quiet in the studio. At the same time, it's not easy to endure the depression of this time. And this for seven years already. I will likely never be able to show my pictures in exhibitions again. I thus work for myself alone."[1] These words, which Willi Baumeister wrote in his journal in 1941, describe the despair and hopelessness that many artists felt during the era of National Socialism. This applied in particular to those individuals who remained in Germany after 1933, but whose work was rejected by the National Socialist regime. Many of them nevertheless continued working—but without any prospects of their works being exhibited or seen. This "art for no one" is still not really visible today. Apart from a few exceptions, only a few museums have hitherto taken note of the artists who did not go into exile after 1933.[2] The reasons for this are understandable, since those who remained in Germany, unlike the individuals who emigrated, elude contextualization with respect to ethics. Based on the works preserved and the few contemporary statements, it is often hard to learn much about their internal attitude toward the National Socialist regime. In recent years, however, various exhibition projects have shown how vital it is to critically examine the paradoxical careers of artists during the period of National Socialism in order to obtain a differentiated picture of this epoch. To be mentioned here in particular are the exhibitions *Emil Nolde: A German Legend; The Artist during the Nazi Regime,* which was presented at Hamburger Bahnhof – Museum für Gegenwart in Berlin in 2019, and the exhibition *Escape into Art? The Brücke Painters in the Nazi Period* at the Brücke Museum, Berlin, held in parallel.[3] Specifically these two projects once again impressively illustrated that the long-practiced juxtaposition of "defamed art" on the one hand and conformist "Nazi art" on the other is no longer sustainable. The antithetical narrative of "good" and "bad" art, which ultimately goes back to National Socialist cultural policies, was taken up after 1945, albeit in reverse, and became ethically loaded. It is thus not only problematic that the division into "defamed art" and "Nazi art" simplifies the much more complex historical reality. This juxtaposition is also based on the notion that a fixed National Socialist canon and a counter-canon actually existed.[4] But artists were in fact marginalized for quite a variety of reasons, which often had

1 Entry from March 10, 1941, *Willi Baumeister Diaries,* entries from April 20, 1936, and June 4, 1937, https://willi-baumeister.org/de/content/willi-baumeister-tagebücher-1928-bis-1955 (all URLs accessed in November 2021).

2 The Kunstmuseum Moritzburg in Halle (Saale), the Pinakothek der Moderne in Munich, and the Neue Nationalgalerie in Berlin should be mentioned here in particular as positive examples.

3 Bernhard Fulda, Christian Ring, and Aya Soika, eds., *Emil Nolde: The Artist during the Third Reich,* exh. cat. Nationalgalerie, Staatliche Museen zu Berlin and Nolde Stiftung Seebüll (Munich et al.: Prestel, 2019); Aya Soika, Lisa Marei Schmidt, and Meike Hoffmann, eds., *Escape into Art? The Brücke Painters in the Nazi Period* (Munich: Hirmer Verlag, 2019).

4 Christian Fuhrmeister, "Kunst und Architektur im Nationalsozialismus: Ein Überblick," in *Was macht die Kunst? Aus der Werkstatt der Kunstgeschichte,* ed. Urte Krass (Munich: Utz, 2009), pp. 187–205, esp. p. 189.

aus sehr unterschiedlichen Gründen, die oftmals nichts mit ihrer Kunst, sondern vielmehr mit ihrer Religion, Herkunft, sexuellen Orientierung oder politischen Einstellung zu tun hatten, ausgegrenzt. Und auch diese Ausgrenzung muss von Fall zu Fall unterschieden und näher betrachtet werden.[5] Denn nicht jeder, der nach 1945 die „Verfemung" für sich in Anspruch nahm, wurde tatsächlich verfolgt. Zudem hatten neben den bereits erwähnten Kriterien auch Umstände wie der Bekanntheitsgrad, die nationale und internationale Vernetzung und das Geschlecht Auswirkungen auf die Handlungsspielräume, die den Künstlerinnen und Künstlern im nationalsozialistischen Deutschland offenstanden. Die Ausstellung *KUNST FÜR KEINEN. 1933–1945* untersucht die „Verfemung" moderner, deutscher Kunst anhand von vierzehn Künstlerinnen und Künstlern: Willi Baumeister, Otto Dix, Hans Grundig, Lea Grundig, Werner Heldt, Hannah Höch, Marta Hoepffner, Karl Hofer, Edmund Kesting, Jeanne Mammen, Ernst Wilhelm Nay, Franz Radziwill, Hans Uhlmann und Fritz Winter. Die getroffene Auswahl ist dabei keineswegs als vollständig zu verstehen. Sie behandelt Beispiele, die stellvertretend für eine große Zahl von Lebensläufen, Medien und künstlerischen Ausdrucksformen stehen.

STAATLICHE KONTROLLE – DIE REICHSKAMMER DER BILDENDEN KÜNSTE

Die zentrale Institution zur Kontrolle jeglicher Form von kultureller Arbeit im NS-Staat war die Reichskulturkammer (RKK), die am 22. September 1933 durch das Reichskulturkammergesetz ermöglicht und am 15. November 1933 feierlich in Berlin eröffnet wurde.[6] Die RKK war als staatliche Körperschaft direkt dem Reichsministerium für Volksaufklärung und Propaganda von Joseph Goebbels unterstellt und in sieben Unterkammern für die Bereiche bildende Kunst, Theater, Musik, Schrifttum, Film, Rundfunk und Presse unterteilt →Abb. 1. Die zentrale Verwaltung der Reichskammer der bildenden Künste (RdbK) war in Berlin ansässig. Ihr unterstanden einunddreißig regionale Landesleitungen, welche die Mitglieder betreuten und verwalteten. Nach außen hin wirkte die RKK wie eine berufsständische Vereinigung, der die Unterstützung und Förderung kultureller Berufe oblag. Ihr tatsächlicher Zweck aber war die Erfassung und Kontrolle aller im Kulturbereich tätigen Menschen im Deutschen Reich. Der Zweck der Kontrolle wird bereits daran sichtbar, dass die Mitgliedschaft nicht freiwillig, sondern gesetzlich verpflichtend war. Nur wer Mitglied in einer der Kammern war, konnte seinen Beruf öffentlich ausüben. Für bildende Künstlerinnen und Künstler betraf das vor allem das öffentliche Ausstellen ihrer Arbeiten und den Verkauf über Galerien und Auktionshäuser und insbesondere während der Kriegsjahre die Beschaffung von Materialien.[7] Für die Aufnahme musste ein zweiseitiges

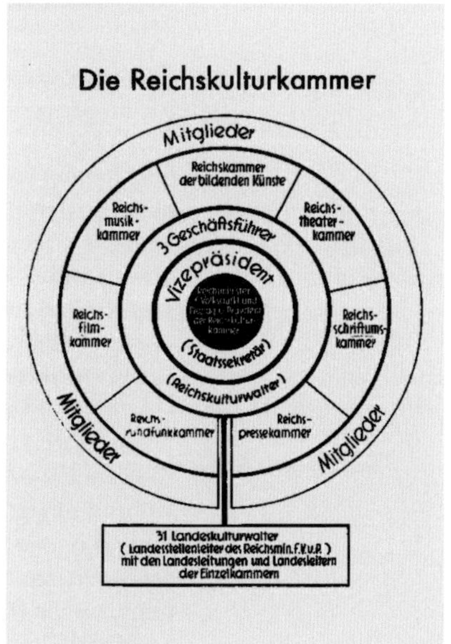

Abb. 1
Organigramm der Reichskulturkammer (RKK)

5 Christoph Zuschlag, Kunst und Kunstpolitik im Nationalsozialismus, Eine Forschungsbilanz der letzten zwanzig Jahre, in: Meike Hoffmann und Dieter Scholz (Hg.), Unbewältigt. Ästhetische Moderne und Nationalsozialismus, Kunst, Kunsthandel, Ausstellungspraxis, Berlin 2020, S. 14–35, hier S. 21.

6 Zur Geschichte der RKK siehe Alan E. Steinweis, Art, Ideology, and Economics in Nazi Germany: the Reich Chamber of Music, Theater, and the Visual Arts, London 1993; Beate Marks-Hanßen, Innere Emigration? „Verfemte" Künstlerinnen und Künstler in der Zeit des Nationalsozialismus, Berlin 2006, sowie Nina Kubowitsch, Die Reichskammer der bildenden Künste. Grenzsetzungen in der künstlerischen Freiheit, in: Wolfgang Ruppert (Hg.), Künstler im Nationalsozialismus. Die „deutsche Kunst", die Kunstpolitik und die Berliner Kunsthochschule, Köln 2015, S. 75–95.

7 Ab 1941 wurde auch vermehrt gegen Galerien und Auktionshäuser vorgegangen, siehe Christoph Zuschlag, „Entartete Kunst", Ausstellungsstrategien im Nazi-Deutschland, Worms 1995, S. 55.

nothing to do with their art per se, but was instead related to their religion, background, sexual orientation, or political affiliation. And this marginalization must also be differentiated and considered in more detail on a case-to-case basis,[5] since not everyone who made use of such "defamation" after 1945 ended up being persecuted. Furthermore, besides the criteria already mentioned, circumstances such as name recognition, national and international networks, and gender also affected the scopes of action that were open to artists in National Socialist Germany. The exhibition *ART FOR NO ONE. 1933–1945* examines the "defamation" of modern German art based on fourteen artists: Willi Baumeister, Otto Dix, Hans Grundig, Lea Grundig, Werner Heldt, Hannah Höch, Marta Hoepffner, Karl Hofer, Edmund Kesting, Jeanne Mammen, Ernst Wilhelm Nay, Franz Radziwill, Hans Uhlmann, and Fritz Winter. Yet this selection should in no way be regarded as complete. It deals with examples that stand representatively for a large number of artist careers, mediums, and artistic forms of expression.

STATE CONTROL: THE REICH CHAMBER OF CULTURE

The central institution for controlling any form of cultural work in the National Socialist state was the Reichskulturkammer (Reich Chamber of Culture, RKK). Its creation was facilitated by the Reichskulturkammergesetz (Reich Chamber of Culture Act), enacted on September 22, 1933, and the chamber was ceremonially opened in Berlin on November 15, 1933.[6] As a governmental body, the RKK was under the direct control of Joseph Goebbels's Reichsministerium für Volksaufklärung und Propaganda (Reich Ministry of Public Enlightenment and Propaganda) and was divided up into seven lower chambers for the fields of art, theater, music, literature, film, radio, and the press →fig. 1. The central administration of the Reichskammer der bildenden Künste (Reich Chamber of Fine Arts, RdbK) was based in Berlin. It supervised thirty-one regional state offices, which looked after and managed the members. To the outside, the RKK seemed to be a professional association responsible for supporting and promoting cultural occupations. But its real purpose was to register and monitor all individuals working in the area of culture in the German Reich. The objective of this monitoring already became visible in the fact that membership was not voluntary, but was instead required by law. Only those who were members of a chamber could practice their profession publicly. For visual artists this pertained in particular to exhibiting their works publicly and to sales through galleries and auction houses, as well as, especially during the years of war, to obtaining materials.[7] To be accepted as a member, it was necessary to fill out

Fig. 1
Organigram
of the Reich Chamber
of Culture (RKK)

5 Christoph Zuschlag, "Nazi-Era Art and Art Policy: An Overview of Two Decades of Research," in *Unmastered Past? Modernism in Nazi Germany: Art, Art Trade, Curatorial Practice*, ed. Meike Hoffmann and Dieter Scholz (Berlin: Verbrecher Verlag, 2020), pp. 14–35, esp. p. 21.

6 On the history of the RKK, see Alan E. Steinweis, *Art, Ideology, and Economics in Nazi Germany: The Reich Chamber of Music, Theater, and the Visual Arts* (Chapel Hill: University of North Carolina Press, 1993); Beate Marks-Hanßen, *Innere Emigration? "Verfemte" Künstlerinnen und Künstler in der Zeit des Nationalsozialismus* (Berlin: Dissertation.de, 2006), and Nina Kubowitsch, "Die Reichskammer der bildenden Künste: Grenzsetzungen in der künstlerischen Freiheit," in *Künstler im Nationalsozialismus: Die "deutsche Kunst," die Kunstpolitik und die Berliner Kunsthochschule*, ed. Wolfgang Ruppert (Cologne et al.: Böhlau Verlag, 2015), pp. 75–95.

7 As of 1941, actions were also increasingly undertaken against galleries and auction houses; see Christoph Zuschlag, *"Entartete Kunst": Ausstellungsstrategien im Nazi-Deutschland* (Worms: Wernersche Verlagsgesellschaft, 1995), p. 55.

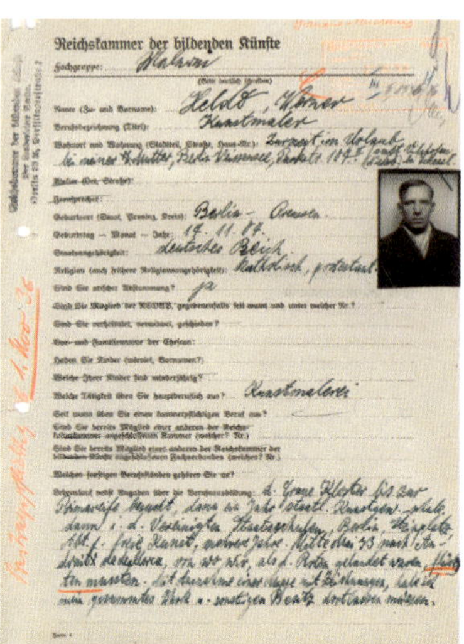
Reichskammer der bildenden Künste
Fachgruppe: Maler
Name (Zu- und Vorname): Heldt, Werner
Berufsbezeichnung (Titel): Kunstmaler
Geburtstag – Monat – Jahr: 17. 11. 04.
Staatsangehörigkeit: deutsches Reich
Religion (auch frühere Religionsangehörigkeit): katholisch, protestant.
Sind Sie arischer Abstammung? ja
Welche Tätigkeit üben Sie hauptberuflich aus? Kunstmalerei

Abb. 2
Antragsformular
Reichskammer
der bildenden Künste,
Werner Heldt,
1936, Landesarchiv
Berlin

Antragsformular →Abb. 2, das neben den Lebensdaten auch Angaben zur Ausbildung, Parteizugehörigkeit und familiären Situation verlangte, ausgefüllt werden. Zusätzlich hatten die Künstlerinnen und Künstler Werke oder zumindest Fotografien davon einzureichen. Die fachliche Eignung, die anhand der Werke festgestellt werden sollte, war aber nicht das wichtigste Kriterium für die Aufnahme in die RdbK.[8] Weitaus gewichtiger war der sogenannte „Ariernachweis", mit dem die antragstellende Person belegte, dass sie bis in die dritte Generation zurück keine „nichtarischen" Vorfahren hatte. Dieser Nachweis musste ab 1936 nicht nur für die eigene Person, sondern auch für Ehepartner vorgelegt werden.[9] Die Landesleitung fällte aufgrund der Angaben und Nachweise einen Vorentscheid, der dem Präsidenten der RdbK zur endgültigen Entscheidung vorgelegt wurde. War der Aufnahmeantrag erfolgreich, wurde das neue Mitglied innerhalb der RdbK in eine Fachgruppe eingeteilt.[10]

Die meisten Mitglieder wurden allerdings nicht über diesen offiziellen Weg aufgenommen, sondern durch die Gleichschaltung verschiedener Fachverbände. Diese wurden ab 1933 aufgelöst und die Mitgliedschaften auf die RdbK übertragen. Dieser Prozess war spätestens mit der Auflösung des deutschen Künstlerbundes 1936 abgeschlossen und bescherte der RdbK in kurzer Zeit tausende neue Mitglieder.[11] Damit war eine möglichst schnelle und flächendeckende Erfassung des kulturellen Lebens erreicht. Allerdings mussten in der Folge sämtliche Mitglieder überprüft und Nachweise nachträglich angefordert werden. Ein für die RdbK erheblicher Arbeits- und Verwaltungsaufwand, der nur schleppend voranging und die RdbK weitaus weniger handlungsfähig machte, als häufig angenommen wird.[12] Die Übernahme der Mitglieder aus den gleichgeschalteten Verbänden erklärt auch, warum zumindest in den ersten Jahren nach ihrer Gründung auch jüdische Künstlerinnen und Künstler Mitglieder der RdbK waren. Sie wurden allerdings wegen des fehlenden „Ariernachweises" systematisch aus der Kammer wieder ausgeschlossen.[13] Mit dem Ausschluss aus der RdbK wurde in der Regel ein Arbeits- und Ausstellungsverbot ausgesprochen, das auch durch die Gestapo kontrolliert werden konnte. Inwieweit und mit welcher Frequenz solche Kontrollen stattfanden, lässt sich aufgrund fehlender empirischer Studien nicht beantworten. Darüber hinaus konnten Ausstellungen im Auftrag der RdbK geschlossen oder einzelne Werke entfernt werden. 1941 stellte Karl Hofer einige Gemälde in der Galerie Vömel in Düsseldorf aus, auf die die RdbK aufmerksam wurde. Insgesamt sieben der ausgestellten Arbeiten beurteilte der zuständige Mitarbeiter als „nicht artgemäß" und beauftragte ihre Entfernung aus der Ausstellung. Hofer erhielt die Gemälde unter der Auflage zurück, „diese nicht mehr in der Öffentlichkeit zu übermitteln".[14]

8 Der Nachweis der fachlichen Eignung wurde im Herbst 1935 durch Joseph Goebbels unterbunden. Allerdings wurden in den Landesleitungen weiterhin Qualitätskontrollen durchgeführt. Kubowitsch 2015 (wie Anm. 6), S. 82.

9 Marks-Hanßen 2006 (wie Anm. 6), S. 82.

10 Zudem wurden die Mitglieder in drei Kategorien eingeteilt, die ihre Bedeutung für das kulturelle Leben festlegten: A – „künstlerische Gestalter", B – „Gestaltungskraft vorhanden", C – „keine Gestalter". Siehe Kubowitsch 2015 (wie Anm. 6), S. 83.

11 Marks-Hanßen 2006 (wie Anm. 6), S. 63.

12 Kubowitsch 2015 (wie Anm. 6), S. 75.

13 Über den Umgang mit jüdischen Mitgliedern gibt es in der Literatur unterschiedliche Angaben. Laut Alan E. Steinweis wurden jüdische Mitglieder bereits 1935 ausgeschlossen. Nina Kubowitsch geht davon aus, dass erst um 1938 die systematische Ausgrenzung einsetzte. Beate Marks-Hanßen verweist darauf, dass die Erbringung des „Ariernachweises" zwar 1936 verpflichtend, aber erst in den Arbeitsrichtlinien der RdbK von 1939 der Ausschluss der jüdischen Mitglieder festgelegt wurde. Siehe Alan E. Steinweis, Antisemitismus und NS-Kulturpolitik bis 1938, in: Eva Atlan, Raphael Gross und Julia Voss (Hg.), 1938. Kunst – Künstler – Politik, Göttingen 2013, S. 59–75, hier S. 70. Kubowitsch 2015 (wie Anm. 6), S. 80 f.; Marks-Hanßen 2006 (wie Anm. 6), S. 82.

14 Schreiben des Präsidenten der Reichskammer der bildenden Künste an Karl Hofer vom 16. Juni 1941, LA Berlin, A Rep. 243-04; 3581 Mitgliedsakte Karl Hofer.

a two-page form →fig. 2, which, in addition to biographical data, also required information on education, party membership, and family situation. Moreover, the artists had to submit works of art or at least photographs of them. But professional competence, which was supposed to be determined based on this artwork, was not the most important criterion for becoming a member of the RdbK.[8] What was much more important was so-called "proof of Aryan heritage," with which the individuals submitting an application had to prove that they had no "non-Aryan" ancestors for at least the past three generations. As of 1936, this proof had to be provided not only for the person applying, but also for his or her spouse.[9] Based on the information and supporting documents, the state office arrived at a preliminary conclusion, and a final decision was made by the president of the RdbK. If the application for membership was successful, then the new member was classified within an occupational group in the RdbK.[10]

Fig. 2
Werner Heldt's application form for the Reich Chamber of Fine Arts, 1936, Landesarchiv Berlin

Most members were, however, not accepted via this official route, but instead as a result of the enforced conformity of professional associations, which were dissolved as of 1933 and their memberships transferred to the RdbK. This process was concluded at the latest with the disbanding of the Deutscher Künstlerbund (German Artists' Association) in 1936, which brought thousands of new members to the RdbK within a short period of time.[11] A comprehensive registry of cultural life was thus achieved as quickly as possible. All of the members nevertheless had to be vetted afterward and supporting documents requested retroactively. This was a considerable burden of work and administration for the RdbK that only proceeded slowly and made the RdbK much less capable of taking action than has often been assumed.[12] The takeover of members from the dissolved associations also explains why, at least in the first years after its establishment, Jewish artists were also members of the RdbK. They were, however, systematically thrown out of the chamber again due to the lack of "proof of Aryan heritage."[13] When they were excluded from the RdbK, a ban on working and exhibiting was usually imposed, and it could also be monitored by the Gestapo. Due to the lack of empirical studies, it is nonetheless impossible to say to what extent and with what frequency such controls took place. Furthermore, exhibitions could be closed or individual works removed by order of the RdbK. In 1941, Karl Hofer exhibited a few paintings at the Galerie Vömel in Düsseldorf, and this came to the attention of the RdbK. The employee responsible judged a total of seven of the works presented as "inappropriate" and instructed that they be removed from the exhibition. Hofer received the paintings back on the condition that they "no longer be presented publicly."[14]

Membership in the RdbK could be called into question and reevaluated again and again. Emil Nolde and Karl Schmidt-Rottluff, who became members of the chamber in 1933, were first thrown out in 1941 after their eligibility had been reconsidered.[15] What circumstances could lead to a reassessment of membership is unclear. Presumably, artists came to the attention of the RdbK through exhibitions, dismissals, or denunciations.[16]

8 Joseph Goebbels disallowed proof of professional competence in the fall of 1935. Quality controls were, however, still conducted by the state offices. Kubowitsch, "Die Reichskammer der bildenden Künste," p. 82.

9 Marks-Hanßen, *Innere Emigration?*, p. 82.

10 Moreover, the members were divided up into three categories, which specified their importance to cultural life: A—"artistic creator," B—"creative power present," C—"not a creator." See Kubowitsch, "Die Reichskammer der bildenden Künste," p. 83.

11 Marks-Hanßen, *Innere Emigration?*, p. 63.

12 Kubowitsch, "Die Reichskammer der bildenden Künste," p. 75.

13 The literature on the subject offers differing information on the treatment of Jewish members. According to Alan E. Steinweis, Jewish members were already excluded in 1935. Nina Kubowitsch assumes that systematic exclusion first began around 1938. Beate Marks-Hanßen points to the fact that providing "proof of Aryan heritage" was required in 1936, but the exclusion of Jewish members was first specified in the RdbK's work guidelines of 1939. See Alan E. Steinweis, "Antisemitismus und NS-Kulturpolitik bis 1938," in *1938: Kunst – Künstler – Politik*, ed. Eva Atlan, Raphael Gross, and Julia Voss (Göttingen: Wallstein-Verlag, 2013), pp. 59–75, esp. p. 70; Kubowitsch, "Die Reichskammer der bildenden Künste," pp. 80–81; and Marks-Hanßen, *Innere Emigration?*, p. 82.

14 President of the Reichskammer der bildenden Künste, letter to Karl Hofer, June 16, 1941, LA Berlin, A Rep. 243-04; 3581 Mitgliedsakte Karl Hofer.

15 Aya Soika, "'Degeneration' and Defamation," in Soika et al., *Escape into Art?*, pp. 143–67, esp. pp. 163–64.

16 Marks-Hanßen, *Innere Emigration?*, p. 69.

Die Mitgliedschaft in der RdbK konnte immer wieder infrage gestellt und erneut überprüft werden. Emil Nolde und Karl Schmidt-Rottluff, die seit 1933 Mitglieder in der Kammer waren, wurden erst 1941 nach nochmaliger Prüfung ihrer Eignung ausgeschlossen.[15] Welche Umstände zu einer erneuten Prüfung der Mitgliedschaft führen konnten, ist unklar. Vermutlich wurde die RdbK durch Ausstellungen, Entlassungen oder Denunziation auf Künstlerinnen und Künstler aufmerksam.[16]

Über die Erfassung und flächendeckende Kontrolle ihrer Mitglieder hinaus übernahm die RdbK auch klassische Aufgaben eines Berufsverbandes, die auf die Förderung der Künstlerinnen und Künstler abzielte. Sie richtete Ausstellungen aus, kaufte Kunstwerke an, stellte Bezugsscheine für Materialien zur Verfügung, vergab Atelierplätze und gewährte finanzielle Unterstützung. Ihr primärer Zweck war allerdings, die Kontrolle darüber zu haben, wer im NS-Staat öffentlich künstlerisch tätig sein durfte, und damit die gezielte Ausgrenzung bestimmter Personengruppen.

BERUFLICHE KONSEQUENZEN – DAS „MALVERBOT"

In vielen nach 1945 erschienenen Biografien ist von Mal-, Ausstellungs- und Berufsverboten die Rede, sodass leicht der Eindruck entsteht, es sei während der NS-Zeit nahezu allen modernen Künstlerinnen und Künstlern untersagt gewesen, zu arbeiten. Der oft irreführende Begriff „Malverbot" ist dabei eine Erfindung der Nachkriegszeit. Die von der Kammer ausgesprochenen Verbote bezogen sich ausschließlich auf die öffentliche Ausübung des Berufs.

Generell wird bei der genaueren Untersuchung der individuellen Lebensläufe deutlich, dass der Grad der „Verfemung" sehr unterschiedlich ausfallen konnte und von zahlreichen Faktoren abhängig war. Zudem war die Umsetzung der politischen Vorgaben durch die Landesleitungen der RdbK oft sehr inkonsequent.[17]

Das in der Literatur häufig angeführte Berufsverbot wurde tatsächlich nur selten ausgesprochen. Unter den in dieser Ausstellung gezeigten Künstlerinnen und Künstlern ließ sich nur für Hans Grundig und Karl Hofer ein Berufsverbot nachweisen. Hans Grundigs Ausschluss aus der Kammer ist durch einen Brief von 1936 belegt, in dem allerdings nicht die genaueren Gründe benannt werden.[18] Es ist sehr wahrscheinlich, dass nicht seine Kunst den Ausschlag für sein Ausscheiden gab, sondern seine Zugehörigkeit zur KPD und anderen linkspolitischen Vereinigungen. Auch die Tatsache, dass seine Ehefrau Lea Grundig aus einer jüdischen Familie stammte, spielte eine wichtige Rolle.[19] Karl Hofers Berufsverbot hatte nur wenige Wochen Gültigkeit und hing ebenfalls nicht mit seiner Kunst zusammen. Grund für seine Entlassung war die Ehe mit einer Jüdin. Erst nachdem Hofer die Scheidung von seiner Ehefrau belegen konnte, wurde er wieder in die Kammer aufgenommen.[20]

Künstlerinnen und Künstler, die 1933 im Zug des „Gesetzes zur Wiederherstellung des Berufsbeamtentums" ihre Lehrämter verloren, wurden nicht kategorisch ausgeschlossen, wie das Beispiel von Otto Dix zeigt.[21] Auch Willi Baumeister, der sein Lehramt an der Frankfurter Kunstgewerbeschule (sogenannte Städelschule) 1933 verlor, war zumindest zeitweise Mitglied in der RdbK.[22] Auch die Konfiszierung von Werken im Zuge der Aktion „Entartete Kunst" und die Diffamierung auf der gleichnamigen Ausstellung waren kein Grund für einen Ausschluss, wie das Beispiel von Ernst Wilhelm Nay zeigt. Dass die RdbK Kenntnis über die Präsentation von Nays Werken auf der Münchner Ausstellung hatte, belegt ein Eintrag zur Beurteilung seiner künstlerischen Fähigkeiten aus dem Jahr 1939: „N. war seinerzeit auf der Ausstellung ‚Entartete Kunst' vertreten. Nach seinen jetzt hier vorgelegten Lichtbildern nach Landschaften ist er zwar noch als recht eigenwilliger, nicht aber mehr als entarteter Maler zu bezeichnen. Seine Arbeiten

15 Aya Soika, „Entartung" und Verfemung, in: Soika / Hoffmann 2019 (wie Anm. 3), S. 143–167, hier S. 163 f.
16 Marks-Hanßen 2006 (wie Anm. 6), S. 69.
17 Kubowitsch 2015 (wie Anm. 6), S. 86.
18 Siehe dazu den Beitrag von Kathleen Krenzlin in diesem Band.
19 Marks-Hanßen 2006 (wie Anm. 6), S. 82 f. Ob Lea Grundig Mitglied in der RdbK war, konnte im Zuge der Recherchen nicht geklärt werden. Siehe den Beitrag von Eva Atlan in diesem Band.
20 Siehe dazu meinen Beitrag zu Karl Hofer in diesem Band sowie Gerd Hardach, Parallele Leben. Mathilde Scheinberger und Karl Hofer, Berlin 2016 (Gegen Verdrängen und Vergessen 11).
21 Siehe den Beitrag von Ina Jessen in diesem Band.
22 Im Archiv Baumeister im Kunstmuseum Stuttgart hat sich ein Schreiben Baumeisters an die Reichskammer der bildenden Künste von 1942 erhalten, in dem er seine Mitgliedsnummern für die Fachbereiche Malerei (M4837) und Gebrauchsgrafiker (G2350) aufführt. Schreiben Baumeisters an die Reichskammer der bildenden Künste vom 23. Februar 1942, Archiv Baumeister im Kunstmuseum Stuttgart, R7.

Beyond registering and comprehensively monitoring its members, the RdbK also took on the classic tasks of a professional association that aimed to promote artists. It organized exhibitions, purchased artworks, made coupons for materials available, allocated studio space, and provided financial support. But its primary goal was to control who was permitted to do creative work under the National Socialist state, and thus the targeted exclusion of particular groups of individuals.

PROFESSIONAL CONSEQUENCES: THE "PAINTING BAN"

In many biographies published after 1945, there is talk of bans on painting, exhibiting, and practicing one's profession, which means that one frequently gets the impression that nearly all modern artists were forbidden to work during the National Socialist era. But the oft-misleading term "painting ban" is an invention of the postwar period. The bans imposed by the chamber pertained solely to practicing one's profession publicly.

If one takes a closer look at individual career paths, it generally becomes clear that the degree of "defamation" could vary greatly and depended on numerous factors. Moreover, the implementation of political guidelines by the state offices of the RdbK was often very inconsistent.[17]

The occupational ban that is frequently mentioned in related literature was actually imposed quite rarely. Among the artists presented in this exhibition, a ban on practicing their profession can only be established in the case of Hans Grundig and Karl Hofer. A letter from 1936 documents Hans Grundig's exclusion from the chamber, but it does not mention the specific reasons for this.[18] It is very likely that what tipped the scales was not his art, but rather his affiliation with the Kommunistische Partei Deutschlands (Communist Party of Germany, KPD) and other associations with leftist politics. The fact that his wife, Lea Grundig, came from a Jewish family probably also played a significant role.[19] Karl Hofer's occupational ban was in effect for just a few weeks and was also unrelated to his art. The reason for him being thrown out was his marriage to a Jewish woman. Hofer was not admitted to the chamber again until he provided evidence of having divorced his wife.[20]

Artists who were dismissed from their teaching posts in 1933 as a result of the Gesetz zur Wiederherstellung des Berufsbeamtentums (Law for the Restoration of the Professional Civil Service) were not excluded categorically, as the example of Otto Dix shows.[21] Willi Baumeister, who lost his teaching post at the Frankfurter Kunstgewerbeschule (School of Applied Arts, now Städelschule) in 1933, was at least also temporarily a member of the RdbK.[22] The confiscation of works as part of the campaign "Entartete Kunst" (Degenerate Art) and the subsequent defamation of them in the exhibition of the same name were also not reasons for being excluded, as is shown by the example of Ernst Wilhelm Nay. The fact that the RdbK knew about the presentation of Nay's works in the Munich exhibition is documented by an entry on the assessment of his artistic abilities from 1939: "N. was represented at the time in the exhibition *Entartete Kunst*. But based on his photos of landscapes presented here, he can be classified as a still quite idiosyncratic but no longer degenerate painter. His works make it possible to conclude that he is making earnest efforts to examine the artistic requirements specified, though based on a somewhat esoteric position."[23] It remains unclear as to why Nay had to provide work samples once again in 1939, and also whether he, as Beate Marks-Hanßen assumes, submitted some of his Lofoten landscapes →pp. 218–19.[24]

17 Kubowitsch, "Die Reichskammer der bildenden Künste," p. 86.
18 On this, see the text by Kathleen Krenzlin in this volume.
19 Marks-Hanßen, *Innere Emigration?*, pp. 82–83. Whether Lea Grundig was a member of the RdbK could not be clarified in the course of research to date. See the text by Eva Atlan in this volume.
20 On this, see my text on Karl Hofer in this volume, as well as Gerd Hardach, *Parallele Leben: Mathilde Scheinberger und Karl Hofer*, vol. 11 of *Gegen Verdrängen und Vergessen* (Berlin: Hentrich & Hentrich, 2016).
21 See the text by Ina Jessen in this volume.
22 A letter from Baumeister to the Reichskammer der bildenden Künste of 1942 is preserved in the Baumeister Archive at the Kunstmuseum Stuttgart. In it, he provides his membership numbers for the specialist field of painting (M4837) and as a commercial graphic artist (G2350). Willi Baumeister, letter to the Reichskammer der bildenden Künste, February 23, 1942, Baumeister Archive at the Kunstmuseum Stuttgart, R7.
23 Questionnaire on work efforts, 1939, LA Berlin, A Rep 243-04; 6196 Mitgliedsakte Ernst Wilhelm Nay.
24 Marks-Hanßen, *Innere Emigration?*, p. 75.

lassen den Schluss zu, dass er sich aus einer allerdings etwas abseitigen Einstellung heraus ehrlich bemüht, sich mit den gegebenen künstlerischen Erfordernissen auseinanderzusetzen."[23] Warum Nay 1939 abermals Arbeitsproben vorlegen musste und ob er, wie Beate Marks-Hanßen vermutet, einige seiner Lofoten-Landschaften → S. 218–219 als Arbeitsproben eingereicht hat, ist unklar.[24]

Was aber bewog die Künstlerinnen und Künstler neben der rechtlichen Verpflichtung überhaupt dazu, in die RdbK einzutreten? Generell erlaubte die Mitgliedschaft das öffentliche Ausüben der beruflichen Tätigkeit. Insbesondere in den frühen Jahren des NS-Regimes war es vielen Künstlerinnen und Künstlern immer noch möglich, in Gruppenausstellungen ihre Werke zu zeigen. Neben Otto Dix, Karl Hofer und Ernst Wilhelm Nay beteiligten sich auch Edmund Kesting und Hans Grundig an lokalen Ausstellungen.[25] Auch Verkäufe waren immer noch möglich, hingen aber maßgeblich von einem festen Unterstützer- und Sammlerkreis ab.[26]

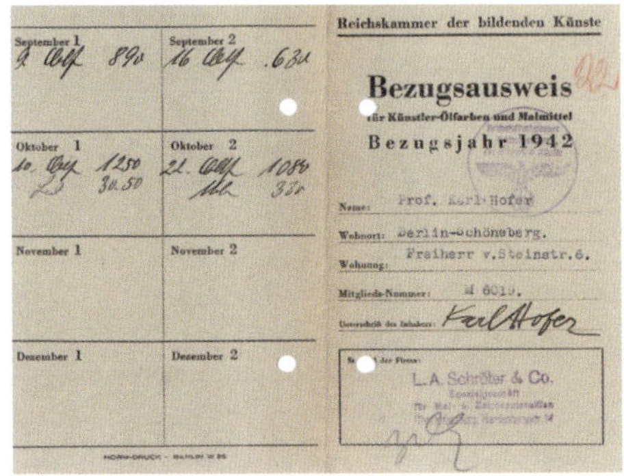
Reichskammer der bildenden Künste

Bezugsausweis
für Künstler-Ölfarben und Malmittel
Bezugsjahr 1942

Name: Prof. Karl Hofer
Wohnort: Berlin-Schöneberg.
Wohnung: Freiherr v.Steinstr.6.
Mitglieds-Nummer: M 6019.
Unterschrift des Inhabers: Karl Hofer

L.A. Schröter & Co.

September 1	September 2
Oktober 1	Oktober 2
November 1	November 2
Dezember 1	Dezember 2

Abb. 3
Bezugsausweis
für Künstlerölfarben
und Malmittel
von Karl Hofer, 1942,
Landesarchiv Berlin

Aber auch für berufliche Tätigkeiten, die nur bedingt künstlerisch waren, konnte eine Mitgliedschaft in der RdbK wichtig sein. Jeanne Mammen bemalte für das Reichsinstitut für Puppenspiel Handpuppen, was der RdbK nachweislich bekannt war.[27] Ob Willi Baumeister für seine Arbeit im Laboratorium des Lackfabrikanten Kurt Herberts, in dem er gemeinsam mit Oskar Schlemmer und Franz Krause künstlerische Experimente durchführte, eine Mitgliedschaft vorweisen musste, ist nicht bekannt. Baumeister erwähnt aber in seinem Tagebuch verschiedene zumeist gebrauchsgrafische oder gestalterische Aufträge von öffentlichen Auftraggebern.[28] Auch Fotografinnen und Fotografen wie Marta Hoepffner, die in Frankfurt am Main eine Fotostudio führte, und Edmund Kesting, der u. a. die Bestände des Grünen Gewölbes in Dresden dokumentierte, mussten für diese Tätigkeiten eine Mitgliedschaft in der Reichspressekammer vorweisen.[29]

Darüber hinaus half die Mitgliedschaft in alltäglichen Dingen wie der Beschaffung von Arbeitsmaterial, das insbesondere während des Krieges fast ausschließlich über Bezugsscheine zu bekommen war →Abb. 3. Auch bei der Vergabe von Ateliers konnte die Mitgliedschaft von Vorteil sein. Zudem profitierten viele Künstlerinnen und Künstler von finanzieller Unterstützung. Ernst Wilhelm Nay erhielt beispielsweise 1936 eine einmalige finanzielle Beihilfe von fünfzig Reichsmark.[30] Karl Hofer beantragte Schadensersatz, nachdem sein Atelier durch einen Bombenangriff 1944 vollständig zerstört worden war. Seinen Anspruch meldete er beim Kriegsschädenamt, das eine Stellungnahme von der RdbK einforderte. Darin heißt es, dass dreihundertzwölf von Hofers Werken im Zuge der Aktion „Entartete Kunst" beschlagnahmt und zum Teil auf der gleichnamigen Ausstellung in München, Dortmund und Berlin gezeigt wurden. Laut dem Mitarbeiter der RdbK würde diese Vorgeschichte „kaum einen Entschädigungsanspruch rechtfertigen". Zumal unter den nun zerstörten Arbeiten auch solche waren, „die als beschlagnahmungsreif erachtet werden können".[31] Dennoch wurde eine Entschädigung von hundertzwanzigtausend Reichsmark empfohlen, die Hofer in Raten und abhängig von seiner weiteren künstlerischen Entwicklung ausgezahlt werden sollte. Diese Beispiele zeigen, dass die Künstlerinnen und Künstler doch erheblich von der Mitgliedschaft profitieren konnten.

23 Fragebogen betr. Arbeitseinsatz, 1939, LA Berlin, A Rep 243-04; 6196 Mitgliedsakte Ernst Wilhelm Nay.
24 Marks-Hanßen 2006 (wie Anm. 6), S. 75.
25 Zu Grundig siehe ebd., S. 125. Zu Edmund Kesting siehe den Beitrag in diesem Band.
26 Aya Soika, Handlungsspielräume: Zwischen Anerkennung und Verfemung, in: Soika / Hoffmann 2019 (wie Anm. 3), S. 19–37, S. 36.
27 Schreiben des Reichsinstituts für Puppenspiel an die Berliner Landesleitung der Reichskammer der bildenden Künste, 1. Dezember 1944, LA Berlin, A Rep. 243-04; 5578 Mitgliedsakte Johanna Mammen.
28 Baumeister berichtet u. a. über Aufträge durch das Landesgewerbemuseum sowie die Firma I.G. Farben, Baumeister Tagebuch, Einträge vom 20. April 1936 und 4. Juni 1937, URL <https://willi-baumeister.org/de/content/willi-baumeister-tagebücher-1928-bis-1955> [Abruf 11.9.2021].
29 Siehe die Beiträge zu Marta Hoepffner und Edmund Kesting in diesem Band.
30 Schreiben der Reichskammer der bildenden Künste an Ernst Wilhelm Nay, 29. Februar 1936, LA Berlin, A Rep 243-04; 6196 Mitgliedsakte Ernst Wilhelm Nay.
31 Schreiben der Landesleitung der Reichskammer der bildenden Künste an das Kriegsschädenamt, 26. Juli 1944, LA Berlin, A Rep. 243-04; 3581 Mitgliedsakte Karl Hofer.

But besides the legal obligation, what compelled artists to become members of the RdbK in the first place? Membership generally permitted artists to practice their profession publicly. Particularly in the early years of the National Socialist regime, it was still possible for many artists to present their work in group exhibitions. In addition to Otto Dix, Karl Hofer, and Ernst Wilhelm Nay, Edmund Kesting and Hans Grundig also participated in local exhibitions.[25] Sales were still possible as well, but depended to a great extent on a having a solid circle of supporters and collectors.[26]

At the same time, membership in the RdbK could also be important for professional activities that were only artistic to a limited extent. Jeanne Mammen painted hand puppets for the Reichsinstitut für Puppenspiel (Reich Institute for Puppetry), a fact of which the RdbK was verifiably aware.[27] Whether Willi Baumeister had to prove membership in order to work in the laboratory of the lacquer manufacturer Kurt Herberts, where he conducted artistic experiments in cooperation with Oskar Schlemmer and Franz Krause, is unknown. But Baumeister mentions in his journal various commissions from public clients, largely for creating commercial graphics or designs.[28] Photographers like Marta Hoepffner, who ran a photo studio in Frankfurt am Main, and Edmund Kesting, who documented the holdings of the Grünes Gewölbe (Green Vault) in Dresden among other commissions, also had to provide proof of membership in the Reichspressekammer (Reich Press Chamber) in order to undertake these activities.[29]

Fig. 3
Karl Hofer's card for purchasing artists' oil paint and painting equipment, 1942, Landesarchiv Berlin

25 On Grundig, see ibid., p. 125. On Edmund Kesting, see the text in this volume.
26 Aya Soika, "Room to Maneuver: Between Acknowledgement and Defamation," in Soika et al., *Escape into Art?*, pp. 19–37, esp. p. 36.
27 Reichsinstitut für Puppenspiel, letter to the Berlin State Office of the Reichskammer der bildenden Künste, December 1, 1944, LA Berlin, A Rep. 243-04; 5578 Mitgliedsakte Johanna Mammen.
28 Baumeister reports for instance on commissions from the Landesgewerbemuseum (State Museum of Applied Arts) and the company IG Farben; *Willi Baumeister Diaries*, entries from April 20, 1936, and June 4, 1937, https://willi-baumeister.org/de/content/willi-baumeister-tagebücher-1928-bis-1955.
29 See the texts about Marta Hoepffner and Edmund Kesting in this volume.

Furthermore, membership offered assistance with day-to-day things like getting work materials, which could only be obtained with coupons, particularly during the years of the war →fig. 3. Membership could also be an advantage in connection with the allocation of studios. Moreover, many artists benefited from financial support. Ernst Wilhelm Nay, for instance, received one-time financial assistance of 50 Reichsmark in 1936.[30] Karl Hofer applied for compensation after his studio was completely destroyed by an air raid in 1944. He registered his claim with the Kriegsschädenamt (War Damage Office), which requested a statement from the RdbK. It mentioned that 312 of Hofer's works were confiscated as part of the campaign "Entartete Kunst" and were shown in part at the eponymous exhibition in Munich, Dortmund, and Berlin. According to the employee of the RdbK, this past history would "barely justify a claim for compensation." Among the works destroyed were especially ones "that could be regarded as ripe for confiscation."[31] Compensation amounting to 120,000 Reichsmark was nonetheless recommended and was supposed to be paid out to Hofer in installments, depending on his further artistic development. These examples show that the artists were thus able to benefit considerably from membership.

30 Reichskammer der bildenden Künste, letter to Ernst Wilhelm Nay, February 29, 1936, LA Berlin, A Rep 243-04; 6196 Mitgliedsakte Ernst Wilhelm Nay.
31 State office of the Reichskammer der bildenden Künste, letter to the Kriegsschädenamt, July 26, 1944, LA Berlin, A Rep. 243-04; 3581 Mitgliedsakte Karl Hofer.

„WIDERSTAND GEGEN DEN TOTALITÄREN UNGEIST" – DIE PROBLEMATIK DER „INNEREN EMIGRATION"

Der Begriff „innere Emigration" wurde im Sommer 1945 durch die öffentlich geführte Debatte zwischen den Schriftstellern Frank Thieß und Thomas Mann geprägt. Ausgangspunkt war ein Brief des Schriftstellers Walter von Molo, der am 4. August 1945 in der *Hessischen Post* abgedruckt wurde und den im US-amerikanischen Exil lebenden Thomas Mann zur Rückkehr nach Deutschland aufforderte. Mann hatte sich vorher kritisch über die während der Jahre 1933 bis 1945 im nationalsozialistischen Deutschland entstandene Literatur sowie die Kollektivschuld der Deutschen geäußert und beabsichtigte, vorerst nicht zurückzukehren. Bevor seine öffentliche Reaktion jedoch erscheinen konnte, schaltete sich Frank Thieß mit dem Artikel „Die innere Emigration" in die Debatte ein. In diesem warf er Mann stellvertretend für alle Exilliteraten Flucht und Feigheit vor und forderte die Anerkennung der „inneren Emigranten" für diejenigen ein, die im nationalsozialistischen Deutschland ausgeharrt hatten. Thieß verband mit der „inneren Emigration" eine Geisteshaltung, die von der Ideologie des NS-Staates – zumindest nach eigener Einschätzung – unberührt geblieben war. Thieß' Argumentation ist dabei deutlich von dem Wunsch nach Rechtfertigung des eigenen Handelns geprägt.[32]

Unter den bildenden Künstlerinnen und Künstlern gab es keine vergleichbare Debatte um die moralische Gewichtung von Exil und „innerer Emigration". Auch der Begriff selbst fand lange keine Verwendung für die bildende Kunst. Allerdings wurde das mit ihm verknüpfte Bild des standhaften Künstlers, der sich nicht durch die Ideologie des NS-Staates vereinnahmen ließ und unermüdlich weiterarbeitete, auch für die bildende Kunst übernommen und insbesondere durch Werner Haftmann verbreitet. In seinem Buch *Verfemte Kunst* schrieb er: „Der Künstler war also in diesem politischen Getriebe ganz allein. Ihm blieb nur die Rolle des Einzelkämpfers im Widerstand gegen den totalitären Ungeist. Ihm half kein Kollektiv, nur daß er da und dort von anderen Einzelkämpfern wußte. Er nahm als auf sich gestellter Einzelkämpfer diesen Kampf an, stellte ihn auf die kunstgemäßen Grundlagen von Beharrlichkeit und Qualität und gewann ihn damit."[33] Haftmann zeichnet damit das Bild eines unpolitischen, isolierten und fortwährend gegen das Regime kämpfenden Menschen und interpretierte diese Haltung als eine Form des Widerstands.[34] Mit dieser problematischen Definition pauschalisierte und romantisierte Haftmann die Lebensrealität zahlreicher Künstlerinnen und Künstler während der NS-Zeit und lieferte gleichzeitig ein identitätsstiftendes Narrativ für die Kultur- und Erinnerungspolitik der Bundesrepublik Deutschland.[35]

Die mit dem Begriff „innere Emigration" verknüpfte Vorstellung einer isolierten Künstlerexistenz ist jedoch keine reine Nachkriegserfindung, sondern spiegelt sich in verschiedenen Äußerungen in Tagebüchern und Briefen. Ernst Barlach schrieb 1937: „Im Vaterlande zu einer Art von Emigrantendasein genötigt, bleibt mir nur die Wahl zwischen dem Vollzug der wirklichen Emigration oder dem Entschluss, koste es was es wolle, mein volles Recht auf ungehemmte berufliche Betätigung durchzusetzen."[36] Wie viele Künstlerinnen und Künstler die Emigration ins Ausland tatsächlich in Betracht gezogen haben, ist kaum zu beantworten. In vielen Briefen und Tagebucheinträgen finden sich vage Überlegungen.[37] Die Aussicht, ins Exil zu gehen, war aber auch mit großen Ängsten in Bezug auf die eigene Existenzsicherung und Sprachbarrieren verbunden. Gerade diejenigen Kunstschaffenden, deren Leben nicht akut bedroht war, wählten

32 Zur Debatte siehe Michael Philipp, Distanz und Anpassung. Sozialgeschichtliche Aspekte der Inneren Emigration, in: Claus-Dieter Krohn (Hg.), Aspekte der künstlerischen inneren Emigration 1933–1945, München 1994, S. 11–30.

33 Werner Haftmann, Verfemte Kunst. Bildende Künstler in der inneren und äußeren Emigration in der Zeit des Nationalsozialismus, Köln 1987, S. 19.

34 Siehe Sabine Eckmann, Kunst und Exil, in: Stephanie Barron und Sabine Eckmann (Hg.), Exil. Flucht und Emigration europäischer Künstler 1933–1945, München / New York 1997, S. 32. Zu Haftmanns Einfluss auf die Kulturpolitik der BRD und seiner eigenen NS-Vergangenheit siehe Julia Friedrich, Kunst als Kitt. Spuren des Nationalsozialismus in der ersten documenta, in: Raphael Gross u. a. (Hg.), documenta. Politik und Kunst, München u. a. 2021, S. 60–64.

35 In der DDR hingegen wurde die mit dem Begriff „innere Emigration" verknüpfte Haltung abgelehnt und vor allem Künstlerinnen und Künstler, die im Widerstand tätig waren, in den Fokus gerückt. Siehe Marks-Hanßen 2006 (wie Anm. 6), S. 32.

36 Ulrich Bubrowski (Hg.), Ernst Barlach. Kleine Schriften (1891–1938), Hamburg 2013 (Kritische Ausgabe, Nachgelassene Werke in Einzelausgaben 8), S. 682 f.

37 Siehe dazu auch die Beiträge von Karoline Hille und Kathleen Krenzlin in diesem Band.

"OPPOSITION TO THE TOTALITARIAN DEMON": THE PROBLEM OF "INNER EMIGRATION"

The term "inner emigration" was coined by the publicly conducted debate between the authors Frank Thieß and Thomas Mann in the summer of 1945. The starting point was a letter by the author Walter von Molo printed in the newspaper *Hessische Post* on August 4, 1945, urging Thomas Mann, who was living in exile in the United States, to return to Germany. Mann had previously made critical statements about the literature produced in National Socialist Germany between 1933 and 1945, as well as the collective guilt of the Germans, and for the time being had no plans to return. But before his public reaction would be published, Frank Thieß joined the debate with the article "Die innere Emigration." In it, he accused Mann, representatively for all authors in exile, of fleeing and of cowardice, and called for recognition of the "inner emigration" of those who had toughed things out in National Socialist Germany. Thieß associated "inner emigration" with a frame of mind that remained untouched by the ideology of the National Socialist state—at least according to his own assessment. His argumentation is thus clearly shaped by a desire to justify his own actions.[32]

There was no comparable debate about the ethical weighting of exile and "inner emigration" among visual artists. Nor was the term itself used for a long time in connection with the visual arts. But the associated image of the stalwart artist who did not allow him- or herself to be influenced by the ideology of the National Socialist state, and who continued to work tirelessly, was also adopted for the visual arts and was propagated in particular by Werner Haftmann. In his book *Verfemte Kunst* (Defamed Art), Haftmann wrote: "The artist was thus completely alone in this political turmoil. The only thing left for him was the role of a lone fighter in opposition to the totalitarian demon. He was not assisted by any collective, but merely knew of other lone fighters here and there. He engaged in this struggle as a lone fighter left to fend for himself, positioned this struggle on the art-appropriate foundations of perseverance and quality, and thus won."[33] Haftmann drew a picture of a nonpolitical, isolated individual who continued to fight against the regime and interpreted this position as a form of resistance.[34] With this problematic definition, Haftmann generalized and romanticized the reality of life for numerous artists during the National Socialist period and simultaneously provided an identity-forming narrative for the politics of culture and remembrance in the Federal Republic of Germany.[35]

The notion of an isolated existence as an artist associated with the concept of "inner emigration" is, however, not merely a postwar invention but is reflected in various statements in journals and letters. Ernst Barlach wrote in 1937: "Having been compelled to lead a sort of emigrant existence in the Fatherland, I was only left with the choice between actually emigrating or deciding to assert my total right to uninhibited professional work, whatever it might cost."[36] It is impossible to answer the question of how many artists actually considered emigrating abroad. Vague considerations of doing so are found in many letters and journal entries.[37] But the intention to go into exile was also linked to great anxiety regarding ensuring a livelihood and language barriers. Specifically those producers of art whose lives were not acutely threatened thus often chose to remain in the German Reich. Many of them

32 On this debate, see Michael Philipp, "Distanz und Anpassung: Sozialgeschichtliche Aspekte der Inneren Emigration," in *Aspekte der künstlerischen inneren Emigration 1933–1945*, ed. Claus-Dieter Krohn (Munich: Edition Text + Kritik, 1994), pp. 11–30.

33 Werner Haftmann, *Verfemte Kunst: Bildende Künstler in der inneren und äußeren Emigration in der Zeit des Nationalsozialismus* (Cologne: DuMont Buchverlag, 1987), p. 19.

34 See Sabine Eckmann, "Considering (and Reconsidering) Art and Exile," in *Exiles + Emigrés: The Flight of European Artists from Hitler*, ed. Stephanie Barron and Sabine Eckmann (Los Angeles: Los Angeles Museum of Art, 1997), p. 32. On Haftmann's influence on the cultural policy of the Federal Republic of Germany and his own National Socialist past, see Julia Friedrich, "Mending the Rift with Art: Traces of National Socialism in the First documenta," in *documenta: Politics and Art*, ed. Raphael Gross et al. (Munich et al.: Prestel, 2021), pp. 60–64.

35 In the German Democratic Republic, by contrast, positions connected with the concept of "inner emigration" were rejected and the focus was put in particular on artists who were active in the resistance. See Marks-Hanßen, *Innere Emigration?*, p. 32.

36 Ulrich Bubrowski, ed., *Ernst Barlach: Kleine Schriften (1891–1938)*, vol. 8 of *Kritische Ausgabe, Nachgelassenen Werke in Einzelausgaben* (Hamburg: Barlach-Gesellschaft, 2013), pp. 682–83.

37 On this, also see the texts by Karoline Hille and Kathleen Krenzlin in this volume.

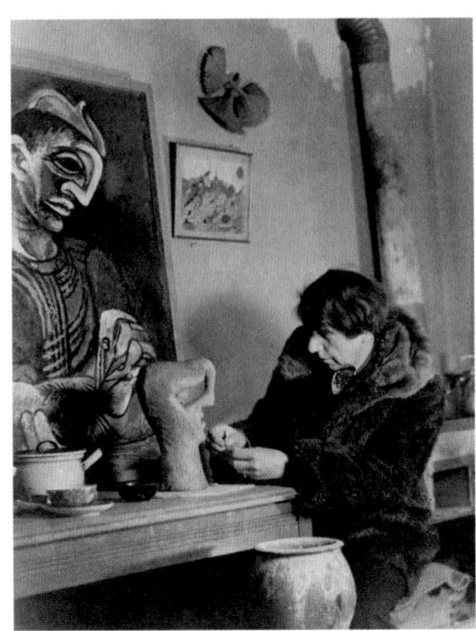
Abb. 4
Bob Klebig,
Jeanne Mammen
im Atelier beim
Modellieren, Berlin,
1945/46,
Fotografie,
17 × 12 cm,
Jeanne-Mammen-Stiftung
im Stadtmuseum
Berlin

daher oft das Bleiben im Deutschen Reich. Viele zogen sich aber aus dem öffentlichen Kunstleben zurück, was häufig mit einem Umzug aufs Land verbunden war. Otto Dix zog beispielsweise 1933 nach Randegg. Fritz Winter siedelte 1935 nach Dießen am Ammersee um. Im gleichen Jahr zog Franz Radziwill nach Dangast. Hannah Höch kaufte sich 1938 ein kleines Haus in Berlin-Heiligensee. Allerdings waren nicht alle Umzüge bewusst geplante Rückzüge, sondern auch den äußeren Umständen geschuldet. Insbesondere mit dem Beginn der massiven Bombardierung deutscher Großstädte durch die Alliierten zog es viele Künstlerinnen und Künstler aufs Land. Aber auch in der anonymen Großstadt war ein fast vollständiger Rückzug aus dem öffentlichen Leben möglich, wie die Beispiele von Jeanne Mammen →Abb. 4 und Hans Uhlmann zeigen.[38]

Der Rückzug aus der Gesellschaft oder auch in eine ländliche Gegend bedeutete aber nicht zwangsläufig, dass die Künstlerinnen und Künstler keine Kenntnisse von den alltäglichen Geschehnissen hatten oder nicht darauf reagierten. Haftmanns Bild der unermüdlich arbeitenden, sich von der Außenwelt abschottenden Künstlerexistenz erweist sich auch hier als nicht haltbar. Willi Baumeister, der lange als der Inbegriff des unpolitischen, sich zurückziehenden Künstlers galt, bearbeitete in den 1940er-Jahren eine Reihe von Postkarten →S. 47–49, die er auf der *Großen Deutschen Kunstausstellung* erworben hatte.[39] Der Humor der Postkarten, die Baumeister an gute Freunde verschickte, belegt ebenso wie ein Blick in sein Tagebuch, wie gut er über die tagesaktuellen politischen Ereignisse und auch die Kulturpolitik informiert war. Auch Hannah Höch, die sich ab 1938 in ihr Haus in Berlin-Heiligensee zurückzog und nur zu wenigen guten Freunden Kontakt hielt, reagierte insbesondere mit ihren „Notzeitbildern" →S. 142–145 auf die Folgen des Krieges. Dabei spielen ihre Arbeiten nicht auf konkrete, aktuelle Ereignisse an, sondern sie sind überzeitliche Darstellungen des Elends, die der Krieg insbesondere für die Zivilbevölkerung mit sich brachte. Jeanne Mammen reagierte sowohl formal als auch inhaltlich auf die nationalsozialistische Kulturpolitik. Zum einen gab sie ihren neusachlichen Stil spätestens ab 1937 zugunsten einer kubistischen, deutlich aggressiveren Formensprache auf. Zum anderen entstand ausschließlich zwischen 1933 und 1945 ihr plastisches Werk, in dem sie sich häufig auf die Kunst anderer Kulturen bezog →S. 202, 205, 206. Zudem haben ihre Arbeiten einen konkreten Bezug zur Politik, wie das Gemälde *Mackensen* (um 1942) →S. 203, ein überzeichnetes Porträt des preußischen Generalfeldmarschalls August von Mackensen, in dem sie den im Nationalsozialismus aufgenommenen Militarismus des Kaiserreiches karikiert. Andere Themen entstanden aus ihrer persönlichen Situation heraus, wie etwa das Gemälde *Brennendes Haus* (um 1944) →S. 207, das auf ihre Tätigkeit als Brandwache anspielt, oder *Sterbender Krieger (Junger Soldat im Frontfeuer* [um 1943]*)* →S. 209, das nach dem Tod ihrer Neffen entstand.

Diese Beispiele zeigen, wie wenig der ohnehin problematische Begriff „innere Emigration" in der Lage ist, die unterschiedlichen und oftmals widersprüchlichen Lebensläufe und -realitäten von Künstlerinnen und Künstlern, die nach 1933 in Deutschland blieben, zu erfassen. Neben einer kritischen und differenzierten Sicht auf diese Zeit braucht es, wie Christoph Zuschlag kürzlich treffend formulierte, die „Bereitschaft, sich von liebgewonnenen Mythen und kunsthistorisch tradierten Narrativen zu verabschieden und Widersprüche, Ungereimtheiten, Brüche und fließende Grenzen auszuhalten".[40]

38 Siehe dazu die Beiträge von Martina Weinland und Carmela Thiele in diesem Band.
39 Peter Chametzky machte als erstes auf Baumeisters Postkarten aufmerksam. Siehe dazu auch Chametzkys Beitrag in diesem Band.
40 Zuschlag 2020 (wie Anm. 5), S. 21.

Fig. 4
Bob Klebig,
Jeanne Mammen
working on a
sculpture in her studio,
Berlin, 1945–46,
photograph,
17 × 12 cm,
Jeanne-Mammen-Stiftung
im Stadtmuseum
Berlin

did, however, withdraw from public artistic life, something that frequently involved moving to the countryside. Otto Dix, for instance, moved to Randegg in 1933. Fritz Winter relocated to Dießen am Ammersee in 1935. Franz Radziwill resettled in Dangast the same year. Hannah Höch bought a small house in Heiligensee near Berlin in 1938. However, not all moves were deliberately planned withdrawals; some rather involved external circumstances. Many artists moved to the countryside especially after the massive bombing of large German cities by the Allies began. But an almost complete withdrawal from public life was also possible in the anonymous big city, as is shown by the examples of Jeanne Mammen →fig. 4 and Hans Uhlmann.[38]

Indeed, withdrawing from society or moving to a rural area did not necessarily signify that the artists had no knowledge of day-to-day events or did not react to them. Haftmann's image of the tirelessly working artist existence cut off from the outside world also does not prove to be sustainable. Willi Baumeister, who was long regarded as the epitome of the nonpolitical, withdrawn artist, worked in the 1940s on a series of postcards →pp. 47–49 he had purchased at the *Große Deutsche Kunstausstellung* (Great German Art Exhibition).[39] The humor of the postcards, which Baumeister sent to good friends, and a look at his journal both document how well informed he was about everyday political events and cultural policies. Hannah Höch, who withdrew to her house in Berlin-Heiligensee as of 1938 and only kept in contact with a few good friends, also reacted to the consequences of the war, in particular with her *Notzeit* (Time of Need) pictures →pp. 142–45. However, her works do not allude to specific current events; instead, they are timeless depictions of the misery that war entails, especially for the civilian population. Jeanne Mammen reacted to National Socialist cultural policy in terms of both form and content. On the one hand, as of 1937 at the latest she gave up her Neue Sachlichkeit (New Objectivity) style in favor of a Cubist, clearly more aggressive visual vocabulary. On the other, her sculptural work, in which she often made reference to the art of other cultures, was produced exclusively between 1933 and 1945 →pp. 202, 205, 206. Moreover, her works of art make concrete reference to politics, like the painting *Mackensen* (ca. 1942) →p. 203, an exaggerated portrait of the Prussian general field marshal August von Mackensen, in which she caricatures the militarism of the German Empire, which was in turn adopted by National Socialism. Other topics arose from Mammen's personal situation, such as the painting *Brennendes Haus* (Burning House, ca. 1944) →p. 207, which alludes to her work as a fire warden, or *Sterbender Krieger (Junger Soldat im Frontfeuer)* (Dying Warrior [Young Soldier in the Front Fire], ca. 1943) →p. 209, which was created after her nephews' death.

These examples show how little the concept of "inner emigration," in any case problematic, is in the position to capture the different and often paradoxical careers and life realities of artists who remained in Germany after 1933. Besides a critical and differentiated look at this time period, what is also necessary, as Christoph Zuschlag recently aptly formulated, is "a readiness to debunk cherished myths and long-standing narratives of art history and to tolerate—and investigate—contradictions, inconsistencies, breaks, and fluid boundaries."[40]

38 On this, see the texts by Martina Weinland and Carmela Thiele in this volume.
39 Peter Chametzky was the first person to call attention to Baumeister's postcards. On this, also see Chametzky's text in this volume.

40 Zuschlag, "Nazi-Era Art and Art Policy," p. 21.

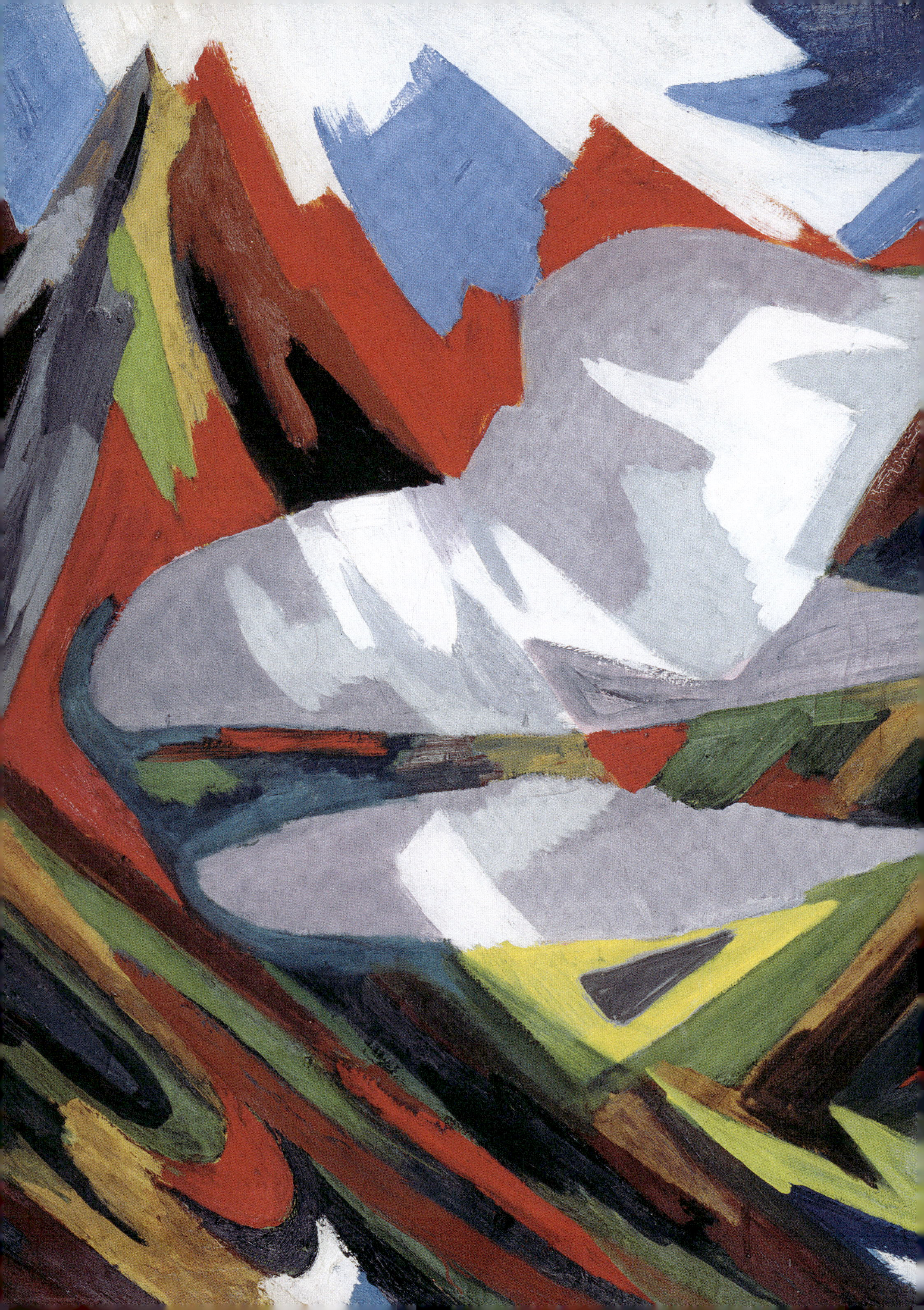

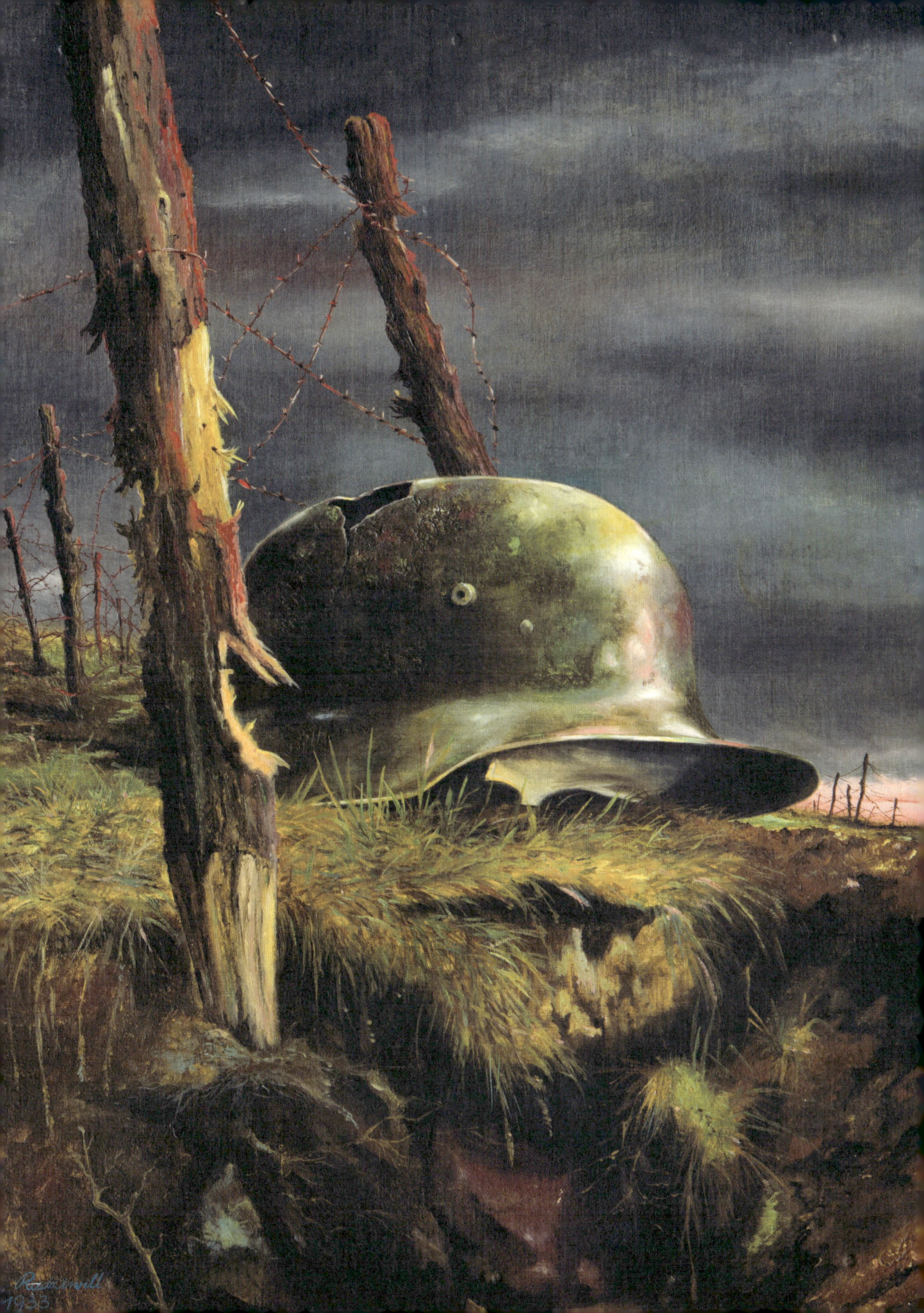

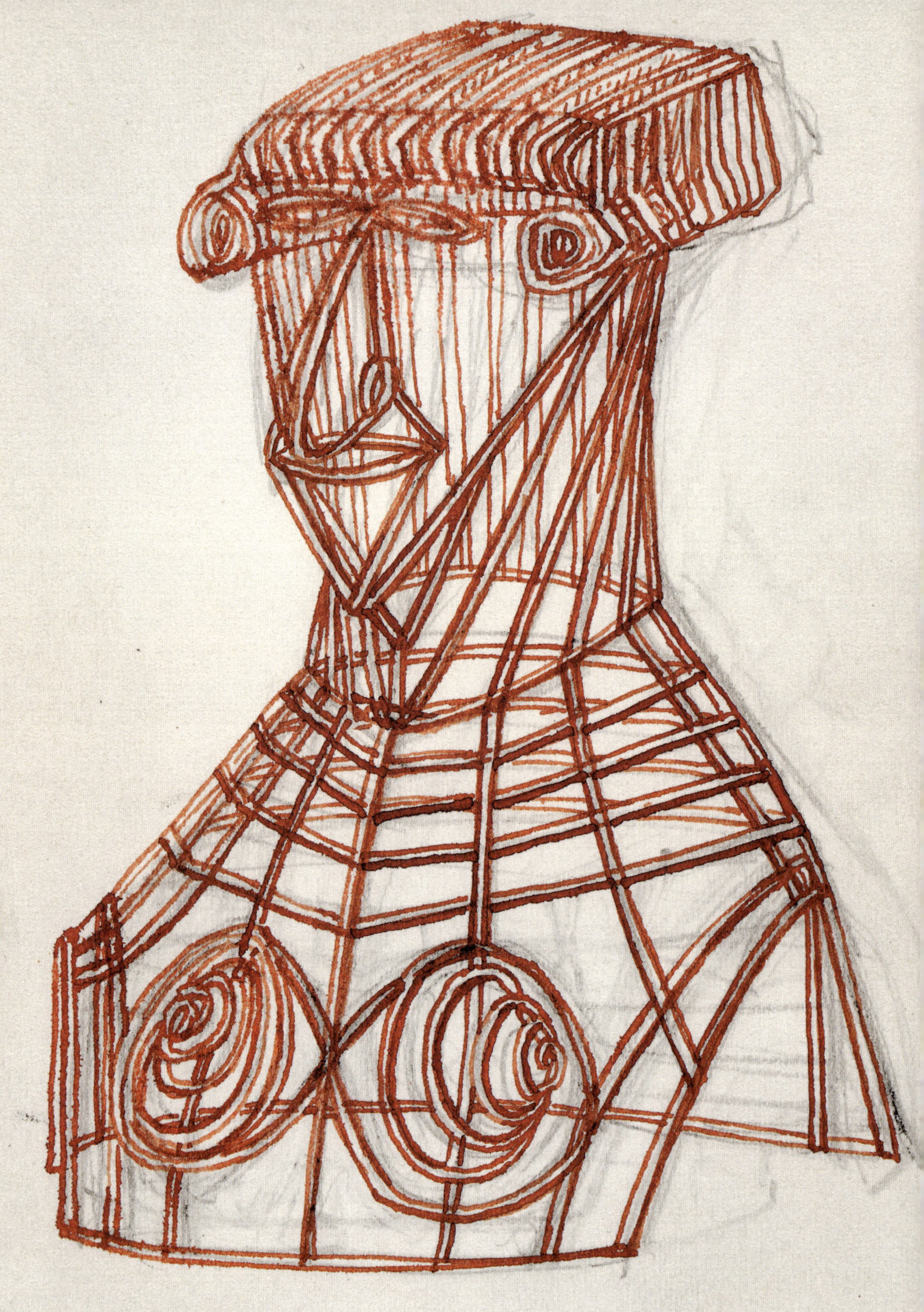

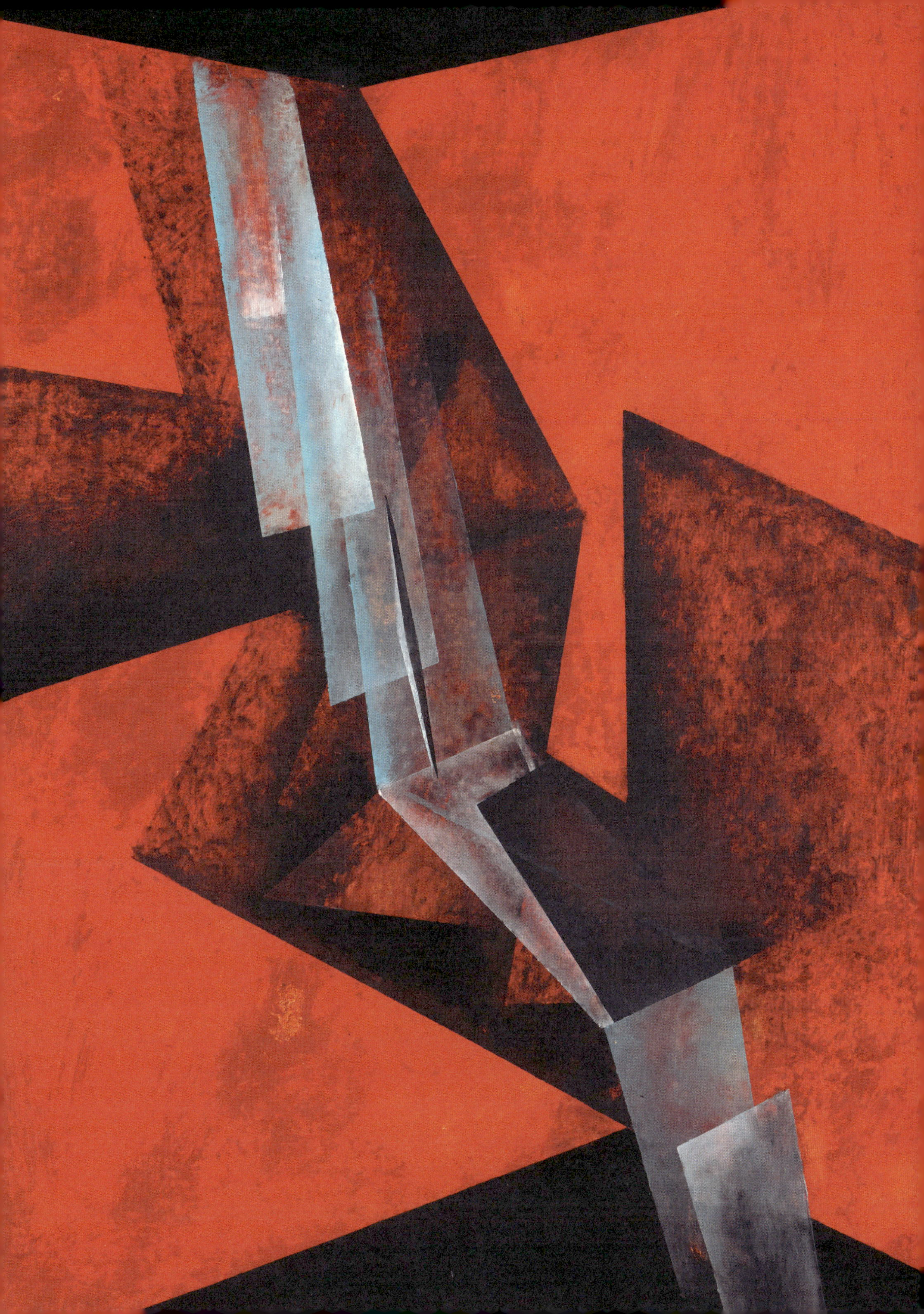

WILLI BAUMEISTER

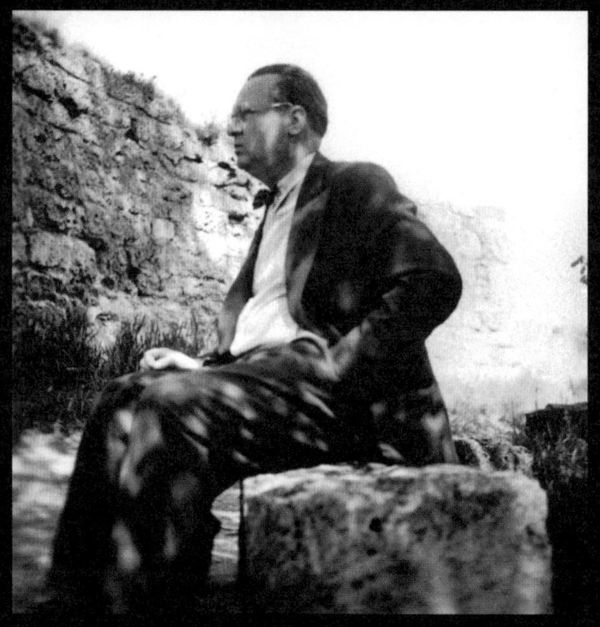

Margit Baumeister (geb. / née Oehm),
Willi Baumeister, Hohenurach, Pfingsten / Pentecost, 1941
Archiv Baumeister im Kunstmuseum Stuttgart

WILLI BAUMEISTER
* 22. Januar 1889 in Stuttgart
† 31. August 1955 in Stuttgart

1905–1907	Lehre als Dekorationsmaler
1905–1919	Studium an der Königlich Württembergischen Akademie der Bildenden Künste in Stuttgart bei Adolf Hölzel
1914–1918	Einzug zum Militärdienst
1919	Mitbegründer der Üecht-Gruppe in Stuttgart, Mitglied der Berliner Novembergruppe
1927	Erste Einzelausstellung in der Galerie Éditions Bonaparte in Paris, Berufung zum Professor für Typografie, Werbegrafik und Stoffdruck an die Frankfurter Kunstgewerbeschule (Städelschule)
1933	Entlassung aus dem Lehramt
1935	Ausstellungen in Mailand und Rom
1937	Beschlagnahmung von Werken im Zuge der Aktion „Entartete Kunst", Präsentation derselben auf der gleichnamigen Ausstellung, Beginn der Arbeit in der Wuppertaler Lackfabrik von Kurt Herberts
1938	Teilnahme an der Ausstellung *Twentieth Century German Art* in London
1943	Übersiedlung nach Bad Urach
1946	Berufung als Professor an die Staatliche Akademie der Bildenden Künste in Stuttgart
1947	Publikation seiner Schrift *Das Unbekannte in der Kunst*
1950	Teilnahme am ersten Darmstädter Gespräch
1955	Teilnahme an der documenta 1 in Kassel

WILLI BAUMEISTER
b. January 22, 1889, in Stuttgart
d. August 31, 1955, in Stuttgart

1905–07	Apprenticeship as a decorative painter
1905–19	Studies at the Royal Württemberg Academy of Visual Arts in Stuttgart under Adolf Hölzel
1914–18	Serves in the military
1919	Cofounds the Üecht Group in Stuttgart, member of the November Group in Berlin
1927	First solo exhibition at the Galerie Éditions Bonaparte in Paris, appointment as professor of typography, commercial art, and textile printing at the Frankfurt School of Applied Arts (Städelschule)
1933	Dismissal from his teaching position
1935	Exhibitions in Milan and Rome
1937	Confiscation of works as part of the campaign "Degenerate Art," presentation of those works in the exhibition of the same name, begins working at Kurt Herberts's lacquer factory in Wuppertal
1938	Participation in the exhibition *Twentieth Century German Art* in London
1943	Moves to Bad Urach
1946	Appointment as professor at the State Academy of Fine Arts in Stuttgart
1947	Publication of his text *The Unknown in Art*
1950	Participation in the first Darmstädter Gespräch
1955	Participation in documenta 1 in Kassel

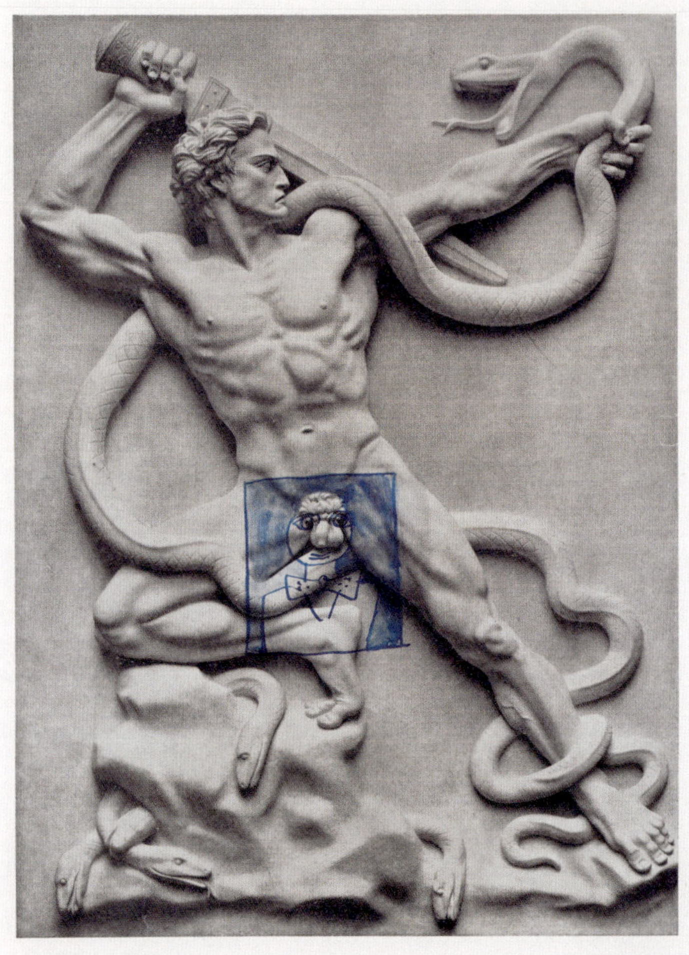

Der Rächer (Übermalung) /
The Avenger (Overpainting), 1941

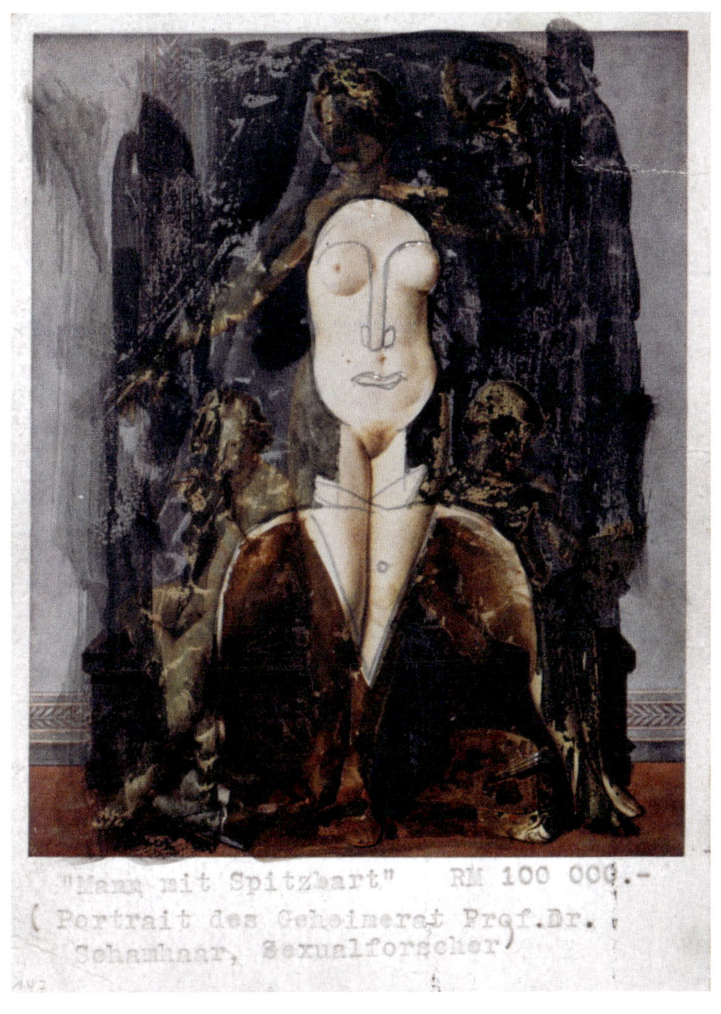

Mann mit Spitzbart /
Man with Goatee, um / ca. 1941

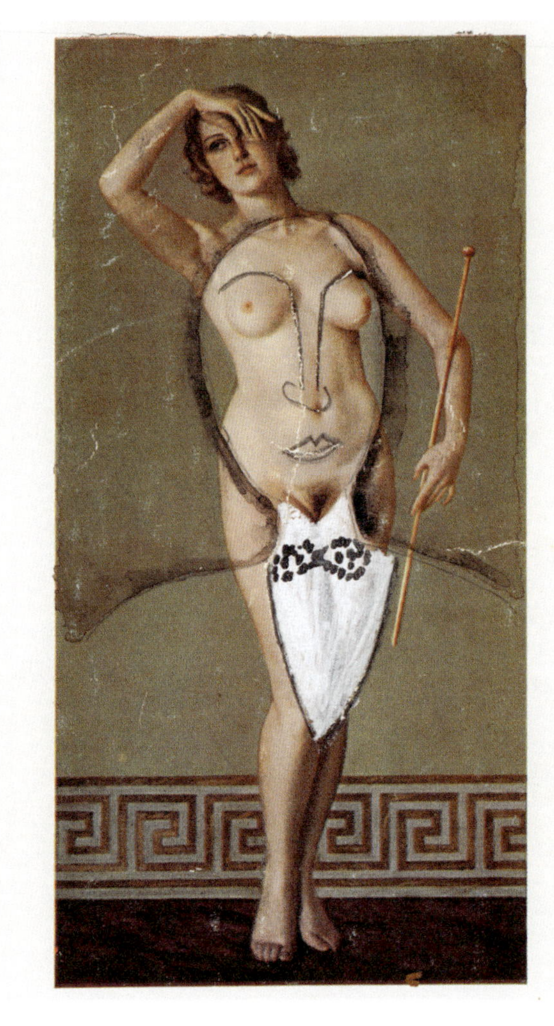

Mann mit Spitzbart II /
Man with Goatee II, 1941

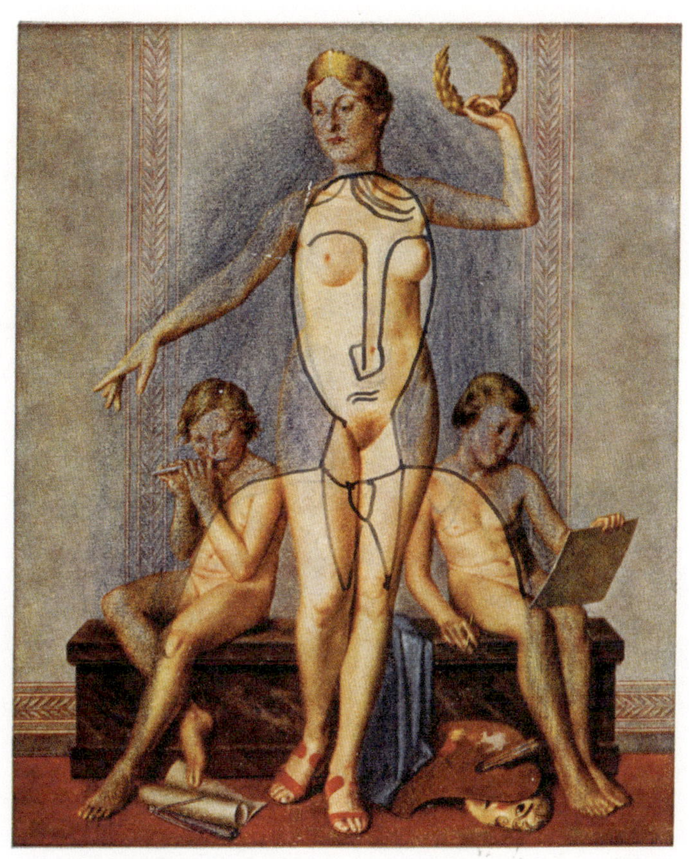

Mann mit Spitzbart
von Göbbels prämiert
von Hitler angekauft

Mann mit Spitzbart /
Man with Goatee, 1941

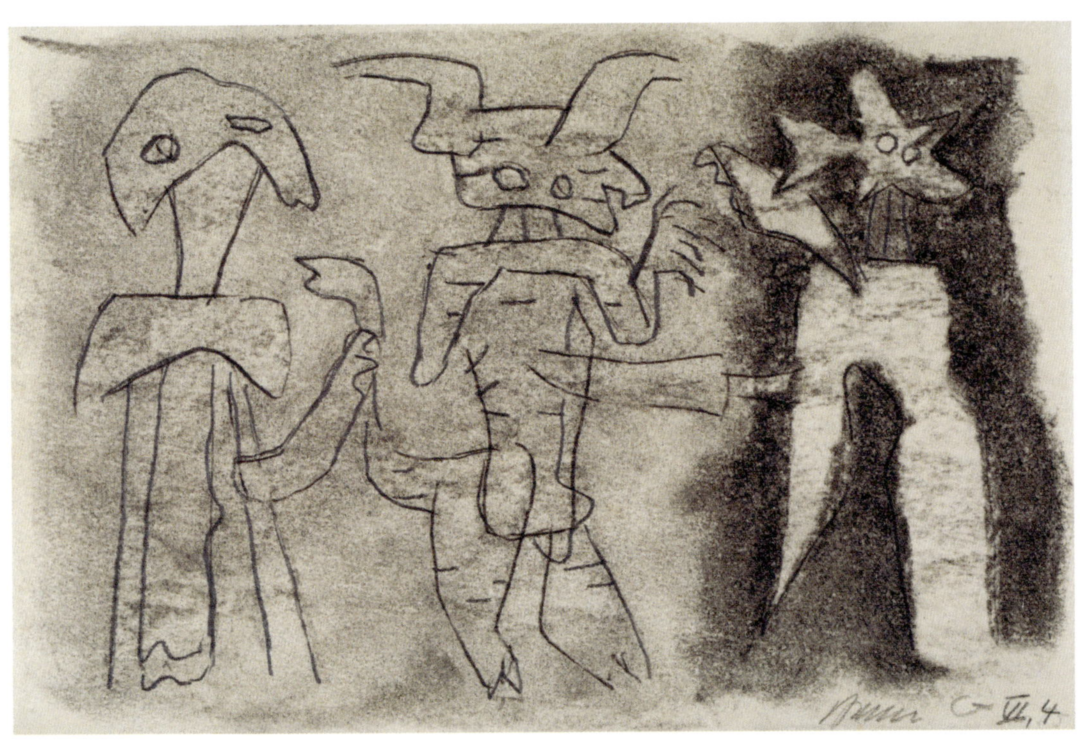

Gilgamesch XXXII (Variante) /
Gilgamesh XXXII (Variant), 1943

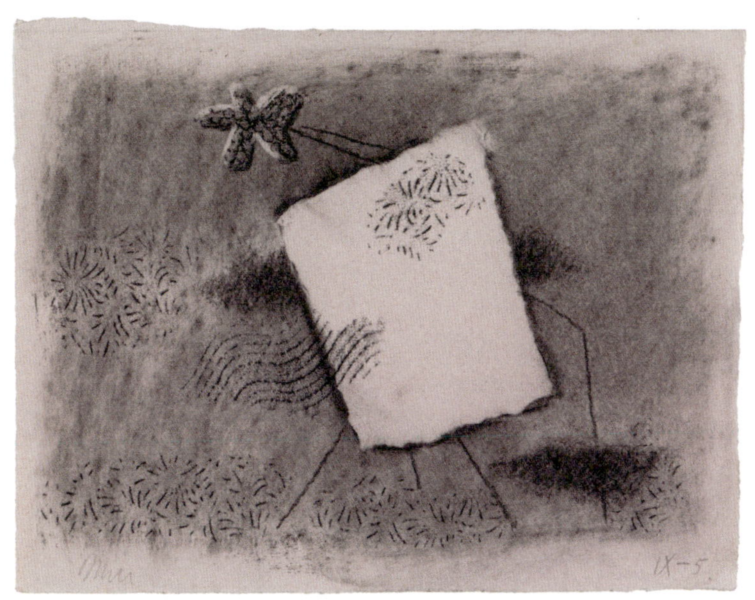

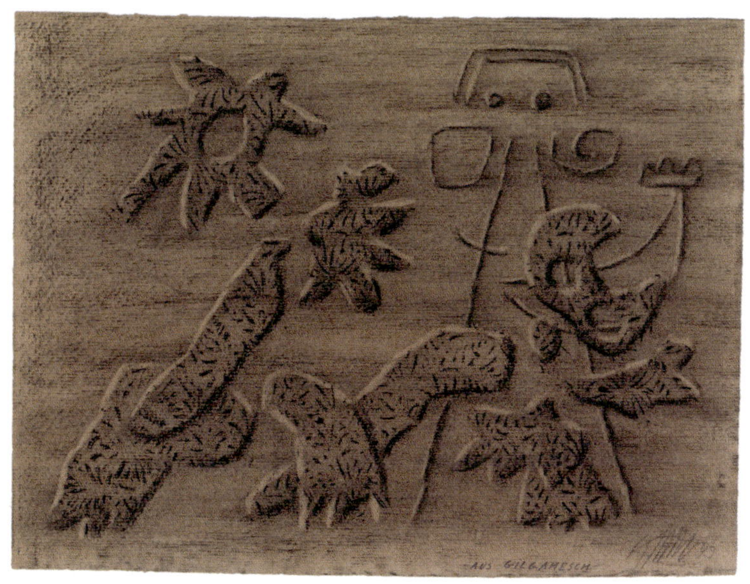

Gilgamesch XL (Variante) /
Gilgamesh XL (Variant), 1943

Gilgamesch XII (Variante) /
Gilgamesh XII (Variant), 1943

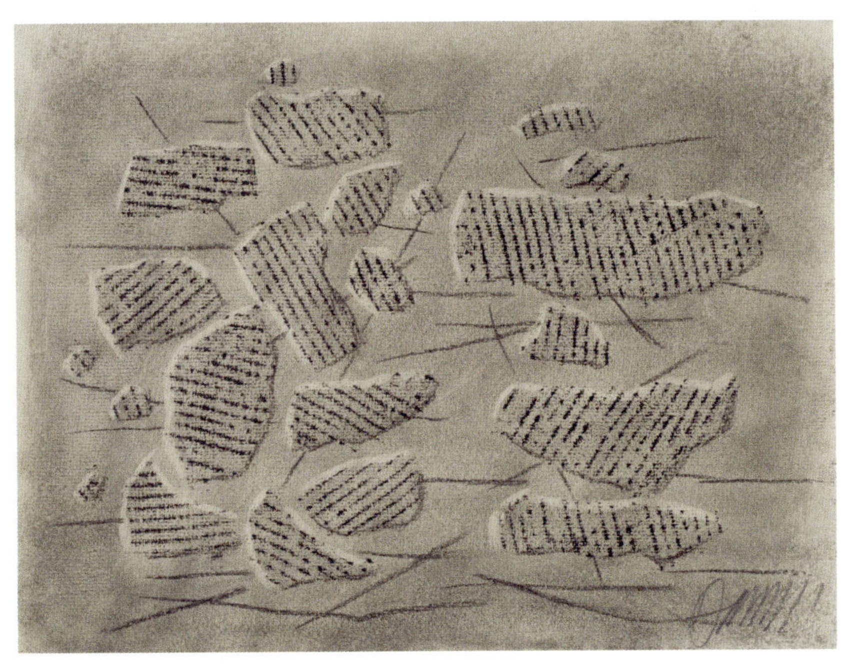

Gilgamesch XX (Variante) /
Gilgamesh XX (Variant), 1943

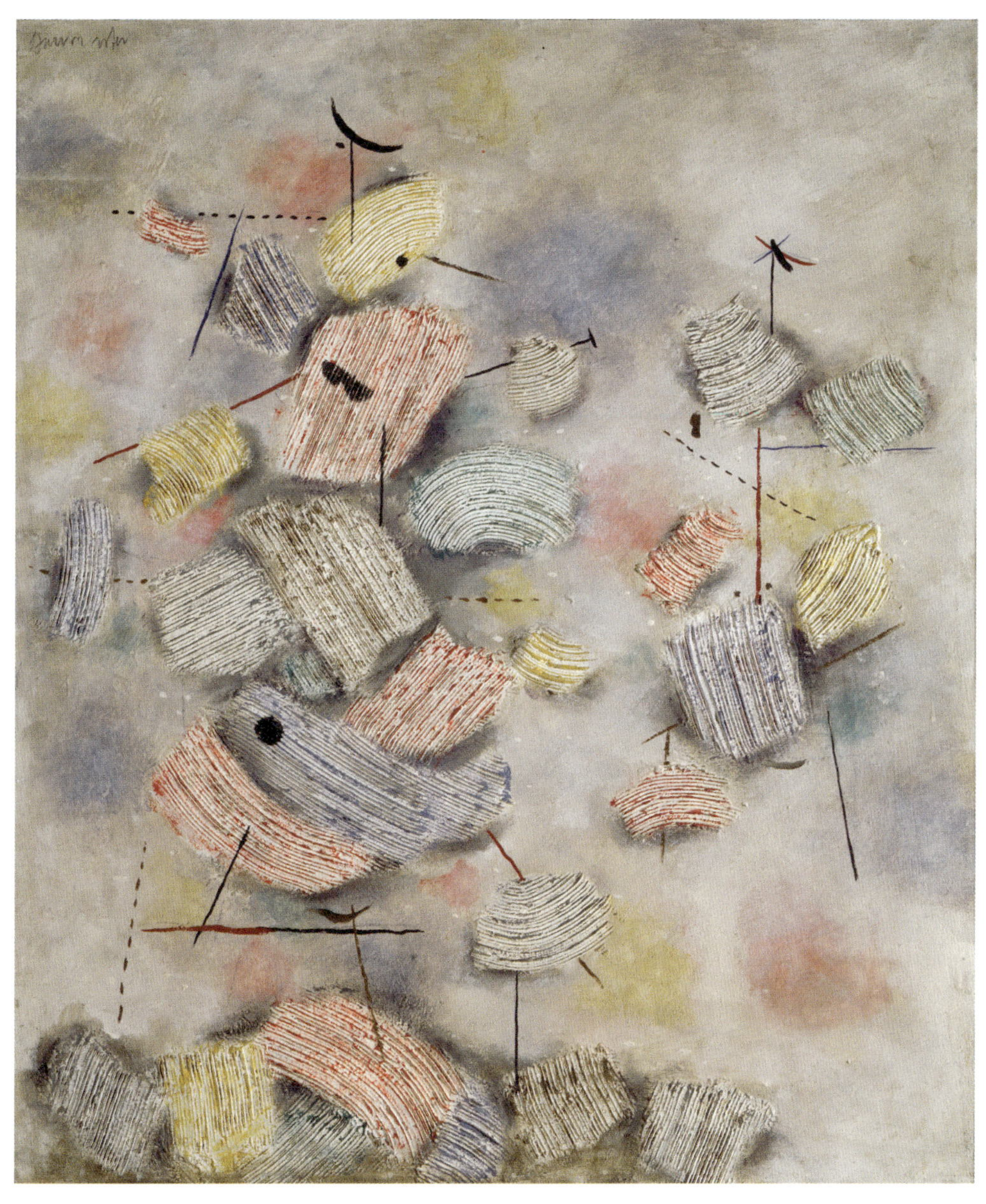

Sonnenfiguren /
Sun Figures, 1944

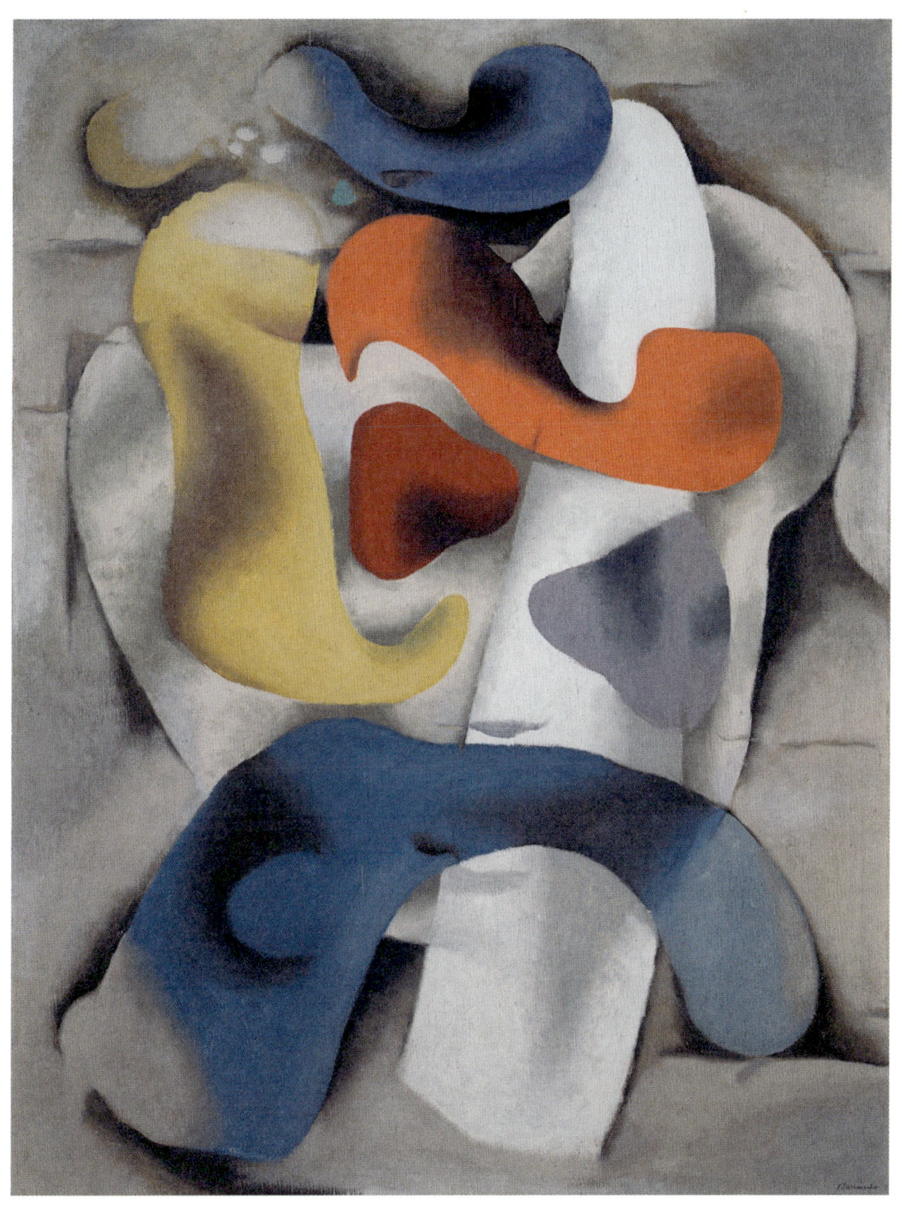

Figur in Bewegung /
Figure in Motion, 1936/37

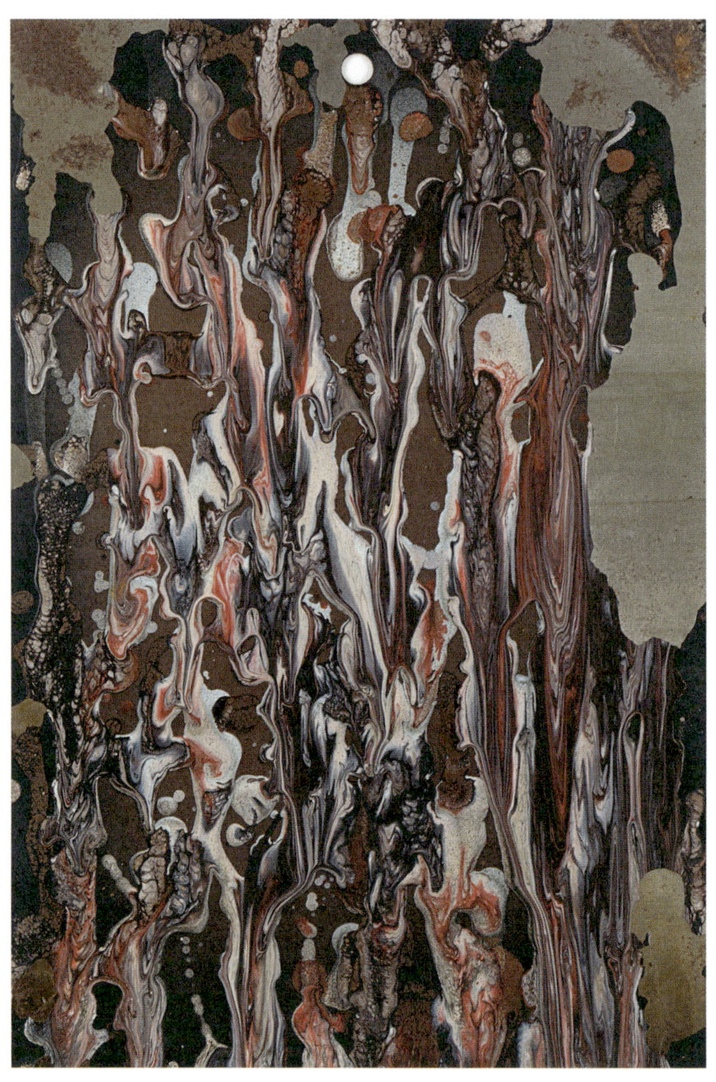

Ohne Titel / Untitled, 1941

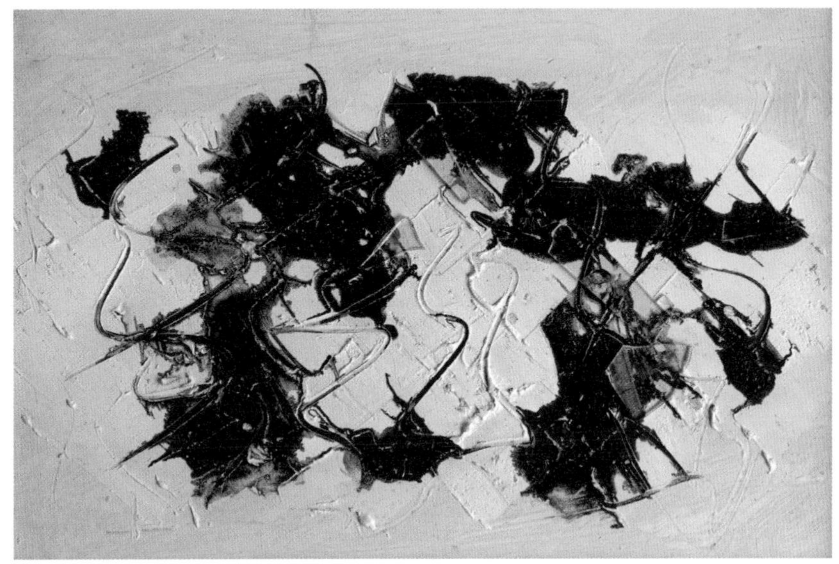

Ohne Titel / Untitled, o. D. / n.d.

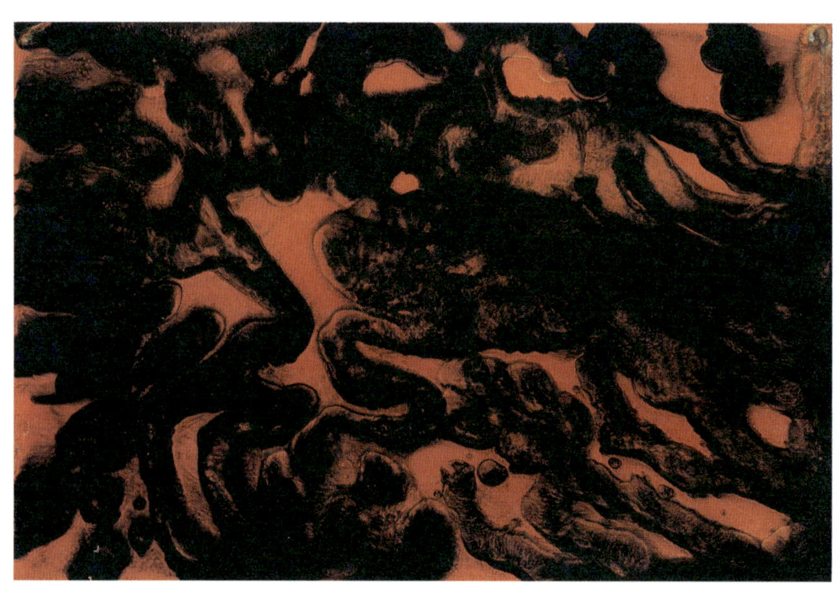

Ohne Titel / Untitled, 1941/42

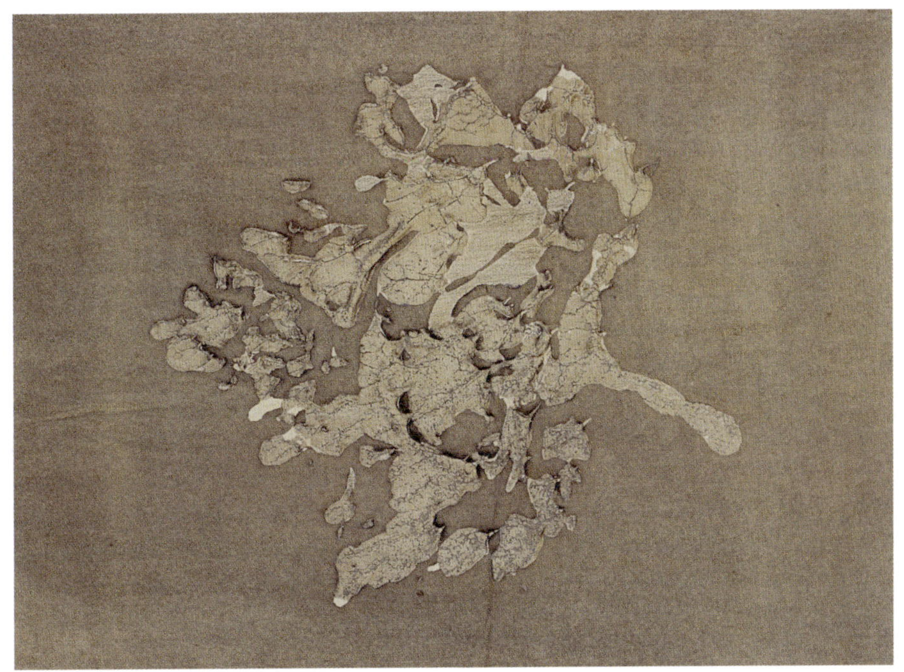

Ohne Titel / Untitled, 1941

WILLI BAUMEISTER 1889–1955

Peter Chametzky

Am 31. März 1933 entließ die neu gebildete nationalsozialistische Regierung Willi Baumeister als Professor für Gebrauchsgrafik an der Frankfurter Kunstgewerbeschule (heute Städelschule). Am 7. April schrieb er in sein Tagebuch: „Ich packe in der Wohnung. Abfahrt nach St[uttgart]. Die Mutter, Margrit u[nd] Krista gut angetroffen. Was nun?"[1]

Die 1937 in München gezeigte Ausstellung *Entartete Kunst* umfasste auch vier Gemälde und eine Lithografie Baumeisters. Die Präsentation der Sammlung Borst 1934 in Stuttgart war seine einzige weitere Ausstellung in Deutschland im Zeitraum 1933 bis 1945. Insgesamt einundfünfzig seiner Werke wurden aus öffentlichen Sammlungen beschlagnahmt.[2]

Auf diese Widrigkeiten reagierte Willi Baumeister mit Produktivität. Im Juni 1942 schrieb er in einem Brief an den Architekten Heinz Rasch (1902–1996): „... sind die gründe klar, warum diese furchtbare Zeit sich so günstig auf meine private malerei bis jetzt auswirkt? ... ist man ganz privat geworden: es gibt keine verbindung zur öffentlichkeit mehr mit den verpflichtungen zu ausstellungen usw. die eitlen belange sind weggefallen. ... die gedanken und empfindungen sind reiner ..."[3] Das Werkverzeichnis seiner Gemälde umfasst über sechshundert zwischen den Jahren 1933 und 1945 vollendete Werke.[4] Abstrakte biormorphe Formen traten an die Stelle seiner früheren konstruktivistischen und gegenständlichen Arbeiten. Mit Farbe vermischter Sand erinnert an die Wände mit prähistorischen Malereien und Zeichnungen verzierter Höhlen, vor allem an der spanischen Levante wie etwa Valltorta (*Läufer*, 1933/34) →Abb. 1. Die weich fließenden, einander durchdringenden, vage figurativen Formen dieser Werke, beispielsweise in der umfangreichen, zwischen 1938 und 1941 entstandenen *Eidos*-Serie oder der in dieser Ausstellung vertretenen *Figur in Bewegung* (1936/37) →S. 55, waren Teil eines allgemeinen Trends der 1930er und 1940er-Jahre, der mit dem Surrealismus in Zusammenhang stand und auch den New Yorker Abstrakten Expressionismus erreichte. Indem sie archaische Themen und Stile aufriefen, verwiesen die Kunstschaffenden auf eine notwendige „Rückkehr zu den Ursprüngen": Die Krisen jener Epoche waren Beweis, dass die Zivilisation gescheitert und es nun Zeit für einen Neuanfang war.[5]

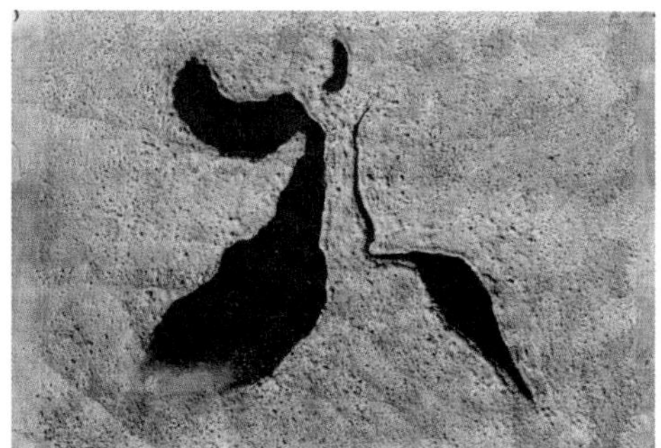

Abb. 1
Willi Baumeister, Läufer, 1933/34, Öl und Sand auf Leinwand, später auf Hartfaserplatte aufgezogen, 34 × 48,5 cm, Privatsammlung

1 Willi Baumeister Tagebücher, Eintrag vom 7. April 1933, Archiv Willi Baumeister, Kunstmuseum Stuttgart. Seine Tagebücher (1928–1955) sind auf der Webseite der Willi Baumeister Stiftung einsehbar unter: URL: <https://willi-baumeister.org/> [Abruf 15.10.2021].

2 Barbara Hentschel, Karl Hofer und Willi Baumeister. Zwei Lebenswege, in: Willi Baumeister / Karl Hofer. Begegnung der Bilder, hg. von Hans-Werner Schmidt, Ausst.-Kat. Museum der bildenden Künste Leipzig, Bielefeld 2004, S. 23–179, hier S. 103; Christine Hopfengart, Baumeister und die Öffentlichkeit, in: Willi Baumeister. Gemälde, hg. von Angela Schneider mit Christine Hopfengart, Ausst.-Kat. Nationalgalerie, Berlin, Staatliche Museen Preußischer Kulturbesitz, Stuttgart 1989, S. 111–125.

3 Willi Baumeister, Brief an Heinz Rasch, 20. Juni 1942, Archiv Baumeister, zit. nach: Ausst.-Kat. Berlin 1989 (wie Anm. 2), S. 50.

4 Peter Beye und Felicitas Baumeister, Willi Baumeister. Werkkatalog der Gemälde, Ostfildern 2002, S. 202 ff.

5 Klaus Herding, Humanismus und Primitivismus. Probleme früher Nachkriegskunst in Deutschland, in: Jahrbuch des Zentralinstituts für Kunstgeschichte 4, 1988, S. 281–311; Christa Lichtenstern, *Urpflanzlich* und *Eidos*. Willi Baumeister und Goethe, in: Willi Baumeister. Figuren und Zeichen, hg. von Heinz Spielmann, Ausst.-Kat. Bucerius Kunst Forum, Hamburg / Westfälisches Landesmuseum für Kunst und Kulturgeschichte, Münster / Von der Heydt-Museum Wuppertal, Ostfildern 2005, S. 16–25.

Fig. 1
Willi Baumeister, *Runner*, 1933–34, oil and sand on canvas, later mounted on hardboard, 34 × 48.5 cm, private collection

Peter Chametzky

On March 31, 1933, the new National Socialist government dismissed Willi Baumeister as professor of graphic design at the Frankfurter Kunstgewerbeschule (School of Applied Arts, now Städelschule). On April 7, he wrote in his diary: "I'm packing up the apartment. Departure for St[uttgart]. Found Mother, Margrit a[nd] Krista well. What now?"[1]

The 1937 *Entartete Kunst* (Degenerate Art) exhibition in Munich included four paintings and one lithograph by Baumeister. A 1934 exhibition of the Borst Collection in Stuttgart was his only other exhibition in Germany between 1933 and 1945. Fifty-one of his works were seized from public collections.[2]

Willi Baumeister responded to this adversity with productivity. In a June 1942 letter to the architect Heinz Rasch (1902–1996), he wrote: "... are the reasons clear why this horrible time has such a positive effect on my private painting? ... one becomes totally private: there is no more connection to the public, obligations to exhibit, etc., vain trivialities fall to the wayside. ... thoughts and discoveries are purer."[3] His paintings' catalogue includes over 600 works completed from 1933 to 1945.[4] Abstract, biormorphic forms replaced his earlier Constructivism and representational works. Sand mixed in with paint evoked the walls of caves decorated with prehistoric paintings and drawings, especially those from the eastern Spanish Levante, such as Valtorta (*Läufer* [Runner], 1933–34) →fig. 1. The softly floating, interpenetrating, vaguely figurative forms of these works, as in the extensive *Eidos* series of 1938–41, or this exhibition's *Figur in Bewegung* (Figure in Motion, 1936–37) →p. 55, were part of a general trend in the 1930s and 1940s, related to Surrealism and extending to New York's Abstract Expressionists. By evoking archaic themes and styles, artists suggested that a "return to origins" was needed: the period's crises proved that civilization had failed and it was time to start over from the beginning.[5]

1 *Willi Baumeister Diaries*, entry from April 7, 1933, Willi Baumeister Archive, Kunstmuseum Stuttgart. His diaries (1928–55) are available in German on the website of the Willi Baumeister Stiftung: https://willi-baumeister.org (accessed October 22, 2021).

2 Barbara Hentschel, "Karl Hofer und Willi Baumeister: Zwei Lebenswege," *Willi Baumeister / Karl Hofer: Begegnung der Bilder*, ed. Hans-Werner Schmidt, exh. cat. Museum der bildenden Künste, Leipzig (Bielefeld: Kerber Verlag, 2004), pp. 23–179, esp. p. 103; Christine Hopfengart, "Baumeister und die Öffentlichkeit," in *Willi Baumeister: Gemälde*, ed. Angela Schneider with Christine Hopfengart, exh. cat. Nationalgalerie, Berlin, Staatliche Museen Preußischer Kulturbesitz (Stuttgart: Edition Cantz, 1989), pp. 111–25.

3 Willi Baumeister, letter to Heinz Rasch, June 20, 1942, Baumeister Archive, quoted in *Willi Baumeister: Gemälde*, p. 50.

4 Peter Beye and Felicitas Baumeister, *Willi Baumeister: Werkkatalog der Gemälde* (Ostfildern: Hatje Cantz, 2002), pp. 202ff.

5 Klaus Herding, "Humanismus und Primitivismus: Probleme früher Nachkriegskunst in Deutschland," *Jahrbuch des Zentralinstitust für Kunstgeschichte* 4 (1988), pp. 281–311; Christa Lichtenstern, "*Urpflanzlich* und *Eidos*: Willi Baumeister und Goethe," in *Willi Baumeister: Figuren und Zeichen*, ed. Heinz Spielmann, exh. cat. Bucerius Kunst Forum, Hamburg, Westfälisches Landesmuseum für Kunst und Kulturgeschichte, Münster, and Von der Heydt-Museum Wuppertal (Ostfildern: Hatje Cantz, 2005), pp. 16–25.

Auch Baumeisters grafische Produktion war außerordentlich. Zwischen April und Dezember 1943 schuf er ungefähr vierhundertachtzig Zeichnungen. In der Abgeschiedenheit von Urach, dem Dorf an der Schwäbischen Alb, wo er Zuflucht vor den Bombenangriffen auf Stuttgart gesucht hatte, arbeitete er an umfangreichen, vor allem vom Alten Testament und von altorientalischen Texten angeregten Werkserien. Die *Gilgamesch*-Folge, von der vier Kohlezeichnungen → S. 50–52 in dieser Ausstellung zu sehen sind, stellt eine der großen Leistungen der Zeichenkunst der frühen 1940er-Jahre dar.[6]

Außerhalb Deutschlands ermöglichten ihm seine internationalen Verbindungen und sein Ruf die Teilnahme an Gruppenausstellungen 1937 in Basel und Paris sowie an der Schau *Twentieth Century German Art,* die ein Jahr später in London als Reaktion auf die Ausstellung *Entartete Kunst* stattfand. Durch Vermittlung des auf Teneriffa lebenden spanischen Kunstkritikers Eduardo Westerdahl (1902–1983), der 1934 eine Monografie über Baumeister veröffentlichte, stellte der Künstler 1935 auch in Galerien in Mailand und Rom aus.[7] Eine weitere Einzelausstellung folgte 1939 in Paris in der surrealistischen Galerie Jeanne Bucher anlässlich von Baumeisters fünfzigstem Geburtstag.

Gemeinsam mit Oskar Schlemmer (1888–1943), Franz Krause (1897–1979), Georg Muche (1895–1987) sowie Hans Hildebrandt (1878–1957) und seine Frau, die Künstlerin Lily, geborene Uhlmann (1887–1974) betrieb Baumeister von 1937 bis zur Bombardierung von Kurt Herberts' (1901–1989) Wuppertaler Lackfabrik in dem dort von Rasch eingerichteten Labor Experimente zur Geschichte der Maltechniken.[8] Unter Herberts' Namen erschien auch eine Reihe von Publikationen zu historischen Malverfahren, die teilweise Baumeisters Gemälde in Reproduktion enthielten. Diese Tätigkeit verschaffte ihm neben der Gebrauchsgrafik ein gewisses Einkommen und bot Schutz vor kriegsbedingten Einsätzen. Die sich aus der Arbeit im Maltechnikum herleitenden Experimente mit der Abstraktion → S. 56–59 können als Vorwegnahme der informellen Kunst der Nachkriegszeit oder auch von Andy Warhols Oxidationsbildern gelten.[9] Die umfangreiche Korrespondenz mit Rasch, die der zwischen Wuppertal und seiner Familie in Stuttgart pendelnde Baumeister führte, bildete die Grundlage für seine theoretische Schrift *Das Unbekannte in der Kunst.* Sie wurde größtenteils 1943/44 verfasst und erstmals 1947 im Deutschland der Nachriegszeit als eine der wichtigsten frühen Erläuterungen der von den Nationalsozialisten als „entartet" bezeichneten Kunst der Moderne veröffentlicht.

Die Ausstellung *KUNST FÜR KEINEN. 1933–1945* zeigt in der Schirn auch vier Werke, über die ich das erste Mal 1989 anlässlich des hundertsten Geburtstagsjubiläums Baumeisters geschrieben habe. Die bearbeiteten Postkarten von Adolf Zieglers Gemälden und die großartig satirische Zeichnung, entstanden auf der Reproduktion einer Skulptur Arno Brekers in einer Kunstzeitschrift, belegen Baumeisters unmittelbare Reaktion auf Bilder – und zwar direkt auf

6 Ina Conzen-Meairs, Der Weg der Sonnenhelden. Zur Symbolik von Baumeisters mythologischen Illustrationen, in: Willi Baumeister. Zeichnungen, Gouachen, Collagen, hg. von Ulrike Gauss, Ausst.-Kat. Staatsgalerie Stuttgart / Museum Fridericianum, Kassel / Kunstmuseum Bern, Stuttgart 1989, S. 155–173; Heinz Spielmann, Baumeisters Illustrationen nahöstlicher Epen. Figurentypen und Erzählstruktur, in: Ausst.-Kat. Hamburg / Münster / Wuppertal 2005 (wie Anm. 5), S. 42–55; Ilka Voermann, Willi Baumeister, in: Inventur. Art in Germany, 1943–55, hg. von Lynette Roth mit Ilka Voermann, Ausst.-Kat. Harvard Art Museums, Cambridge, MA 2018, S. 142–145.

7 Paloma Alarcó, Willi Baumeister und Spanien. Gemeinsamkeiten und Einflüsse, in: Willi Baumeister, hg. von Helmut Friedel und Tomàs Llorens, Ausst.-Kat. Fundación Caja Madrid / Städtische Galerie im Lenbachhaus, München, München 2004, S. 50–73.

8 Jungmin Lee, Willi Baumeister, Oskar Schlemmer, Franz Krause, in: Ausst.-Kat. Cambridge, MA 2018 (wie Anm. 6), S. 109 f.; Peter Chametzky, *Absender: ich.* Willi Baumeister's Anti-Nazi Works as Objects of (S)exchange, in: ders., Objects as History in Twentieth-Century German Art. Beckmann to Beuys, Berkeley 2010, S. 94–135, hier S. 120.

9 Lee 2018 (wie Anm. 8).

Baumeister's graphic production was also prodigious. Between April and December of 1943 he produced some 480 drawings. Working in isolation in the Swabian alpine village of Urach to escape the bombing of Stuttgart, he drew vast series inspired especially by the Old Testament and Ancient Near Eastern texts. The *Gilgamesh* series, of which four charcoal drawings → pp. 50–52 feature in this exhibition, represents one of the great achievements in the art of drawing of the early 1940s.[6]

Outside of Germany, his international connections and reputation allowed him to show at group exhibitions in Basel and Paris in 1937, and at the *Twentieth Century German Art* exhibition held in London a year later as a response to the exhibition *Entartete Kunst*. Through the Spanish art critic Eduardo Westerdahl (1902–1983), who was based in Tenerife and published a monograph on Baumeister in 1934, the artist exhibited in galleries in Milan and Rome in 1935.[7] Another solo exhibition followed in Paris in 1939, at the surrealist Galerie Jeanne Bucher, in celebration of Baumeister's fiftieth birthday.

Along with Oskar Schlemmer (1888–1943), Franz Krause (1897–1979), and Georg Muche (1895–1987), as well as Hans Hildebrandt (1878–1957) and his wife, the artist Lily Hildebrandt, née Uhlmann (1887–1974), Baumeister engaged in experiments in the history of painting techniques in the laboratory set up by Rasch in the Wuppertal lacquer factory owned by Kurt Herberts (1901–1989), from 1937 until the factory was bombed in 1944.[8] A series of publications on historical painting techniques appeared under Herberts's name, sometimes including Baumeister's paintings as reproductions. Along with graphic design, this job provided him with some income and protected him from war-related work. Experiments in abstraction deriving from Rasch's laboratory, the Maltechnikum → pp. 56–59, may predict the postwar Informel or even Andy Warhol's oxidation paintings.[9] Shuttling between his family in Stuttgart and Wuppertal, Baumeister's extensive correspondence with Rasch formed the basis of his theoretical book *Das Unbekannte in der Kunst* (The Unknown in Art), largely written in 1943–44 and first published in 1947 as one of postwar Germany's most important early explanations of the modernist art that the National Socialists had deemed "degenerate."

The exhibition *ART FOR NO ONE. 1933–1945* at the Schirn Kunsthalle includes four works that I first wrote about in Baumeister's centennial year of 1989. The altered postcards of Adolf Ziegler's paintings and the brilliant satirical drawing on an art magazine reproduction of a sculpture by Arno Breker show Baumeister responding directly to, and even upon, images embodying Nazi aesthetics and

6 Ina Conzen-Meairs, "Der Weg der Sonnenhelden: Zur Symbolik von Baumeisters mythologischen Illustrationen," in *Willi Baumeister: Zeichnungen, Gouachen, Collagen*, ed. Ulrike Gauss, exh. cat. Staatsgalerie Stuttgart, Museum Fridericianum, Kassel, and Kunstmuseum Bern (Stuttgart: Edition Cantz, 1989), pp. 155–73; Heinz Spielmann, "Baumeisters illustrationen nahöstlicher Epen: Figurentypen und Erzählstruktur," in *Willi Baumeister: Figuren und Zeichen*, pp. 42–55; Ilka Voermann, "Willi Baumeister," in *Inventur: Art in Germany, 1943–55*, ed. Lynette Roth with Ilka Voermann, exh. cat. Harvard Art Museums (Cambridge, MA: Harvard Art Museums, 2018), pp. 142–45.

7 Paloma Alarcó, "Willi Baumeister und Spanien: Gemeinsamkeiten und Einflüsse," in *Willi Baumeister*, ed. Helmut Friedel and Tomàs Llorens, exh. cat. Fundación Caja Madrid and Städtische Galerie im Lenbachhaus (Munich: Städtische Galerie im Lenbachhaus, 2004), pp. 50–73.

8 Jungmin Lee, "Willi Baumeister, Oskar Schlemmer, Franz Krause," in *Inventur: Art in Germany, 1943–55*, pp. 109–10; Peter Chametzky, "*Absender: ich:* Willi Baumeisters Anti-Nazi Works as Objects of (S)exchange," in *Objects as History in Twentieth-Century German Art: Beckmann to Beuys* (Berkeley: University of California Press, 2010), pp. 94–135, esp. p. 120.

9 Lee, "Willi Baumeister, Oskar Schlemmer, Franz Krause."

Abbilder –, die die Ästhetik und Ideologie des Nationalsozialismus verkörperten → S. 46–49.[10] Doch ging sein Engagement über diese dadaistischen Werke noch hinaus. Baumeisters Illustration zum Buch Esther, Nummer 31 von 1943 *(Esther XXXI)* → Abb. 2, eine Kohlezeichnung auf strukturiertem frottageartigem Grund, weist links oben eine Form auf, die unverkennbar an einen hebräischen Buchstaben, ein umgekehrtes *Taw* (Tau), erinnert. Die sich von rechts unten bis zu diesem Zeichen spannende Diagonale stellt ein erhobenes Schwert dar. Die der Zeichnung zugrunde liegende Textstelle lautet: „Also schlugen die Juden an allen ihren Feinden eine Schwertschlacht und würgten und raubten und brachten um und taten nach ihrem Willen an denen, die ihnen feind waren." (Esther 9,5).[11] Im Juni 1943, einen Monat nach der Vergasung der letzten heldenhaften jüdischen Verteidiger des Warschauer Gettos am 8. Mai, griff Baumeister die Geschichte der jüdischen Königin und Gemahlin des persischen Königs Ahasveros auf, die zusammen mit ihrem Onkel Mordechai die persischen Juden vor der von Ahasveros' Wesir Haman beabsichtigten Vernichtung rettete und so das Purimfest initiierte, bei dem die Juden ausgelassen die Vorstellung feiern, dass alle Tyrannen letztlich überwunden werden können.

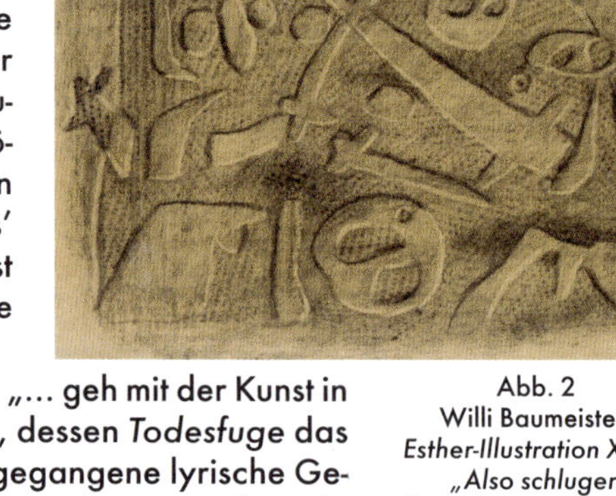

Abb. 2
Willi Baumeister,
Esther-Illustration XXXI, „Also schlugen die Juden an allen ihren Feinden eine Schwertschlacht … (IX, 5)", 1943,
Kohle, gewischt, radiert, fixiert, auf mittelgelbem Ingres-Bütten,
24 × 31,4 cm,
Archiv Baumeister im Kunstmuseum Stuttgart

In seinem Vortrag „Der Meridian" von 1960 erklärte Paul Celan: „… geh mit der Kunst in deine allereigenste Enge. Und setze dich frei."[12] Wie auch bei Celan, dessen *Todesfuge* das berühmteste, schönste und eindringlichste aus dem Holocaust hervorgegangene lyrische Gedicht darstellt, war Baumeisters Gang in seine „allereigenste Enge" kein Rückzug, sondern ein Weg hin zu künstlerischer wie persönlicher Freiheit und Verantwortung. Ein weiterer großer Dichter, Walt Whitman, schrieb im *Gesang meiner selbst:* „Ich bin groß, ich enthalte Vielheiten." Baumeister schuf ein einheitliches Œuvre – in Versenken in sein eigenes Werk und sein umfassendes Selbst, im Zurückgreifen, um seinem Schaffen eine durchgängige Kontituität zu verleihen, wie Michael Semff überzeugend dargelegt hat, im Hinausgreifen auf das Werk anderer Künstlerinnen und Künstler und im Reagieren auf es und auf seine Zeit, wie Erich Franz, René Hirner, Werner Hofmann, Tomás Llorens, Heinz Spielmann, Ilka Voermann, der Verfasser und andere deutlich gemacht haben – und verband das Persönliche mit dem Politischen, das Individuelle mit dem Mythischen, das Topische mit dem Universellen.[13] Sein beharrliches Wirken im Vorfeld der „Stunde Null" hätte kaum zeitgemäßer sein können.

10 Peter Chametzky, Marginal Comments, Oppositional Work. Willi Baumeister's Confrontation with Nazi Art, in: Ausst.-Kat. Stuttgart / Kassel / Bern 1989 (wie Anm. 6), S. 251–272; ders., Autonomy and Authority in German Twentieth-Century Art. The Art and Career of Willi Baumeister, 2 Bde., Diss. City University of New York, 1991 (Ann Arbor, MI: UMI, Order Number 9119617); ders., The Post-History of Willi Baumeister's Anti-Nazi Postcards, in: Visual Resources 17, 4, 2001, S. 459–480; Chametzky 2010 (wie Anm. 8); ders., From Anti-Nazi Postcards to Anti-Trump Social Media. Laughter as Resistance, Opposition, or Cold Comfort?, in: Art and Resistance in Germany, hg. von Deborah Ascher Barnstone und Elizabeth Otto, New York 2019, S. 193–216; ders., Die Montage leben und sterben und ihr widerstehen, in: Montage oder Fake News? Von Heartfield bis Twitter, hg. von Angela Lammert, Ausst.-Kat. Akademie der Künste, Berlin, Göttingen 2021, S. 68–74.

11 Lutherbibel 1912. Dietmar J. Ponert in Zusammenarbeit mit Felicitas Karg-Baumeister, Willi Baumeister. Werkverzeichnis der Zeichnungen, Gouachen und Collagen, Köln 1988, Nr. 1103.

12 Paul Celan, Der Meridian. Rede anläßlich der Verleihung des Georg-Büchner-Preises, Darmstadt, 22. Oktober 1960, in: ders., Gesammelte Werke in sieben Bänden, Bd. 3 Gedichte III. Prosa. Reden, Frankfurt am Main 2000, S. 187–202, hier S. 200.

13 Michael Semff, „Zurückliegendes und Zukünftiges". Bilder – Schriften zwischen Erinnerung und Evokation. Über die Zeichnungen Willi Baumeisters, in: Willi Baumeister. Zeichnungen, hg. von Michael Semff, Ausst.-Kat. Staatliche Graphische Sammlung, München / Kupferstich-Kabinett, Dresden, Stuttgart 1996, S. 8–24; Michael Semff, Figur und Vakuum – Nachahmung und Irritation. Beobachtungen zu Willi Baumeisters schöpferischer Arbeit zwischen Zeichnung und Malerei, in: Willi Baumeister, hg. von Helmut Friedel und Tomás Llorens, Ausst.-Kat. Thyssen-Bornemisza Museum, Madrid, Fundación Caja Madrid / Städtische Galerie im Lenbachhaus, München, München 2004, S. 35–49; Tomás Llorens, Primitivismus und Mythos in der Malerei Willi Baumeisters, in: ebd., S. 14–23; Erich Franz, „Bewegtes Sehen". Baumeister und die Moderne, in: Willi Baumeister. Figuren und Zeichen, hg. von Heinz Spielmann, Ausst.-Kat. Bucerius Kunstforum, Hamburg / Westfälisches Landesmuseum, Münster / Von der Heydt-Museum, Wuppertal, Ostfildern-Ruit 2005, S. 8–15; René Hirner, Anmerkungen zu Willi Baumeisters Hinwendung zum Archaischen, in: Ausst.-Kat. Stuttgart / Kassel / Bern 1989 (wie Anm. 6), S. 45–53; ders., „Baumeister und die Figur", in: Ausst.-Kat. Leipzig 2004 (wie Anm. 2), S. 192–201; Werner Hofmann, Hofer und Baumeister – Ein exemplarischer Konflikt, in: ebd., S. 12–21.

Fig. 2
Willi Baumeister,
Esther Illustration XXXI, "The Jews put down all their enemies with sword blows ... (9:5)," 1943,
charcoal, wiped, etched, fixed, on medium yellow Ingres laid paper,
24 × 31.4 cm,
Baumeister Archive,
Kunstmuseum Stuttgart

ideology →pp. 46–49.[10] His *engagement* extended beyond these Dadaistic works. Baumeister's illustration no. 31 in his *Esther* book of 1943 (*Esther XXXI*) →fig. 2, a charcoal drawing with a textured, frottage ground, includes in the upper left a form unmistakably resembling Hebrew, a reversed *taw*. A diagonal extending from the lower right to this character represents a raised sword. The textual passage which inspired the drawing states: "Thus the Jews smote all their enemies with the stroke of the sword, and slaughter, and destruction, and did what they would unto those that hated them" (Esther 9:5, King James Version).[11] In June 1943, one month after the May 8 gassing of the last heroic Jewish defenders of the Warsaw Ghetto, Baumeister responded to the story of the Jewish Queen of the Persian King Ahasuerus, who with her uncle Mordecai saved the Persian Jews from the annihilation planned for them by Ahasuerus's vizier Haman, inspiring the Feast of Purim, during which Jews raucously celebrate the idea that all tyrants can ultimately be overcome.

10 Peter Chametzky, "Marginal Comments, Oppositional Work: Willi Baumeister's Confrontation with Nazi Art," in Gauss, *Willi Baumeister: Zeichnungen, Gouachen, Collagen*, pp. 251–72; Peter Chametzky, "Autonomy and Authority in German Twentieth-Century Art: The Art and Career of Willi Baumeister" (2 vols.), PhD dissertation, City University of New York, 1991 (Ann Arbor, MI: UMI, Order Number 9119617); Peter Chametzky, "The Post-History of Willi Baumeister's Anti-Nazi Postcards," *Visual Resources* 17, no. 4 (2001), pp. 459–80; Chametzky, *Objects as History in Twentieth-Century German Art;* Peter Chametzky, "From Anti-Nazi Postcards to Anti-Trump Social Media: Laughter as Resistance, Opposition, or Cold Comfort?," in *Art and Resistance in Germany,* ed. Deborah Ascher Barnstone and Elizabeth Otto (New York: Bloomsbury Academic, 2019), pp. 193–216; Peter Chametzky, "Die Montage leben und sterben und ihr widerstehen," *Montage oder Fake News? Von Heartfield bis Twitter,* ed. Angela Lammert, exh. cat. Akademie der Künste, Berlin (Göttingen: Steidl Verlag, 2021), pp. 68–74.

11 "Also schlugen die Juden an allen ihren Feinden eine Schwertschlacht ..." Dietmar Ponert in collaboration with Felicitas Karg-Baumeister, *Willi Baumeister: Werkverzeichnis der Zeichnungen, Gouachen und Collagen* (Cologne: DuMont, 1988), cat. no. 1103.

In his 1960 lecture "The Meridian," Paul Celan stated: "... with art go into your very selfmost straits. And set yourself free."[12] Like Celan, whose *Todesfuge* (Death Fugue) represents the most famous, beautiful, and haunting lyric poem deriving from the Holocaust, Baumeister's movement into his "selfmost straits" was not a retreat, but a route toward artistic and personal freedom and responsibility. As another great poet, Walt Whitman, wrote in "Song of Myself": "I am large, I contain multitudes." Baumeister created a unified body of work—sinking himself into his own work and his capacious self, reaching back to create continuity across his oeuvre, as Michael Semff has convincingly demonstrated, reaching outward to the work of other artists and responding to it and to his times, as Erich Franz, René Hirner, Werner Hofmann, Tomás Llorens, Heinz Spielmann, Ilka Voermann, I, and others, have—connecting the personal to the political, the individual to the mythic, the topical to the universal.[13] His steadfast work prior to the "zero hour" could hardly have been more timely.

12 Paul Celan, "Der Meridian: Rede anläßlich der Verleihung des Georg-Büchner-Preises," Darmstadt, October 22, 1960. Paul Celan, *Gesammelte Werke in sieben Bänden*, 3rd ed. (Frankfurt am Main: Suhrkamp, 2000), p. 200. English from John Felstiner, *Paul Celan: Poet, Survivor, Jew* (New Haven: Yale University Press, 1995), p. 165.

13 Michael Semff, "'Zurückliegendes und Zukünftiges': Bilder – Schriften zwischen Erinnerung und Evokation; Über die Zeichnungen Willi Baumeisters," in *Willi Baumeister: Zeichnungen,* ed. Michael Semff, exh. cat. Staatliche Graphische Sammlung, Munich, and Kupferstich-Kabinett, Dresden (Stuttgart: Gerd Hatje, 1996), pp. 8–24; Michael Semff, "Figur und Vakuum – Nachahmung und Irritation: Beobachtungen zu Willi Baumeisters schöpferischer Arbeit zwischen Zeichnung und Malerei," in *Willi Baumeister,* ed. Helmut Friedel and Tomás Llorens, exh. cat. Thyssen-Bornemisza Museum, Madrid, Fundación Caja Madrid, and Städtische Galerie im Lenbachhaus, Munich (Munich: Städtische Galerie im Lenbachhaus, 2004), pp. 35–49; Tomás Llorens, "Primitivismus und Mythos in der Malerei Willi Baumeisters," in Friedel and Llorens, *Willi Baumeister,* pp. 14–23; Erich Franz, "'Bewegtes Sehen': Baumeister und die Moderne," in *Willi Baumeister: Figuren und Zeichen,* ed. Heinz Spielmann, exh. cat. Bucerius Kunstforum, Hamburg, Westfälisches Landesmuseum, Münster, and Von der Heydt-Museum, Wuppertal (Ostfildern-Ruit: Hatje Cantz, 2005), pp. 8–15; René Hirner, "Anmerkungen zu Willi Baumeisters Hinwendung zum Archaischen," in Gauss, *Willi Baumeister: Zeichnungen, Gouachen, Collagen,* pp. 45–53; René Hirner, "Baumeister und die Figur," in Schmidt, *Willi Baumeister / Karl Hofer,* pp. 192–201; Werner Hofmann, "Hofer und Baumeister: Ein exemplarischer Konflikt," in Schmidt, *Willi Baumeister / Karl Hofer,* pp. 12–21.

OTTO DIX

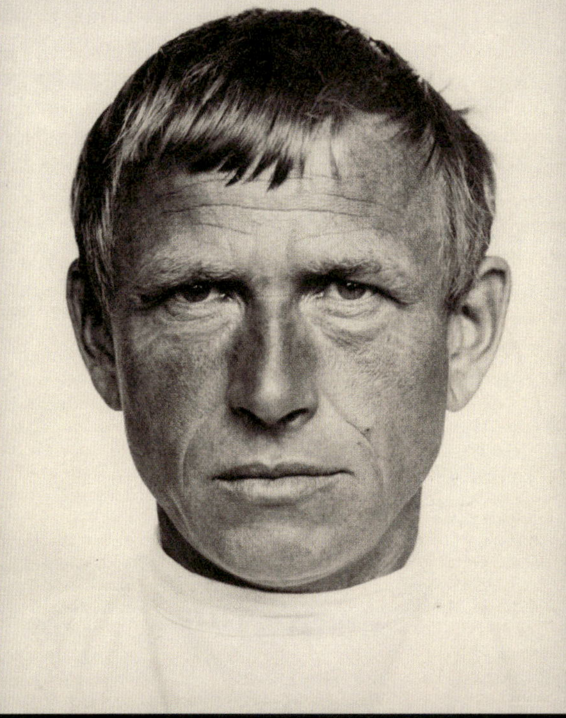

Hugo Erfurth, Otto Dix, um / ca. 1933,
Silbergelatineabzug / gelatin silver print

OTTO DIX
* 2. Dezember 1891 in Untermhaus, Gera
† 25. Juli 1969 in Singen (Hohentwiel)

1905–1909	Lehre zum Dekorationsmaler
1910–1914	Studium an der Kunstgewerbeschule in Dresden
1914–1918	Teilnahme am Ersten Weltkrieg
1919	Gründungsmitglied der Dresdner Sezession Gruppe 1919
1920	Teilnahme an der *Ersten Internationalen Dada-Messe*
1922	Übersiedlung nach Düsseldorf
1923	Ankauf des Gemäldes *Schützengraben* durch das Wallraf-Richartz-Museum in Köln
1925	Übersiedelung nach Berlin
1927	Berufung zum Professor für Malerei an die Kunstakademie in Dresden
1933	Entlassung aus seinem Lehramt, Übersiedelung nach Randegg
1936	Umzug nach Hemmenhofen
1937	Beschlagnahmung von Werken im Zuge der Aktion „Entartete Kunst", Präsentation derselben auf der gleichnamigen Ausstellung
1939	Kurzzeitige Verhaftung nach dem durch Georg Elser verübten Attentat auf Hitler
1945	Einzug zum „Volkssturm", Dix gerät in französische Kriegsgefangenschaft
1946	Rückkehr nach Hemmenhofen
1959	Verleihung des Großen Bundesverdienstkreuzes

OTTO DIX
b. December 2, 1891, in Untermhaus, Gera
d. July 25, 1969, in Singen (Hohentwiel)

1905–09	Apprenticeship as a decorative painter
1910–14	Studies at the Dresden School of Arts and Crafts
1914–18	Soldier in the First World War
1919	Founding member of the Dresden Secession
1920	Participation in the *First International Dada Fair*
1922	Moves to Düsseldorf
1923	Acquisition of the painting *The Trench* by the Wallraf-Richartz-Museum in Cologne
1925	Moves to Berlin
1927	Appointment as professor of painting at the Dresden Academy of Fine Arts
1933	Dismissal from his teaching position, moves to Randegg
1936	Moves to Hemmenhofen
1937	Confiscation of works as part of the campaign "Degenerate Art," presentation of those works in the exhibition of the same name
1939	Brief detention following Georg Elser's attempted assassination of Hitler
1945	Drafted into the Volkssturm militia, taken into captivity in France
1946	Returns to Hemmenhofen
1959	Receives the Order of Merit of the Federal Republic of Germany

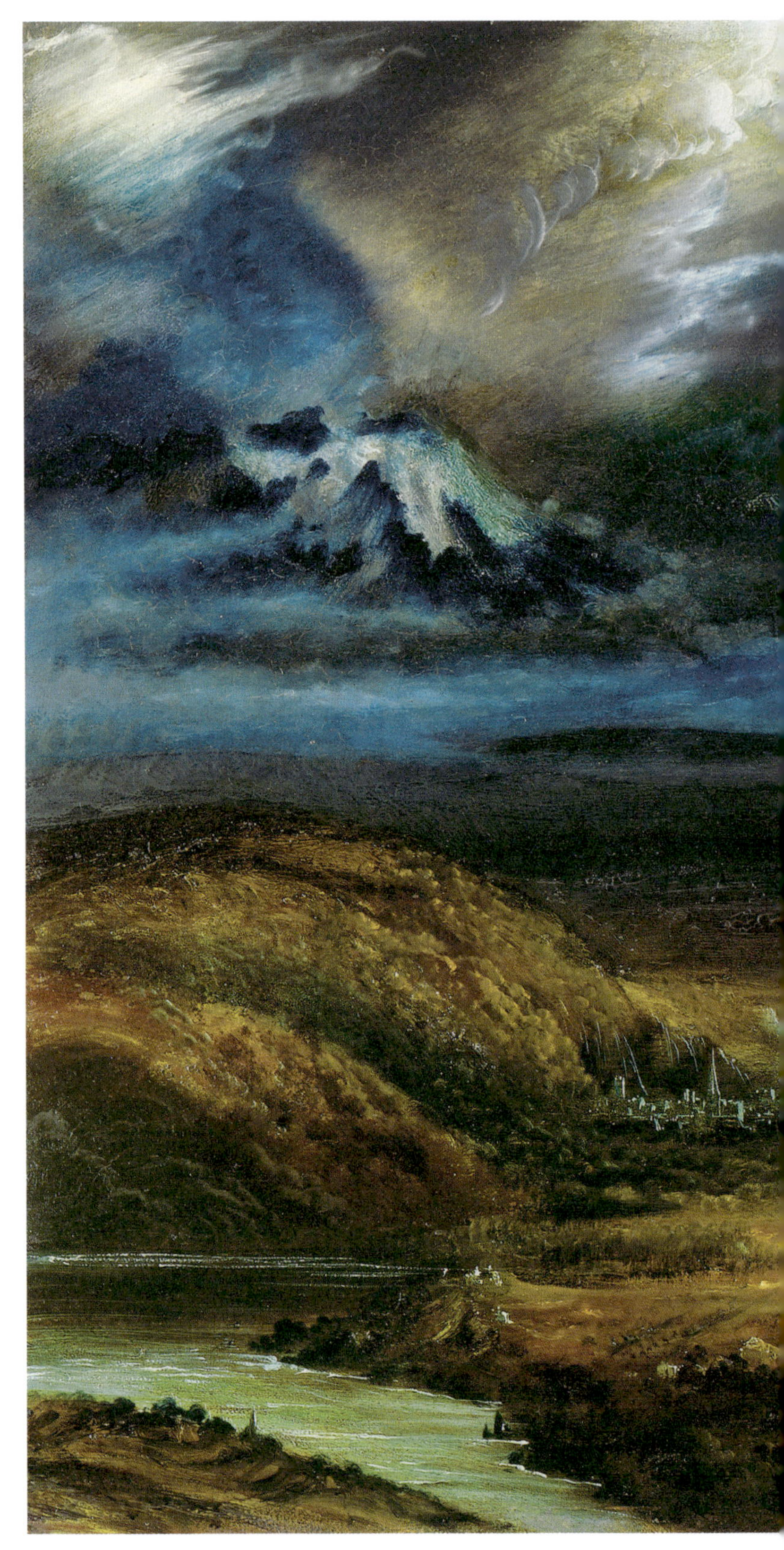

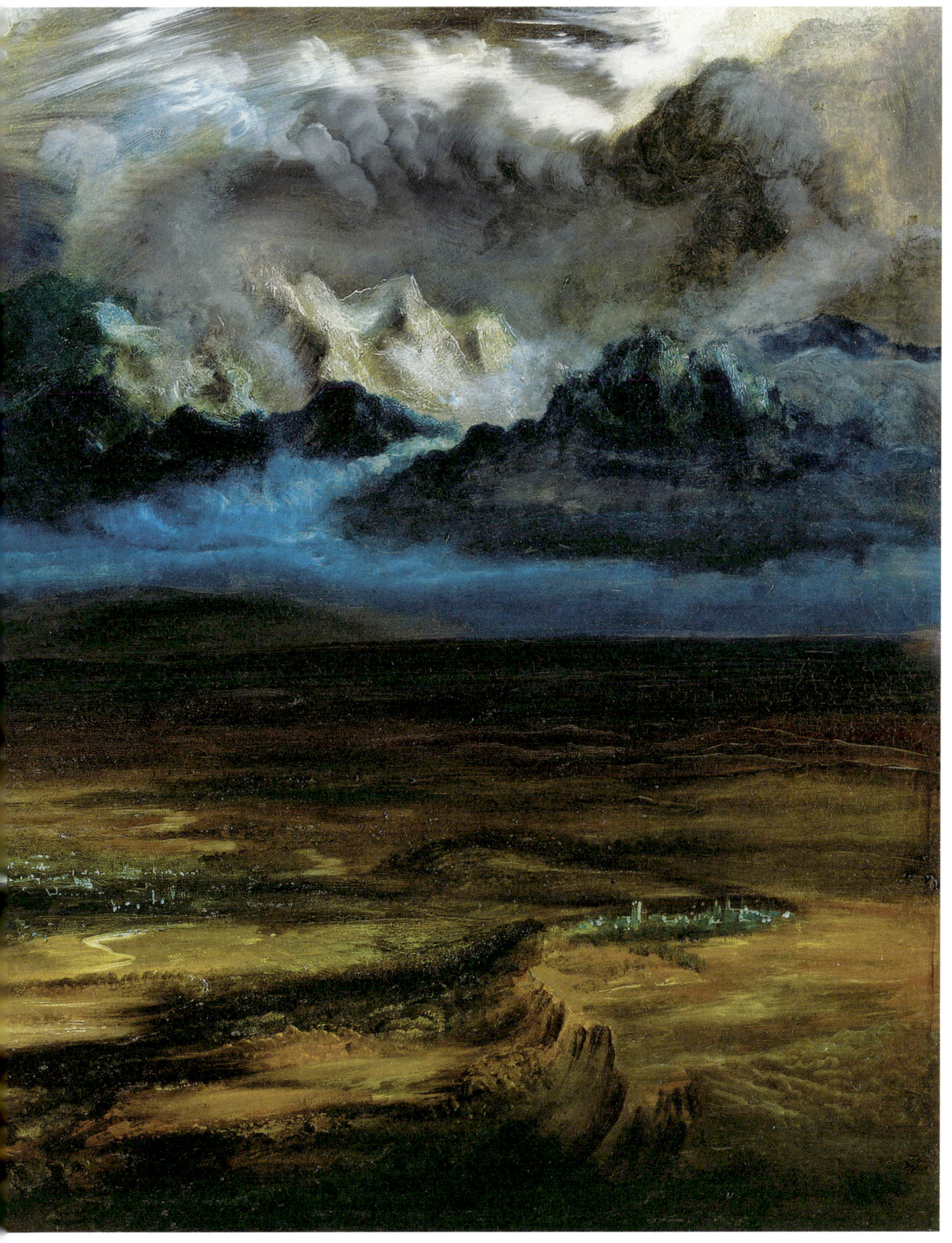

Düstere Landschaft /
Gloomy Landscape, 1940

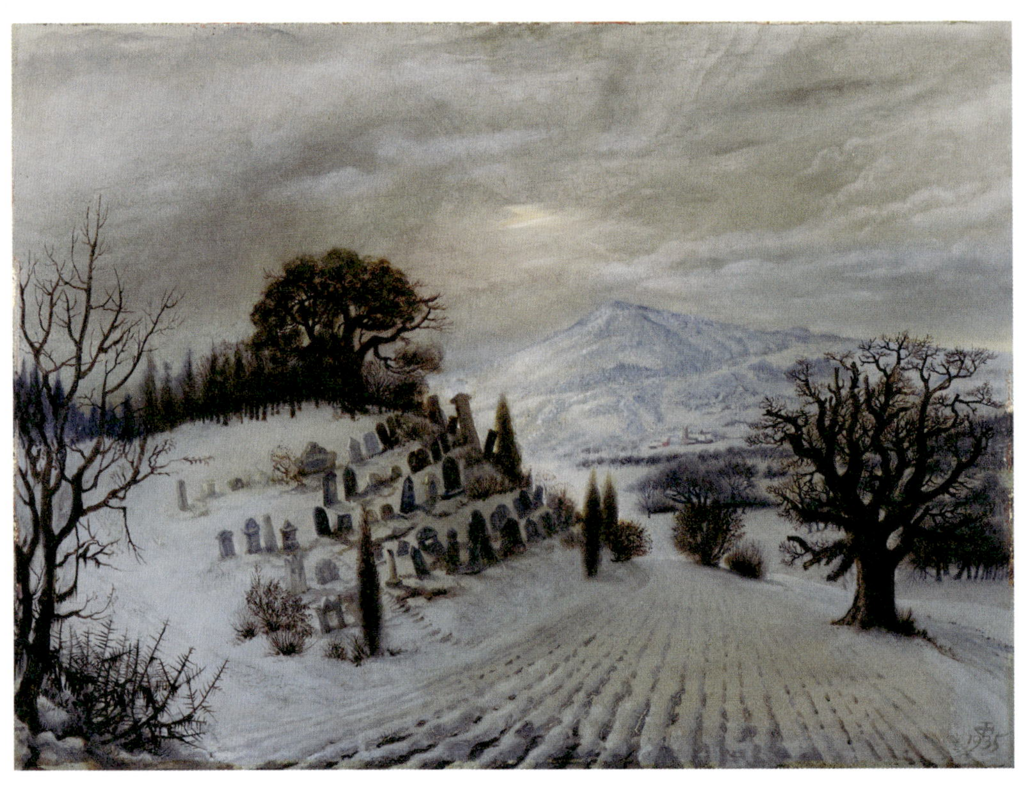

Judenfriedhof in Randegg im Winter mit Hohenstoffeln /
Jewish Cemetery in Randegg in Winter with Hohenstoffeln, 1935

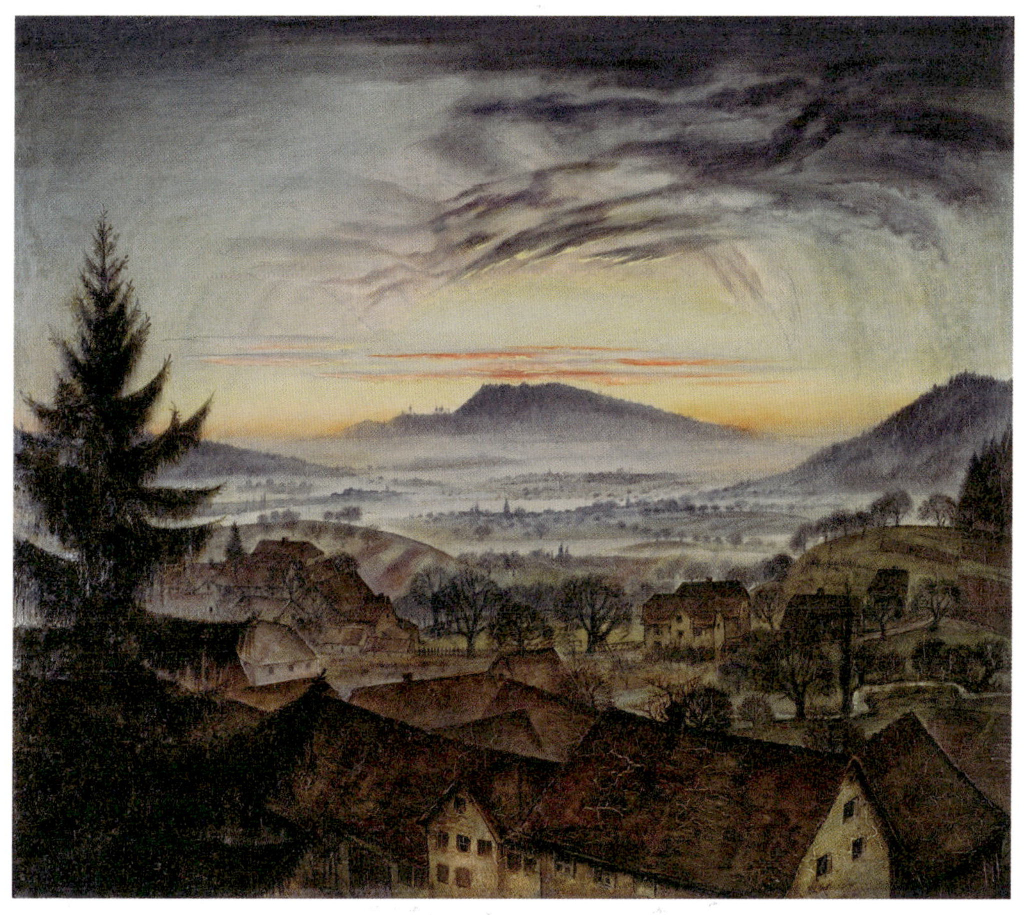

Sonnenaufgang in Randegg /
Sunrise in Randegg, 1935

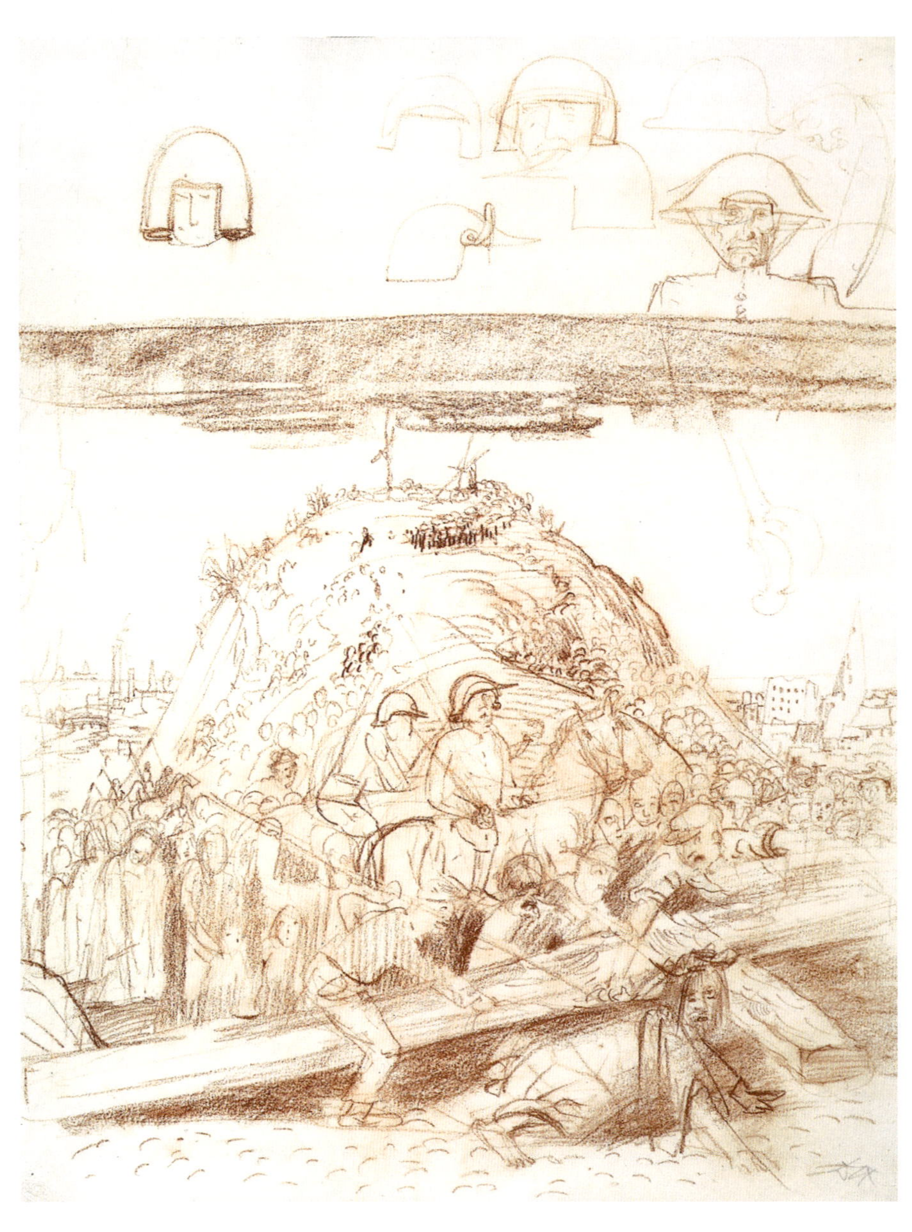

Kreuztragung I /
Christ Carrying the Cross I, 1943

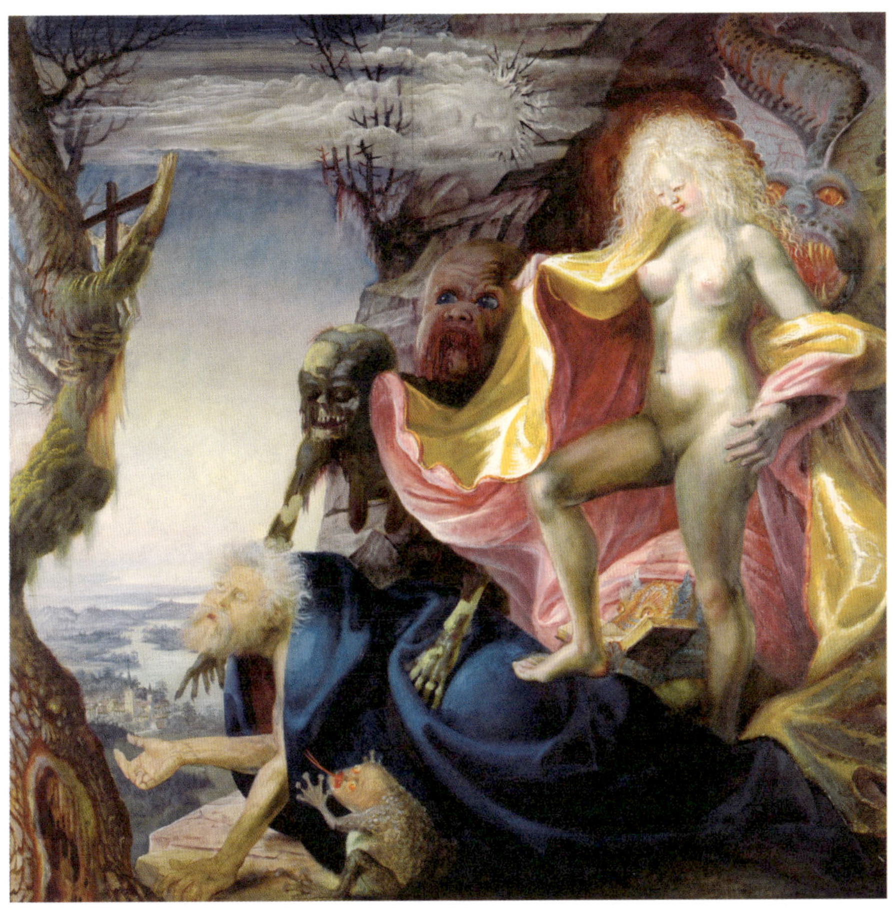

Die Versuchung des heiligen Antonius /
The Temptation of St. Anthony, 1937

OTTO DIX 1891–1969

Ina Jessen

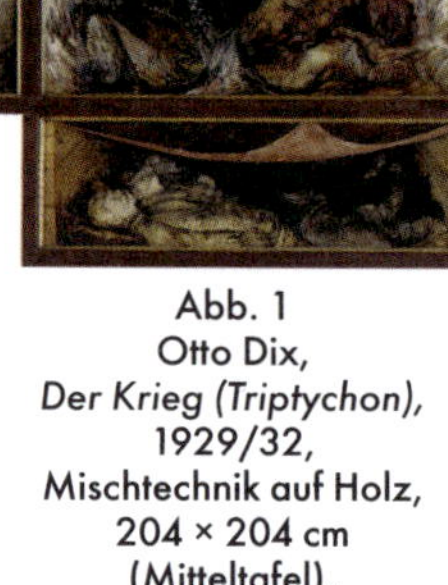

Abb. 1
Otto Dix,
Der Krieg (Triptychon),
1929/32,
Mischtechnik auf Holz,
204 × 204 cm
(Mitteltafel),
204 × 102 cm
(Seitentafeln),
60 × 204 cm (Predella),
Galerie Neue Meister,
Staatliche
Kunstsammlungen
Dresden

Der Maler Otto Dix gilt als Ikone der Klassischen Moderne und ist durch sein Werk der 1920er-Jahre bis heute weltberühmt. Seine populärste Werkphase manifestierte sich in Vexierbildern der Gesellschaft, in überzeichneten Typenporträts und ungeschönten, die Unmittelbarkeit und Schrecken des Krieges herausschmetternden Darstellungen →Abb. 1.

1933 avancierte Otto Dix zum Landschaftsmaler. Diese Zuschreibung harmoniert wenig mit dem Bild des veristischen Malers, dessen charakteristische Arbeiten der 1920er-Jahre ein Bild sozialer Ungleichheit in der Weimarer Republik pointierten.[1] Die persönliche wie auch künstlerische Situation änderte sich schlagartig mit dem Inkrafttreten des „Gesetzes zur Wiederherstellung des Berufsbeamtentums" im April 1933. Otto Dix wurde fristlos von seinem nichtbeamteten Lehrstuhl an der Dresdner Akademie auf der Brühlschen Terrasse entlassen. Zur Begründung führte der Reichskommissar für Sachsen Manfred von Killinger (1886–1944) an, Dix' Bilder seien geeignet, „den sittlichen Wiederaufbau [zu] gefährden, [und] den Wehrwillen zu beeinträchtigen".[2] Neben den scharf kritisierten Gemälden der 1920er-Jahre wurde auch seine bis 1925 dauernde Mitgliedschaft in der Dresdner Sezession sowie die Nähe zu linkspolitisch aktiven Freunden bemängelt. Wenngleich der Maler selbst als unpolitisch galt, hatte er dennoch gesellschaftliche Missstände kritisch fokussiert. Es folgte sein erzwungener Austritt aus der Preußischen Akademie der Künste, deren ordentliches Mitglied Dix seit 1931 gewesen war.[3] Im September 1933 wurde zudem die erste Wanderschau *Entartete Kunst* und dort Dix' Gemälde *Kriegskrüppel* und *Schützengraben* gezeigt und verspottet. Der Künstler selbst wurde als „Kulturbolschewik" diskriminiert.[4]

1 Die wissenschaftliche Untersuchung zu Otto Dix zwischen 1933 und 1945 sowie die künstlerischen Umbrüche und insbesondere seine politischen Landschaftsgemälde sind Gegenstand des Bandes: Ina Jessen, Ein deutscher Maler. Otto Dix und der Nationalsozialismus, Berlin 2022 (Schriften der Forschungsstelle „Entartete Kunst" 13; in Kürze erscheinend). 2023 kuratiert die Autorin eine Ausstellung in den Deichtorhallen Hamburg zum Themenspektrum um Otto Dix und den Nationalsozialismus. Siehe ferner Ina Jessen, Alternative Exile. The Landscape Paintings of Otto Dix as Media of „Inner Emigration", in: Uwe Fleckner u. a. (Hg.), Memorial Landscapes. World Images East and West, Berlin / Boston 2020, S. 127–147; dies., Kritische Emigration. Otto Dix' ambigue Malerei in der politischen Landschaft 1933–1945, in: Isabella Augart u. a. (Hg.), Im Dazwischen. Formen und Deutungen des Dazwischen im Raum, Berlin 2020, S. 57–80; dies., Otto Dix und die Politische Landschaft (1933–1945), in: Egger-Lienz und Otto Dix. Bilderwelten zwischen den Kriegen, hg. von Wolfgang Meighörner, Ausst.-Kat. Tiroler Landesmuseum Ferdinandeum, München 2019, S. 97–107; dies., Kann ein Motiv gefährlich sein? Zur Großstadt- und Landschaftsmotivik im Werk von Otto Dix, in: Hanns-Werner Heister und Hanjo Polk (Hg.), Bewegtes und Bewegendes. Der Motiv-Begriff in Künsten und Wissenschaften, Berlin 2017, S. 333–341; dies., Wechselnde Landschaften. Der motivische Bruch bei Otto Dix zwischen 1933 und 1945, in: Arsprototo. Magazin der Kulturstiftung der Länder 1, 2017, S. 28–31, dies., „Ein typischer Vertreter der Verfallserscheinung". Otto Dix zwischen Verfemung und Anerkennung, in: Anja Tiedemann (Hg.), Die Kammer schreibt schon wieder! Das Reglement für den Handel mit moderner Kunst im Nationalsozialismus, Berlin 2016 (Schriften der Forschungsstelle „Entartete Kunst" 10), S. 147–161.

2 Vgl. Brief von Manfred von Killinger an Otto Dix, 13. April 1933, Germanisches Nationalmuseum Nürnberg, Deutsches Kunstarchiv, NL Otto Dix, I, B 32.

3 Vgl. Brief von Otto Dix an die Preußische Akademie der Künste, 17. Mai 1933, Preußische Akademie der Künste Berlin, Otto Dix Archiv.

4 Vgl. Christoph Zuschlag, „Entartete Kunst". Ausstellungsstrategien im Nazi-Deutschland, Worms 1995, S. 156.

Ina Jessen

The painter Otto Dix is regarded as an icon of classical modernism and is still today famous around the world as a result of his oeuvre from the 1920s. The most popular phase in his work manifested in picture puzzles of society, in exaggerated portraits of types, and in anti-heroic depictions of the immediacy and horror of war →fig. 1.

Fig. 1
Otto Dix,
The War (Triptych),
1929–32,
mixed media on wood,
204 × 204 cm
(center panel),
204 × 102 cm
(side panels),
60 × 204 cm (predella),
Galerie Neue Meister,
Staatliche
Kunstsammlungen
Dresden

In 1933, Otto Dix turned to landscape painting. This ascription harmonizes little with the image of the verist painter whose characteristic works of the 1920s emphasize a picture of social inequality in the Weimar Republic.[1] His personal and artistic situation suddenly changed with the enactment of the Gesetz zur Wiederherstellung des Berufsbeamtentums (Law for the Restoration of the Professional Civil Service) in April 1933. Otto Dix was dismissed without notice from his professorship at the Kunstakademie (Academy of Arts) on the Brühlsche Terrasse in Dresden. As a justification for this, Manfred von Killinger (1886–1944), the Reich Commissar for Saxony, alleged that Dix's pictures threatened to endanger the rebuilding of morals and to adversely affect the readiness to defend Germany.[2] Besides the sharply criticized paintings of the 1920s, he was also censured for his membership in the Dresden Secession until 1925 and his close relationship to friends active in the leftist political sphere. Even though the painter himself was considered nonpolitical, he nonetheless focused on social ills in a critical way. His forced resignation from the Preußische Akademie der Künste (Prussian Academy of Arts), of which Dix already had become a full member in 1931, then followed.[3] In September 1933, the first traveling exhibition of *Entartete Kunst* (Degenerate Art) and the inclusion of Dix's paintings *Kriegskrüppel* (War Cripple, 1920) and *Schützengraben* (The Trench, 1921–23) were also shown and derided. The artist himself was discriminated against as a "cultural Bolshevik."[4]

1 The scholarly examination of Otto Dix between 1933 and 1945 and the artistic upheavals, in particular his political landscape paintings, are the subject of the book: Ina Jessen, *Ein deutscher Maler: Otto Dix und der Nationalsozialismus*, vol. 13 of *Schriften der Forschungsstelle "Entartete Kunst"* (Berlin: De Gruyter, forthcoming in 2022). In 2023, the author will be curating an exhibition at the Deichtorhallen Hamburg on a range of topics connected with Otto Dix and National Socialism. See also further writings by the author: Ina Jessen, "Alternative Exile: The Landscape Paintings of Otto Dix as Media of 'Inner Emigration,'" in *Memorial Landscapes: World Images East and West*, ed. Uwe Fleckner et al. (Berlin and Boston: De Gruyter, 2020), pp. 127–47; "Kritische Emigration: Otto Dix' ambigue Malerei in der politischen Landschaft 1933–1945," in *Im Dazwischen: Formen und Deutungen des Dazwischen im Raum*, ed. Isabella Augart et al. (Berlin: Reimer, 2020), pp. 57–80; "Otto Dix und die Politische Landschaft (1933–1945)," in *Egger-Lienz und Otto Dix: Bilderwelten zwischen den Kriegen*, ed. Wolfgang Meighörner, exh. cat. Tiroler Landesmuseum Ferdinandeum (Munich: Hirmer, 2019), pp. 97–107; "Kann ein Motiv gefährlich sein? Zur Großstadt- und Landschaftsmotivik im Werk von Otto Dix," in *Bewegtes und Bewegendes: Der Motiv-Begriff in Künsten und Wissenschaften*, ed. Hanns-Werner Heister and Hanjo Polk (Berlin: Weidler Buchverlag, 2017), pp. 333–41; "Wechselnde Landschaften: Der motivische Bruch bei Otto Dix zwischen 1933 und 1945," in *Arsprototo: Magazin der Kulturstiftung der Länder* 1 (2017), pp. 28–31; "'Ein typischer Vertreter der Verfallserscheinung': Otto Dix zwischen Verfemung und Anerkennung," in *Die Kammer schreibt schon wieder! Das Reglement für den Handel mit moderner Kunst im Nationalsozialismus*, ed. Anja Tiedemann, vol. 10 of *Schriften der Forschungsstelle "Entartete Kunst"* (Berlin: De Gruyter, 2016), pp. 147–61.

2 Manfred von Killinger, letter to Otto Dix, April 13, 1933, Germanisches Nationalmuseum, Nuremberg, Deutsches Kunstarchiv, NL Otto Dix, I, B 32.

3 Otto Dix, letter to the Preußische Akademie der Künste, May 17, 1933, Preußische Akademie der Künste Berlin, Otto Dix Archiv.

4 See Christoph Zuschlag, *"Entartete Kunst": Ausstellungsstrategien im Nazi-Deutschland* (Worms: Werner, 1995), p. 156.

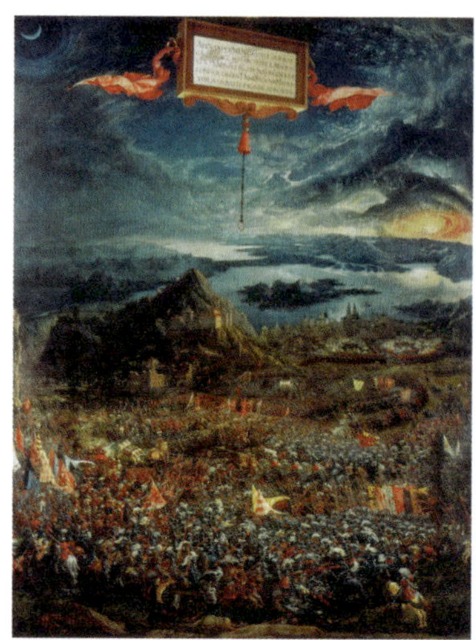

Abb. 2
Albrecht Altdorfer, *Die Alexanderschlacht*, 1529, Tempera auf Lindenholz, 158 × 120 cm, Alte Pinakothek, München

Noch im Jahr der Amtsenthebung verließ die Familie Dix Dresden und zog nach Randegg nahe dem Bodensee. Ende 1936 bezog sie schließlich das Atelierhaus in Hemmenhofen mit Blick auf den Untersee, welches mithilfe einer Erbschaft von Martha Dix finanziert wurde. Zeitgleich mit dem Verlassen der Stadt Dresden gab der Künstler das für ihn so charakteristische gesellschaftskritische Sujet auf: Das Gros seiner Werke stellte nun nicht mehr soziale Milieus und kritisch-sezierende Porträts dar, sondern primär Landschaften, an kunsthistorischen Vorbildern der frühen Neuzeit und Renaissance orientierte Porträts und ab 1937 zudem christliche Themen wie das Gemälde *Die Versuchung des heiligen Antonius* von 1937 → S. 73.

Landschaft – dieser Begriff ist gleichermaßen prägend als Dix' Lebensort und dominantes Motiv zwischen 1933 und 1945. Vielfach geben sie morbide und furchteinflößende Naturelemente, trübe Bildstimmungen und Lichtverhältnisse wieder, wie das Gemälde *Düstere Landschaft* von 1940 zeigt → S. 68–69. Antiklassische, Unbehagen transportierende Darstellungen bilden nicht allein eine Fiktion ab, sondern die Dix umgebende Landschaft nahe dem Bodensee – sein eigenes Milieu in der entlegenen Provinz und Abgeschiedenheit – und reale Narrative im zeitpolitischen Spiegel. Dix' seit Ende der 1920er-Jahre entwickeltes Interesse an den als Donauschule angesprochenen, für die Augen des frühen 20. Jahrhunderts expressiv anmutenden Landschaftsbildern von Albrecht Altdorfer (um 1480–1538) → Abb. 2 findet sich in diesen Bildern ebenso wieder wie Rückbezüge zur Malerei der Romantik Caspar David Friedrichs (1774–1840). Wie bittere Ironie erscheint da die zeitgleiche völkische Vereinnahmung dieser Kunst durch die Nationalsozialisten.

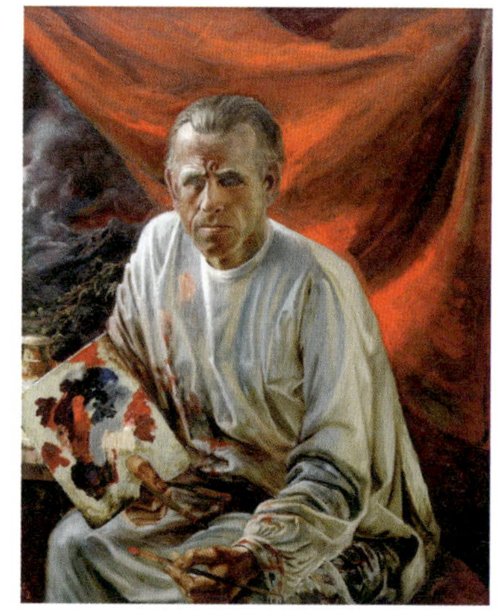

Abb. 3
Otto Dix, *Selbstbildnis mit Palette vor rotem Vorhang*, 1942, Öl auf Holz, 100 × 80 cm, Kunstmuseum Stuttgart, Dauerleihgabe aus Privatsammlung

In dieser Werkphase entstand auch das Gemälde *Selbstbildnis mit Palette vor rotem Vorhang* (1942) → Abb. 3. Unbehaglich erscheint der Maler, innehaltend und kritisch reflektierend in seiner versunkenen Pose vor dem roten Vorhang. Ausstaffiert mit Pinsel in seiner rechten und Palette in der linken Hand sitzt der Künstler leicht vorgebeugt im Malerkittel vor einer gebirgigen Landschaft im Hintergrund, die sich hinter einem gelüfteten, roten Vorhang in die Tiefe erstreckt. Seine Physiognomie ist nachdenklich, Falten durchfurchen die Stirn, die Augen sind verschattet, der Mund ist regungslos und versteinert in seiner Wirkung. Als sei er im Moment kritischer Reflexion dargestellt, hinter sich eine Unwetterlandschaft, in der die stürmischen und tristen meteorologischen Verhältnisse an eine kriegsähnliche, von Rauchschwaden geprägte Atmosphäre erinnern. Was hinter dem gelüfteten Vorhang zum Vorschein kommt, ist nicht das Groteske, das Dix-Spezifische, das frappierende Motiv der Weimarer Republik – es ist die Gegenwart: die Landschaft als Medium des Überlebens, da das authentische und frei gewählte Motiv zensiert wurde.

Im Jahr 1935 zeigte Dix seine Arbeiten etwa in der Galerie Nierendorf in Berlin, beim Kunsthaus Schaller in Stuttgart sowie 1940 in der Galerie Gerstenberger in Chemnitz. Andere Ausstellungen unter Beteiligung von Dix wurden hingegen vorzeitig geschlossen. Besonders hervorzuheben ist Nierendorfs Ausstellung *Zwei deutsche Maler. Otto Dix und Franz Lenk*. Gezeigt waren sowohl von der Kunst der Renaissance und Romantik inspirierte Ölgemälde als auch Silberstift- und Federzeichnungen, wobei es sich vornehmlich um Landschaften beider Maler sowie um Familienporträts von Otto Dix mit seinen Kindern handelte.

Die bei Nierendorf und Schaller gezeigten Arbeiten beinhalteten keine offensichtlichen gesellschaftskritischen Inhalte. Es verwundert daher nicht, dass sich die vergleichsweise liberaleren NS-Zeitungen angesichts des motivischen Wandels weitestgehend positiv äußerten. So pries die *Deutsche Zukunft* Dix 1935 als „eine[n] der stärksten Maler von heute" und die Ausstellung als „eine der lebendigsten und frischesten der letzten Zeit".[5] In der Zeitschrift *Kunst für alle* wurde zudem erklärt, Dix sei „vor der Natur genesen",

5 Paul Fechter, Versuche mit Kunst, in: Deutsche Zukunft, 10. Februar 1935, S. 15.

Fig. 2
Albrecht Altdorfer, *The Battle of Alexander*, 1529, tempera on lime wood, 158 × 120 cm, Alte Pinakothek, Munich

Fig. 3
Otto Dix, *Self-Portrait with Palette in Front of Red Curtain*, 1942, oil on wood, 100 × 80 cm, permanent loan from a private collection, Kunstmuseum Stuttgart

Dix and his family left Dresden the year he was dismissed and relocated to Randegg near Lake Constance. At the end of 1936, they finally moved into a studio house in Hemmenhofen with a view of Untersee, which was financed with the help of an inheritance received by Martha Dix. Parallel to his departure from Dresden, the artist also abandoned the themes critical of society that were so characteristic of his oeuvre: the majority of his works now no longer focused on social milieus and critical, analytical portraits, but instead predominantly on landscapes, portraits oriented toward art-historical models of the early modern period and the Renaissance, and, as of 1937, also Christian themes such as the painting *Die Versuchung des heiligen Antonius* (The Temptation of St. Anthony, 1937) →p. 73.

Landscape—this term both refers to Dix's living environment and was also a dominant motif between 1933 and 1945. These landscape paintings frequently depict morbid and terrifying natural elements and gloomy picture atmospheres and lighting conditions, as shown by the painting *Düstere Landschaft* (Gloomy Landscape) →pp. 68–69 of 1940. Nonclassical pictures conveying anxiety portray not only fiction, but also the landscape near Lake Constance that surrounded Dix—his own milieu of seclusion in the remote province—and real narratives mirroring the politics of the time. The interest that Dix developed toward the end of the 1920s in what is referred to as the Danube School, including the landscapes by Albrecht Altdorfer (ca. 1480–1538) →fig. 2, which seemed expressive to the gaze of the early twentieth century, is found again in these paintings by Dix, just as are references to the Romanticist painting of Caspar David Friedrich (1774–1840). The *völkisch* appropriation of this art by the National Socialists seems like a bitter irony.

In this phase of his work, Otto Dix also produced the painting *Selbstbildnis mit Palette vor rotem Vorhang* (Self-Portrait with Palette in Front of Red Curtain, 1942) →fig. 3. In his engrossed pose in front of a red curtain, the painter looks ill at ease, contemplative, and critically reflective. Holding a brush in his right hand and a palette in his left, the artist sits in his painting smock leaning slightly forward before a mountainous landscape in the background, which extends into the distance behind a drawn-back red curtain. His physiognomy is pensive, with his furrowed brow, his eyes in shadow, and his mouth motionless and stony in effect—as if portrayed in a moment of critical reflection, with a stormy landscape behind him in which the tempestuous and bleak meteorological conditions call to mind a warlike atmosphere characterized by clouds of smoke. What appears behind the open curtain is not the grotesque, the Dix-specific, striking motif of the Weimar Republic—it is the present: landscape as a medium of survival, since authentic and freely chosen motifs were censored.

Dix presented his works, for instance, at the Galerie Nierendorf in Berlin and the Kunsthaus Schaller in Stuttgart, both in 1935, and at the Galerie Gerstenberger in Chemnitz in 1940. Other exhibitions in which Dix participated were, however, closed ahead of schedule. What should be highlighted in particular is the Nierendorf exhibition *Zwei deutsche Maler: Otto Dix und Franz Lenk* (Two German Painters: Otto Dix and Franz Lenk). It showed both oil paintings inspired by the art of the Renaissance and Romanticism and silverpoint and pen-and-ink drawings, whereby they dealt primarily with landscapes by both painters and family portraits of Otto Dix with his children.

The works exhibited at Nierendorf and Schaller contained no obviously sociocritical content. It therefore comes as no surprise that the comparatively liberal National Socialist newspapers received the change in motifs in a largely positive way. The newspaper *Deutsche Zukunft* praised Dix in 1935 as "one of the strongest painters of today," and the exhibition as "one of the freshest and most vibrant of late."[5] In the magazine *Kunst für Alle*, it was

5 Paul Fechter, "Versuche mit Kunst," *Deutsche Zukunft* (February 10, 1935), p. 15.

wodurch die künstlerische Wende als Anpassung anerkannt wird.[6] Die Zeitung *Das Schwarze Korps* als radikales Organ der Reichsführung SS setzte dem entgegen, man habe den Versuch unternommen, den Maler der „Antikriegsbilder", die „den deutschen Frontsoldaten, die deutschen Kriegsopfer [verhöhnten], die Familien in den Dreck [zogen]" zu rehabilitieren.[7] Hier wird die Begründung für Dix' Entlassung aus dem Lehramt und ab 1933 fortwährende Anprangerung als „entartet" deutlich. Dix wurde als Pazifist deklariert, was den verherrlichenden Kriegsbildern und rüstungspolitischen Interessen der Nationalsozialisten entgegenstand. Es folgte die Diskreditierung von Dix' Person und Werk im 1937 erschienenen Pamphlet *Säuberung des Kunsttempels* von Wolfgang Willrich (1897–1948), durch die Beschlagnahmung von zweihundertsechzig Objekten des Malers aus öffentlichen Sammlungsbesitz im Zuge der Aktion „Entartete Kunst" sowie die Ausstellung von zahlreichen Werken im Zuge der gleichnamigen Femeschau.[8] Zeitgleich mit der offiziellen kunstpolitischen Radikalisierung erhielt Otto Dix einige Werkaufträge von privaten Sammlern sowie auch von institutioneller Seite.[9] Verkäufe und Ausstellungsbeteiligungen sowie die Mitgliedschaft in der Reichskammer der bildenden Künste stehen aus heutiger Perspektive in starkem Gegensatz zu der vehementen Diskriminierung, die Otto Dix erdulden musste.

Wie bei vielen anderen Künstlern bedeutete die Zurschaustellung von Werken während der Femeschau *Entartete Kunst* zwar auch bei Dix nicht das Ende der beruflichen Existenz. Auch wenn seine Lebensrealität nachweislich weit von einer Normalität im Sinne selbstbestimmter Entfaltung entfernt war, konnte er zumindest in Einzelfällen am Kunstbetrieb teilnehmen. Der motivische Bruch mit dem populären wie offensiv sozialkritischen Werk der 1920er-Jahre und die stilistische wie motivische Fokussierung „alter Stoffe" belegen jedoch die existenzielle Auswirkung von Zensur und Verfemung. Der Versuch, das Berufsverbot mit regimekonformen Stilzitaten und Motiven zu umgehen, erscheint als Motivation des Künstlers zur Sicherung der beruflichen Existenz naheliegend. Dix' Malerei geht jedoch darüber hinaus. Im Verborgenen tritt weiterhin das kritische Abtasten seines Motivs hervor und somit die Reflexion der Gegebenheiten, mit denen sich der Maler konfrontiert sah. Da um 1943 ein erneuter künstlerischer Wandel hin zu einer expressiv-figurativen Gestaltungsweise mit wieder erstarkendem, offensiv gesellschaftskritischem Inhalt stattfand, manifestierte sich der Schlusspunkt der vielfach als „innere Emigration" rezipierten Werksphase.

6 Fritz Hellwag, Otto Dix. Bilder aus dem Hegau, in: Die Kunst für Alle, Juni 1935, S. 220–225, bes. 222–223.
7 Anonym, Otto Dix – „genesen"?, in: Das schwarze Korps, 26. Juni 1935, S. 12.
8 Wolfgang Willrich, Säuberung des Kunsttempels. Eine kunstpolitische Kampfschrift zur Gesundung deutscher Kunst im Geiste nordischer Art, München / Berlin 1937.
9 Eine detailliertere Analyse der politischen Einflüsse, Femeschauen, Ausstellungsverhältnisse im In- und Ausland sowie Auftragsarbeiten und Ankäufen ist ebenso Gegenstand in: Jessen 2022 (wie Anm. 1).

also stated that Dix had been "healed by nature," whereby the artistic turnaround is recognized as conformity.[6] The newspaper *Das Schwarze Korps,* as a radical mouthpiece of the Reich leadership of the Schutzstaffel (Protection Squadron, SS), countered this by asserting that an attempt had been made to rehabilitate the painter of "antiwar pictures" who "derided front-line German soldiers and German victims of the war, and dragged their families through the dirt."[7] Here the reason for Dix's dismissal from his teaching post and for the ongoing denunciation of him as "degenerate" as of 1933 becomes evident. Dix was declared a pacifist, a stance that ran counter to the National Socialist images glorifying war and the party's interest in rearmament. Dix's person and work were subsequently discredited in the 1937 pamphlet written by Wolfgang Willrich (1897–1948), *Säuberung des Kunsttempels* (The Cleansing of the Temple of Art), in the seizure of 260 of the painter's works from public collections as part of the campaign "Entartete Kunst" (Degenerate Art), and in the exhibition of numerous works as part of the vilifying exhibition of the same name.[8] Parallel to the official artistic-political radicalization, Otto Dix nevertheless received some commissions for works from private collectors and from various institutions.[9] From the perspective of today, sales and participation in exhibitions, as well as membership in the Reichskammer der bildenden Künste (Reich Chamber of Fine Arts), contrast starkly with the vehement discrimination that Otto Dix was forced to endure.

As in the case of many other artists, the inclusion of works in the defamatory exhibition *Entartete Kunst* did not signify the end of Dix's professional existence. Even though the realities of his life were demonstrably far removed from normality in the sense of self-determined development, he was still able, at least in certain situations, to participate in the art world. At the same time, the motivic break with the popular, sociocritical work of the 1920s and the focus on "old material" in terms of style and motif serve to illustrate the impact of censorship and ostracism on his life. Safeguarding his professional existence seems to suggest itself as the motivation for the artist's attempt to circumvent the professional ban by using stylistic quotations and motifs that conformed to the regime. At the same time, Dix's painting transcends this. The critical gauging of his motifs was done in secrecy and thus reflected the circumstances with which the painter found himself confronted. Since a new artistic turn to an expressive, figurative approach to design, with once again stronger, offensively sociocritical content, took place around 1943, this manifested the endpoint of the work phase frequently regarded as one of "inner emigration."

6 Fritz Hellwag, "Otto Dix: Bilder aus dem Hegau," *Die Kunst für Alle* (June 1935), pp. 220–25, esp. pp. 222–23.
7 Anonymous, "Otto Dix – 'genesen'?," *Das Schwarze Korps* (June 26, 1935), p. 12.
8 Wolfgang Willrich, *Säuberung des Kunsttempels: Eine kunstpolitische Kampfschrift zur Gesundung deutscher Kunst im Geiste nordischer Art* (Munich and Berlin: Lehmann, 1937).
9 A detailed analysis of the political influence, defamatory shows, and exhibition conditions in Germany and abroad, as well as commissioned works and acquisitions, is also found in Jessen, *Ein deutscher Maler: Otto Dix und der Nationalsozialismus.*

HANS GRUNDIG

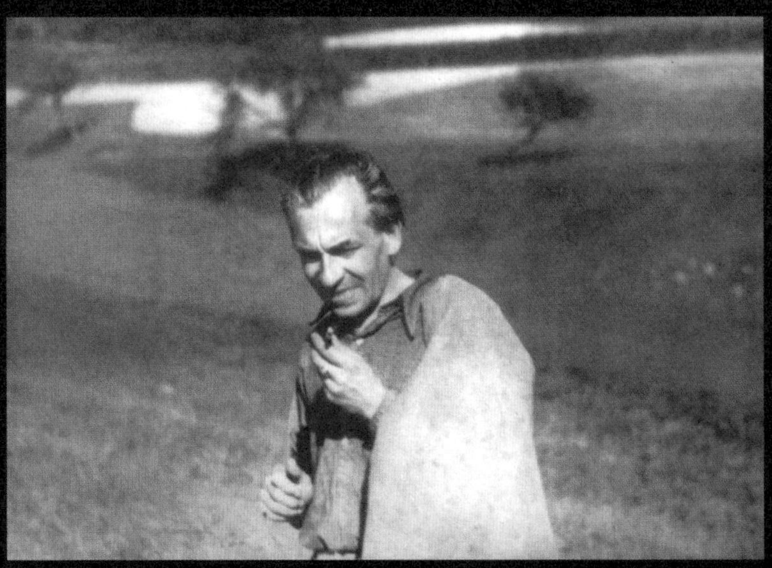

Hans Grundig unmittelbar vor der Zeit des Aufenthalts im Konzentrationslager Sachsenhausen / Hans Grundig directly before being interned in the Sachsenhausen concentration camp, um / ca. 1940

HANS GRUNDIG
* 19. Februar 1901 in Dresden
† 11. September 1958 in Dresden

1920–1921	Studium an der Kunstgewerbeschule in Dresden
1922–1927	Studium an der Akademie der Bildenden Künste Dresden bei Otto Gussmann und Otto Hettner
1926	Beitritt in die Kommunistische Partei Deutschlands (KPD)
1928	Heirat mit Lea Langer
1930	Gründungmitglied der Dresdner Assoziation revolutionärer bildender Künstler (ASSO)
1934	Berufsverbot durch die Reichskammer der bildenden Künste (RdbK)
1934–1939	Arbeit an der Radierungsfolge *Tiere und Menschen*
1935–1938	Entstehung des Triptychons *Das Tausendjährige Reich*
1936	Verhaftung durch die Gestapo, weitere Verhaftungen folgen 1938 und 1940
1937	Beschlagnahmungen von Werken im Rahmen der Aktion „Entartete Kunst", Präsentation derselben auf der gleichnamigen Ausstellung
1940	Internierung im Konzentrationslager Sachsenhausen, Einsatz in einem Strafbataillon der Wehrmacht
1944	Grundig schließt sich der Roten Armee an
1946	Rückkehr nach Dresden
1946–1948	Professor und Rektor der Dresdner Hochschule für Bildende Künste
1955–1956	Arbeit am autobiografischen Roman *Zwischen Karneval und Aschermittwoch*
1958	Heinrich-Mann-Preis der Akademie der Künste

HANS GRUNDIG
b. February 19, 1901, in Dresden
d. September 11, 1958, in Dresden

1920–21	Studies at the Dresden School of Arts and Crafts
1922–27	Studies under Otto Gussmann and Otto Hettner at the Dresden Academy of Fine Arts
1926	Joins the Communist Party of Germany (KPD)
1928	Marries Lea Langer
1930	Founding member of the Dresden section of the Association of Revolutionary Visual Artists (ASSO)
1934	Occupational ban by the Reich Chamber of Fine Arts (RdbK)
1934–39	Work on the series of etchings *Animals and Men*
1935–38	Creates the triptych *The Thousand-Year Reich*
1936	Arrested by the Gestapo, with further arrests following in 1938 and 1940
1937	Confiscation of works within the framework of the campaign "Degenerate Art," presentation of those works at the exhibition of the same name
1940	Internment in the Sachsenhausen concentration camp, deployment in a penal battalion of the Wehrmacht
1944	Joins the Red Army
1946	Returns to Dresden
1946–48	Professor and rector at the Dresden Academy of Fine Arts
1955–56	Works on the autobiographical novel *Between Carnival and Ash Wednesday*
1958	Heinrich Mann Prize of the Academy of Arts

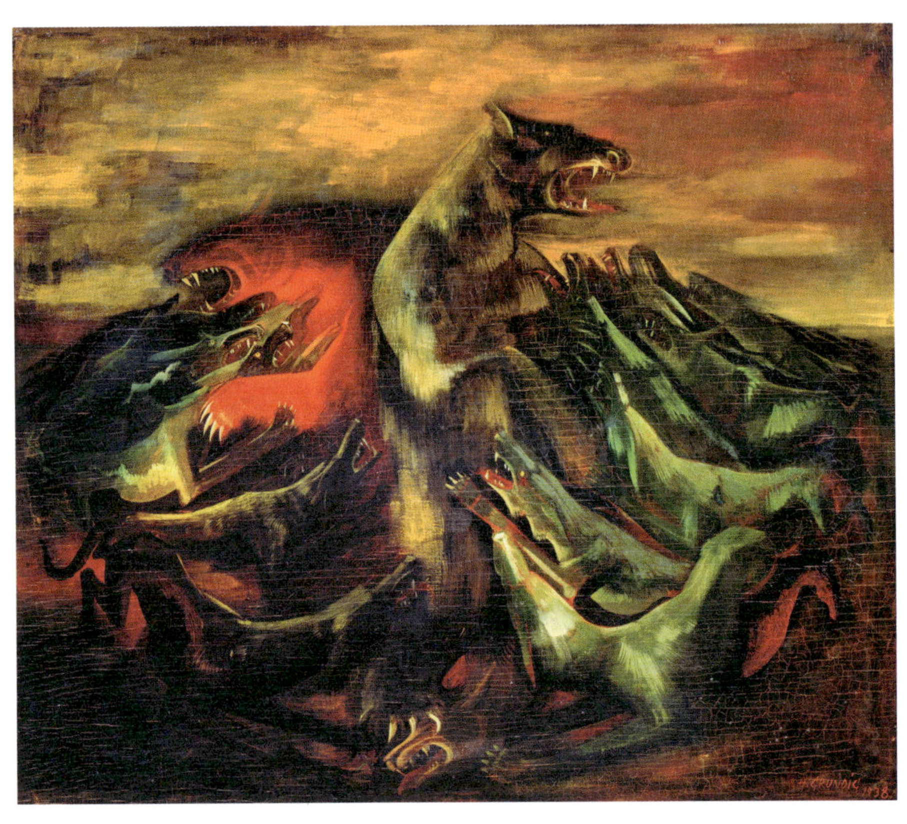

Kampf der Bären und Wölfe /
Clash of the Bears and Wolves, 1938

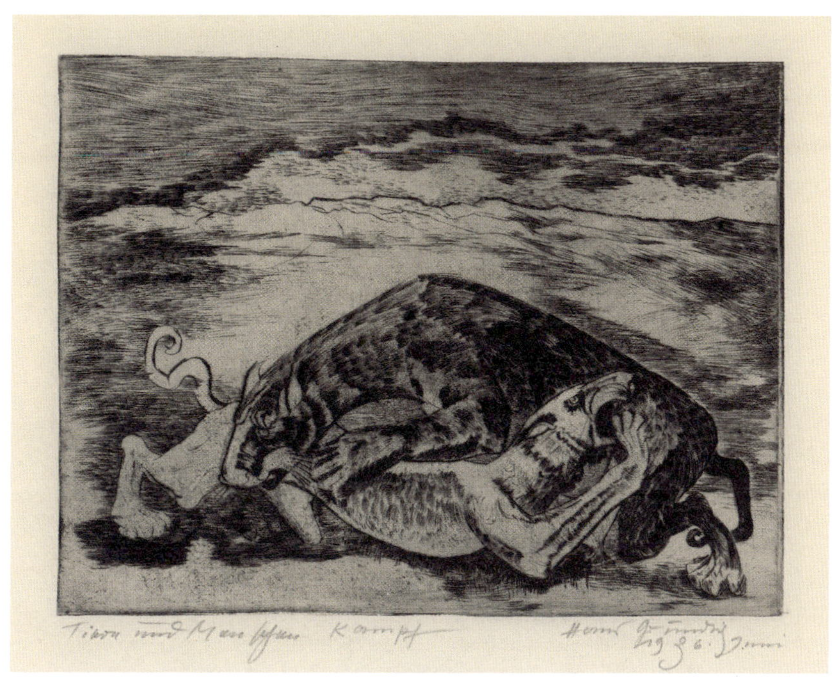

Bestien (Kampf) / Beasts (Battle),
aus der Folge *Tiere und Menschen* / from the series Animals and Men, 1936

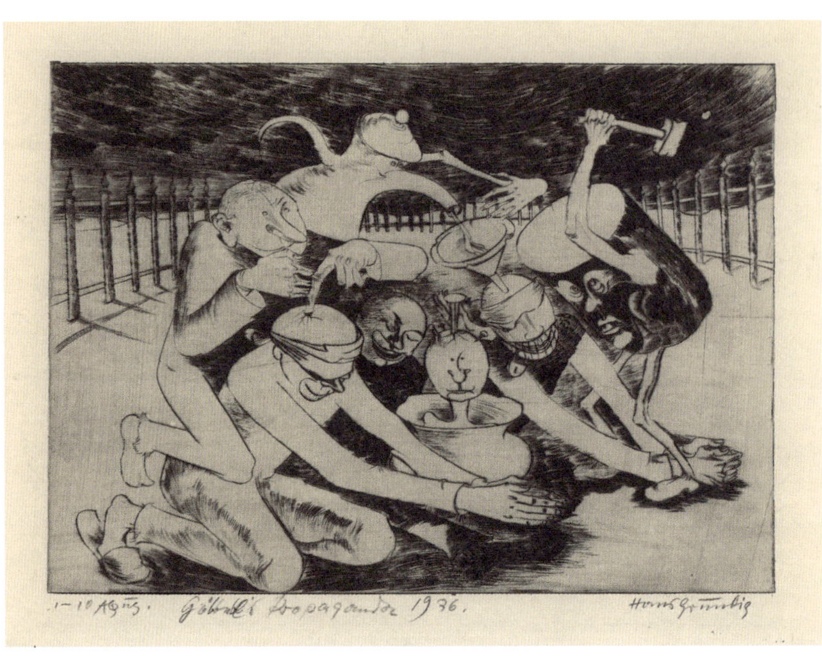

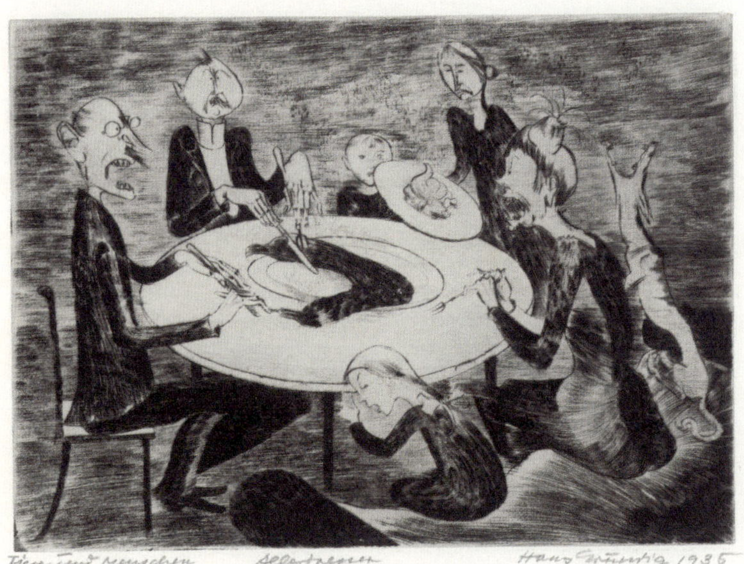

Goebbels-Propaganda / Goebbels Propaganda,
aus der Folge *Tiere und Menschen* / from the series Animals and Men, 1936

Allesfresser / Omnivores,
aus der Folge *Tiere und Menschen* / from the series Animals and Men, 1935

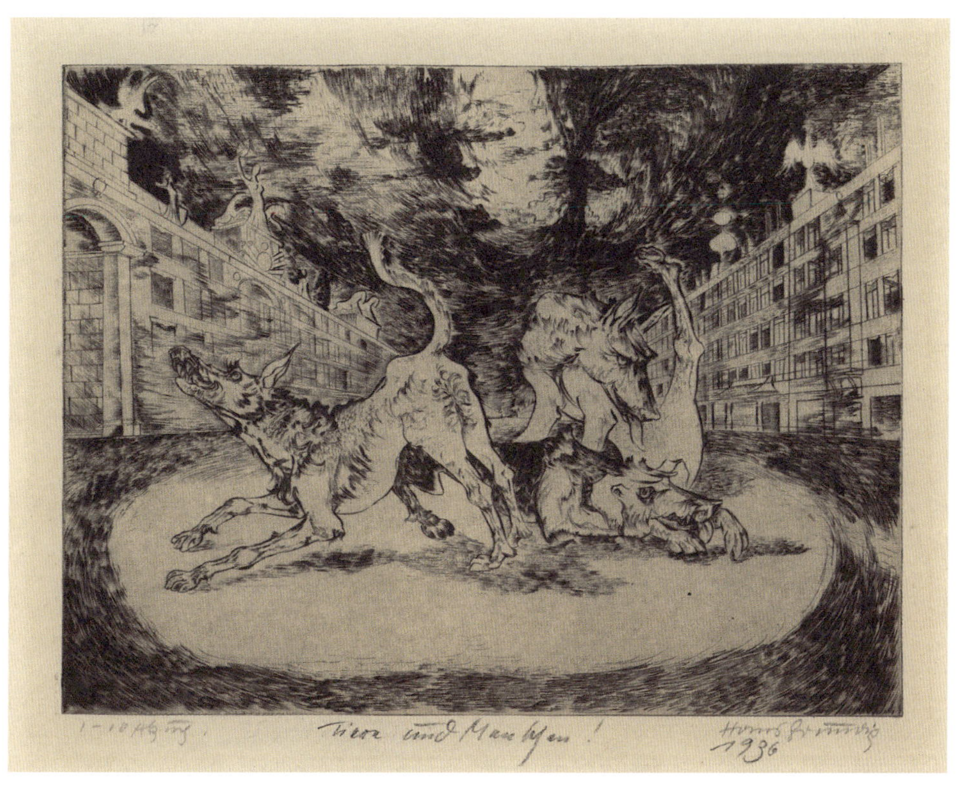

SA beherrscht die Straße (Brauner Terror) / The SA Rules the Street (Brown Terror), aus der Folge *Tiere und Menschen* / from the series Animals and Men, 1936

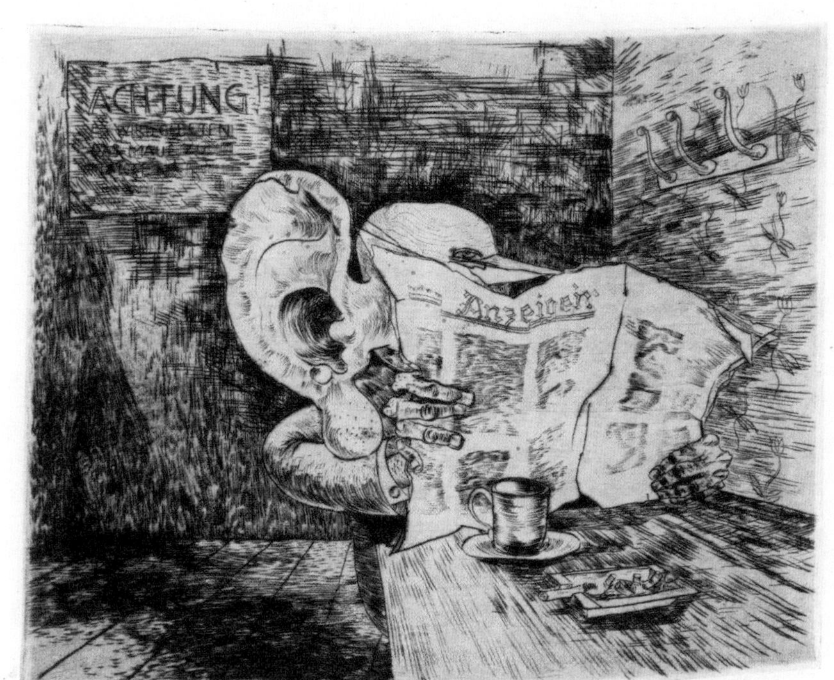

Spitzel (Der Spitzel) / Spy (The Informant),
aus der Folge *Tiere und Menschen* / from the series Animals and Men, 1935

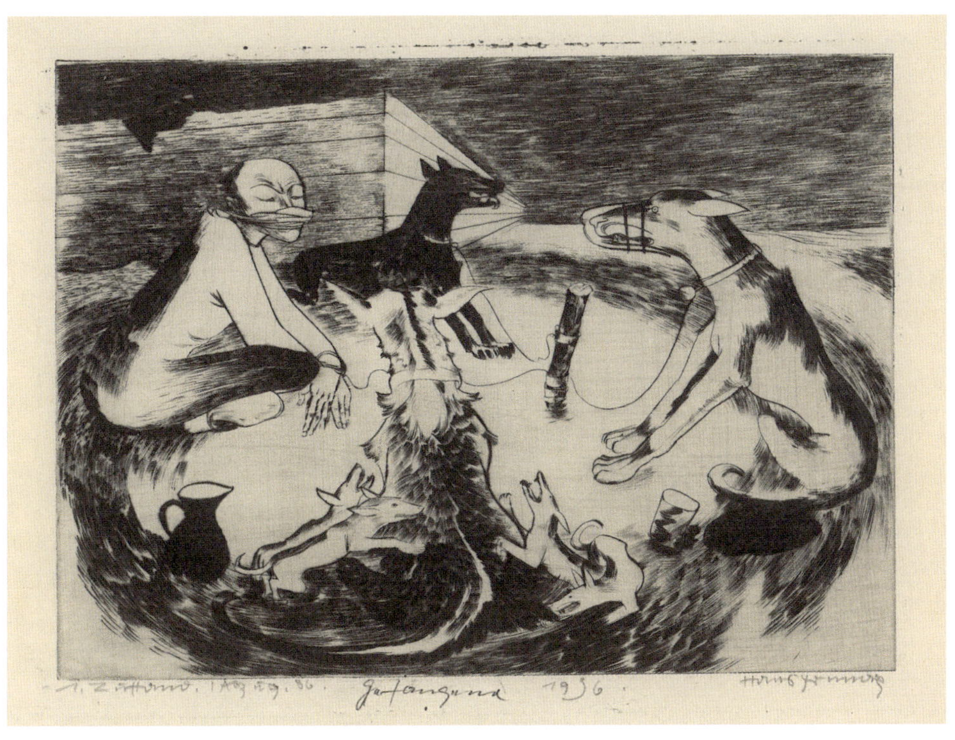

Gefangen (Gefangene) / Imprisoned (Prisoners),
aus der Folge *Tiere und Menschen* / from the series Animals and Men, 1936

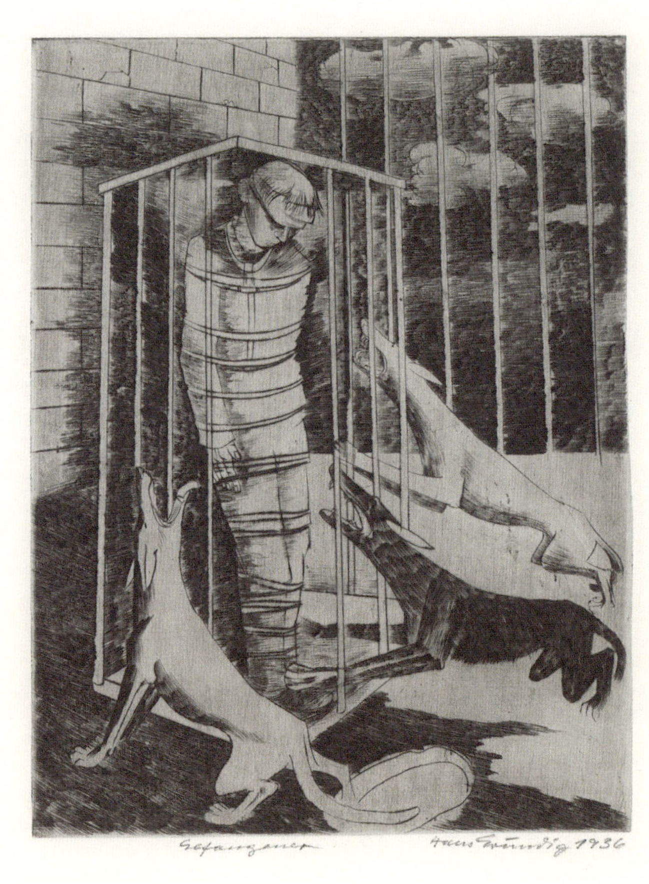

Gefangener / Prisoner,
aus der Folge *Tiere und Menschen* / from the series Animals and Men, 1936

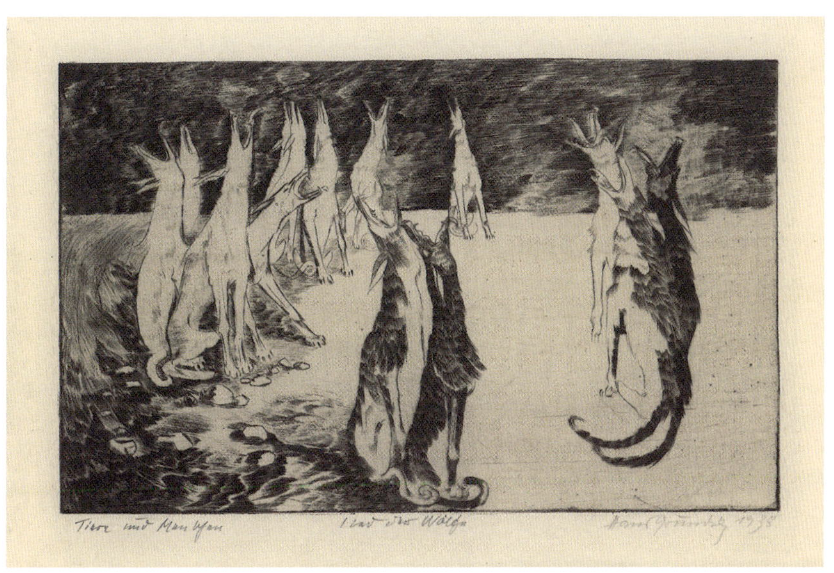

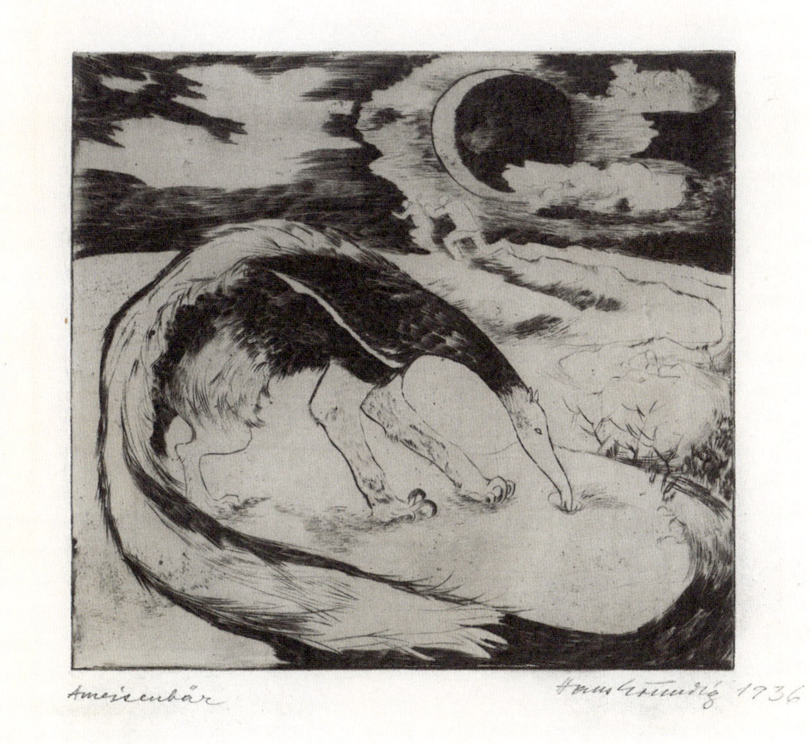

Abendlied (Lied der Wölfe) / Evensong (Song of the Wolves),
aus der Folge *Tiere und Menschen* / from the series Animals and Men, 1938

Angst (Ungeheuer, Ameisenbär, Schnüffler) / Fear (Monster, Anteater, Bloodhound),
aus der Folge *Tiere und Menschen* / from the series Animals and Men, 1936

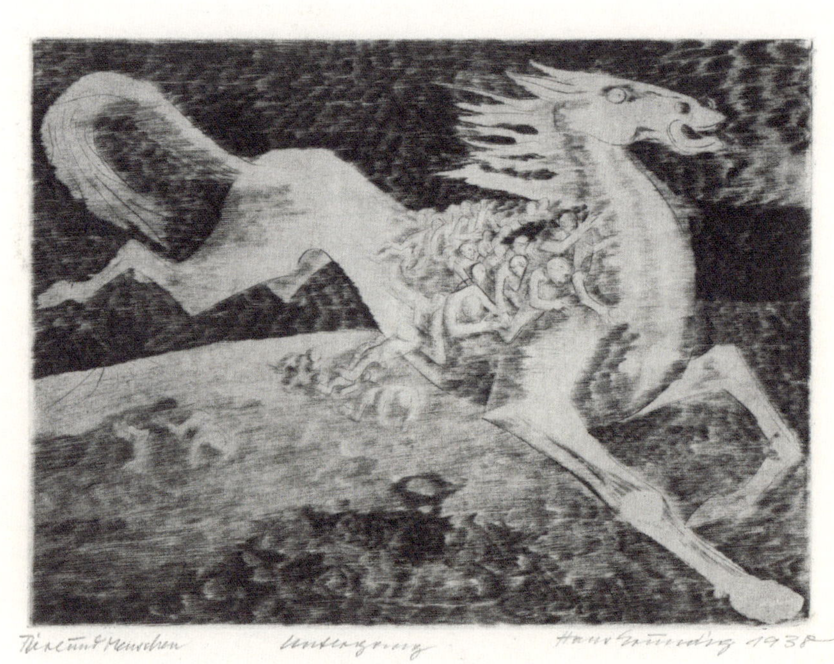

In den Abgrund (Untergang) / Into the Abyss (Destruction),
aus der Folge *Tiere und Menschen* / from the series Animals and Men, 1938

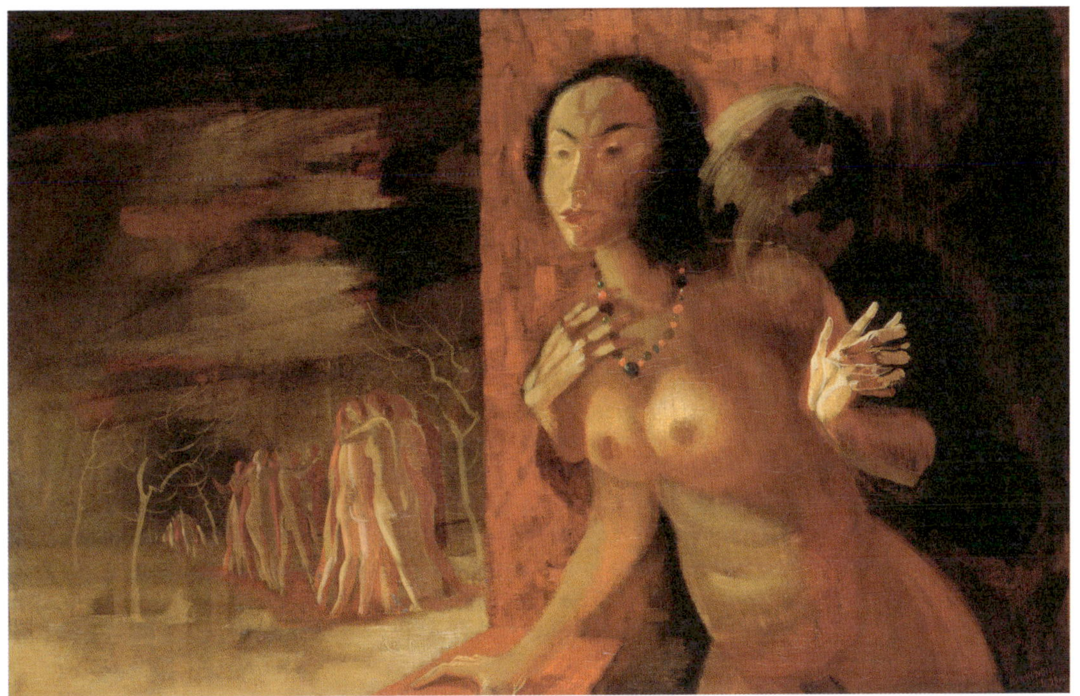

Abschied / Farewell, 1939

HANS GRUNDIG 1901–1958

Kathleen Krenzlin

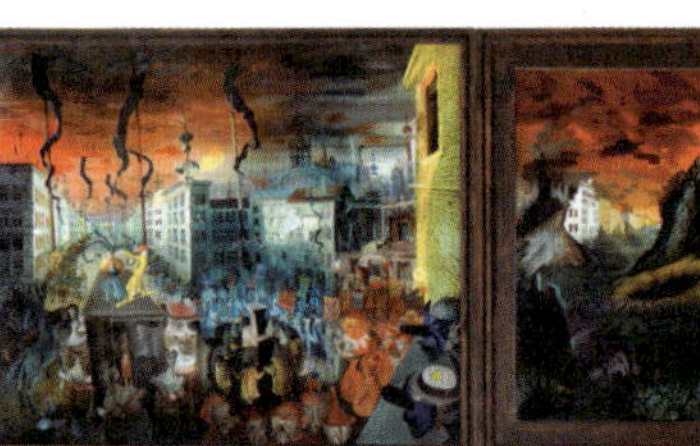
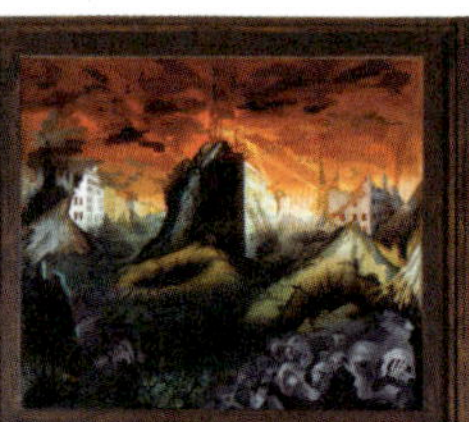
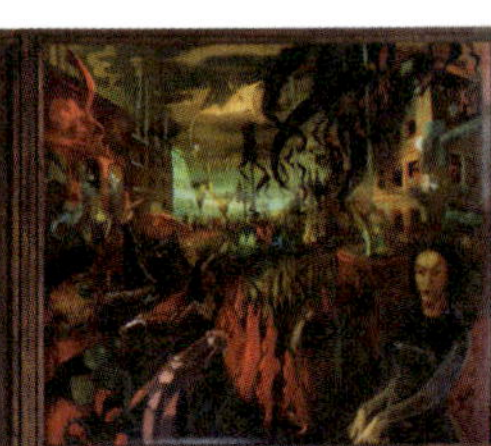
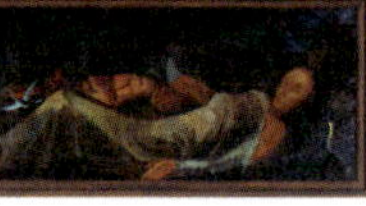

Abb. 1
Hans Grundig, *Das Tausendjährige Reich (Triptychon)*, 1935–1938, Öl auf Holz (Tafeln), Öl auf Leinwand (Predella), 150 × 178 cm (linke Tafel), 130 × 152 cm (Mitteltafel), 152 × 170 cm (rechte Tafel), 67 × 146 cm (Predella), Albertinum | Galerie Neue Meister, Staatliche Kunstsammlungen Dresden

Das 1966 publizierte *Verzeichnis der Gemälde, der bemalten Möbel und Geräte sowie der Druckgraphiken* des Dresdner Malers Hans Grundig, der 1958 nicht einmal sechzigjährig an den Folgen seiner KZ-Haft in einem Krankenhaus in Berlin-Buch gestorben war, umfasst insgesamt 134 Gemälde.[1] Von diesen Gemälden sind etwas mehr als ein Drittel innerhalb von sieben Jahren entstanden: zwischen der Machtergreifung Adolf Hitlers im Januar 1933 und Hans Grundigs Inhaftierung im Konzentrationslager Sachsenhausen ab Januar 1940. Zu ihnen gehören das visionäre Triptychon *Das tausendjährige Reich* (1935–1938) →Abb. 1, die allegorische Prophezeiung des Angriffs der Nationalsozialisten auf die Sowjetunion, gefasst auf der Sperrholztafel *Kampf der Bären und Wölfe* (1938) →S. 82, Darstellungen und Bildnisse seiner Frau und befreundeter Personen, eine *Kreuzigung* für eine Kirche in Mecklenburg samt ihrer Ausmalung und eine ganze Reihe von Landschaftsdarstellungen. In diese Jahre fällt außerdem Hans Grundigs leidenschaftlich-identifizierende Hinwendung zur Dichtung François Villons, der er neben einem umfangreichen Zyklus von Textblättern und Zeichnungen auch das Gemälde *Ballade von der Vergänglichkeit* (1937) widmete. Und nicht zuletzt gehört in diesen Kontext die intensive Beschäftigung mit der Druckgrafik. Sie fand ihren Niederschlag vor allem in Linolschnitten für das Agitproptheater *Linkskurve* →Abb. 2 und in der Radierfolge *Tiere und Menschen* →S. 83–90.[2] Rückblickend muss man die Jahre von 1933 bis 1940 als überaus produktive Schaffenszeit im Leben Hans Grundigs bewerten, in der eine Reihe seiner reifsten und bedeutendsten Werke entstanden sind.[3]

Hans Grundig stammte aus einfachen Verhältnissen und hatte sich sein Kunststudium durch Mitarbeit im väterlichen Betrieb finanziert. Die Frau seines Herzens, die jüdische Kaufmannstochter Lea Langer, konnte er nur gegen viele Widerstände und Vorurteile 1928 heiraten. Vermutlich seit 1926, die Jahreszahl ist bisher nicht belegt, war Hans Grundig Mitglied der Kommunistischen Partei Deutschlands (KPD), 1930 wurde er Gründungsmitglied der Dresdner Assoziation revolutionärer bildender Künstler (ASSO).[4] Verfolgung, Armut und Ausgrenzung waren für ihn als Kommunisten und Angehörigen eines proletarischen Milieus bereits vor 1933 Alltag. Die KPD bereitete sich seit 1930 auf die Illegalität vor und ihre Mitglieder wurden laufend instruiert und geschult. „Schon vor 1933 mußten wir zu halblegalen, ja schon zu illegalen Mitteln

1 Günter Bernhardt, Verzeichnis der Gemälde, der bemalten Möbel und Geräte sowie der Druckgraphiken Hans Grundigs, Greifswald 1966 (Wissenschaftliche Zeitschrift der Ernst-Moritz-Arndt-Universität Greifswald, Gesellschafts- und sprachwissenschaftliche Reihe 4), S. 471 ff.

2 Die Geschichte des Theaters *Linkskurve* wurde bisher nicht erforscht. Es darf nicht mit der gleichnamigen Zeitschrift verwechselt werden.

3 Dem Umstand sowohl seiner eigenen Verhaftung als auch derjenigen seiner Frau, der Grafikerin Lea Grundig, ist es zu verdanken, dass ein großer Teil des Werkes von Hans Grundig von Freunden vor dem Zugriff der Nationalsozialisten gesichert wurde und deshalb nicht – wie dasjenige vieler seiner Kollegen – Opfer des Bombenangriffs auf Dresden im Februar 1945 geworden ist.

4 Die ASSO (Assoziation revolutionärer bildender Künstler) wurde im März 1928 in Berlin gegründet. Die Gründung der Dresdner Ortsgruppe erfolge im Frühjahr 1930.

Kathleen Krenzlin

The *Verzeichnis der Gemälde, der bemalten Möbel und Geräte sowie der Druckgraphiken* (Inventory of the Paintings, Painted Furniture and Instruments, and Prints), published in 1966, by the Dresden-based painter Hans Grundig, who died of the aftereffects of his internment in a concentration camp in the Buch area of Berlin in 1958, at not even sixty years of age, includes a total of 134 paintings.[1] Of these paintings, roughly more than one third were produced within a period of seven years: between Adolf Hitler's seizure of power in January 1933 and Hans Grundig's detention in the Sachsenhausen concentration camp as of January 1940. They include the visionary triptych *Das tausendjährige Reich* (The Thousand-Year Reich, 1935–38) →fig. 1, an allegorical prophesy of the National Socialist attack on the Soviet Union mounted on the laminated wood panel *Kampf der Bären und Wölfe* (Clash of Bears and Wolves, 1938) →p. 82, pictures and portraits of his wife and friends, a *Kreuzigung* (Crucifixion) for a church in Mecklenburg along with the painting of the church itself, and a whole series of landscape pictures. These years also saw Grundig's passionate, identifying fascination with the poetry of François Villon, to whom he dedicated not only an extensive cycle of pages of text and drawings, but also the painting *Ballade von der Vergänglichkeit* (Ballad of Impermanence, 1937). And, last but not least, an intensive occupation with prints also belongs in this context. It found expression primarily in linocuts for the agitprop theater Linkskurve →fig. 2 and the series of etchings *Tiere und Menschen* (Animals and Men) →pp. 83–90.[2] In retrospect, the years between 1933 and 1940 can be assessed as a very productive creative period in the life of Hans Grundig, during which time he created a group of his most mature and important works.[3]

Fig. 1
Hans Grundig,
The Thousand-Year Reich (Triptych),
1935–38,
oil on wood (panels),
oil on canvas (predella),
150 × 178 cm (left panel), 130 × 152 cm (center panel),
152 × 170 cm (right panel), 67 × 146 cm (predella),
Albertinum | Galerie Neue Meister, Staatliche Kunstsammlungen Dresden

Hans Grundig came from a modest background and financed his art studies by working in his father's business. He was only able to marry the woman he loved, the Jewish businessman's daughter Lea Langer, in 1928 against much opposition and many prejudices. Grundig presumably became a member of the Kommunistische Partei Deutschland (Communist Party of Germany, KPD) in 1926 (the year is hitherto undocumented), and became a founding member of the Assoziation revolutionärer bildender Künstler (Association of Revolutionary Visual Artists, ASSO) in Dresden in 1930.[4] As a communist and member of a proletarian milieu, the experiences of persecution, poverty, and exclusion were already a part of his day-to-day life prior to 1933. In 1930, the KPD began preparing for being declared illegal, and its members received ongoing instruction and training in this context. "We already had to resort to semi-legal means prior to 1933 in order to be able to undertake our multifaceted work," as Grundig described the situation around 1930.[5] But, despite this preparation, he cannot have remained entirely untouched by the hate and arbitrariness with

1 Günter Bernhardt, *Verzeichnis der Gemälde, der bemalten Möbel und Geräte sowie der Druckgraphiken Hans Grundigs*, vol. 4 of *Wissenschaftliche Zeitschrift der Ernst-Moritz-Arndt-Universität Greifswald, Gesellschafts- und sprachwissenschaftliche Reihe* (Greifswald: University of Greifswald, 1966) pp. 471ff.

2 No research has been done so far on the history of the Linkskurve theater. It should not be confused with the magazine of the same name.

3 The fact that both Hans Grundig and his wife, the graphic artist Lea Grundig, were interned is the reason why a large portion of his work was safeguarded by friends, which kept it out of the hands of the National Socialists. Hence it did not—like that of many of his colleagues—fall victim to the bombing of Dresden in February 1945.

4 The Assoziation revolutionärer bildender Künstler (ASSO) was established in Berlin in March 1928. The local group in Dresden was founded in the spring of 1930.

5 Hans Grundig, *Zwischen Karneval und Aschermittwoch*, 14 editions (1957; repr., East Berlin: Dietz, 1986), p. 219.

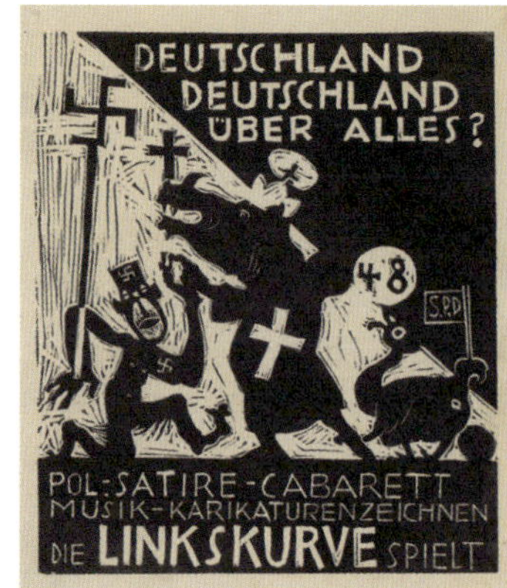

Abb. 2
Hans Grundig,
Deutschland, Deutschland über alles? Pol: Satire-Cabarett Musik-Karikaturenzeichnen. Die Linkskurve spielt, o. D.,
Linolschnitt,
28,9 × 24,4 cm,
Akademie der Künste, Berlin, Kunstsammlung,
Inv.-Nr.:
Hans Grundig 301

greifen, um unsere vielseitige Tätigkeit durchführen zu können", beschreibt Hans Grundig die Situation um 1930.[5] Doch können trotz dieser Einstimmung auch ihm Hass und Willkür, mit der die Nationalsozialisten sofort regierten, nicht völlig verborgen geblieben sein. Nicht zuletzt, weil nahe Freunde, darunter der Grafiker Johnny Friedländer (1912–1992), das kommunistische Paar Kurt und Else Frölich (1893–1941 und 1898–1990) oder auch der Dichter Franz Hackel (1887–1962), schon in der ersten Hälfte des Jahres 1933 verhaftet wurden und zum Teil schwer misshandelt aus den Gefängnissen der Nationalsozialisten zurückkehrten. 1932 waren Hans und Lea Grundig das erste Mal nach Zürich zu Freunden gereist und hatten seit 1933 noch dreimal Gelegenheit, während der Sommermonate ins Tessin zu fahren. Sie hatten ebenso oft die Möglichkeit, dort zu bleiben: 1934, 1935 und 1936. Jedesmal kehrte das Paar nach Deutschland zurück.

Dabei war Hans Grundig am 25. April 1936 aus der Reichskulturkammer ausgeschlossen worden und sich der Folgen, wie ein Brief vom Mai 1936 an seine Cousine Marianne Katz in Berlin belegt,[6] vollständig bewusst: „Wie euch auch Lea schon geschrieben hat[,] bin ich aus der Reichskulturkammer ausgeschlossen, für mich immerhin ein schwerer Schlag. Es ist eine schwere Zeit für uns. Immer geringer wird unsere Existenzbasis, es ist auszurechnen[,] w[a]nn der vollkommene Nullpunkt erreicht ist. Nach allen Seiten Anfeindung und Angriff, Ruhe nur in der Arbeit und unsrem Arbeitsraum."[7] Erst als Lea Grundig Ende 1939 seit anderthalb Jahren im Dresdner Polizeigefängnis saß und Hans sich nun vergeblich um ihre und seine Ausreise in irgendein Land bemühte, sprach sie die bittere Erkenntnis in einem Kassiber aus: „... denke daran, wie schwer es mir ist, und wie aussichtslos meine Lage!"[8]

Weshalb das politisch aktive Künstlerpaar die Bedrohung so falsch eingeschätzt hat und welche Rolle die Dynamik seiner Beziehung dabei spielte, kann hier nicht erörtert werden. Fakt ist, dass Hans Grundig sich die Frage, warum er und seine Frau nicht in der Schweiz geblieben sind, spätestens stellte, als er nach 1945 sein Leben überdachte und an seiner Autobiografie zu schreiben begann.[9] Die Antwort, die er darin gibt, wird umso glaubhafter, als sie durch die eingangs beschriebene Fülle und Bedeutung seines Werkes der Jahre 1933 bis 1940 belegt wird: „Der Sommer [1936] neigte sich ... der Weinernte zu ... Was sollten wir tun? ... Sollten wir hier bleiben in der Schweiz und unser Leben retten, oder sollten wir wieder in jenes grauenhafte, in Barbarei versunkene Deutschland zurückkehren, das doch unsere Heimat war und uns als Antifaschisten jetzt dringend brauchte? Noch waren wir den Nazis nur als mehr oder weniger harmlose spintisierende Künstler bekannt, noch hatten wir die Möglichkeit, dort wenigstens etwas für unsere Sache, für die Partei zu tun. Wir entschieden uns für Deutschland, obwohl wir keine besonderen Helden waren und Angst vor Grausamkeiten hatten. ... Zu unserem Entschluß trug das satte Leben des Schweizer Bürgertums bei ... Wir waren gleich Tiefseefischen einen bestimmten Druck gewöhnt; wir brauchten ihn, um die Arbeit leisten zu können, die unsere Aufgabe war."[10]

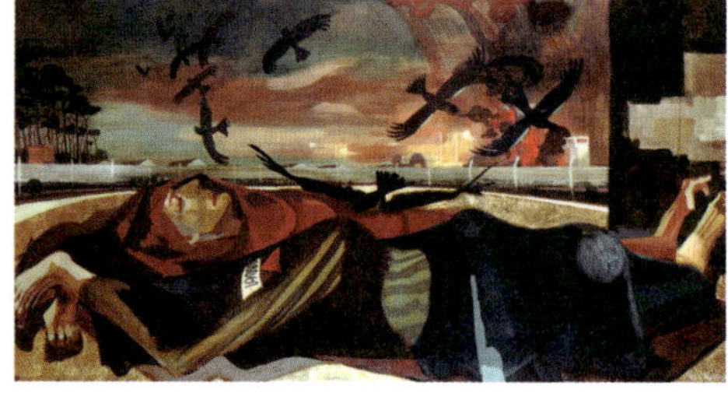

Abb. 3
Hans Grundig,
Den Opfern des Faschismus, 1947,
Öl auf Hartfaserplatte,
110 × 200 cm,
Museum der bildenden Künste, Leipzig

Hans Grundig hat nach 1945 vor allem in den beiden Fassungen der Gemälde *Den Opfern des Faschismus* (1946/47) →Abb. 3, seiner politischen Haltung und seinem künstlerischen Wollen in großer Dringlichkeit Ausdruck verliehen. Seit Gründung der DDR im Oktober 1949 ist ihm kein vergleichbar überzeugendes Werk mehr gelungen. Die Ursachen sind vielschichtig und bilden ein neues Thema, das einem anderen Aufsatz vorbehalten bleiben muss. Dessen Überschrift würde mit Heiner Müller wohl lauten: „Wer keinen Feind mehr hat, trifft ihn im Spiegel."[11]

5 Hans Grundig, Zwischen Karneval und Aschermittwoch, Ostberlin [14]1986, S. 219.
6 Marianne Katz wurde 1918 geboren. Ihr Sterbedatum ist bisher unbekannt.
7 Hans Grundig an Marianne Katz, Mai 1936, Akademie der Künste, Berlin, Grundig-Archiv, 853, S. 47, 48.
8 Lea Grundig an Hans Grundig, o. D. [1939], ebd., Grundig-Archiv, 875, o. S.
9 Hans Grundig, Zwischen Karneval und Aschermittwoch, Ostberlin 1957.
10 Grundig [14]1986 (wie Anm. 5), S. 258 f.
11 Heiner Müller, Krieg ohne Schlacht. Leben in zwei Diktaturen, Berlin 2019, S. 360.

Fig. 2
Hans Grundig,
Germany, Germany above All Else? Pol.-Satire-Cabaret Music-Caricature Drawing, The Linkskurve Plays, n.d.,
linocut,
28.9 × 24.4 cm,
Akademie der Künste, Berlin, Art Collection, inv. no.
Hans Grundig 301

Fig. 3
Hans Grundig,
To the Victims of Fascism, 1947,
oil on hardboard,
110 × 200 cm,
Museum der bildenden Künste, Leipzig

which the National Socialists governed from the very beginning. Not least because close friends, including the graphic artist Johnny Friedländer (1912–1992), the married communist couple Kurt and Else Frölich (1893–1941 and 1898–1990), and the poet Franz Hackel (1887–1962), were already interned in the first half of 1933 and returned from the prisons of the National Socialists having been severely mistreated at times. Hans and Lea Grundig traveled to visit friends in Zurich for the first time in 1932, and as of 1933 they had three other opportunities to spend time in Tessin during the summer months. They also had ample opportunity to remain there: in 1934, 1935, and 1936. But the couple returned to Germany each time.

At the same time, Hans Grundig was excluded from the Reichskulturkammer (Reich Chamber of Culture) on April 25, 1936, and was fully aware of the consequences of this, as is shown by a letter to his cousin Marianne Katz in Berlin from May 1936:[6] "As Lea has already also written to you, I have been thrown out of the Reichskulturkammer, which is still a major blow for me. It is a difficult time for us. The basis of our existence is becoming more and more limited, and it is possible to estimate when total rock bottom will be reached. Hostility and attacks from all sides, calm only when working and in our workroom."[7] It was not until the end of 1939, when Lea Grundig had already been held in a police prison in Dresden for one and a half years, and Hans was now attempting in vain to organize her and his emigration to any possible country, that he expressed his bitter realization in a secret message: "... think about how difficult it is for me, and how hopeless my situation is!"[8]

Why the politically active couple misjudged the threat so badly and what role the dynamics of their relationship played goes beyond the scope of this essay. It stands to reason that Hans Grundig asked himself the question of why he and his wife had not remained in Switzerland at the latest when he looked back on his life after 1945 and started writing his autobiography.[9] The answer that he provides here becomes that much more believable when one considers the afore-described abundance and significance of his work in the years from 1933 to 1940: "The summer [of 1936] is drawing toward ... the wine harvest ... What should we do? ... Should we remain here in Switzerland and save our lives, or should we return once again to that grim Germany, submerged in barbarism, which was our home and now urgently needed us as anti-fascists? We were still known to the Nazis as merely more or less harmless artists lost in our own world, still had the chance to do at least something for our cause, for the party there. We chose Germany, even though we were not really heroes and were afraid of brutality ... What contributed to our decision was the complacent life of the Swiss bourgeoisie ... We were accustomed to a certain pressure, like deep-sea fish; we needed it to be able to do the work that was our mission."[10]

After 1945, Hans Grundig gave expression to his political stance and his artistic will with great urgency, particularly in the two versions of the painting *Den Opfern des Faschismus* (To the Victims of Fascism, 1947) →fig. 3. Following the establishment of the German Democratic Republic in October 1949, he did not manage to produce any comparably convincing works. The reasons for this are multilayered and form a new topic that must be reserved for another essay. In the words of Heiner Müller, its title would probably read: "When you no longer have an enemy, you find it in the mirror."[11]

6 Mariann Katz was born in 1918. The date of her death still remains unknown.
7 Hans Grundig, letter to Marianne Katz, May 1936, Akademie der Künste, Berlin, Grundig Archive, 853, p. 48.
8 Lea Grundig, letter to Hans Grundig, n.d. [1939], Akademie der Künste, Berlin, Grundig Archive, 875, n.p.

9 Grundig, *Zwischen Karneval und Aschermittwoch.*
10 Ibid., pp. 258–59.
11 Heiner Müller, *Krieg ohne Schlacht: Leben in zwei Diktaturen* (Berlin: Kiepenheuer & Witsch, 2019), p. 360.

LEA GRUNDIG

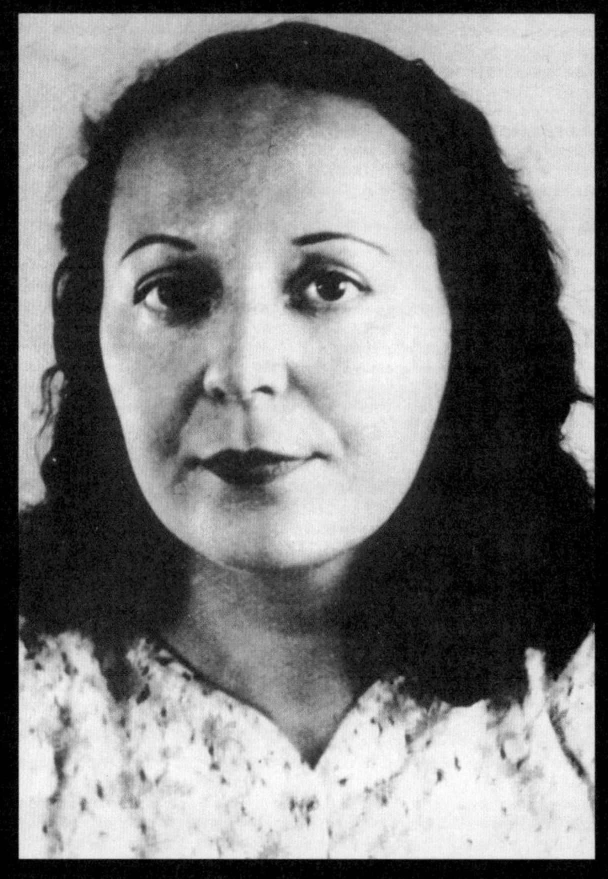

Lea Grundig, um / ca. 1945

LEA GRUNDIG
* 23. März 1906 in Dresden
† 10. Oktober 1977 während einer Mittelmeerreise

1922–1924	Studium an der Dresdner Kunstgewerbeschule und der Kunstschule Der Weg
1924–1926	Studium an der Akademie der Bildenden Künste Dresden bei Otto Gussmann
1926	Eintritt in die Kommunistische Partei Deutschlands (KPD)
1928	Heirat mit Hans Grundig
1929	Gründungmitglied der Dresdner Assoziation revolutionärer bildender Künstler (ASSO)
1936	Erste Verhaftung durch die Gestapo
1938	Zweite Verhaftung, im Anschluss mehrmonatige Haftstrafe
1939	Nach der Haft Flucht nach Palästina über mehrere Stationen
1940–1942	Aufenthalt im Flüchtlingslager Atlit, anschließend Übersiedelung nach Haifa und Tel Aviv
1948–1949	Rückkehr nach Dresden über Prag
1949	Dozentin für Grafik an der Hochschule für Bildende Künste in Dresden
1950–1967	Professur für Grafik an der Hochschule für Bildende Künste in Dresden
1961	Mitglied der Akademie der Künste der Deutschen Demokratischen Republik (DDR)
1964–1970	Präsidentin des Verbandes Bildender Künstler der DDR (VBK)
1967–1977	Mitglied des Zentralkomitees der Sozialistischen Einheitspartei Deutschlands (SED)
1972	Ehrendoktorwürde der Universität Greifswald

LEA GRUNDIG
b. March 23, 1906, in Dresden
d. October 10, 1977, while on a Mediterranean trip

1922–24	Studies at the Dresden School of Arts and Crafts and the art school Der Weg
1924–26	Studies under Otto Gussmann at the Dresden Academy of Fine Arts
1926	Joins the Communist Party of Germany (KPD)
1928	Marries Hans Grundig
1929	Founding member of the Dresden section of the Association Revolutionary Visual Artists (ASSO)
1936	First arrest by the Gestapo
1938	Second arrest, followed by a prison sentence of many months
1939	After being released, flees to Palestine via several stations
1940–42	Stays at the Atlit refugee camp, then moves to Haifa and Tel Aviv
1948–49	Returns to Dresden via Prague
1949	Lecturer in graphic arts at the Dresden Academy of Fine Arts
1950–67	Professorship of graphics at the Dresden Academy of Fine Arts
1961	Member of the Academy of Arts of the German Democratic Republic (GDR)
1964–70	President of the Association of Visual Artists of the GDR (VBK)
1967–77	Member of the Central Committee of the Socialist Unity Party of Germany (SED)
1972	Honorary doctorate from the University of Greifswald

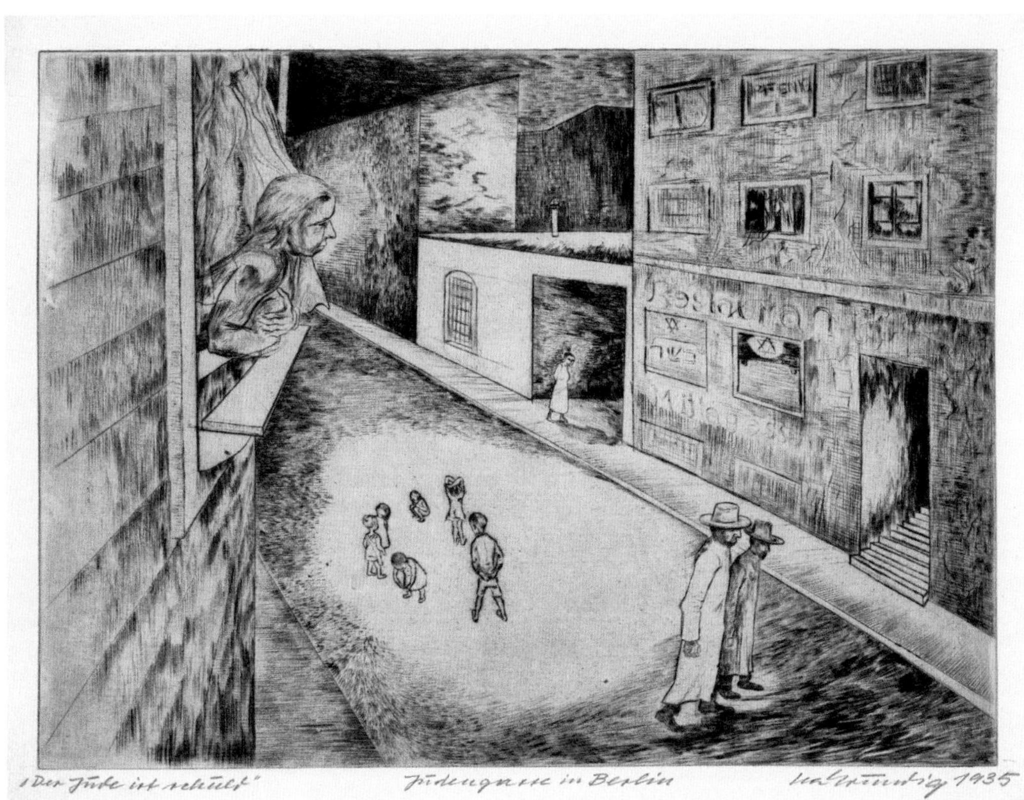

Der Jude ist schuld / It's the Jew's Fault,
Blatt / plate 1: *Judengasse in Berlin* / Jewish Street in Berlin, 1935

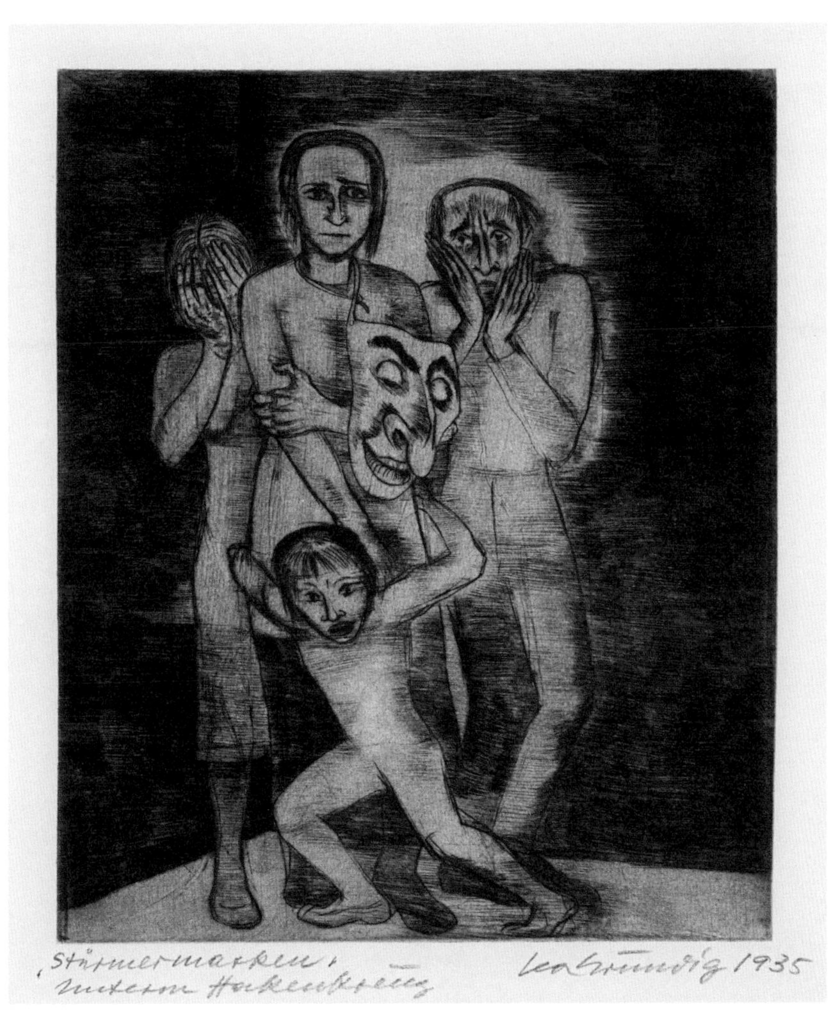

Der Jude ist schuld / It's the Jew's Fault,
Blatt / plate 4: *Stürmermaske* / Stuermer Mask, 1935

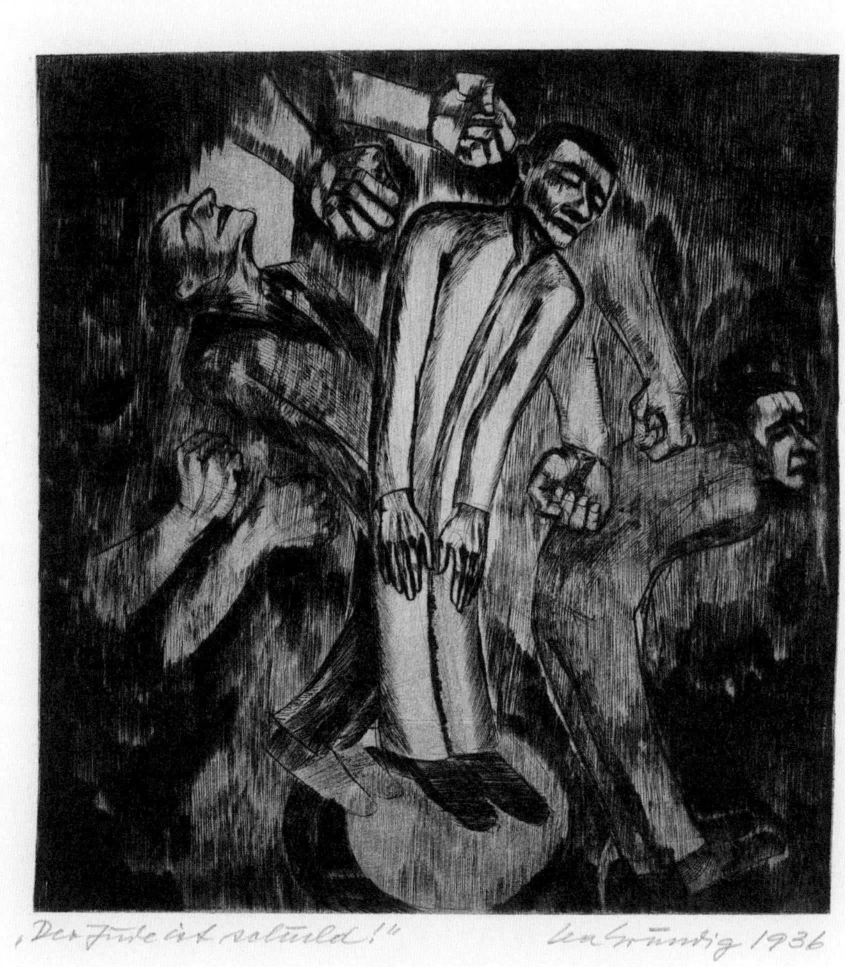

Der Jude ist schuld / It's the Jew's Fault,
Blatt / plate 3: *Der Watschenmann* / The Whipping Boy, 1936

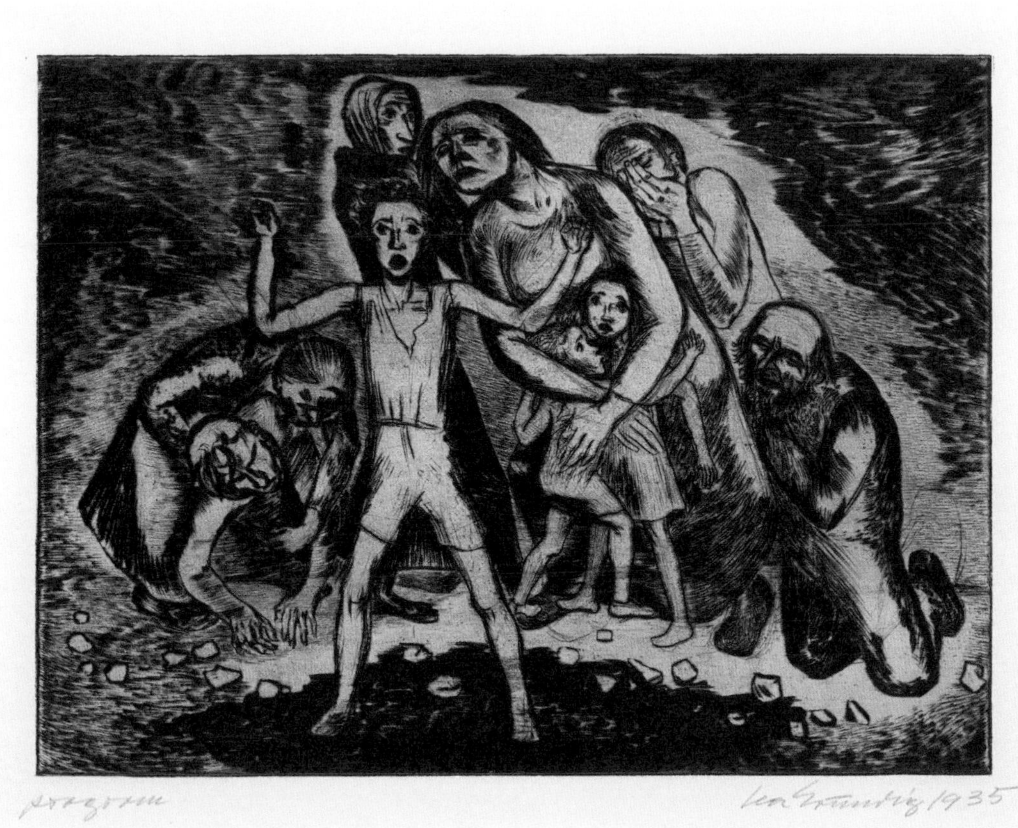

Der Jude ist schuld / It's the Jew's Fault,
Blatt / plate 5: *Pogrom*, 1935

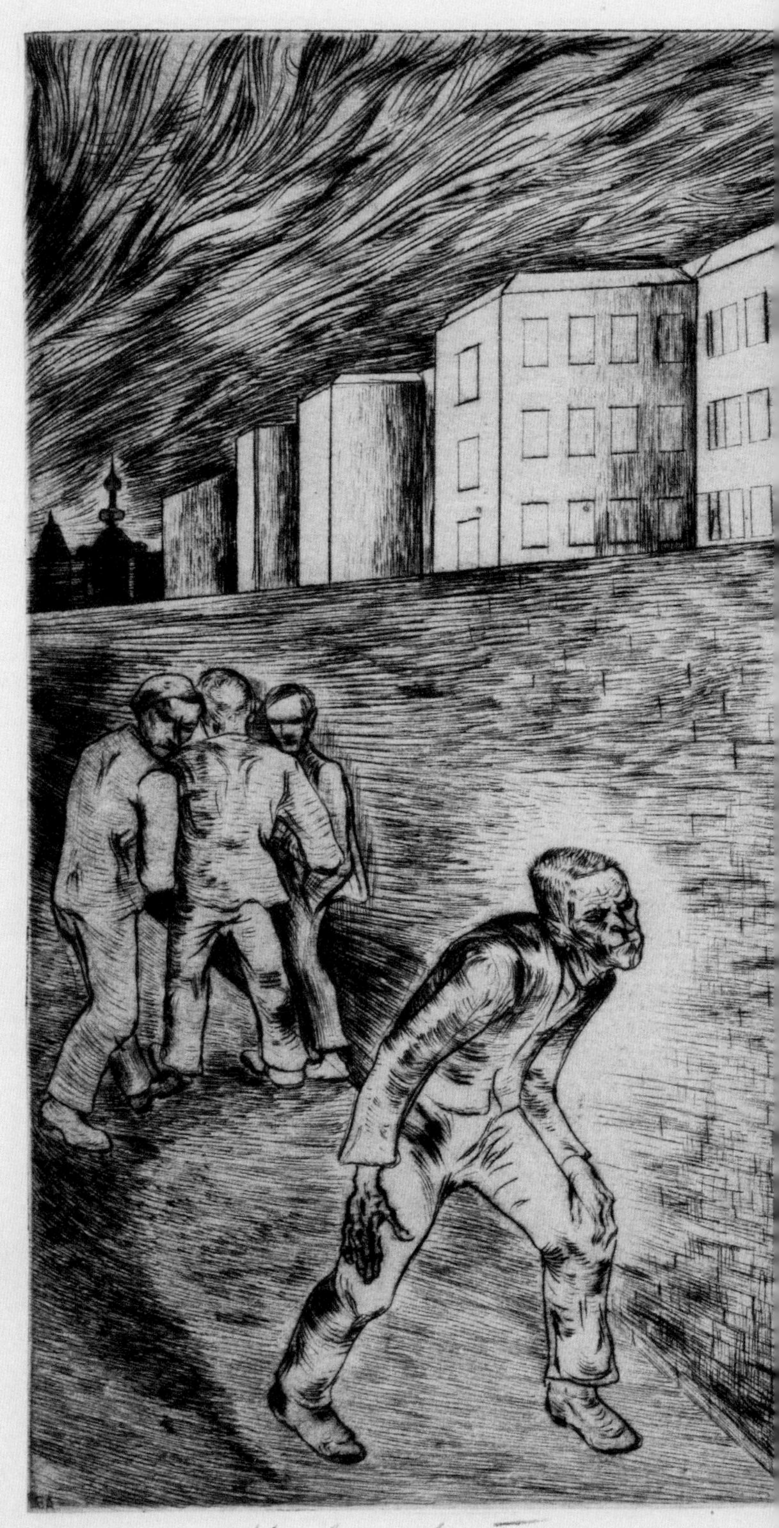
Unterm Hakenkreuz

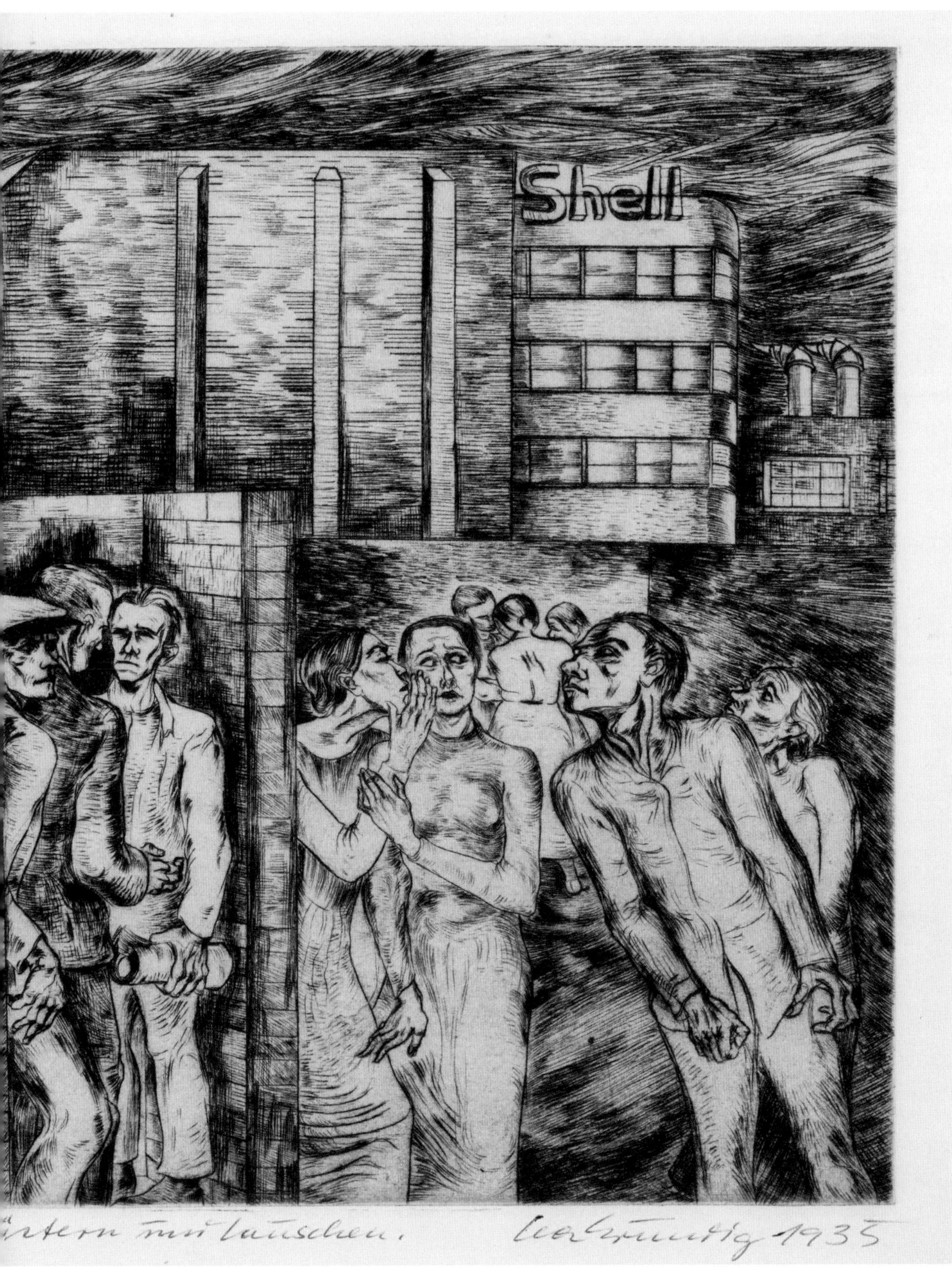

Unterm Hakenkreuz / Under the Swastika,
Blatt / plate 7: *Das Flüstern* / Whispering, 1935

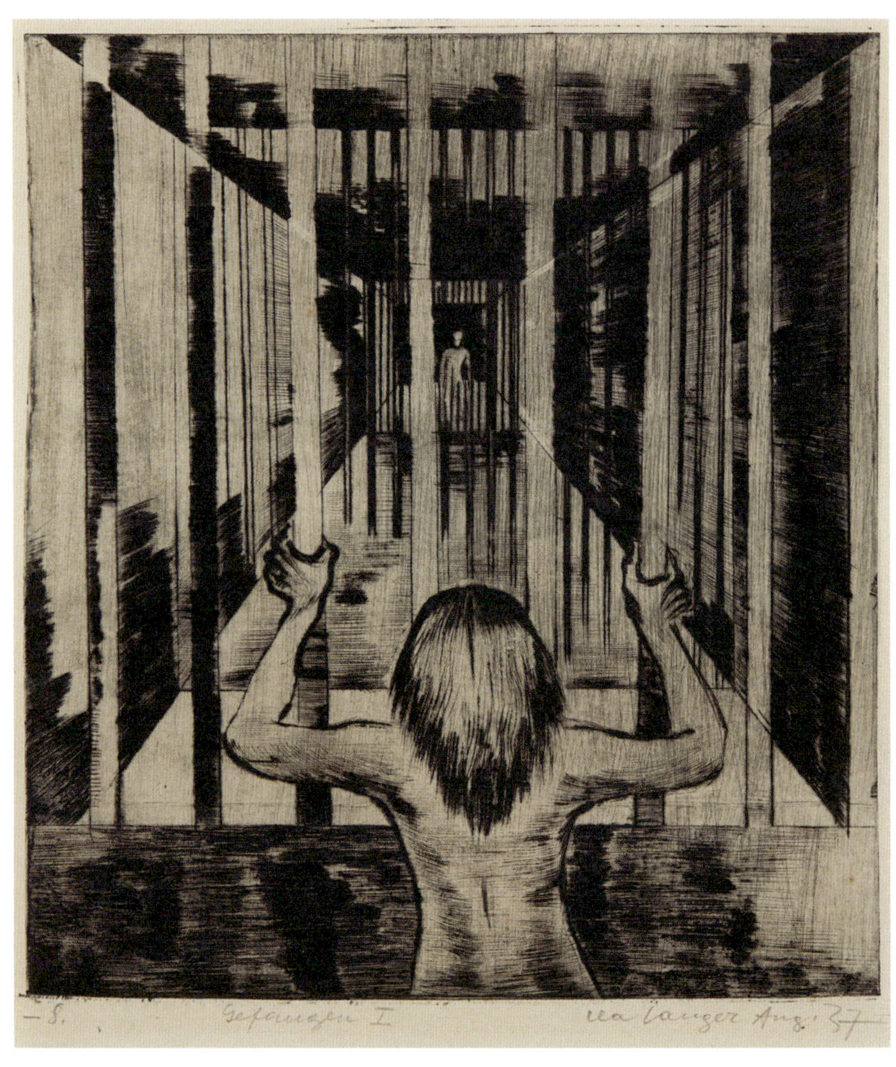

Unterm Hakenkreuz / Under the Swastika,
Blatt / plate 14: *Gefangen I* / Imprisoned I, 1937

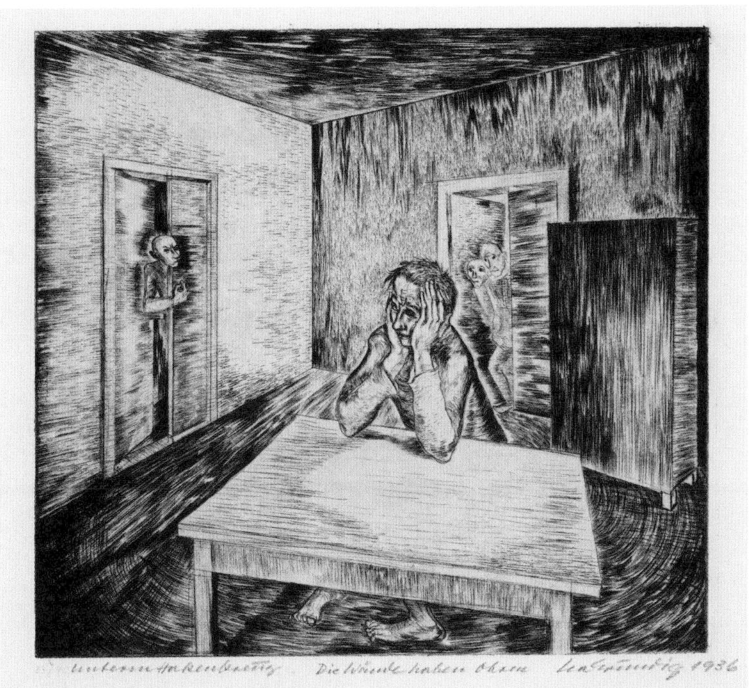

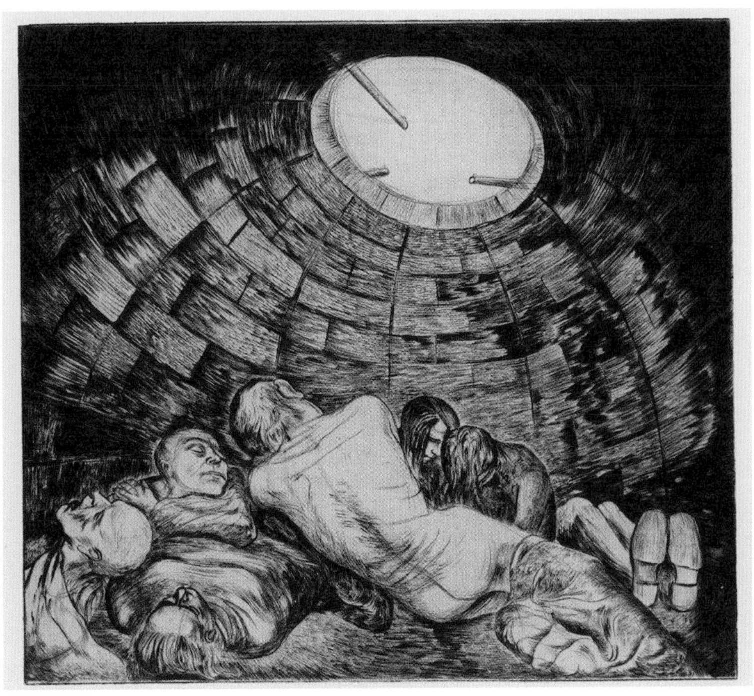

Unterm Hakenkreuz / Under the Swastika,
Blatt / plate 6: *Die Wände haben Ohren* / The Walls Have Ears, 1936

Unterm Hakenkreuz / Under the Swastika,
Blatt / plate 13: *Im Bunker* / In the Bomb Shelter, 1935

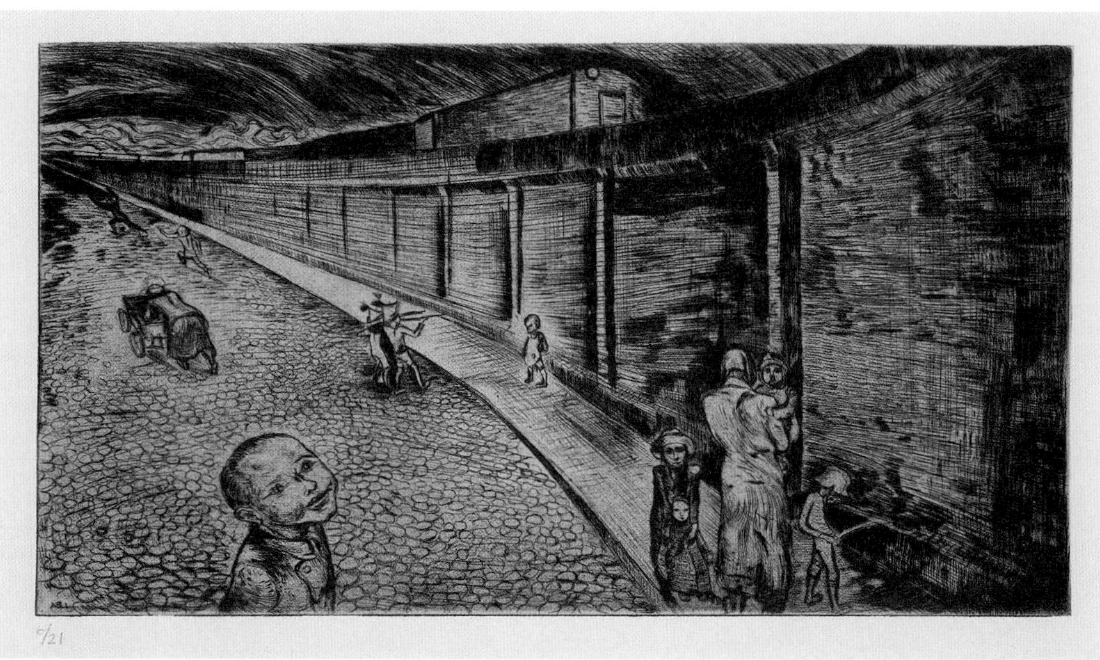

Unterm Hakenkreuz / Under the Swastika,
Blatt / plate 4: *Kinder spielen Erschießen* / Children Playing at Shooting, 1935

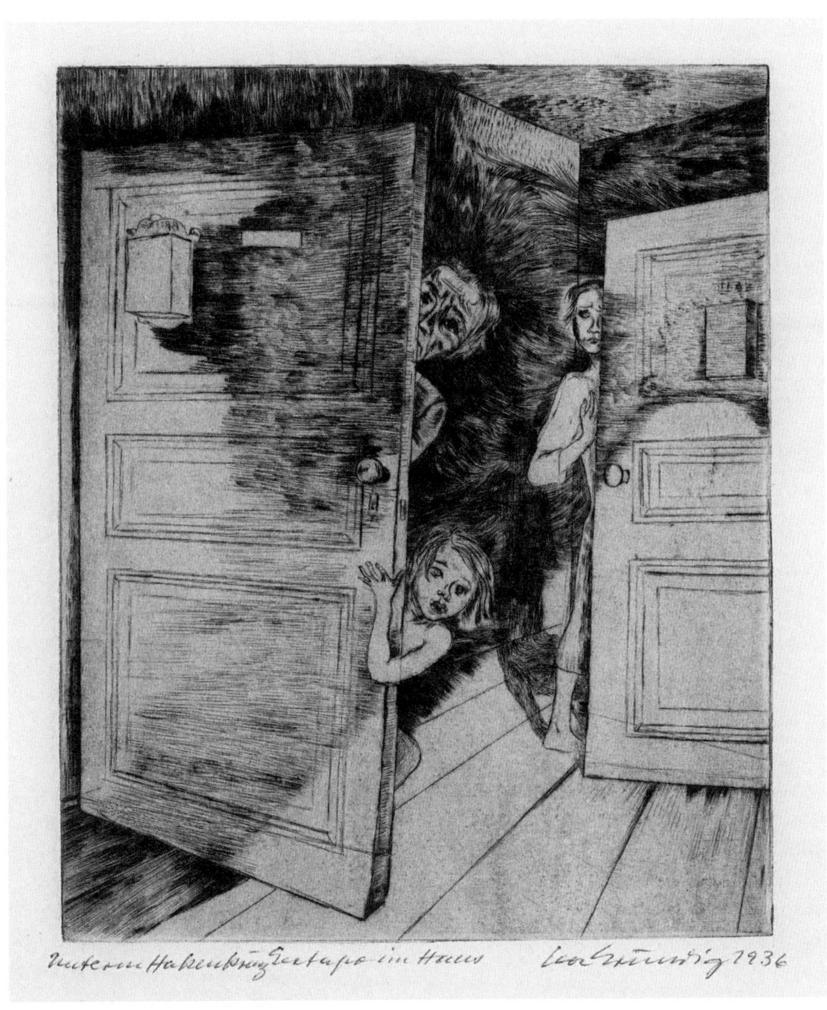

Unterm Hakenkreuz / Under the Swastika,
Blatt / plate 10: *Gestapo im Haus* / Gestapo in the House, 1936

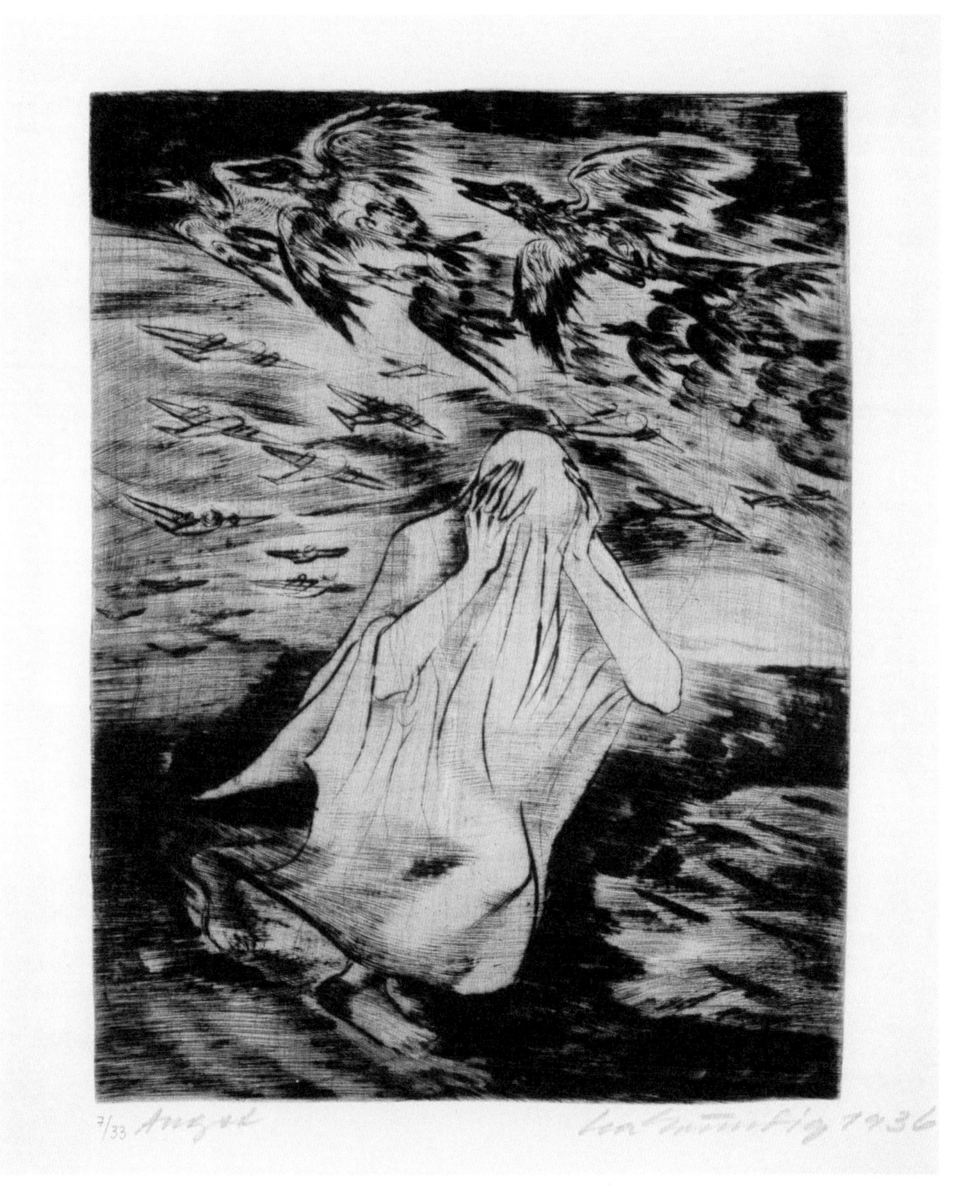

Krieg droht! / War Threatens!,
Blatt / plate 2: *Angst* / Fear, 1936

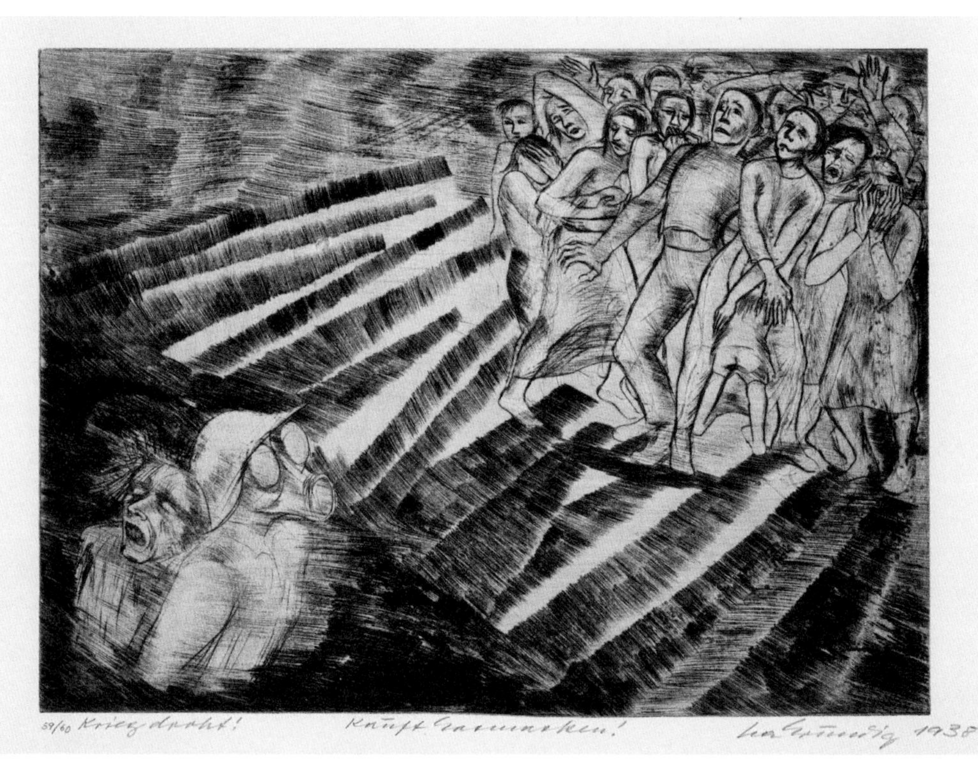

Krieg droht! / War Threatens!,
Blatt / plate 3: *Gasmasken* / Gas Masks, 1938

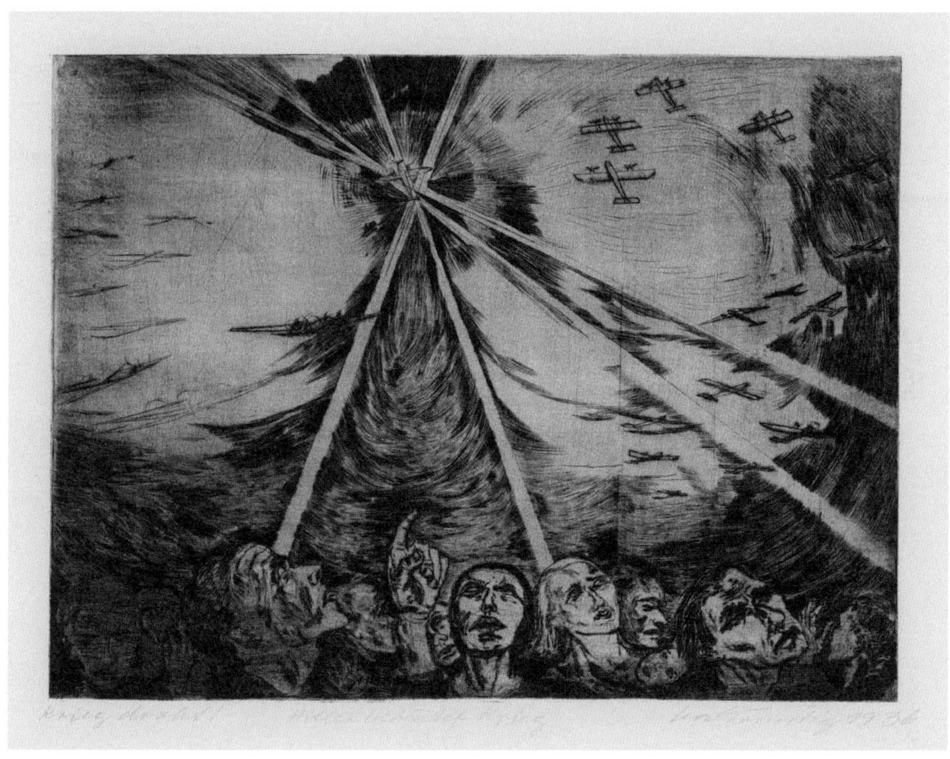

Krieg droht! / War Threatens!,
Blatt / plate 4: *Hitler bedeutet Krieg* / Hitler Means War, 1936

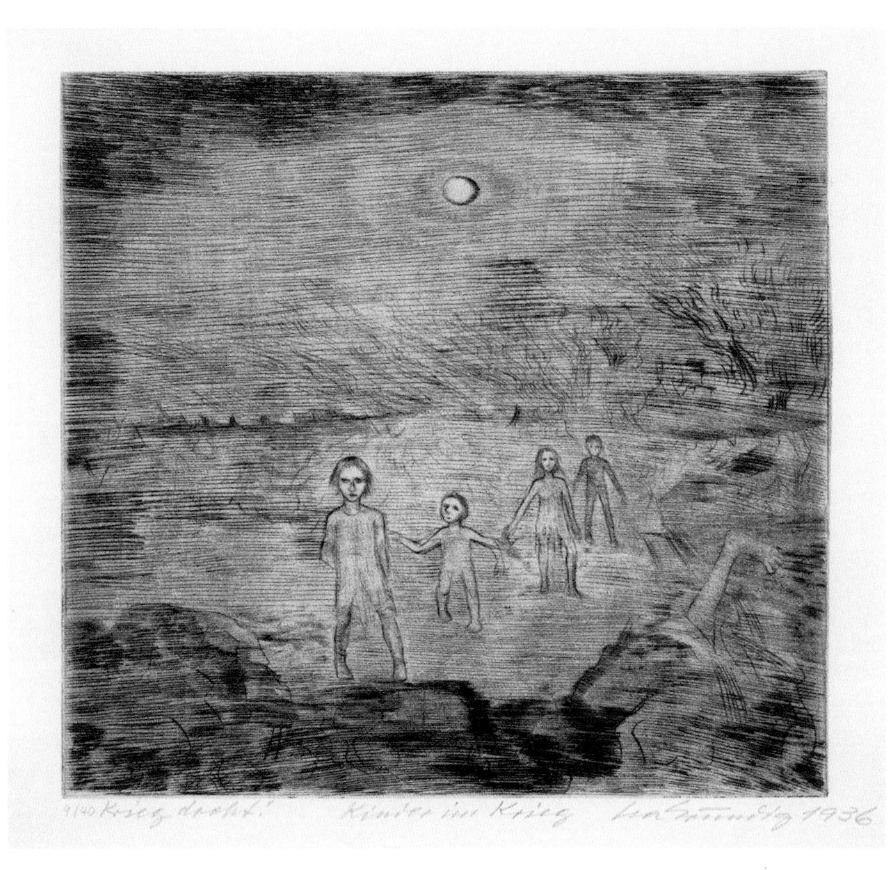

Krieg droht! / War Threatens!,
Blatt / plate 6: *Die Kinder* / The Children, 1936

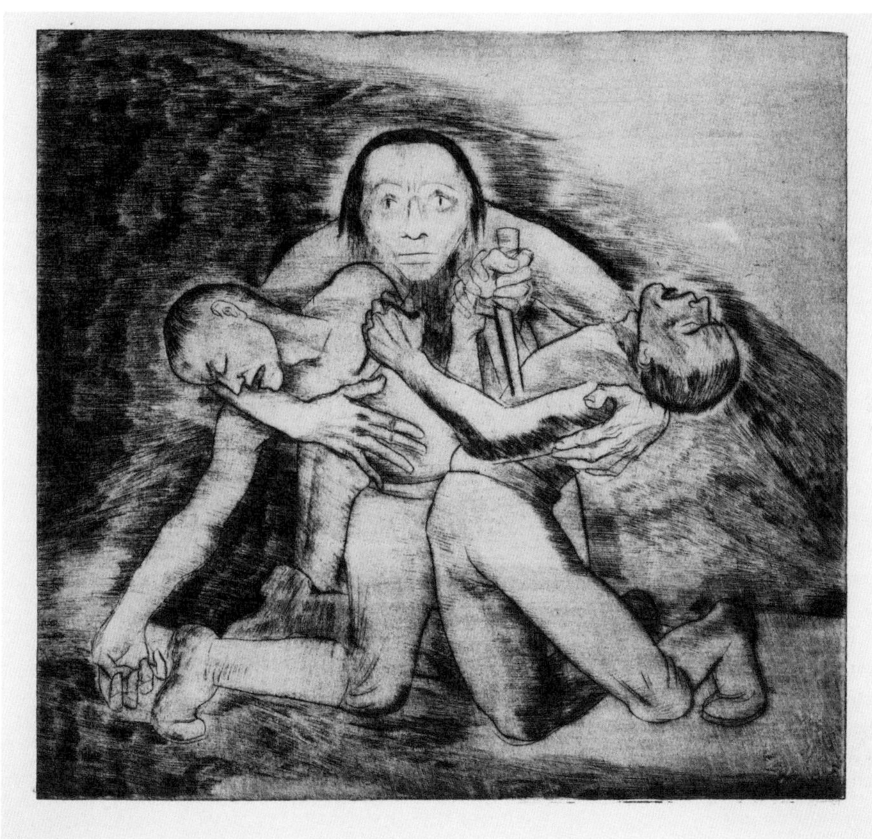

Krieg droht! / War Threatens!,
Blatt / plate 5: *Mütter, Krieg droht* / Mothers, War Threatens, 1936

LEA GRUNDIG 1906–1977

Eva Atlan

Lea Grundig, als Lea Langer in Dresden geboren, war die jüngste von drei Schwestern. Ihre Eltern waren 1900 aus Polen emigriert, ihr Vater Moses Baer Langer war ein erfolgreicher Kaufmann und orthodoxer Jude. Ursprünglich sollte Lea Grundig eine Handelsschule besuchen, sie widersetzte sich jedoch und meldete sich 1922 zunächst an der Dresdner Kunstgewerbeschule und der Kunstschule Der Weg an, einer Reformschule, die vorwiegend an abstrakten und konstruktivistischen Kunstrichtungen orientiert war. Nach zwei Jahren wechselte Grundig an die Hochschule für Bildende Künste in Dresden und wurde in die Meisterklasse von Otto Gussmann (1869–1926) aufgenommen. Dieser Wechsel sollte nicht nur ihren künstlerischen Weg, sondern auch ihren privaten und politischen prägen. In der Kunstakademie lernte sie Hans Grundig kennen. Beide hatten die gleichen Interessen: die Kunst und den Wunsch, das deutsche Staatssystem dem sowjetischen anzupassen. Die junge Künstlerin trat zunächst der Kommunistischen Studentenverbindung, dann der Kommunistischen Partei bei. 1928 heiratete sie Hans Grundig und zog mit ihm in die Ostbahnstraße, einem Dresdner Künstler- und Arbeiterviertel. Im selben Jahr wurde das Paar Mitbegründer der Dresdner Sektion der Künstlergruppe Assoziation revolutionärer bildender Künstler (ASSO).[1]

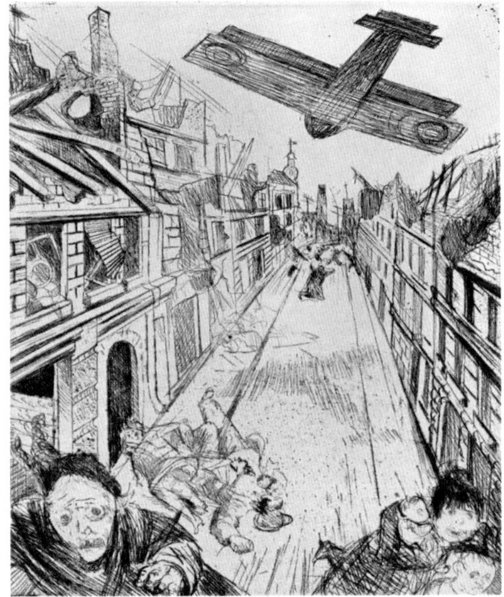

Abb. 1
Otto Dix,
Der Krieg, 4. Mappe, Blatt 33, Lens wird unter Bomben belegt, 1924,
Ätzung, Kaltnadel auf BSB-Bütten,
47,3 × 35,3 cm,
Sprengel Museum Hannover

Ab 1930 erwuchsen die künstlerischen Themen für beide aus der politischen Arbeit. Lea Grundig arbeitete fortan grafisch in Schwarz-Weiß-Technik mit Kreide, Tusche und Linolschnitt und gab das Malen mit Öl und Leinwand auf. Im Mai 1933 wurden die KPD und die ASSO verboten, im April 1936 wurde Hans Grundig aus der Reichskammer der bildenden Künste ausgeschlossen.[2] Lea Grundig wurde 1936 ein erstes Mal wegen illegaler politischer Arbeit und Mitgliedschaft in kommunistischen Organisationen verhaftet. Sie und ihr Mann arbeiteten und agierten fortan künstlerisch und politisch im Untergrund. Zwischen 1933 und 1937 entstanden antifaschistische Grafikzyklen. Zunächst die Bilderfolge *Unterm Hakenkreuz* (1933–1937) → S. 102–107. Da Lea Grundig sich nicht nur als politische Gegnerin des nationalsozialistischen Regimes sah, sondern als Jüdin unmittelbar den Gefahren und der Verfolgung ausgesetzt war, hielt sie die Ängste, das Erlebte und die Vorahnung einer Eskalation der Gewalt in ihren Bildern fest.

1 Diese Gruppe hatte sich in mehreren sächsischen Städten konstituiert und war von Anfang eng an die KPD gebunden. Zu Lea Grundigs Biografie siehe: Lea Grundig. Jüdin, Kommunistin, Graphikerin, hg. von Martin Beier u. a., Ausst.-Kat. Ladengalerie Berlin, Berlin 1996 sowie Lea Grundig: Radierzyklen, hg. von Inge Jaehner, Ausst.-Kat. Felix-Nussbaum-Haus Kulturgeschichtliches Museum Osnabrück, Osnabrück 2001.

2 Vgl. den Beitrag von Kathleen Krenzlin in diesem Katalog. Ob Lea Grundig Mitglied der Reichskammer der bildenden Künste war und wann sie ausgeschlossen wurde, konnte bisher nicht nachgewiesen werden. Da ab 1935 der sogenannte „Ariernachweis" verpflichtend für die Mitgliedschaft war, ist davon auszugehen, dass sie spätestens zu diesem Zeitpunkt ausgeschlossen wurde.

Eva Atlan

Fig. 1
Otto Dix,
The War, Portfolio 4, Plate 33, Lens Destroyed by Bombing, 1924,
etching, drypoint on BSB laid paper,
47.3 × 35.3 cm,
Sprengel Museum Hannover

The Dresden-born Lea Grundig, née Langer, was the youngest of three sisters. Their parents had emigrated from Poland in 1900, and their father, Moses Baer Langer, was a successful businessman and an orthodox Jew. Lea Grundig was originally meant to attend a commercial college, but she resisted and instead enrolled in the Dresden School of Arts and Crafts and the art school Der Weg in 1922, a reform school that was primarily oriented toward abstract and Constructivist art movements. After two years, Grundig switched to the Hochschule für Bildende Künste (Academy of Fine Arts) in Dresden and was accepted into the master class of Otto Gussmann (1869–1926). This change would not only shape her path as an artist, but also influence her private life and politics. At the academy, she got to know Hans Grundig. They shared the same interests: art and a desire to adapt the German state system to the Soviet one. The young artist first joined the Kommunistische Studentenverbindung (Communist Students Association) and then the communist party. She married Hans Grundig in 1928 and moved with him to Ostbahnstraße, situated in a district of artists and the working class in Dresden. The couple became cofounders of the Dresden section of the artist group Assoziation revolutionärer bildender Künstler (Association of Revolutionary Visual Artists, ASSO).[1]

As of 1930, their artistic topics arose from their political work. From this time on, Lea Grundig created graphic works using black-and-white techniques such as chalk, India ink, and linocuts, and stopped painting with oil on canvas. The KPD (Communist Party of Germany) and the ASSO were banned in May 1933, and Hans Grundig was expelled from the Reichskammer der bildenden Künste (Reich Chamber of Fine Arts) in April 1936.[2] Lea Grundig was arrested for the first time in 1936, for illegal political art and membership in communist organizations. She and her husband worked, and were active artistically and politically, in the underground from then on. Between 1933 and 1937, she produced cycles of anti-fascist graphics, initially the series of pictures *Unterm Hakenkreuz* (Under the Swastika, 1933–37) →pp. 102–7. Since Lea Grundig not only regarded herself as a political opponent of the National Socialist regime but was also exposed to danger and persecution directly as a Jew, she visually recorded her fears, experiences, and premonitions of escalating violence.

1 This group was constituted in several cities in Saxony and was closely connected to the KPD from the very beginning. On Lea Grundig's biography, see Martin Beier et al., *Lea Grundig: Jüdin, Kommunistin, Graphikerin*, exh. cat. Ladengalerie Berlin (Berlin: Ladengalerie, 1996) and Inge Jaehner, ed., *Lea Grundig: Radierzyklen*, exh. cat. Felix-Nussbaum-Haus – Kulturgeschichtliches Museum Osnabrück (Osnabrück: Osnabrück Museums- und Kunstverein, 2001).

2 See the contribution by Kathleen Krenzlin in this volume. It has not been determined whether Lea Grundig was actually a member of the Reichskammer der bildenden Künste or, if so, when she was expelled from it. Since a so-called "Aryan certificate" was required for membership as of 1935, it can be assumed that she was expelled at this point in time at the latest.

Lea Grundig arbeitete in Jahren 1935 bis 1937 an dem Radierzyklus *Krieg droht!* → S. 109–113, der den Krieg antizipiert und einem schlüssigen Aufbau folgt: von der Ankündigung des Unheils über die Darstellung des schrecklichen Ausmaßes des Krieges bis hin zum Versuch, die Situation nach einem Krieg bildlich erfassbar zu machen, folgt. Sie stellte eindringlich in den einzelnen Blättern den Einsatz von Panzern und Giftgas, den Gebrauch von Gasmasken, die Bedrohung durch Luftangriffe und die Wehrlosigkeit der Zivilbevölkerung dar. Wenn sie sich auch künstlerisch an Otto Dix *Der Krieg* (1924) →Abb. 1 und an Francisco de Goyas *Los Desastres de la Guerra* (1810–1814) →Abb. 2 orientierte, so verarbeitete sie in den Bildern nicht nur ihre persönlichen Ängste angesichts der politischen Situation, sondern wies über das individuelle Schicksal hinaus. Während Dix und Goya schonungslos die Schrecken des Krieges dokumentierten, entwarf Lea Grundig eine Vision des Krieges, der sich wie ein gewaltiges Unwetter über den Köpfen der Menschen zusammenbraute.

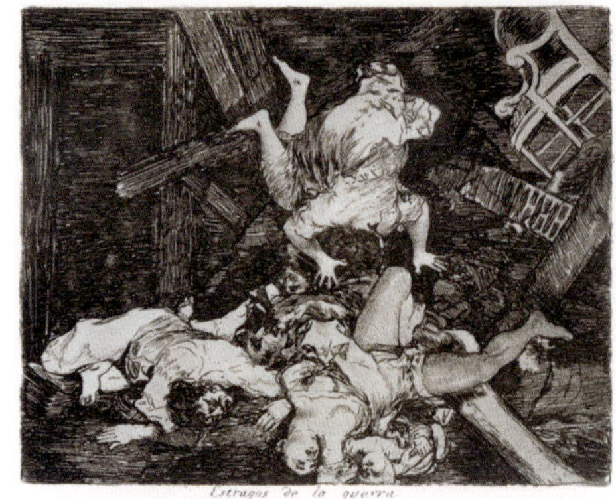

Abb. 2
Francisco de Goya, *Los Desastres de la Guerra (Verwüstungen des Krieges, Opfer der Explosion eines Pulvermagazins in Saragossa)*, 1810, Blatt 30 der Serie *Los Desastres de la Guerra*, 1810–1814, Radierung, 14,1 × 17 cm

In den Radierungen aus dem Zyklus *Der Jude ist schuld* (1935/36) → S. 98–101 bezog sich Lea Grundig teilweise auf die Darstellung antisemitischer Pogrome, die Anfang des 20. Jahrhunderts zu einem häufigen Bildthema wurden. Das Blatt *Pogrom* (1935) → S. 101, das eine Hinrichtungsszene ist, steht in der Tradition von Hinrichtungsdarstellungen, etwa Goyas Gemälde *Der 3. Mai 1808* →Abb. 3 aus dem Jahre 1814. Im Gegensatz zu Goyas Darstellung stellte Lea Grundig die Täter nicht im Bild dar, sondern konzentrierte ihre ganze Aufmerksamkeit auf die Opfer, eine Personengruppe, bestehend aus Männern, Frauen und Kindern, die teilweise zusammengesunken sind. Im Vordergrund steht ein Junge, der sich schützend vor die Gruppe gestellt hat.

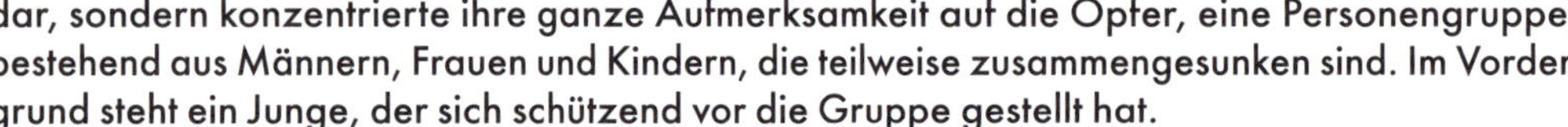

Im Mai 1938 wurde Lea Grundig in Dresden verhaftet, im März wegen Vorbereitung zum Hochverrat verurteilt und mehrere Monate inhaftiert, anschließend in die Slowakei deportiert. Wie Lea Grundig aus der Inhaftierung herauskam und ihr die Ausreise und Überfahrt nach Palästina gelang, ist aus den bisherigen Publikationen nicht genau zu ersehen.[3] Tatsache ist, dass sie 1940 über Umwege auf ein Flüchtlingsschiff kam und den Hafen von Haifa erreichte. Bis Ende 1941 lebte sie im Flüchtlingslager Atlit bei Haifa. Hier entstanden auch politische Bilderzyklen wie die aus fünfzehn Tuschezeichnungen bestehende *Antifaschistische Fibel,* an der sie noch bis 1944 arbeitete. Dieser Zyklus ähnelt in seiner Themenwahl den Zyklen aus den 1930er-Jahren. 1943 veröffentlichte der Kibbuz Hameuchad die Radierfolge *Im Tal des Todes,* in der sich Lea Grundig an die Zeitzeugenaussagen von Flüchtlingen und an die 1943 veröffentlichten sowjetischen Fotografien von Massakern orientierte. In diesen Arbeiten scheint die Künstlerin vor allem die Schoa, die Verbrechen der Nationalsozialisten, in das Bewusstsein zu rücken. Die Künstlerin ruft gleichsam zum Eingreifen auf und gibt ihren Zeichnungen Titel mit appellativem Charakter wie „Helft" und „Öffnet".

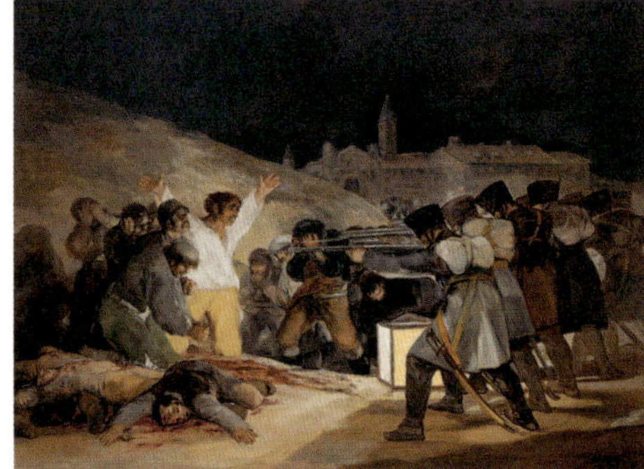

Abb. 3
Francisco de Goya, *El tres de mayo de 1808 en Madrid o Los fusilamientos (Die Erschießung der Aufständischen)*, 1814, Öl auf Leinwand, 268 × 347 cm, Museo del Prado, Madrid

1946 kehrte Hans Grundig, der ab 1940 im Konzentrationslager Sachsenhausen inhaftiert war und später an die Ostfront strafversetzt wurde, über Moskau nach Dresden zurück und nahm Kontakt zu Lea Grundig auf. Daraufhin unternahm sie alles, um wieder nach Deutschland zurückzukehren, was ihr 1949 über Prag gelang.[4] Von 1950 bis 1967 arbeitete sie als Professorin an der Hochschule für Bildende Künste Dresden. 1961 wurde Lea Grundig zum Mitglied der Deutschen Akademie der Künste zu Berlin gewählt. In ihrem Werk manifestiert sich die Sicht einer überzeugten Kommunistin und jüdischen Künstlerin zur gesellschaftlichen Entwicklung in Deutschland im 20. Jahrhundert, von der Arbeiterbewegung, dem aufkommenden Nationalsozialismus über den Zweiten Weltkrieg und der Schoa bis hin zur Polarisierung des Kalten Krieges.

3 Ausst.-Kat. Berlin 1996 (wie Anm. 1); nach Auskunft von Dr. Oliver Sukrow erfolgte die Flucht von Prag über Bratislava dann donauabwärts bis nach Rumänien, von dort dann über das Schwarze Meer und das Mittelmeer nach Palästina.

4 Lea Grundig sorgte für eine stärkere politisch-ideologische Einflussnahme vonseiten der SED-Führung auf die Arbeit der Akademie. Zu Lea Grundigs Werdegang in der DDR siehe Oliver Sukrow, Lea Grundig: Sozialistische Künstlerin und Präsidentin der Verbandes Bildender Künstler in der DDR (1964–1970), Bern u. a. 2011 (DDR-Studien / East German Studies 18).

In the years from 1935 to 1937, Lea Grundig worked on the cycle of etchings *Krieg droht!* (War Threatens!) →pp. 109–13, which anticipated the war. It follows a coherent structure: from the proclamation of disaster to the depiction of the horrifying scale of war to the attempt to make a postwar situation comprehensible in pictures. In the individual works, she hauntingly depicted the deployment of tanks and poisonous gas, the use of gas masks, the threat resulting from aerial attacks, and the defenselessness of the civilian population. Though she also oriented herself artistically to Otto Dix's *Der Krieg* (The War, 1924) →fig. 1 and to Francisco de Goya's *Los Desastres de la Guerra* (The Ravages of War, 1810–14) →fig. 2, in the pictures she not only processed her personal fears arising from the political situation but also pointed beyond her individual destiny. While Dix and Goya unsparingly documented the horrors of war, Lea Grundig designed a vision of war that loomed like a tremendous storm above people's heads.

Fig. 2
Francisco de Goya, *Los Desastres de la Guerra (The Ravages of War, Victims of the Explosion of a Powder Magazine in Saragossa)*, 1810, plate 30 in the series *Los Desastres de la Guerra*, 1810–20, etching, 14.1 × 17 cm

In the etchings from the cycle *Der Jude ist schuld* (It's the Jew's Fault, 1935–36) →p. 98–101, Lea Grundig referenced at times the depiction of the anti-Semitic pogroms, which became a frequent pictorial topic in the early twentieth century. The work *Pogrom* (1935) →p. 101, an execution scene, follows in the tradition of rendering executions, such as Goya's 1814 painting *Der 3. Mai 1808* (The 3rd of May 1808) →fig. 3. In contrast to Goya's work, Lea Grundig did not portray the perpetrator in the picture, instead focusing all of her attention on the victims, a group of individuals made up of men, women, and children, some of whom have collapsed. In the foreground stands a young man who has positioned himself protectively in front of the group.

In May 1938, Lea Grundig was arrested in Dresden, convicted of having prepared to commit high treason in March and imprisoned for many months, before being subsequently deported to Slovakia. How Lea Grundig escaped detainment and organized her departure for and voyage to Palestine cannot be specified in detail based on the research published thus far.[3] The fact is that she boarded a refugee ship in 1940 via circuitous routes and eventually arrived at the port of Haifa. She then lived in the Atlit refugee camp near Haifa until late 1941. It was there that she also produced cycles of political pictures like the fifteen pen-and-ink drawings of the *Antifaschistische Fibel* (Anti-Fascist Primer), on which she continued working until 1944. In its choice of topics, this cycle resembles those from the 1930s. In 1943, the Kibbutz Hameuchad published the series of etchings *Im Tal des Todes* (In the Valley of Death), in which Lea Grundig oriented herself toward the contemporary statements of refugees and the Soviet photographs of massacres that were being published in 1943. In these works, the artist seems to become aware in particular of the Shoah, the crimes of the National Socialists. At the same time, the artist basically calls for intervention and gives her drawings titles with an entreating character like *Helft* (Help) and *Öffnet* (Open).

Fig. 3
Francisco de Goya, *The 3rd of May 1808 in Madrid, or "The Executions" (The Shooting of Insurgents)*, 1814, woil on canvas, 268 × 347 cm, Museo del Prado, Madrid

In 1946, Hans Grundig, who was interned in the Sachsenhausen concentration camp as of 1940 and was subsequently transferred to the Eastern Front for disciplinary reasons, returned to Dresden via Moscow and took up contact with Lea Grundig. She then did everything in her power to return to Germany, which she succeeded in doing via Prague in 1949.[4] From 1950 to 1967, she worked as a professor at the Hochschule für Bildende Künste in Dresden. Lea Grundig was elected as a member of the Deutsche Akademie der Künste (German Academy of Arts) in Berlin in 1961. Manifest in her oeuvre is the view of a staunch communist and Jewish woman artist who contributed to social development in Germany in the twentieth century, from the labor movement to the emergence of National Socialism, via the Second World War and the Shoah to the polarization of the Cold War.

3 See *Lea Grundig: Jüdin, Kommunistin, Graphikerin;* according to information from Oliver Sukrow, she escaped from Prague via Bratislava and then down the Danube to Romania, and from there traveled across the Black Sea and Mediterranean to Palestine.

4 Lea Grundig ensured that the leadership of the Sozialistische Einheitspartei Deutschlands (Socialist Unity Party of Germany, SED) had a stronger political and ideological influence on the work of the academy. On Lea Grundig's career in the German Democratic Republic, see Oliver Sukrow, *Lea Grundig: Sozialistische Künstlerin und Präsidentin des Verbandes Bildender Künstler in der DDR (1964–1970)*, vol. 18 of *East German Studies / DDR-Studien* (Bern et al.: Peter Lang AG, 2011).

WERNER HELDT

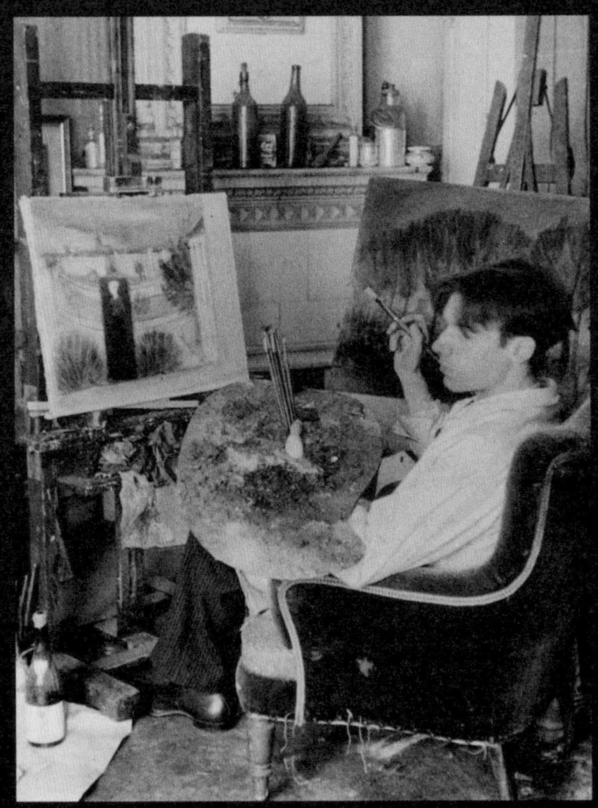

Der Maler und Grafiker Werner Heldt in seinem Atelier /
The painter and graphic artist Werner Heldt in his studio, um / ca. 1936,
Germanisches Nationalmuseum, Nürnberg / Nuremberg,
Deutsches Kunstarchiv NL Heldt, Werner, IA 1-0036

WERNER HELDT
* 17. November 1904 in Berlin
† 3. Oktober 1954 auf Ischia

1923–1924 Studium an der Kunstgewerbeschule in Berlin
1925–1930 Studium an den Vereinigten Staatsschulen für freie und angewandte Kunst in Berlin-Charlottenburg
1933 Übersiedelung nach Mallorca
1935 Essay „Einige Beobachtungen über die Masse"
1936 Nach Ausbruch des Spanischen Bürgerkriegs Rückkehr nach Berlin, Bezug eines Ateliers in der Ateliergemeinschaft Klosterstraße, Eintritt in die Reichskammer der bildenden Künste (RdbK)
1937 Erste Einzelausstellung in der Galerie Gurlitt
1940 Einberufung zur Wehrmacht
1945 Britische Kriegsgefangenschaft, anschließend Rückkehr nach Berlin
1946 Einzelausstellung in der Galerie Gerd Rosen in Berlin
1949/50 Teilnahme am Kabarett „Die Badewanne"
1950 Berliner Kunstpreis

WERNER HELDT
b. November 17, 1904, in Berlin
d. October 3, 1954, on the island of Ischia

1923–24 Studies at the Berlin School of Arts and Crafts
1925–30 Studies at the United State Schools for Free and Applied Arts in Berlin-Charlottenburg
1933 Moves to Mallorca
1935 Writes the essay "Various Observations on the Masses"
1936 Returns to Berlin after the outbreak of the Spanish Civil War, moves into a studio at the Ateliergemeinschaft Klosterstraße, is admitted to the Reich Chamber of Fine Arts (RdbK)
1937 First solo exhibition at the Galerie Gurlitt
1940 Drafted by the Wehrmacht
1945 British captivity as a prisoner of war, then returns to Berlin
1946 Solo exhibition at the Galerie Gerd Rosen in Berlin
1949–50 Participation in the cabaret "Die Badewanne"
1950 Berlin Art Prize

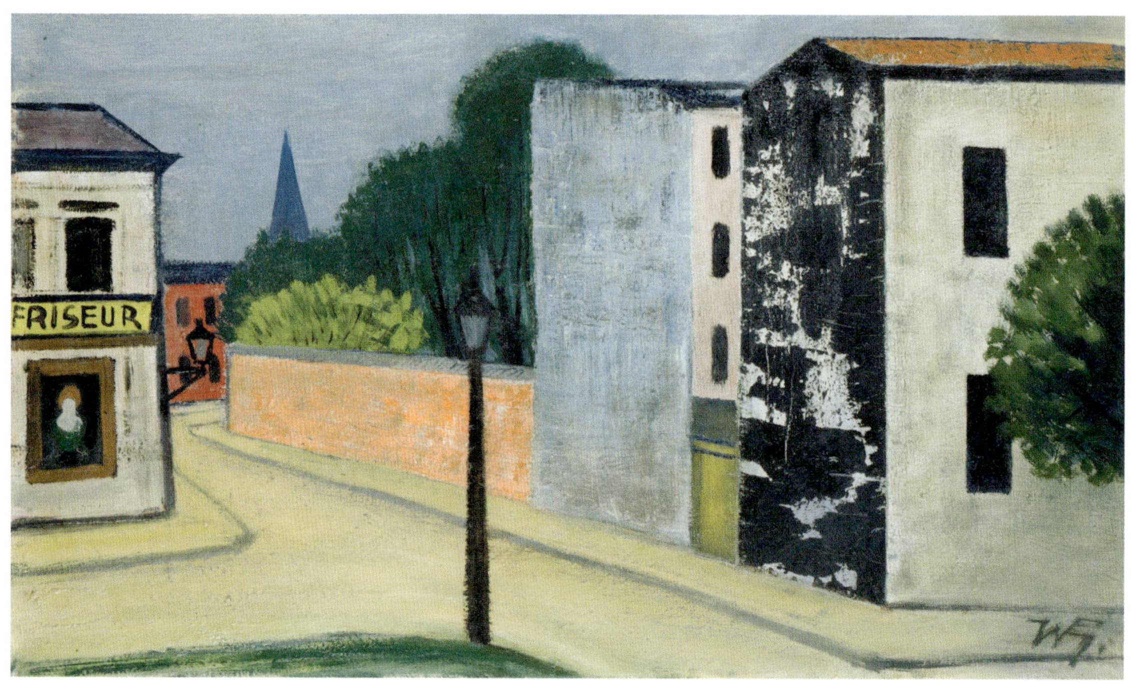

Berliner Vorstadtstraße (Straße mit Friseurladen) /
Suburban Street in Berlin (Street with Barbershop), 1936

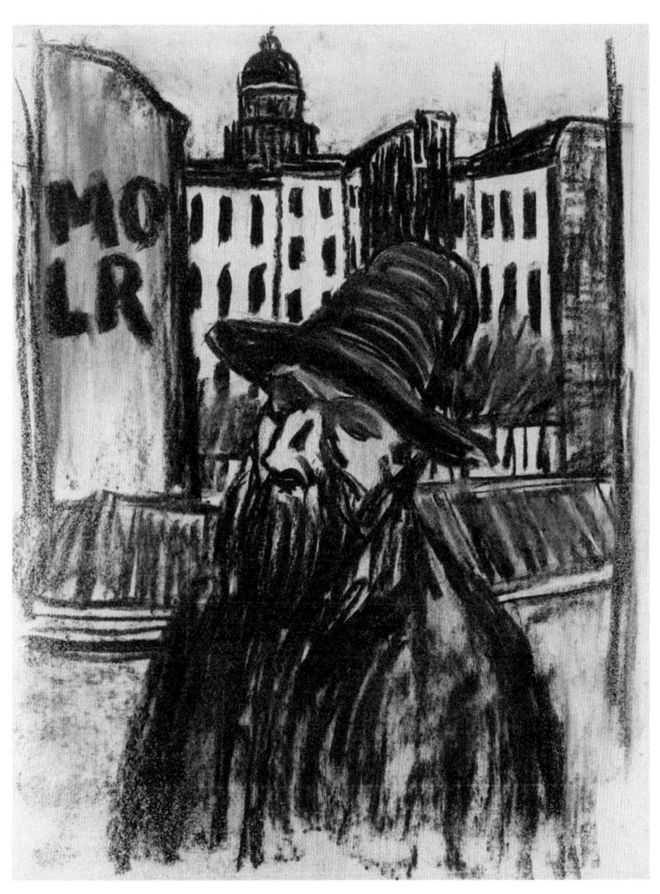

Mann mit Hut vor einem Fenster (Holländischer Jude) /
Man with Hat at a Window (Dutch Jew), 1943

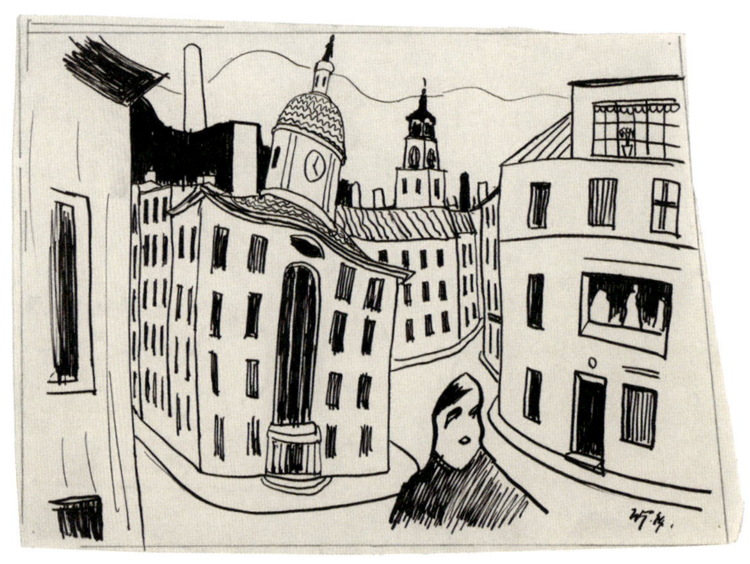

Straße mit Kirche und Vordergrundfigur /
Street with Church and Figure in the Foreground, 1944

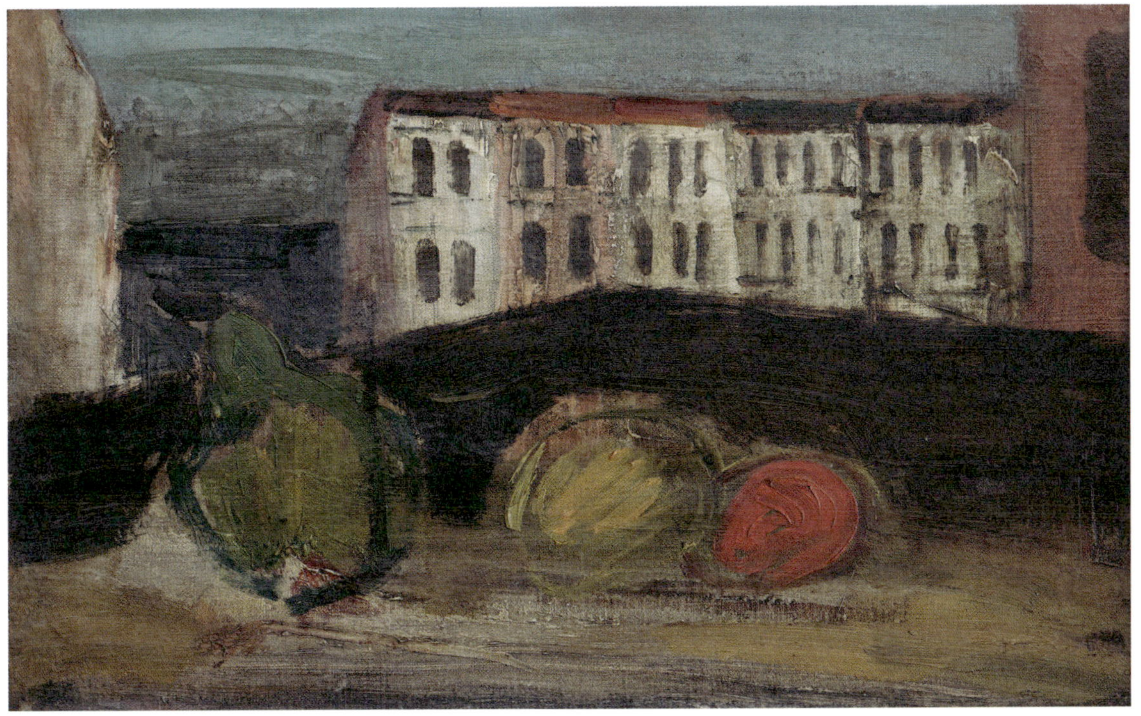

Häuser mit Früchten / Buildings with Fruit, um / ca. 1938

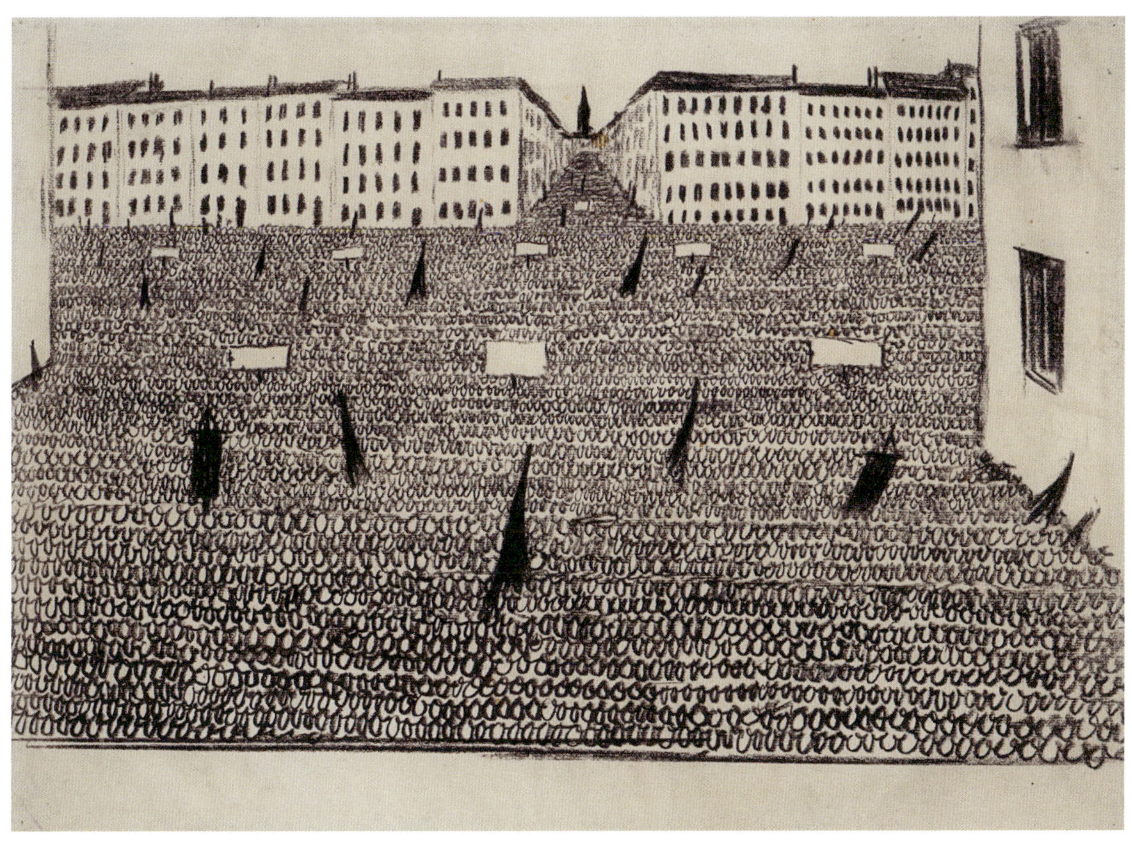

Meeting (Aufmarsch der Nullen) / Meeting (Parade of the Zeros), 1933–1935

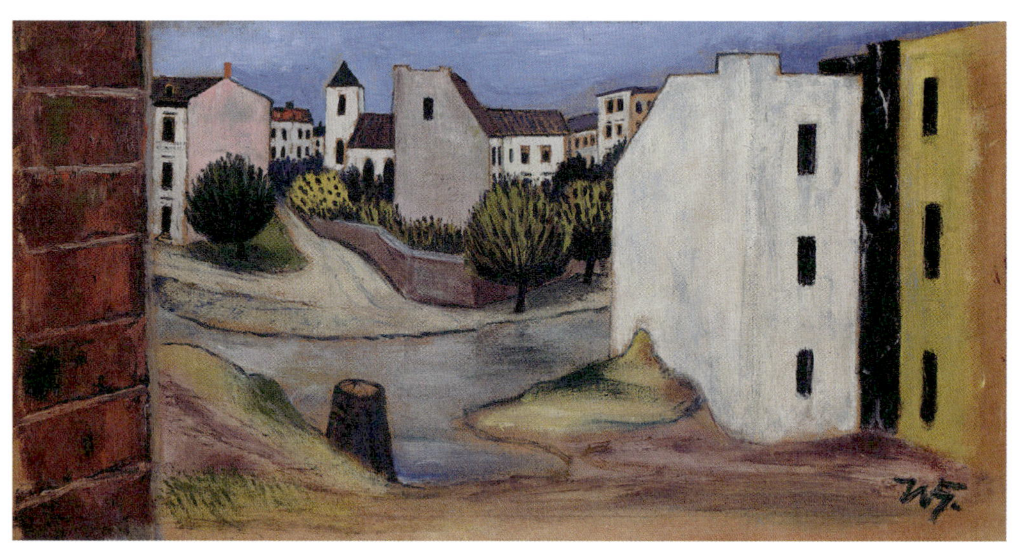

Herbsttag / Autumn Day, um / ca. 1935

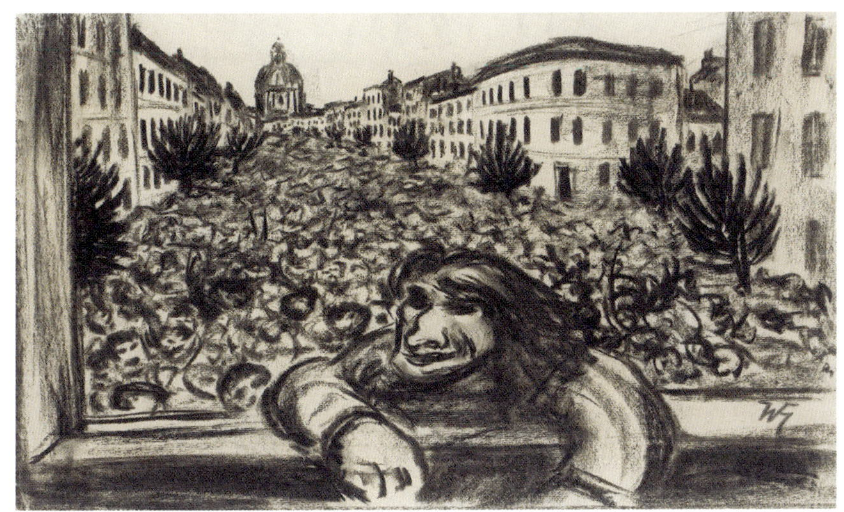

Der Anführer / The Leader, 1935

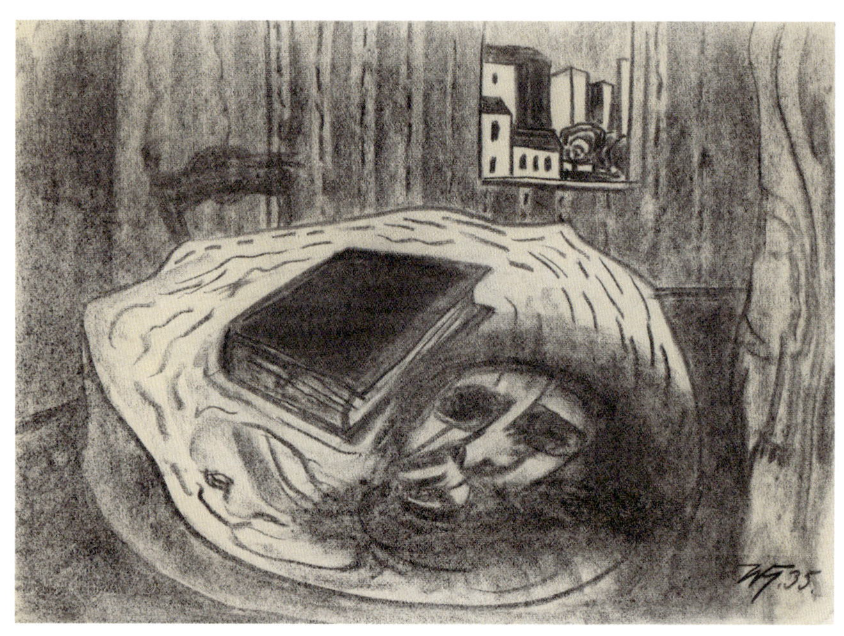

Buch und Totenmaske / Book and Death Mask, 1935

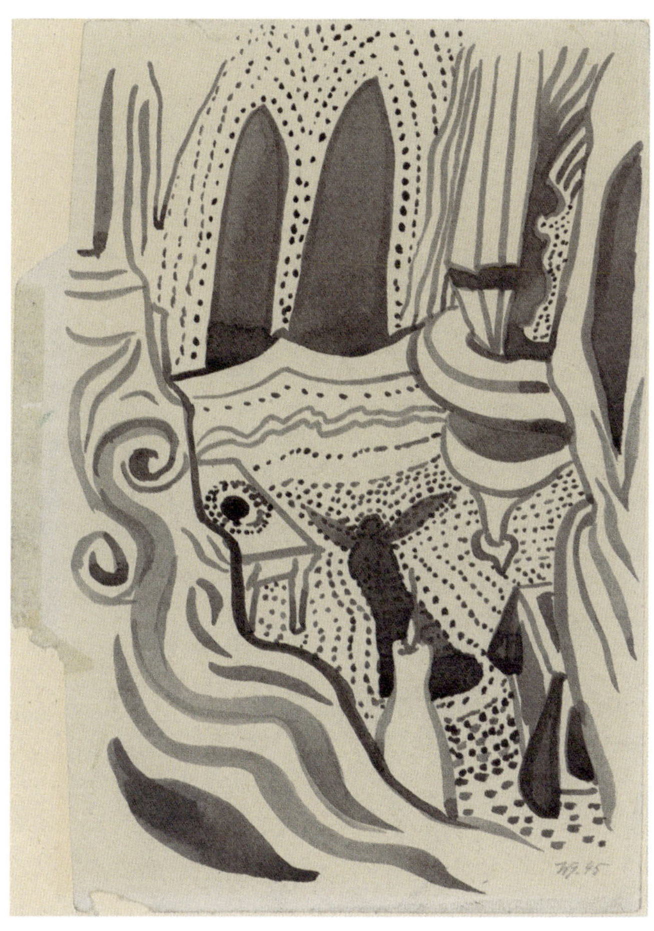

Sehnsucht nach Frieden / Longing for Peace, 1945

WERNER HELDT 1904–1954

Verena Hein

Ein Jahr vor der Machtergreifung durch die Nationalsozialisten verfasste der Maler und Grafiker Werner Heldt sein Gedicht *Heimat* (1932).[1] In düsteren Worten beschreibt er seine Stadt Berlin, die auch in seinem bildnerischen Werk das Hauptmotiv ist: „Ich bin in einer großen, grauen Stadt geboren. / Wo ewig Regen in ein Meer von Dächern fällt; / Und ihre Grenzen sind am Horizont verloren: / Die graue Stadt ist meine Heimat, meine Welt." 1904 als Sohn des Pfarrers der Parochialkirche geboren, wuchs Heldt in Alt-Berlin auf. Ab 1924 studierte er an der Akademie der Künste. Zunächst orientierte er sich an den Milieuschilderungen Heinrich Zilles (1858–1929), um schließlich ein eigenes atmosphärisches Bild der Stadt zu erschaffen → Abb. 1. Die flirrende Metropole der 1920er-Jahre interessierte ihn nie, stattdessen entwickelte er zeichenhafte Elemente für sein Stimmungsbild: schwarze Fensterhöhlen, Brandmauern und verlassene Straßen. Darüber hinaus setzte er ein seit der Renaissance tradiertes Bildmotiv, die „fenestra aperta" (Leon Battista Alberti), ein. Diesen „Fensterblick" verfolgte Heldt sein ganzes Schaffen hindurch, mit dem er den Zeitumständen widerstand und diese zugleich auch symptomatisch reflektierte.

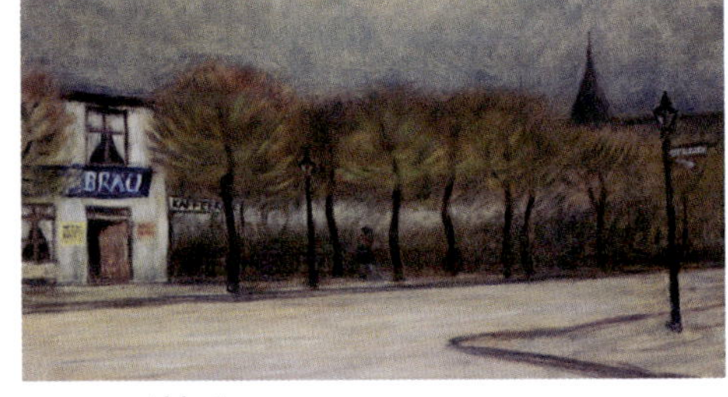

Abb. 1
Werner Heldt,
Vorstadtstraße, 1928,
Öl auf Leinwand,
65 × 110 cm,
Neue Nationalgalerie,
Staatliche Museen zu
Berlin – Preußischer
Kulturbesitz

Mit der Machtergreifung Hitlers entschloss sich der junge Künstler, seine Heimat zu verlassen. Von Frühjahr 1933 bis zum Sommer 1936 lebte Heldt zurückgezogen in Port d'Andratx auf Mallorca. Dort beschäftigte er sich intensiv mit dem Phänomen von Menschenansammlungen, auch da er die Aufmärsche der Nationalsozialisten als bedrohlich erlebt hatte. In seinem langen Essay *Einige Beobachtungen über die Masse* (1935) formulierte er seine Theorie des Massenphänomens.[2] In seinen grafischen Arbeiten setzte er sich ebenfalls mit diesem Gedanken auseinander. Die leeren Plätze und Straßen seines Stadtbilds füllte er mit einer Menschenmenge. Herausragend innerhalb dieser Werkgruppe ist die großformatige Kohlezeichnung *Meeting (Aufmarsch der Nullen)* (1933–1935) → S. 125.[3] Die anonyme Masse der Mitläufer zeichnete er zur endlosen Schleife – ein undurchdringbares Meer von Köpfen. Die Null als Ziffer ohne eigenen Wert spiegelt seine Überlegungen wider: Die „Massenstücke" erkennen Andersdenkende in ihrer Persönlichkeit nicht an und bedrohen den schöpferischen Menschen existenziell.[4] Zudem muss die Masse angeleitet, geführt werden. *Der Anführer* (1935) → S. 127 schwingt sich in einer Zeichnung über die Fensterbrüstung und blickt bedrohlich aus dem Bildraum heraus.

1 Die Ausführungen beruhen auf meiner Dissertation: Werner Heldt (1904–1954). Leben und Werk, München 2016. Vgl. zudem Wieland Schmied, Werner Heldt, mit einem Werkkatalog von Eberhard Seel, Köln 1976; Werner Heldt. Gemälde und Arbeiten auf Papier, hg. von Lucius Grisebach, Ausst.-Kat. Berlinische Galerie, Berlin / Kunsthalle Nürnberg / Kunsthalle Bremen / Staatliche Galerie Moritzburg Halle, Berlin 1989.

2 Der Essay ist abgedruckt in Schmied 1976 (wie Anm. 1), S. 71–86. Allerdings fehlt Heldts Zusammenfassung am Ende des Manuskripts in dieser Publikation. Das undatierte Manuskript befindet sich in der Berlinischen Galerie – Landesmuseum für Moderne Kunst, Fotografie und Architektur (Künstlerarchiv, NL Heldt AR 47/90, 135). Heldt nannte das Entstehungsjahr 1935 in einem Brief, vgl. Hein 2016, S. 156. Er bezog sich auf die Schriften von Gustave Le Bon, Sigmund Freud und José Ortega y Gasset.

3 Die Datierung variiert in der Literatur. Das Papier träg ein Wasserzeichen, das es als Guarro-Bütten auszeichnet, eine traditionsreiche spanische Papiermühle. Heldt hat es daher wahrscheinlich in Spanien erworben.

4 Werner Heldt, Einige Beobachtungen über die Masse (1935), vgl. Anm. 2.

Fig. 1
Werner Heldt,
Suburban Street, 1928,
oil on canvas,
65 × 110 cm,
Neue Nationalgalerie,
Staatliche Museen
zu Berlin – Preußischer
Kulturbesitz

Verena Hein

One year before the National Socialists seized power, the painter and graphic artist Werner Heldt wrote his poem "Heimat" (Hometown, 1932).[1] In it, he describes the city of Berlin, which is also the main motif in his artistic work: "I was born in a big, gray city. / Where endless rain falls on a sea of roofs; / And its boundaries become lost on the horizon: / The gray city is my home, my world." Born in 1904 as the son of the pastor of the Parochialkirche in Berlin, Heldt grew up in Alt-Berlin, the oldest part of the city. Starting in 1924, he studied at the Akademie der Künste (Academy of Arts). Initially inspired by Heinrich Zille (1858–1929) and his depictions of the milieu, Heldt went on to create his own atmospheric picture of the city → fig. 1. He was never interested in the bustling metropolis of the 1920s. Instead, Heldt developed symbolic elements for his atmospheric pictures: black, empty windows, firewalls, and deserted streets. In addition, he utilized a pictorial motif that had been handed down since the Renaissance, the *fenestra aperta* of Leon Battista Alberti. The artist made use of this "window to the outside" throughout his oeuvre to resist the circumstances of the time and to simultaneously reflect them symptomatically.

After Hitler's seizure of power, the young artist decided to leave his hometown. From the spring of 1933 to the summer of 1936, Heldt led a withdrawn life in Port d'Andratx on the island of Mallorca. While there, he occupied himself intensively with the phenomenon of masses of people, also since he had found the parades of the National Socialists quite threatening. In his long essay "Einige Beobachtungen über die Masse" (Various Observations on the Masses, 1935), Heldt formulated his theory of the phenomenon of masses.[2] He also examined this idea in his graphic works, filling the deserted public squares and streets of his cityscapes with human masses. The large-format charcoal drawing *Meeting (Aufmarsch der Nullen)* (Parade of the Zeros, 1933–35) → p. 125 stands out in this group of works.[3] He drew the faceless masses of followers as an endless loop—an impenetrable sea of heads. Zero as a number with no assigned value reflected his belief that "mass units" do not acknowledge the personality of people who think differently and thus threaten creative individuals existentially.[4] Moreover, the masses have to be guided, to be led. The protagonist of the drawing *Der Anführer* (The Leader, 1935) → p. 127, for instance, leans out over the window parapet and looks menacingly out of the space of the picture.

1 The statements here are based on my dissertation: Verena Hein, *Werner Heldt (1904–1954): Leben und Werk* (Munich: Herbert Utz, 2016). Also see Wieland Schmied, *Werner Heldt, mit einem Werkkatalog von Eberhard Seel* (Cologne: DuMont, 1976); Lucius Grisebach, ed., *Werner Heldt: Gemälde und Arbeiten auf Papier,* exh. cat. Berlinische Galerie, Berlin, Kunsthalle Nürnberg, Nuremberg, Kunsthalle Bremen, and Staatliche Galerie Moritzburg, Halle (Berlin: Nicolaische Verlagsbuchhandlung, 1990).

2 The essay is printed in Schmied, *Werner Heldt, mit einem Werkkatalog von Eberhard Seel*, pp. 71–86. However, Heldt's conclusion at the end of the manuscript is not included in this publication. The undated manuscript is kept at the Berlinische Galerie – Landesmuseum für Moderne Kunst, Fotografie und Architektur (Artists' Archive, NL Heldt AR 47/90, 135). Heldt named 1935 as the year of creation in a letter; see Hein, *Werner Heldt (1904–1954): Leben und Werk*, p. 156. In it, he makes reference to the writings of Gustave Le Bon, Sigmund Freud, and José Ortega y Gasset.

3 The dating varies in the related literature. The paper bears a watermark that shows it to be laid paper by Guarro, a Spanish paper mill with a rich tradition. Heldt thus probably purchased it in Spain.

4 Werner Heldt, "Einige Beobachtungen über die Masse" (1935), see note 2.

Ein wesentlicher Teil seiner Schrift handelt von der „magischen Welt der Symbole". Diese Welt führt Heldt auf das kollektive Unbewusste nach Carl Gustav Jung zurück. Heldt unterscheidet zwischen innerer und äußerer Welt und gelangt zu einer Charakterisierung des schöpferischen Menschen: „Er sieht beides, und die Zusammenhänge zwischen den beiden." Traummotive, die – wie die Zeichnungen zur Masse – nur im grafischen Werk vorkommen, legen damit eine Beschäftigung mit Sigmund Freud und Carl Gustav Jung nahe: „So wie man träumt, so soll man malen!", lautete Heldts Leitspruch.[5] Seine Kohlezeichnung *Buch und Totenmaske* (1935) → S. 128 scheint einen solchen Traum einzufangen.

In seinen Gemälden ging es Heldt ausschließlich um das zeitlose Stimmungsbild der Stadt, auch hier ist ein Rückzug in eine Innerlichkeit festzustellen. Aufgrund des Spanischen Bürgerkriegs musste er 1936 nach Berlin zurückkehren, wo ihm ein Atelier in der Ateliergemeinschaft Klosterstraße zugeteilt wurde.[6] Diese bestand von 1933 bis 1945, nationalsozialistisch-konforme Künstler waren hier ebenso untergebracht wie die Ikone des freiheitlichen Denkens Käthe Kollwitz (1867–1945). Auf die Kontrolle über die Kunstproduktion und deren Lenkung reagierte eine Gruppe von Künstlerinnen und Künstlern mit einer subtil ausgerichteten Kunst des Rückzugs. Nach der Kunsthistorikerin Angela Lammert lag die Innovation der – wie sie es nannte – „Moderne Klosterstraße" in der Verbindung von archaischen Formen mit einem Gefühl von Melancholie, wie sie die Bildhauer umsetzten.[7] Die Maler hingegen entwickelten einen flächig wirkenden Raumbegriff. Das Mittelmeer wurde als Sehnsuchtsort oft zum Motiv.[8] Werner Heldt hielt an seinem Bild der Stadt fest. Sein *Herbsttag* (um 1935) → S. 126 ist ein Fensterblick, gedeckte Farben bestimmen den Eindruck.[9] Ein wichtiges Werk jener Zeit ist die *Berliner Vorstadtstraße (Straße mit Friseurladen)* (1936) → S. 120. Schon Anfang der 1930er-Jahre verzichtete er auf Schattengebung und die dadurch entstehende Räumlichkeit, doch verändert sich hier die Farbigkeit hin zu hellen Pastelltönen, womit die Häuserfassaden monochrom und flächig gestaltet sind. Diese Kulisse transportiert ein zeitlos wirkendes Bild, so hielt er fest „Wovor ich mich hüte: Vor jeder Art von Klassizismus, es sei denn: als Stimmung. Stimmung ist alles."[10] Diese Stimmung suchte Heldt auch in einem der beiden Gemälde, die 1938 entstanden sind, zu visualisieren. Im in düsteren, dunklen Farben gemalten *Häuser mit Früchten* (um 1938) → S. 123 kombinierte er

5 Werner Heldts undatierte Tagebucheinträge im Deutschen Kunstarchiv im Germanischen Nationalmuseum, Nürnberg, NL Heldt I, B-7 (Abschrift I, B-10).

6 Heldt war seit 1936 unter der Mitgliedsnummer M14443 als Maler und Gebrauchsgrafiker Mitglied in der Reichskammer der bildenden Künste. LA Berlin, A Rep. 243-04; 3249, Mitgliedsakte Werner Heldt. Ich danke Ilka Voermann sehr für ihre Recherche. Er beteiligte sich an Ausstellungen, etwa in der Galerie Buchholz 1940. Zudem arbeitete er an den sogenannten Fabrikausstellungen mit, die von Otto Andreas Schreiber initiiert wurden; von 1934 bis 1942 fanden diese in Fabriken und Betrieben statt. Vgl. Hein 2016 (wie Anm. 1), S. 36 und S. 42–45.

7 Angela Lammert, Die Plastik im Spannungsfeld Gemeinschaft – Moderne – Nation, in: Ateliergemeinschaft Klosterstraße Berlin 1933–1945: Künstler in der Zeit des Nationalsozialismus, hg. von Angela Lammert u. a., Ausst.-Kat. Käthe Kollwitz Museum Köln / Akademie der Künste, Berlin, Berlin 1994, S. 50–63. Im Doppelatelier von Ottilie und Ludwig Kasper kamen der Bildhauer Hermann Blumenthal und die Maler Heldt, Werner Gilles, Hermann Teuber und Herbert Tucholski zusammen. Zu den Besuchern zählten u. a. Werner Haftmann, Eberhard Hanfstaengl und Kurt Leonhard.

8 Vgl. ebd. Die Künstler dieses Freundeskreises hielten sich in den 1930er-Jahren in Italien, Spanien oder Griechenland auf.

9 Das Werk ist nicht ins Werkverzeichnis Schmied 1976 (wie Anm. 1) aufgenommen. Es ist davon auszugehen, dass es nach Heldts Rückkehr aus Mallorca entstanden ist. Später sollte er Varianten dieses Motivs, etwa mit einem Ruderboote, anfertigen.

10 Undatierter Tagebucheintrag (wie Anm. 5).

A substantial portion of Heldt's writings deals with the "magical world of symbols." He traces this world back to the collective unconscious according to Carl Gustav Jung. The artist distinguishes between an internal and external world to arrive at a characterization of the creative individual: "He sees both, as well as the interconnections between the two." Like the drawings of the masses, these dream motifs appear solely in his graphic works, thus suggesting an interest in Sigmund Freud and Carl Gustav Jung: "As one dreams, so should one paint!" was Heldt's maxim.[5] His charcoal drawing *Buch und Totenmaske* (Book and Death Mask, 1935) →p. 128 seems to record such a dream.

In his paintings, Heldt was interested exclusively in the timeless atmospheric picture of the city, and his withdrawal into a state of interiority can also be perceived here. Due to the Spanish Civil War, he was forced to return to Berlin in 1936, where he was able to obtain a studio in the Ateliergemeinschaft Klosterstraße, a studio community.[6] It existed from 1933 to 1945 and accommodated artists who conformed to National Socialism, as well as simultaneously, for instance, Käthe Kollwitz (1867–1945), an icon of liberal thinking. One group of artists reacted to the control over the production of art and the steering of it with a subtly oriented art of withdrawal. According to the art historian Angela Lammert, the innovation of, as she called it, "Modernism Klosterstraße" was found in the combining of archaic forms with a feeling of melancholy, as rendered by the involved sculptors.[7] The painters, by contrast, developed a planar-seeming concept of space. The Mediterranean as a place of longing was a favored motif.[8] Werner Heldt clung to his picture of the city. His *Herbsttag* (Autumn Day, ca. 1935) →p. 126 is a window view in which muted colors determine the impression.[9] One important work from this time is also *Berliner Vorstadtstraße (Straße mit Friseurladen)* (Suburban Street in Berlin [Street with Barbershop], 1936) →p. 120. He had already renounced the use of shadows and the spatiality that results from them in the early 1930s, but here he changed the colors to light pastel shades, whereby the façades of buildings are painted in a monochrome, two-dimensional way. These settings convey a seemingly timeless picture, and the artist thus noted: "What I am guarding myself against: Against any sort of classicism, unless: as an atmosphere. Atmosphere is everything."[10] Heldt also tried to visualize this atmosphere in one of

5 Werner Heldt's undated diary entry in the Deutsches Kunstarchiv, Germanisches Nationalmuseum, Nuremberg, NL Heldt I, B-7 (transcript I, B-10).

6 Heldt was a member of the Reichskammer der bildenden Künste (Reich Chamber of Fine Arts) as a painter and commercial artist as of 1936, with the membership number M14443. LA Berlin, A Rep. 243-04; 3249, Mitgliedsakte Werner Heldt. I would like to thank Ilka Voermann for her profound research. He participated in exhibitions, for instance at the Galerie Buchholz in 1940. In addition, he collaborated on the so-called *Fabrikausstellungen* (Factory Exhibitions), which were initiated by Otto Andreas Schreiber; they took place in factories and businesses from 1934 to 1942. See Hein, *Werner Heldt (1904–1954): Leben und Werk*, pp. 36 and 42–45.

7 Angela Lammert, "Die Plastik im Spannungsfeld Gemeinschaft – Moderne – Nation," in *Ateliergemeinschaft Klosterstraße Berlin 1933–1945: Künstler in der Zeit des Nationalsozialismus*, ed. Angela Lammert et al., exh. cat. Käthe Kollwitz Museum, Cologne, and Akademie der Künste, Berlin (Berlin: Edition Hentrich, 1994), pp. 50–63. The sculptor Hermann Blumenthal and the painters Werner Heldt, Werner Gilles, Hermann Teuber, and Herbert Tucholski gathered in the studio shared by Ottilie and Ludwig Kasper. Visitors also included Werner Haftmann, Eberhard Hanfstaengl, and Kurt Leonhard.

8 See ibid. The artists in this circle of friends spent time in Italy, Spain, and Greece in the 1930s.

9 This work is not included in the index of works in Schmied, *Werner Heldt, mit einem Werkkatalog von Eberhard Seel*. It can be assumed that it was created after Heldt's return from Mallorca. He would later produce variations on this motif, for instance with a rowboat.

10 Undated diary entry (see note 5).

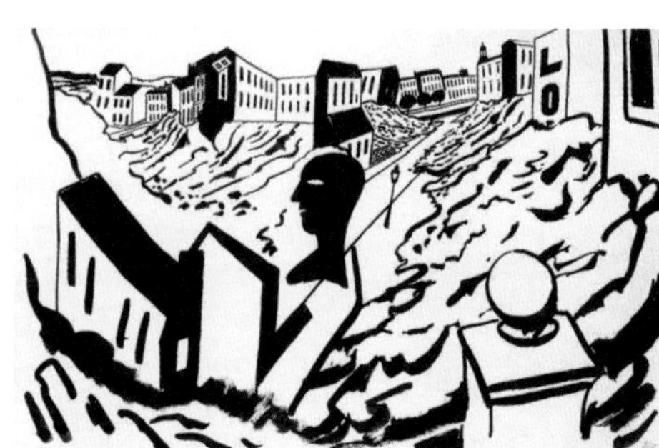

Abb. 2
Werner Heldt,
Berlin am Meer, 1949,
Tusche auf Papier,
32,4 × 48,8 cm,
Kupferstichkabinett,
Staatliche Museen
zu Berlin – Preußischer
Kulturbesitz

Fensterbild mit Stadtbild und Stillleben. Der angedeutete Fensterrahmen trennt Innen- und Außenraum voneinander. Der Innenraum ist außerhalb des Bildes und bezieht die Betrachterin oder den Betrachter mit ein. Heldts Bildfindung stand inhaltlich nicht im Widerspruch zur nationalsozialistischen Kunstauffassung, war unverfänglich, allerdings auch nicht ideologisch verwertbar. Die Stimmung wird so zum alleinigen Inhalt, da diese – im Sinne Alois Riegls – auf die harmonische Ordnung der Welt verweist.[11] So visualisieren Heldts Gemälde einen zeitlosen Sehnsuchtsraum.

Die Häuser in dem während des Zweiten Weltkriegs entstandenen Aquarell *Straße mit Kirche und Vordergrundfigur* (1944) →S. 122 scheinen zu schwanken. Geschwungene Linien und ornamentale Elemente wirken befreit in der Zeichnung *Sehnsucht nach Frieden* (1945) →S. 129, die er 1945 auf Feldpostpapier anfertigte. Nach der Rückkehr aus der Kriegsgefangenschaft war er nicht nur mit Niederlage, kollektiver Schuld und der „Unfähigkeit zu trauern" (Margarete und Alexander Mitscherlich) konfrontiert, sondern auch mit der Zerstörung der Städte, die als Mahnmale für persönliches Leid und Verlust allgegenwärtig waren. Werner Heldt entwickelte das tröstende Sinnbild *Berlin am Meer* (1949) →Abb. 2. 1954 verstarb der Künstler auf Ischia. In den zehn Jahren nach Kriegsende, in denen sich wieder ein Pluralismus der Stile herausgebildet hatte, zählte er zu den wichtigsten Persönlichkeiten der Berliner Kunstlandschaft.

11 Alois Riegl, Die Stimmung als Inhalt moderner Kunst (1899), in: ders., Gesammelte Aufsätze, Augsburg 1928, S. 28–39. Diesen Hinweis verdanke ich Frank Büttner.

Fig. 2
Werner Heldt,
Berlin by the Sea, 1949,
pen and ink on paper,
32.4 × 48.8 cm,
Kupferstichkabinett,
Staatliche Museen
zu Berlin – Preußischer
Kulturbesitz

the two paintings created in 1938. In *Häuser mit Früchten* (Buildings with Fruit, ca. 1938) →p. 123, rendered in somber, dark colors, he combined a window picture with a cityscape and still life. The implied window frame separates inside and outside space from one another, but the interior space is outside of the picture and nevertheless draws the viewer into it. Heldt's pictorial concepts did not conflict with the National Socialist view of art in terms of content; they were innocuous, but they also eluded ideological exploitation. The atmosphere itself therefore becomes the sole content, since it—in line with Alois Riegl—makes reference to the harmonious order of the world.[11] Heldt's paintings thus visualize a timeless place of longing.

The buildings in the watercolor *Straße mit Kirche und Vordergrundfigur* (Street with Church and Figure in the Foreground, 1944) →p. 122, which was created during the Second World War, seem to oscillate. Curved lines and ornamental elements appear to float freely in the drawing *Sehnsucht nach Frieden* (Longing for Peace, 1945) →p. 129, which he produced on army postal paper in 1945. After returning from captivity as a prisoner of war, Heldt was confronted not only with the defeat, collective guilt, and "inability to mourn" (Margarete and Alexander Mitscherlich), but also with the destroyed cities, which were omnipresent as memorials to personal suffering and loss. This led to Werner Heldt's development of the consoling allegory *Berlin am Meer* (Berlin by the Sea, 1949) →fig. 2. The artist died on the island of Ischia in 1954. In the ten years after the end of the war, in which a pluralism of styles once again took shape, he was one of the most important personalities in Berlin's artistic landscape.

11 Alois Riegl, "Die Stimmung als Inhalt moderner Kunst," in *Gesammelte Aufsätze* (Augsburg: Filser, 1928), pp. 28–39. I thank Frank Büttner for this helpful suggestion.

HANNAH HŌCH

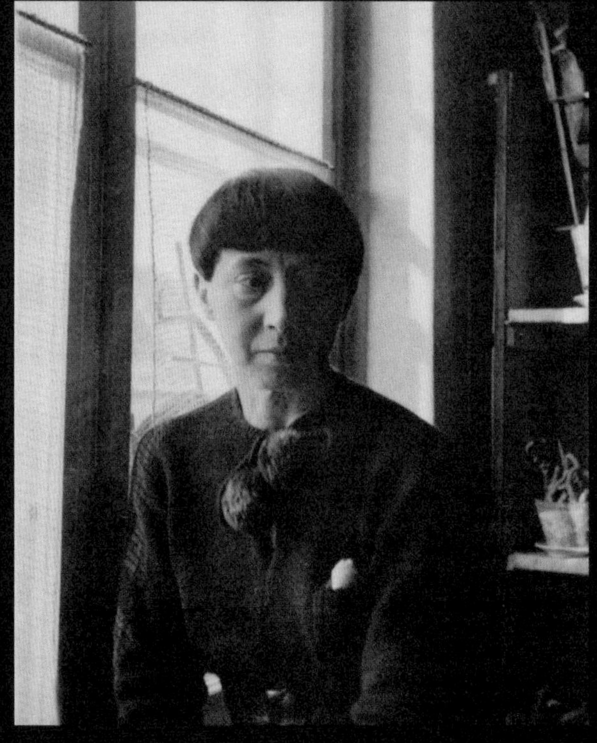

Hannah Höch in der Rubensstraße 66, Berlin /
Hannah Höch at Rubensstraße 66, Berlin, 1938,
Berlinische Galerie – Landesmuseum für Moderne Kunst, Fotografie und Architektur

HANNAH HÖCH
* 1. November 1889 in Gotha
† 31. Mai 1978 in Westberlin

1912–1914 Studium an der Kunstgewerbe- und Handwerkerschule in Berlin
1915 Studium an der Unterrichtsanstalt des Kunstgewerbemuseums, Begegnung mit Raoul Hausmann
1916–1926 Arbeit als Entwurfszeichnerin im Ullstein-Verlag
1920 Teilnahme an der *Ersten Internationalen Dada-Messe*
1926 Begegnung mit Til Brugman, Übersiedelung nach Den Haag
1929 Einzelausstellung in der Galerie De Bron in Den Haag, Teilnahme an der Ausstellung *Film und Foto (FiFo)* des Deutschen Werkbundes in Stuttgart und weiteren Ausstellungsstationen, Rückkehr nach Berlin
1932 Planung einer Einzelausstellung im Bauhaus Dessau, die wegen der Schließung des Bauhauses abgesagt wird
1934 Einzelausstellung der Fotomontagen in Brünn (heute: Brno, Tschechien)
1935 Begegnung mit Kurt Heinz Matthies, Trennung von Til Brugman
1936 Teilnahme an der Ausstellung *Deutsche Frauenkunst der Gegenwart* in Mannheim
1937 Diffamierende Erwähnung in Wolfgang Willrichs Schrift *Säuberung des Kunsttempels*
1938–1942 Ehe mit Kurt Heinz Matthies
1939 Kauf eines ehemaligen Flugwärterhäuschens in Berlin-Heiligensee
1946 Teilnahme an der *Fantasten-Ausstellung* der Galerie Rosen in Berlin
1949 Erste Einzelausstellung in Deutschland in der Galerie Franz in Berlin
1961 Ehrengast in der Villa Massimo in Rom
1974 Umfassende Werkschau in Kyoto
1976 Retrospektive im Musée d'Art Moderne de la Ville de Paris und in der Nationalgalerie Berlin

HANNAH HÖCH
b. November 1, 1889, in Gotha
d. May 31, 1978, in West Berlin

1912–14 Studies at the Berlin School of Applied Arts and Crafts
1915 Studies at the teaching institution of the Museum of Decorative Arts in Berlin, meets Raoul Hausmann
1916–26 Work as a design draftswoman at the Ullstein publishing house
1920 Participation in the *First International Dada Fair*
1926 Encounter with Til Brugman, move to The Hague
1929 Solo exhibition at the Galerie De Bron in The Hague, participation in the exhibition *Film und Foto (FiFo)* of the German Association of Craftsmen in Stuttgart and other stations of the show, move to Berlin
1932 Planning of a solo exhibition at the Bauhaus Dessau, which is cancelled due to the closure of the Bauhaus
1934 Solo exhibition of the photomontages in Brünn (today: Brno, Czech Republic)
1935 Meets Kurt Heinz Matthies, separates from Til Brugman
1936 Participation in the exhibition *Deutsche Frauenkunst der Gegenwart* (German Women's Art of Our Time) in Mannheim
1937 Defamatory mention in Wolfgang Willrich's text *The Cleansing of the Temple of Art*
1938–42 Marries Kurt Heinz Matthies
1939 Purchases a small house in Heiligensee near Berlin
1946 Participation in the *Fantasten-Ausstellung* (Fantasist's Exhibition) at the Galerie Rosen in Berlin
1949 First solo exhibition at the Galerie Franz in Berlin
1961 Honorary guest at the Villa Massimo in Rome
1974 Comprehensive exhibition in Kyoto
1976 Retrospective at the Nationalgalerie Berlin and the Musée d'Art Moderne de la Ville de Paris

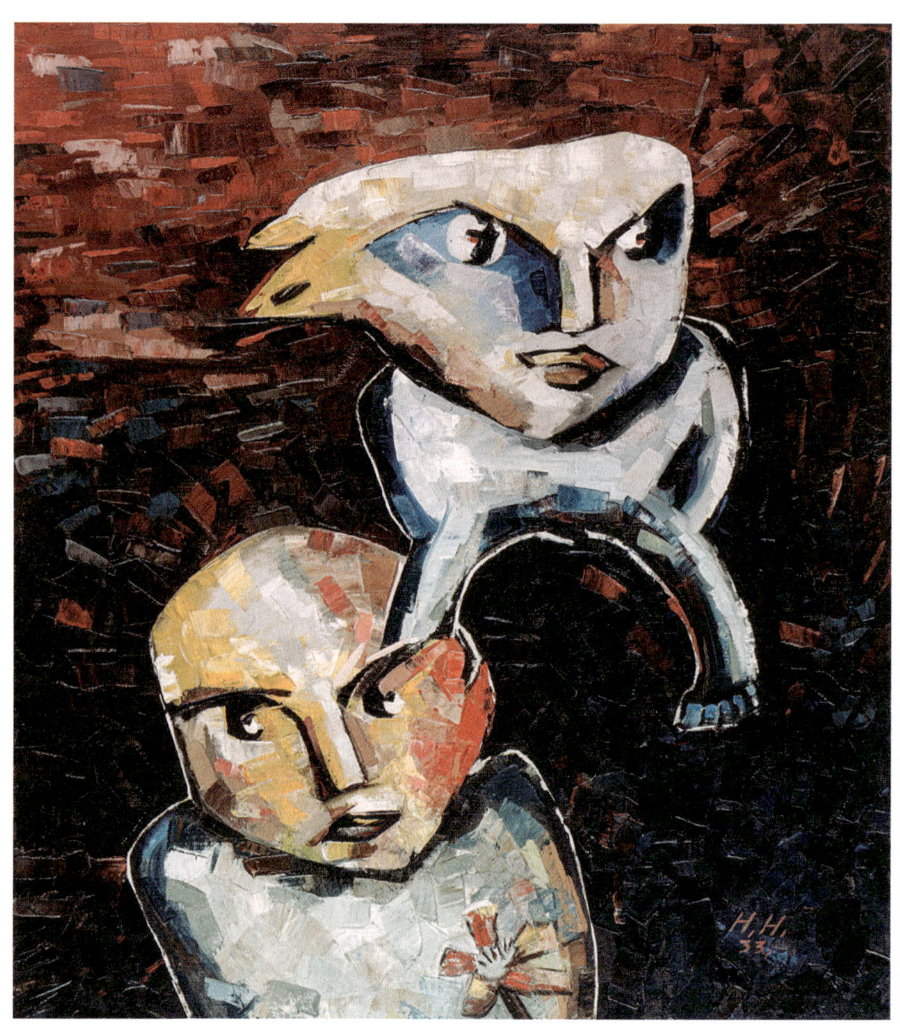

Wilder Aufbruch / Wild Awakening, 1933

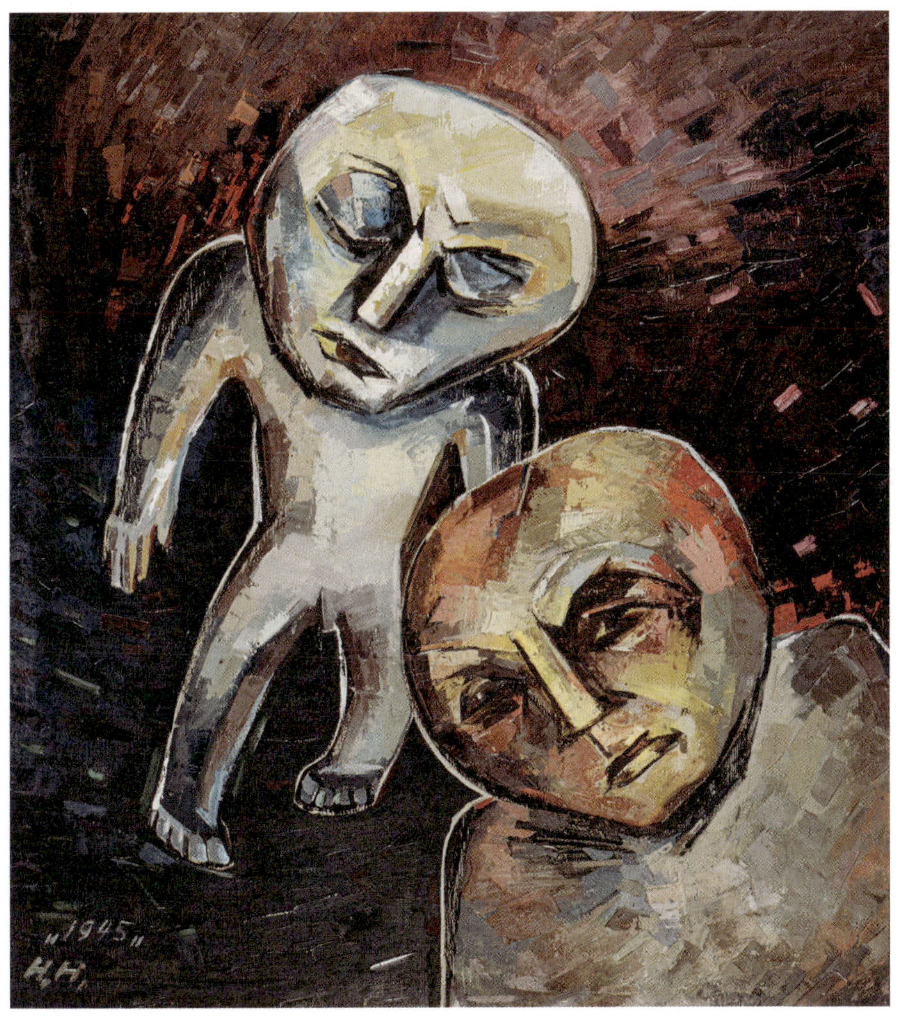

1945 (Das Ende) / 1945 (The End), 1945

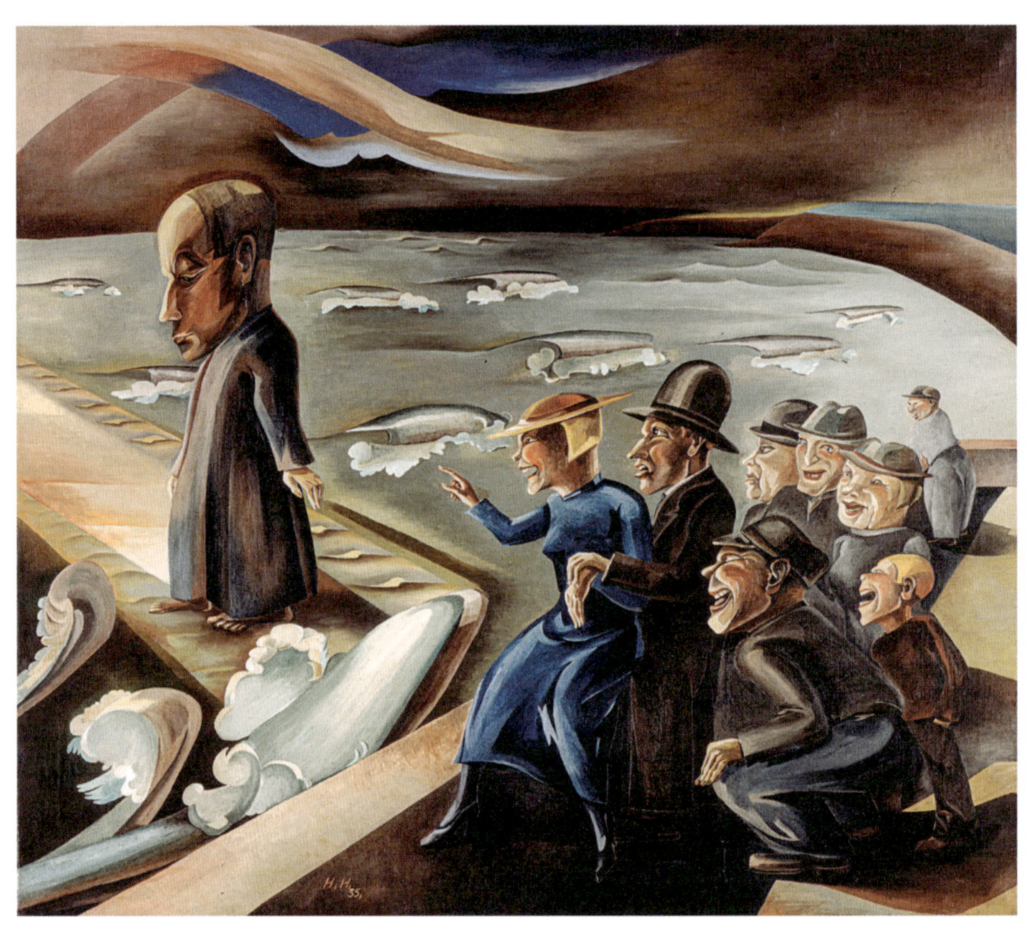

Die Spötter / The Mockers, 1935

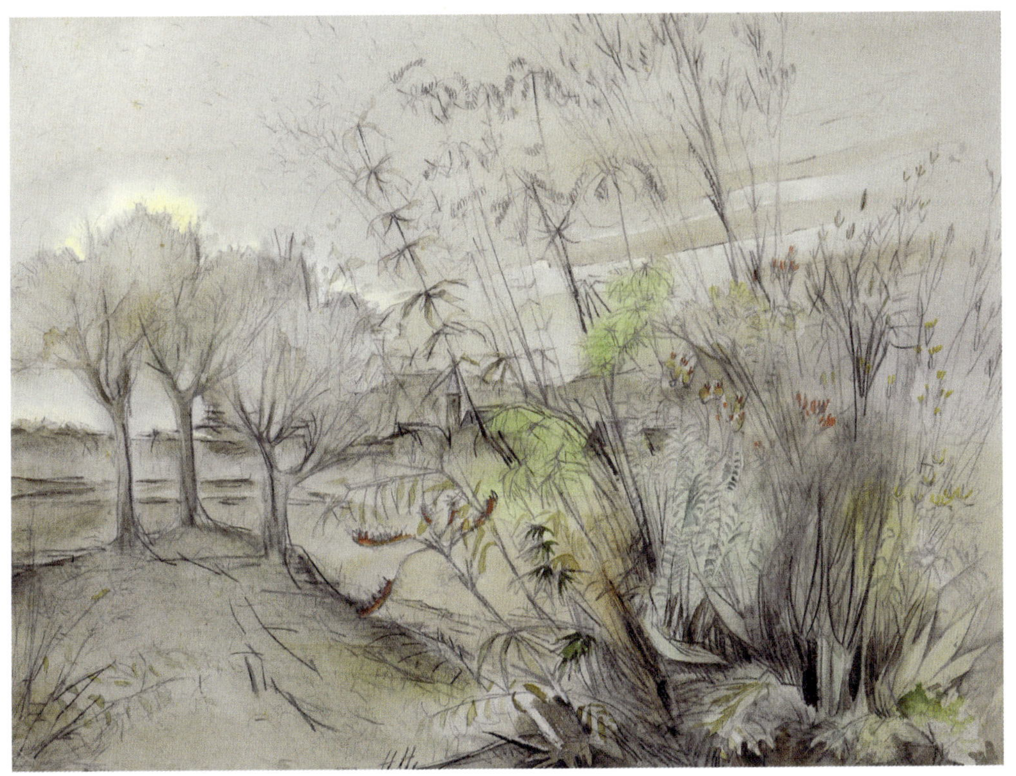

Unkraut / Weeds, 1938

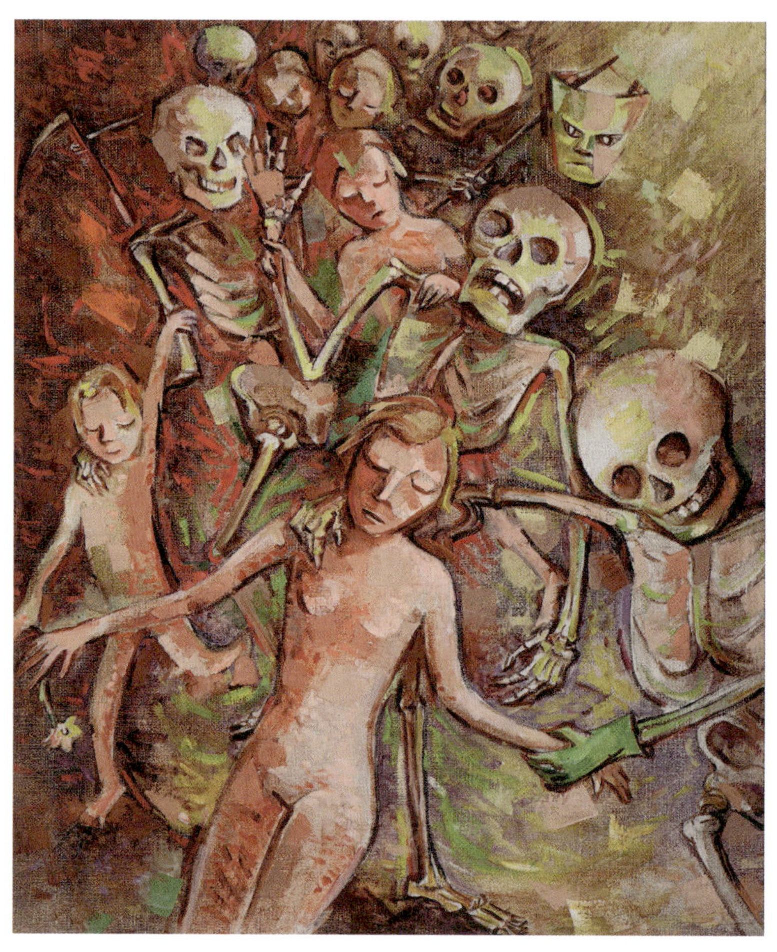

Totentanz / Dance of Death, 1940–1942

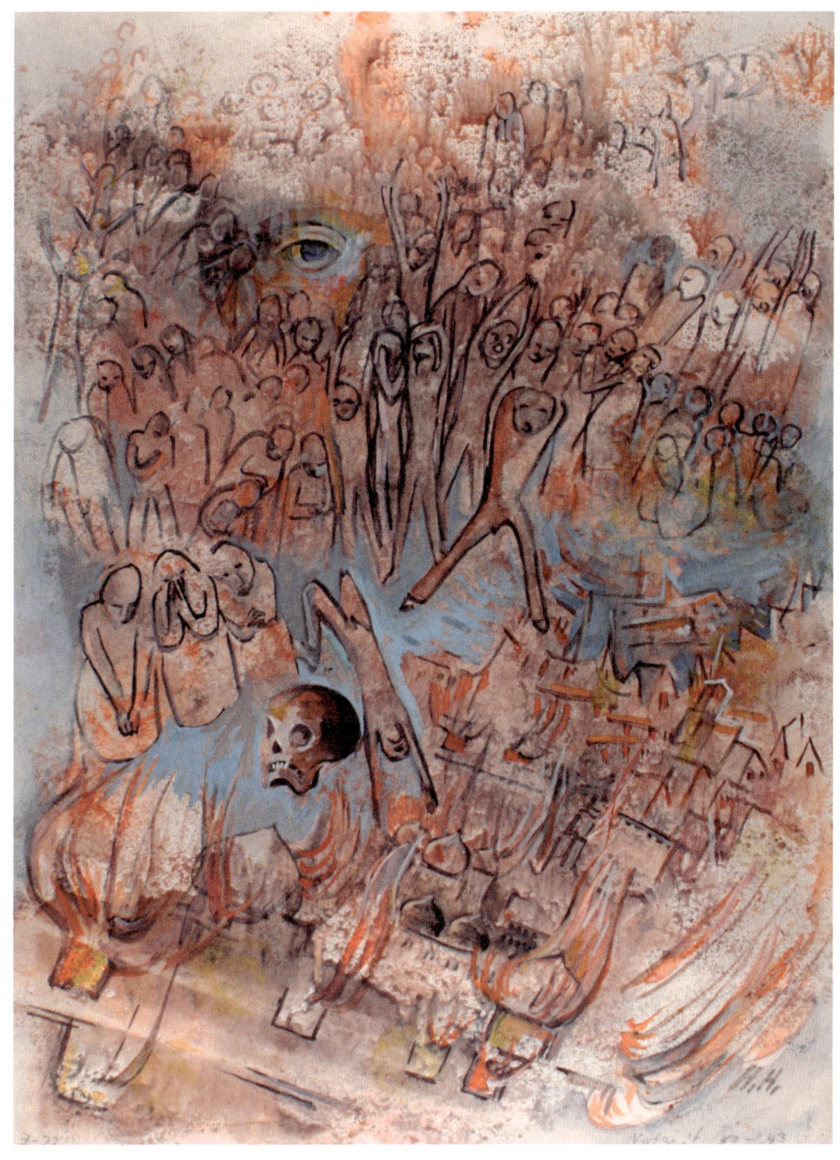

Weltbrand / World on Fire, um / ca. 1942

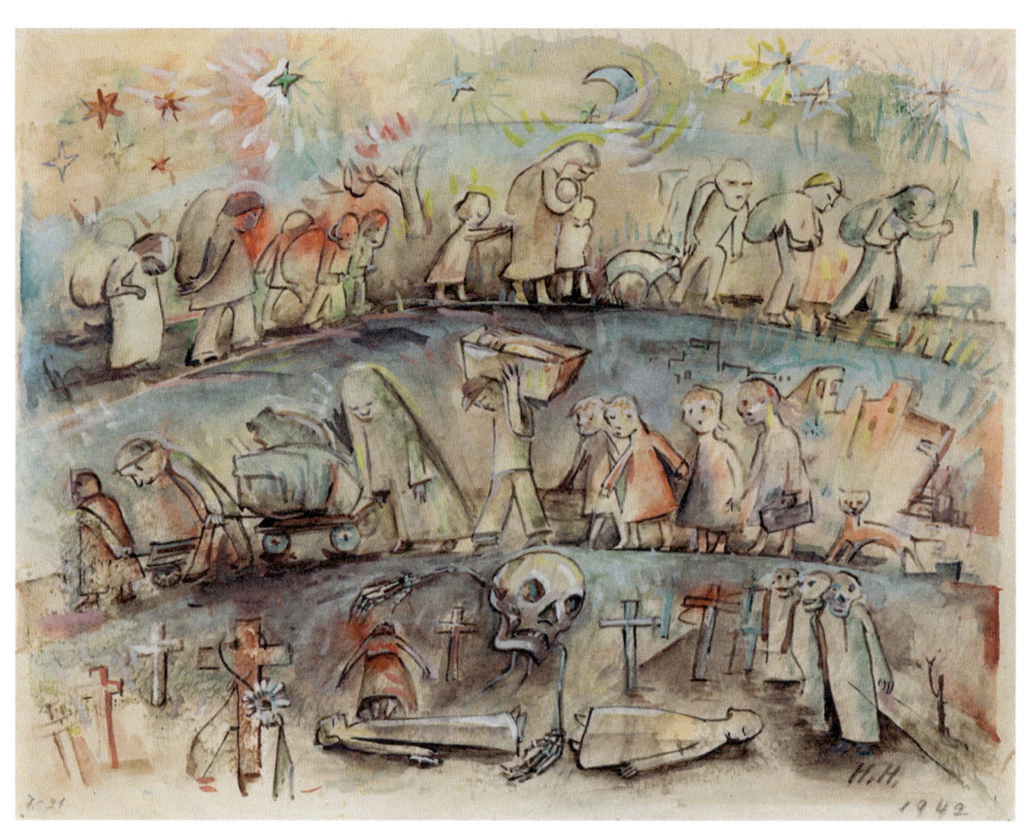

Auf dem Weg (Notzeit) / On the Way (Time of Need), 1942

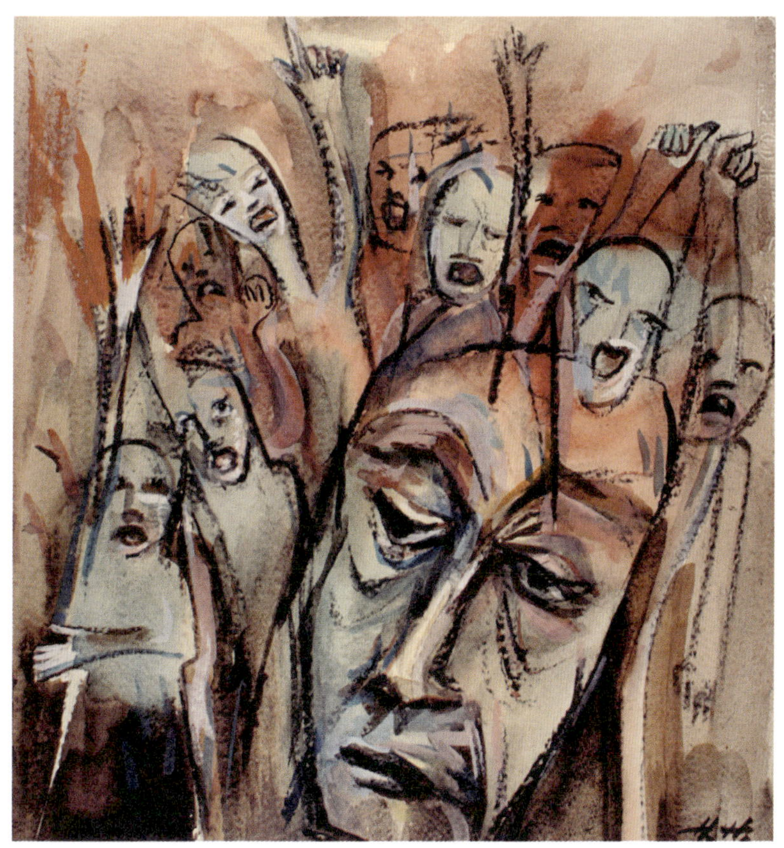

Anklage / Accusation, um / ca. 1943

HANNAH HÖCH 1889–1978

Karoline Hille

Nach der Ernennung Adolf Hitlers zum Reichskanzler am 30. Januar 1933 malte Hannah Höch als direkte Reaktion auf das Ereignis ein repräsentatives Ölbild → S. 138, das in seiner Art einzigartig ist. Es zeigt den irrsinnigen und hasserfüllten *Wilden Aufbruch* (1933) der deutschen Männer in „nationale Überheblichkeit, Rechtlosigkeit und Welteroberungswahn".[1] Im Rückblick wirkt das Gemälde zweifellos wie eine Wirklichkeit gewordene, apokalyptische Endzeitvision. Gleichwohl hat das Bild eine Geschichte, die mit dem Leben der Künstlerin eng verbunden ist und erklärt, warum dieses so eng mit dem unmittelbaren Beginn der NS-Diktatur verknüpfte Bild nur so und zu diesem Zeitpunkt von Hannah Höch gemalt werden konnte.

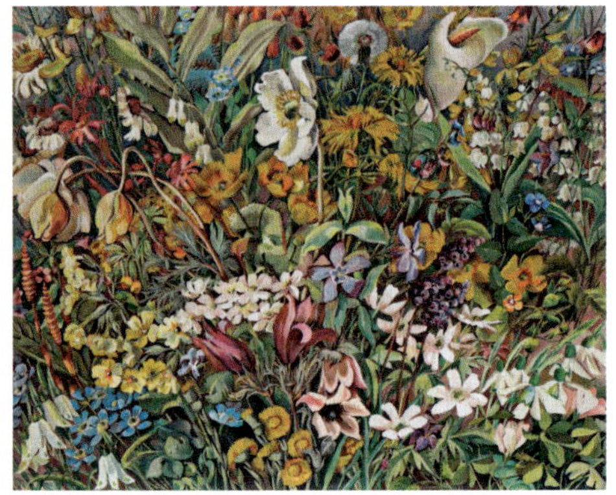

Abb. 1
Hannah Höch,
Aus dem blühenden Tal,
um 1937,
Öl auf Leinwand,
66,5 × 80,5 cm,
Privatsammlung

Am 1. November 1929 war Hannah Höch wieder in Berlin. Sie kam nicht allein, sondern mit ihrer niederländischen Freundin, der Schriftstellerin Til Brugman (1888–1958), mit der sie seit drei Jahren in Den Haag zusammenlebte. Die Zeit in Holland war für die Künstlerin erfüllt von produktiver Arbeit, zahlreichen Aktivitäten, Reisen und Ausstellungsbeteiligungen. Sie machte sich rasch einen Namen und fand vielfache Anerkennung. Ihren größten Erfolg feierte sie im Mai 1929. Die renommierte Haager Galerie De Bron für aktuelle Kunst zeigte ihre erste Einzelausstellung überhaupt, eine repräsentative, museumswürdige Schau mit etwa vierzig Werken. Anschließend wurde die Ausstellung noch in Rotterdam und Amsterdam gezeigt. Eine Wertschätzung, wie sie in Deutschland noch keine Künstlerin erfahren hatte. Hannah Höch kam als erfolgreiche, bekannte und selbstbewusste Künstlerin auf der Höhe ihres Schaffens nach Berlin zurück. In den Niederlanden hatte sie alles, was möglich war, erreicht und war überzeugt, an diese Erfolge anknüpfen zu können. Aber Deutschland hatte sich verändert. „Während meines Aufenthaltes in Holland war mir der Kontakt mit der Berliner Kunstwelt verlorengegangen", erläuterte sie im Sommer 1959 dem amerikanischen Schriftsteller Édouard Roditi (1910–1992) ihre Eindrücke von einem fremdgewordenen Land. „Als ich nach Deutschland zurückkam, war dort die Atmosphäre einer künstlerischen Betätigung nicht sehr günstig."[2] Vielleicht aber hat gerade diese Fremdheit dazu geführt, dass Hannah Höch früher als viele andere sah, wohin die Entwicklung führen würde, und dafür beredte künstlerische Bilder fand. Die „goldenen Zwanziger" waren endgültig vorbei, aber sie funktionierten noch eine Weile. Kurz nach der Rückkehr malte die Künstlerin 1930 mit der *Symbolischen Landschaft III* ihre dystopische Vision von einer unbewohnbaren, feindlichen Welt: eine tödliche, rotorange glühende Wüstenlandschaft, die auch eine politische Lesart bewusst intendierte.

1 Wenn nicht anders vermerkt, finden sich alle Zitate in: Hannah Höch. Eine Lebenscollage, drei Bände mit je zwei Teilbänden, Berlinische Galerie (Hg.), 1989, 1995 und 2001, Brief an Will Grohmann, 29. September 1964 (2001, Bd. 2 [64.228]).

2 Edouard Roditi, Dialoge über Kunst, Wiesbaden 1960, S. 66.

Karoline Hille

Following Adolf Hitler's appointment as Reich Chancellor on January 30, 1933, Hannah Höch produced what was for her a unique representative oil painting as a direct reaction to the event → p. 138. It shows the insane and hate-filled *Wilder Aufbruch* (Wild Awakening) of German men into "national arrogance, lawlessness, and a frenzy for world conquest."[1] In retrospect, the painting unquestionably seems to be an apocalyptic vision of the end times having become reality. At the same time, the picture has a story that is closely linked to the life of the artist, and it explains why Hannah Höch could only have painted this picture, in direct relation to the beginning of the National Socialist dictatorship, in the way she did and at this specific point in time.

Fig. 1
Hannah Höch,
From the Valley in Bloom, ca. 1937,
oil on canvas,
66.5 × 80.5 cm,
private collection

On November 1, 1929, Hannah Höch returned to Berlin, yet she did not go alone. Instead she traveled with her Dutch friend, the author Til Brugman (1888–1958), with whom she had been living in The Hague for three years. For the artist, the time in Holland had been filled with productive work, numerous activities, travel, and participation in exhibitions. She had quickly made a name for herself and gained great recognition. Höch celebrated her greatest success in May 1929, when the renowned venue for contemporary art Haager Galerie De Bron presented her very first solo exhibition, a representative, museum-quality show with roughly forty works. It was then also presented in Rotterdam and Amsterdam—an appreciation that no woman artist had yet experienced in Germany.

1 If not otherwise noted, all of the quotations are from: *Hannah Höch: Eine Lebenscollage*, ed. Berlinische Galerie, three volumes, each consisting of two partial volumes (Ostfildern: Hatje Cantz, 1989, 1995, and 2001); Hannah Höch, letter to Will Grohmann, September 29, 1964 (2001, vol. 2 [64.228]).

Hannah Höch came back to Berlin as a successful, famous, and self-assured artist at the peak of her creativity. She had achieved everything that was possible in the Netherlands and was convinced that she could build on this success. But Germany had changed. "I had lost touch with the Berlin art world while I was in Holland," she explained, conveying her impressions of a land that had become foreign to her to the American author Édouard Roditi (1910–1992) in the summer of 1959. "The atmosphere in Germany, upon my return, was scarcely conducive to any very enterprising activity."[2] But perhaps exactly this foreignness led to the fact that Hannah Höch saw, at an earlier point in time than many others, where the development would lead and found eloquent artistic expression for this. The "golden 1920s" were definitely over, but they still echoed on for a while. Shortly after her return, in 1930, the artist painted her dystopian vision of an uninhabitable, hostile world with *Symbolische Landschaft III* (Symbolic Landscape III): a deadly desert landscape glowing reddish-orange, which was also intended to be interpreted politically.

2 Edouard Roditi, "Interview with Hannah Höch," in *More Dialogues on Art* (Santa Barbara, CA: Ross-Erikson, 1984), pp. 93–111, esp. p. 105.

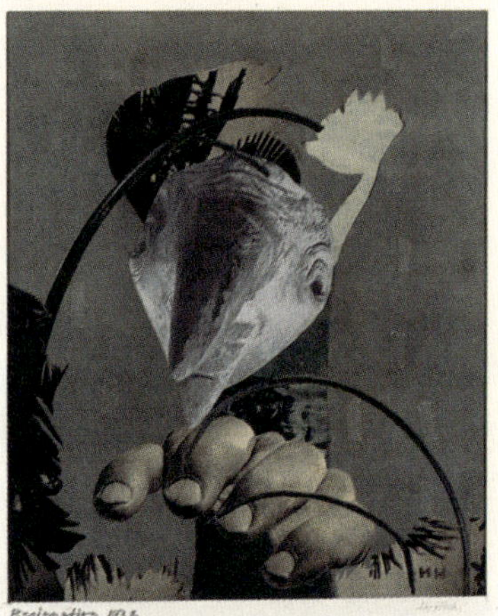

Abb. 2
Hannah Höch,
Resignation,
1938, Collage,
26 × 21 cm,
Kupferstichkabinett,
Staatliche Museen
zu Berlin – Preußischer
Kulturbesitz

Dabei ließ sich das künstlerische „Leben" zunächst positiv an und der enge Freundeskreis erwies sich als stabil. Am 25. April 1931 eröffnete die erste, nur der *Fotomontage* gewidmete Ausstellung im Kunstgewerbemuseum, an der sie sich mit mehreren Collagen beteiligte. Im Herbst folgte die Teilnahme an der großen, zum Paragraphen 218 veranstalteten Wanderausstellung *Frauen in Not*. Aber die Schatten der Nazidiktatur waren nicht mehr zu übersehen. Es hätte der größte Erfolg von Hannah Höchs künstlerischer Laufbahn werden sollen, ihre erste Einzelausstellung in Deutschland im renommierten Dessauer Bauhaus im Mai 1932. Die Werke waren abgeschickt, die Einladungen gedruckt.[3] Aber die Schau konnte nicht mehr stattfinden, im August 1932 setzte die NSDAP-Mehrheit im Gemeinderat die Schließung des verhassten Instituts durch. In diesem Jahr schuf die Künstlerin mit dem Gemälde *Die schönen Reusen* eine kosmische Parabel über die Inszenierung der Macht. Sie sah die Menschen in die Netze wandern: ganz ohne Zwang in den Untergang.

Vor diesem Hintergrund erweist sich ihr *Wilder Aufbruch* von 1933 nicht nur als realistische Vision, sondern auch als ein ganz persönliches Dokument. Sie hasste die Nazis, diese „viehische Bande", aus tiefster Seele. Ein „so blutrünstiges, sadistisches Geschmeis [hat] diese Erde noch nicht getragen", steht in ihrem Tagebuch.[4] Das alles steckt in dem Bild. Das mächtige Gefühl des Hasses verlor nichts von seiner Intensität, im Gegenteil, es kam ein ebenso starkes Gefühl hinzu, die Verantwortung. Warum ist die Künstlerin nicht wie so viele ihrer Freunde und fast alle Dadaisten in diesen ersten Monaten emigriert, etwa mit Til Brugman nach Den Haag, Pläne gab es wohl und Einladungen auch. Hannah Höch hat sich dazu nie geäußert. Im Juli 1933 fuhren die beiden Frauen in die Niederlande, aber sie kamen im Oktober zurück. Die Künstlerin konnte einfach nicht weg, sie konnte ihre riesige Sammlung, die damals wohl schon etwa fünftausend Exponate umfasste, nicht im Stich lassen, die einzigartigen Dada-Dokumente, dazu die vielen, ihr von Freunden anvertrauten Werke und nicht zuletzt ihre eigenen. Sie fühlte sich verantwortlich für deren Rettung, damit die Erinnerung für die Nachgeborenen im Gedächtnis bewahrt blieb. „Verantwortung", „Erinnerung", „Bewahrung" wurden zu existenziellen Triebfedern ihres starken Überlebenswillens. Gesprochen hat sie über diese inneren Dinge nie, und nach 1945 auch nur die Kurzform der Rettung erzählt. Sie habe sich in Friedenau nicht mehr sicher gefühlt und sei umgezogen. So habe sie ihren „Besitz" gerettet, den sonst ein Bombenangriff vernichtet hätte.[5]

3 Auf der Karte steht der lapidare Satz: „Bauhaus / Dies meine nicht mehr zustande gekommene Ausstellung." Höch 1995 (wie Anm. 1), Bd. 2 [32.32].
4 Höch 2001 (wie Anm. 1), Bd. 2 [46.71]. Notizzettel, 23 Blatt, 25. Januar – 3. Mai 1946.
5 Zuerst wohl bei Roditi 1960 (wie Anm. 2), S. 55.

Fig. 2
Hannah Höch,
Resignation,
1938, collage,
26 × 21 cm,
Kupferstichkabinett,
Staatliche Museen
zu Berlin – Preußischer
Kulturbesitz

Höch's artistic "life" initially got off to a positive start, and her close circle of friends proved to be stable. On April 25, 1931, the first exhibition dedicated to *Fotomontage* (Photomontage) opened at the Kunstgewerbemuseum, in which several of her collages were included. In the fall, participation in the large traveling exhibition *Frauen in Not* (Women in Need) followed, organized in connection with Paragraph 218 of the German penal code, which outlawed abortions. It was, however, no longer possible to ignore the shadows of the Nazi dictatorship. Her first solo exhibition in Germany, at the renowned Bauhaus Dessau in May 1932, should have been the greatest success of Hannah Höch's artistic career so far. The works had been sent, the invitations printed.[3] But the show was unable to take place, since the NSDAP majority in the Dessau municipal council forced the hated institution to close in August 1932. That year, with the painting *Die schönen Reusen* (The Beautiful Fish Traps), the artist produced a cosmic parable about the staging of power. She pictured people wandering into the nets: to their doom, without any coercion.

Against this backdrop, her *Wilder Aufbruch* of 1933 turns out to be not only a realistic vision, but also a very personal document. She hated the Nazis, that "brutish gang," with all of her being. "The Earth has not yet borne such a bloodthirsty, sadistic vermin," she wrote in her journal.[4] This is all found again in the painting. The powerful emotion of hate did not lose any of its intensity; quite the contrary, another intense feeling was added to it, responsibility. Why did the artist not emigrate in these first months, for instance with Til Brugman to The Hague, like so many of her friends and nearly all of the Dadaists, since there were plans as well as invitations? Hannah Höch never made any statements about this. In July 1933, she drove to the Netherlands with Til Brugman, but returned in October. The artist was simply unable to leave, could not abandon her huge collection, which at the time already consisted of roughly five thousand exhibits, including one-of-a-kind Dada documents, as well as many works entrusted to her by friends and, not least, her own artwork. She felt a responsibility to save them, so that memory was preserved for future generations. "Responsibility," "remembering," "safeguarding" became existential driving forces for her strong will to survive. She never spoke of these inner things, and only recounted a short rendering of the rescue after 1945. She had no longer felt safe in the Berlin district of Friedenau and moved on. She thus rescued her "possessions," which would otherwise have been destroyed in air raids.[5]

3 On the card reads the succinct sentence: "Bauhaus / Dies meine nicht mehr zustande gekommene Ausstellung." (Bauhaus / This, my exhibition that never happened.) *Hannah Höch: Eine Lebenscollage*, vol. 2 [32.32].

4 *Hannah Höch: Eine Lebenscollage*, vol. 2 [46.71]. Memo, 23 pages, January 25 – May 3, 1946.

5 For the first time, probably in Roditi, "Interview with Hannah Höch," p. 96.

Mehr und mehr sah sie sich als Mahnerin, Wächterin oder Seherin, wie 1940 in dem gleichnamigen Aquarell. Ende 1937 steht in ihrem Kalender: „Ich möchte ein Apostel sein gegen das Feststehende, Vorgefasste, von menschlicher Begrenztheit und menschlichem Grössenwahn gebotene".[6] Auch dieses Credo war als Selbstvergewisserung nur für sie bestimmt. Wie sehr sie diese, ihre Mission beschäftigte, zeigt noch 1943 ein Brief an den Freund Thomas Ring. Sie habe Blumen- und Pflanzenstücke gemalt, schreibt sie, „mit dem Bewusstsein, dass nichts gerechtfertigter sein kann, als diesen anbetungswürdigsten Formen nachzuspüren und sie zu verewigen suchen."[7] Das erste, in diesem Sinn programmatische Gemälde *Aus dem blühenden Tal* entstand bereits 1937 →Abb. 1. Wie unter einem Brennglas zeigt es ein grünwogendes Meer aus Frühlingswiesenblumen: jede in ihrer Individualität und doch im harmonischen Ganzen. Wenigstens im Abbild wollte die Künstlerin die Schönheit der Natur bewahren. Das dies in einer verständlichen künstlerischen Sprache geschehen musste, war ihr klar. Der Mensch verschwand aus ihrem Werk ebenso wie alle abstrakten Experimente, wie Dada, Ironie und Groteske. Die wenigen Collagen, wie etwa *Resignation* (1935) →Abb. 2 oder *Auf Aquarellengrund* (1936/1943) →Abb. 3, zeigen fragile Fabelwesen voller Melancholie in „traumhaft schwermütigen Unterwassergärten".[8] Hannah Höch war eine ausgezeichnete Malerin, das beweisen die etwa zehn großformatigen, zwischen 1937 und 1942 geschaffenen Gemälde: Es sind zeitlose Gegenbilder zu Krieg und Gewalt und zugleich Symbole für Freiheit und Autonomie.[9] Ihre ungewöhnliche Entstehung hängt eng mit dem Leben Hannah Höchs als „entartete" Künstlerin während der Nazidiktatur zusammen, mit dem Anspruch, Bedrohtes mit dem Mittel der Kunst und dem Gefühl der Dringlichkeit festzuhalten. Ihr schien buchstäblich die Zeit davonzulaufen. Während einer schweren Krankheit war sie 1934 fast gestorben. Sie trennte sich von Til Brugman und ging mit ihrem neuen Freund und späterem Ehemann, dem viel jüngeren Pianisten und Handelsvertreter Kurt Heinz Matthies auf Reisen. Ihre erste Fahrt dauerte sieben Monate. Wo immer sich die Gelegenheit bot, arbeitete sie fieberhaft; Blumen, Pflanzen und Landschaften wurden zu ihrem Thema. Es waren unstete Jahre, monatelange Autoreisen, wie auf der Flucht, gehetzt, von einem Ort zum nächsten, quer durch Deutschland und das benachbarte Ausland. Zwei Wochen nach Kriegsbeginn kaufte sie im Norden Berlins in Heiligensee, An der Wildbahn 33 ein kleines Haus mit großem Garten. Ihr Mann verließ sie 1942 wegen einer anderen Frau. Hannah Höch blieb zurück, jetzt wirklich ganz allein, eine Emigrantin im eigenen Land. „Jeder misstraute jedem", wird sie 1958 schreiben. „Man sprach also mit niemandem mehr. Man verlernte die Sprache."[10] Oft sagte sie wochenlang kein Wort, aber sie malte gegen die „radikale Vereinsamung" an, um das zu bewahren, was noch übrig war. Nur die Natur bot ihr kein Bild mehr für das, was sie fühlte. Dieser zweite Themenwechsel könnte erschütternder nicht sein. Der Tod selbst führte nun den Pinsel: *Weltbrand*, Totentanz- und „Notzeitbilder" →S. 142–145, der verletzte Mensch als anonyme Masse. Magere Gestalten, Skelette und immer wieder Totenköpfe, getuscht in verblasstem Rotbraun. Und über allem das wache, wissende Auge der Seherin.

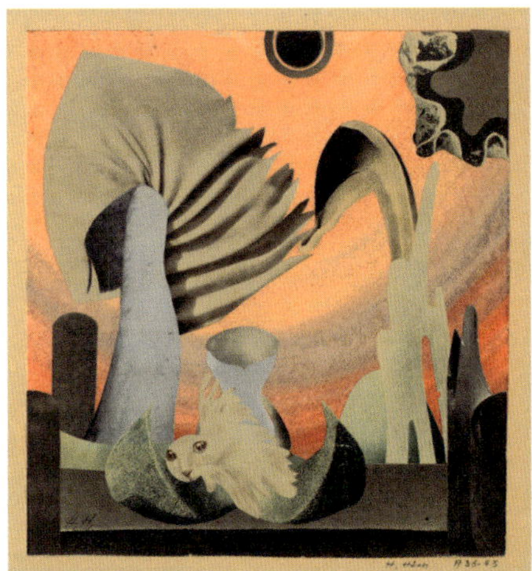

Abb. 3
Hannah Höch,
Auf Aquarellengrund (Scene II), 1936/1943,
Collage und Aquarell,
29,6 × 26,7 cm,
Germanisches Nationalmuseum,
Nürnberg

Der von einer „wahnsinnigen u. unmenschlichen ja viehischen Klike" angezettelte Zweite Weltkrieg „ist zu Ende", schreibt Hannah Höch am 1. Mai 1945 in ihren Kalender.[11] Sie malte ein Pendant zum *Wilden Aufbruch* von 1933, das – kompromisslos und ohne jede Empathie – die trauernde Mutter mit dem bleichen, toten Sohn zeigt. Das Gemälde nannte sie *1945* und schloss damit für sich einen Kreis →S. 139. Sie hatte überlebt.

6 Höch 1995 (wie Anm. 1), Bd. 2 [37.14]. Terminkalender, 30. Dezember 1937.
7 Ebd., Bd. 2 [43.7].
8 So charakterisierte Eberhard Roters diese Collagen. Eva Züchner (Hg.), Kunst ist ein Spiel, das Ernst macht. Eberhard Roters, Briefe und Texte 1949–1994, Köln 1999, S. 88.
9 Vgl. Karoline Hille, „Natur und Landschaft bei Hannah Höch", in: Hannah Höch. Flora Vitalis, hg. von Karoline Hille und Nadine Steinacker, Ausst.-Kat. Kunsthaus Apolda Avantgarde, Apolda 2017, S. 10–17.
10 Höch 2001 (wie Anm. 1), Bd. 2 [58.142]. Lebensüberblick, Ms. Juli 1958.
11 Höch 1995 (wie Anm. 1), Bd. 2 [45.4]. Terminkalender 1945.

Fig. 3
Hannah Höch,
On a Watercolor Background (Scene II), 1936/1943,
collage and watercolor,
29.6 × 26.7 cm,
Germanisches Nationalmuseum,
Nuremberg

Höch increasingly saw herself as an admonisher, guardian, or seer, as in the watercolor of the same name, *Die Seherin* (The Seeress), from 1940. Her calendar at the end of 1937 reads: "I would like to be an apostle who advocates against the fixed, the preconceived, against what is offered by human limitations and human delusions of grandeur."[6] This credo was also intended only for herself, as a personal affirmation. How greatly this mission occupied her is also shown by a letter to her friend Thomas Ring in 1943. You have painted parts of flowers and plants, she writes, "with the awareness that nothing can be more justified than to trace these venerable forms and attempt to eternalize them."[7] The first programmatic painting in line with this, *Aus dem blühenden Tal* (From the Valley in Bloom) →fig. 1, was already created in 1937. It shows an undulating green sea of springtime meadow flowers as if under a magnifying glass: each of them with their individuality and nonetheless as a harmonious whole. The artist wanted to preserve the beauty of nature, at least in her pictures. It was also clear to her that this had to be done in an understandable artistic language. People vanished from her work, just like all abstract experiments, such as Dada, irony, and the grotesque. The few collages, for example *Resignation* (1938) →fig. 2 or *Auf Aquarellengrund* (On a Watercolor Background, 1936/1943) →fig. 3, show fragile, mythical, melancholic creatures in "dreamlike, mournful underwater gardens."[8] Hannah Höch was an excellent painter, as is shown by the roughly ten large-format paintings created between 1937 and 1942: they are timeless counter-pictures to war and violence, and symbols of freedom and autonomy at the same time.[9] Their unusual creation is closely linked to Hannah Höch's life as a "degenerate" artist during the Nazi dictatorship, who aspired to record what was threatened with the means of art and a feeling of urgency. Time literally seemed to be running away from her. She nearly died of a serious illness in 1934. She then separated from Til Brugman and went traveling with her new partner and later husband, the much younger pianist and sales representative Kurt Heinz Matthies. Their first trip lasted seven months. Wherever the opportunity arose, she worked feverishly; flowers, plants, and landscapes became her topic. They were restless years, monthslong road trips, as if fleeing, hounded, from one place to the next, all across Germany and neighboring countries. Two weeks after the war began, she bought a small house with a large garden in the north of Berlin, at An der Wildbahn 33 in Heiligensee. When her husband left her for another woman in 1942, Hannah Höch then remained well and truly alone, an emigrant in her own country. "Everyone mistrusted everyone," she would write in 1958. "One didn't communicate anymore. One forgot the language."[10] Often she did not say a single word for weeks, but she painted to fight the "radical isolation," to preserve what still remained. Nature, however, no longer offered her pictures for what she was feeling. This second change in topic could not have been more distressing. Death itself now guided her brush: *Weltbrand* (World on Fire), pictures of the dance of death and a "time of need" →pp. 142–45, injured humans as an anonymous mass. Gaunt figures, skeletons, and death's heads, again and again, inked in a faded reddish-brown. And above everything the watchful, knowing eye of the seer.

The Second World War, masterminded by an "insane and inhuman, indeed brutish clique," has "come to an end," Hannah Höch wrote in her calendar on May 1, 1945.[11] She painted a counterpart to *Wilder Aufbruch* of 1933, which shows a grieving mother with her ashen, dead son—uncompromisingly and without any empathy. She called the painting *1945* and with it closed a circle for herself →p. 139. She had survived.

6 *Hannah Höch: Eine Lebenscollage*, vol. 2 [37.14]. Appointment calendar, December 30, 1937.
7 Ibid., vol. 2 [43.7].
8 This is how Eberhard Roters characterized these collages. Eva Züchner, ed., *Kunst ist ein Spiel, das Ernst macht: Eberhard Roters, Briefe und Texte 1949–1994* (Cologne: DuMont, 1999), p. 88.
9 See Karoline Hille, "Natur und Landschaft bei Hannah Höch," in *Hannah Höch: Flora Vitalis*, ed. Karoline Hille and Nadine Steinacker, exh. cat. Kunsthaus Apolda Avantgarde (Apolda: Kunsthaus Apolda, 2017), pp. 10–17.
10 *Hannah Höch: Eine Lebenscollage*, vol. 2 [58.142]. Life overview, Ms. July 1958.
11 Ibid., vol. 2 [45.4], appointment calendar, 1945.

MARTA HOEPFFNER

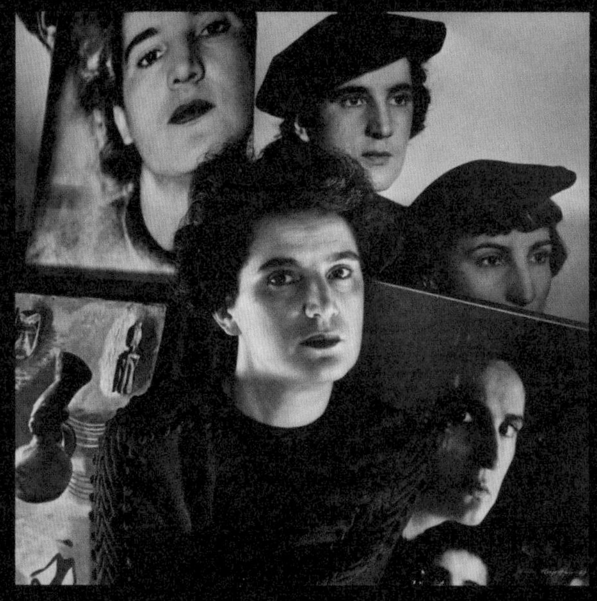

Marta Hoepffner, Selbstbildnis mit früheren Selbstporträts / self-portrait with early self-portraits, 1949, Stadtmuseum, Hofheim am Taunus

MARTA HOEPFFNER
* 4. Januar 1912 in Pirmasens
† 3. April 2000 in Lindenberg im Allgäu

1927	Übersiedelung nach Frankfurt am Main
1929–1933	Studium an der Frankfurter Kunstgewerbeschule (Städelschule) bei Willi Baumeister
1930	Mitglied im Bund „Das Neue Frankfurt" (Teil des Projekts „Neues Frankfurt")
1933	Abbruch des Studiums nach der Entlassung Willi Baumeisters
1934	Gründung der Werkstätte für künstlerische Fotoaufnahmen in Frankfurt am Main
1937	Ausnahmezulassung ohne Lehre und Gesellenprüfung zur Meisterprüfung, Publikation von Bildgeschichten in *Das Illustrierte Blatt,* Porträtaufnahmen von Soldaten und Personen des öffentlichen Lebens
1944	Zerstörung des Ateliers in Frankfurt am Main durch Bombardierung
1949	Erste Einzelausstellung im Frankfurter Kunstverein
1949	Gründung der Fotoprivatschule Marta Hoepffner in Hofheim am Taunus
Ab 1950	Reisen ins europäische Ausland, Bildberichte für *Westermanns Monatshefte*
Ab 1960	Große Aufmerksamkeit durch ihre lichtkinetischen Objekte
1971	Umzug nach Kressbronn am Bodensee
1975	Aufgabe der Fotoschule

MARTA HOEPFFNER
b. January 4, 1912, in Pirmasens
d. April 3, 2000, in Lindenberg im Allgäu

1927	Moves to Frankfurt am Main
1929–33	Studies at the Frankfurt School of Applied Arts (Städelschule) under Willi Baumeister
1930	Member of the association Das Neue Frankfurt (part of the project "New Frankfurt")
1933	Termination of studies following the dismissal of Willi Baumeister
1934	Establishment of the Workshop for Artistic Photography in Frankfurt am Main
1937	Exceptional admission to the master's examination without apprenticeship or journeyman's examination, publication of photo stories in *Das Illustrierte Blatt,* portrait photos of soldiers and public figures
1944	Destruction of the studio in Frankfurt am Main during air raids
1949	First solo exhibition at the Frankfurter Kunstverein
1949	Establishment of the Marta Hoepffner Private Photography School in Hofheim am Taunus
As of 1950	Travels around Europe, photo reports for the monthly *Westermanns Monatshefte*
As of 1960	Receives considerable attention for her kinetic light objects
1971	Moves to Kressbronn am Bodensee
1975	Gives up her photo school

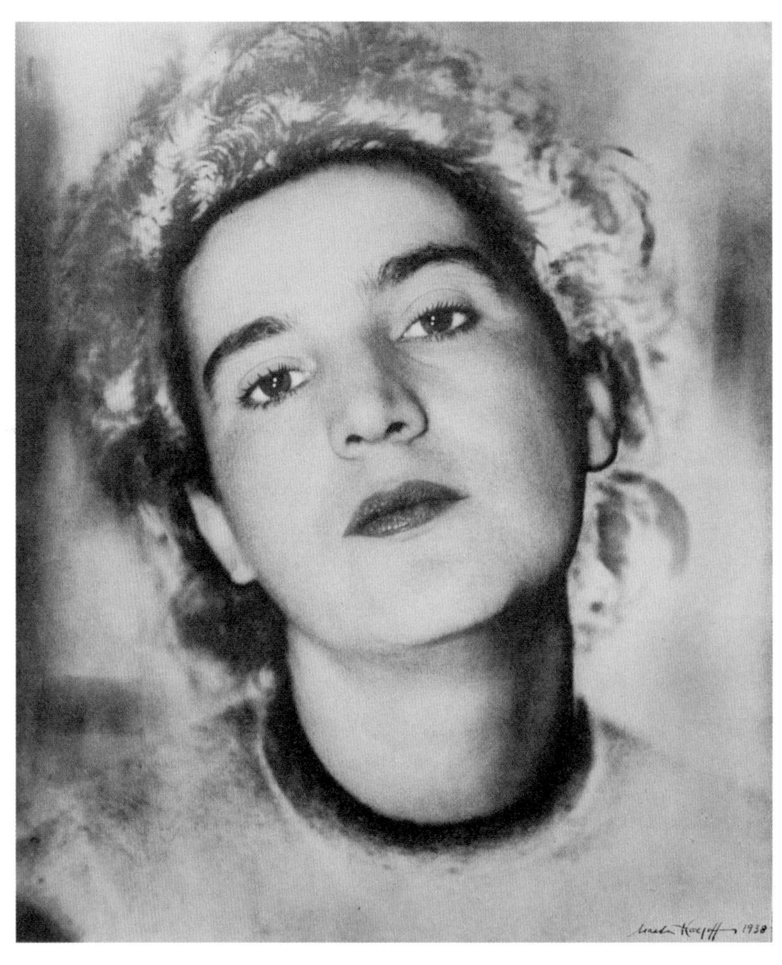

Selbstbildnis / Self-Portrait, 1938

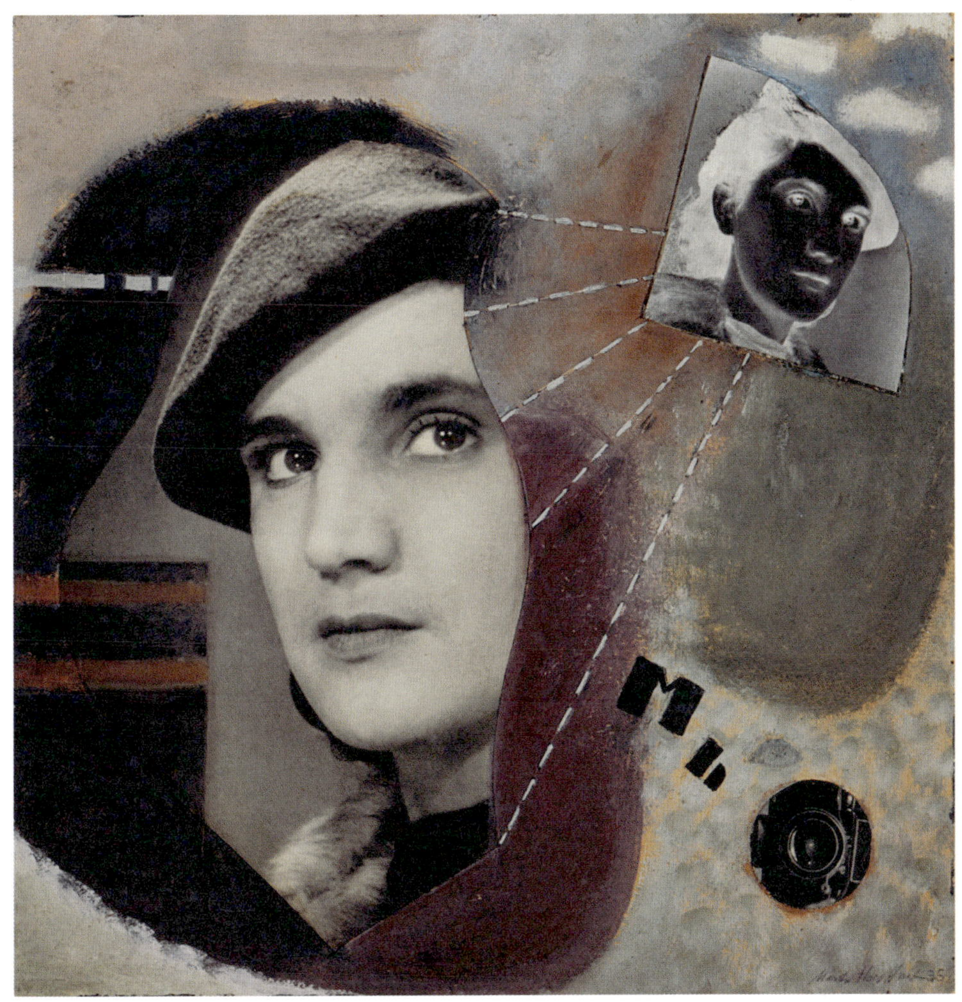

Selbstbildnis / Self-Portrait, 1935

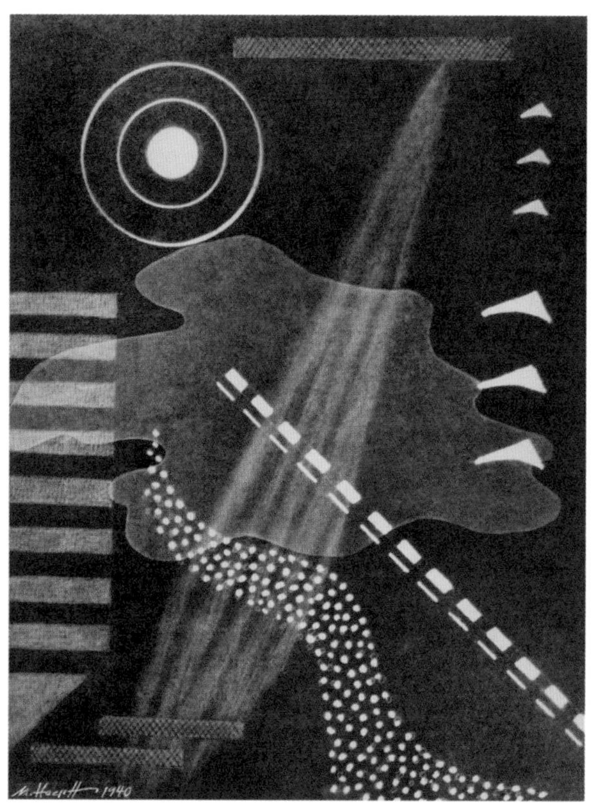

Feuervogel / Firebird, 1940

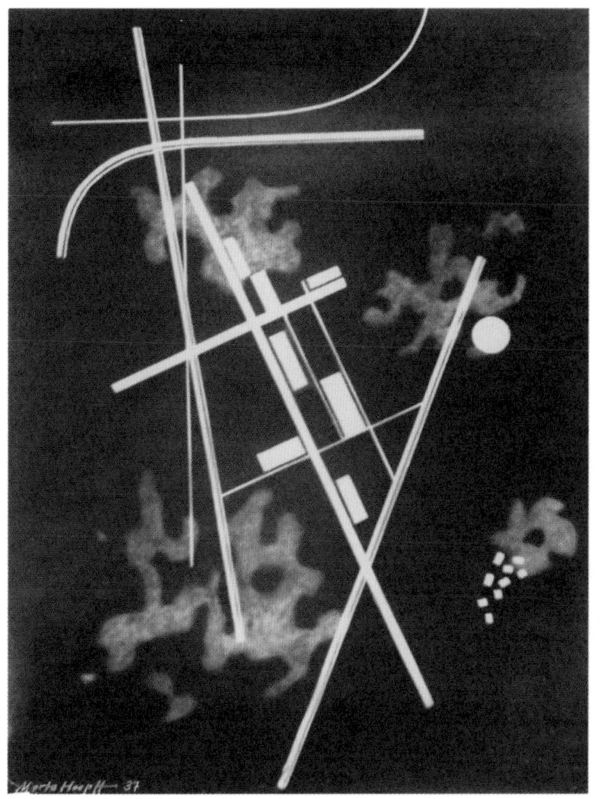

Hommage à Kandinsky / Homage to Kandinsky, 1937

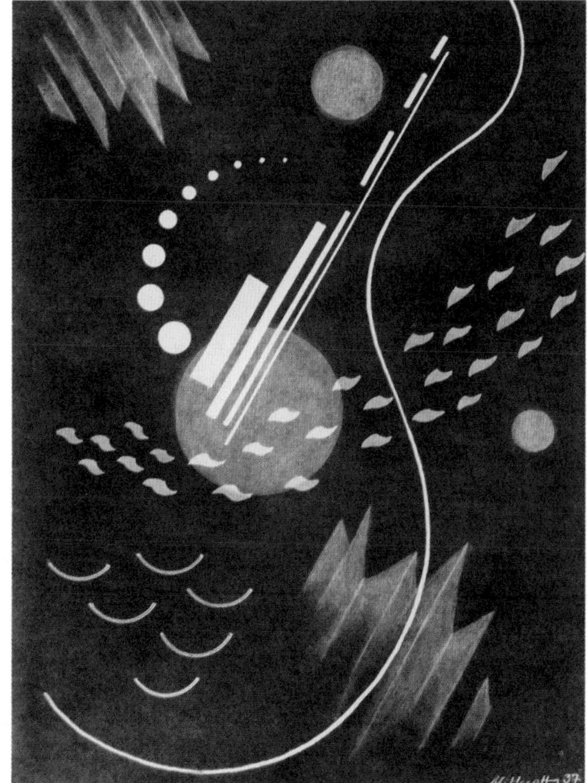

Hommage à de Falla / Homage to de Falla, 1937

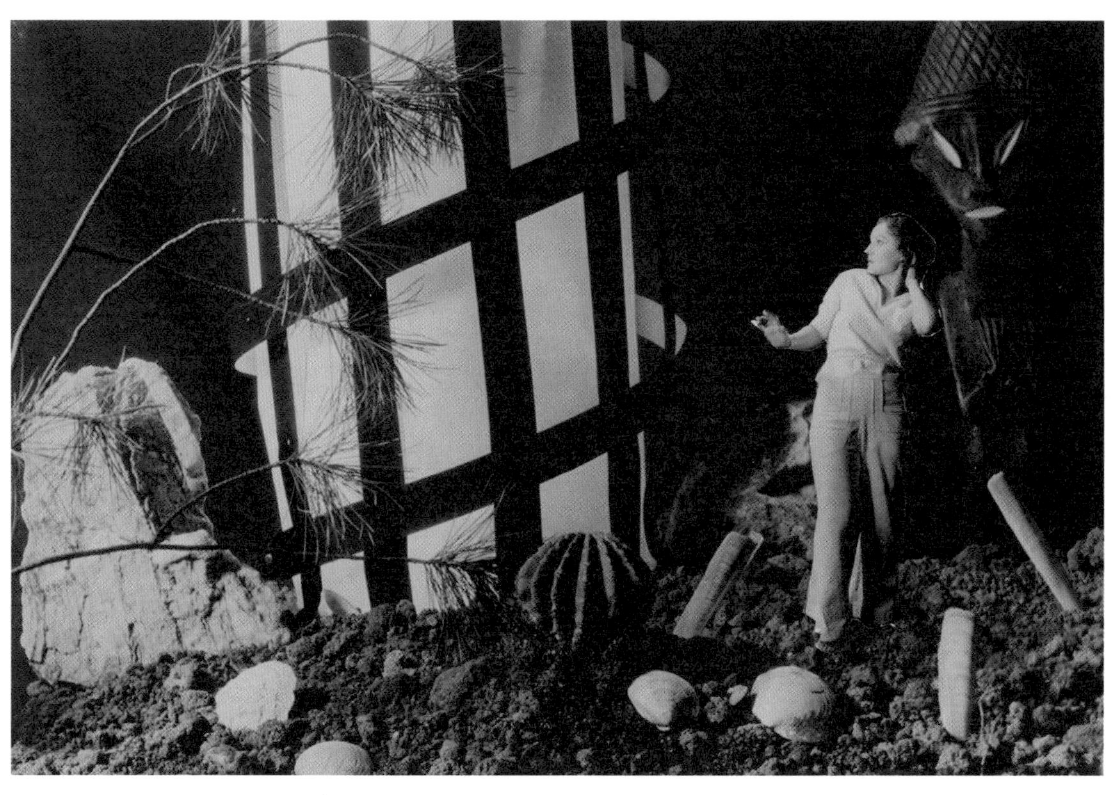

Traum 5 (Weg durch das Unheimliche) /
Dream 5 (Passage Through the Otherworldly Realm), 1935

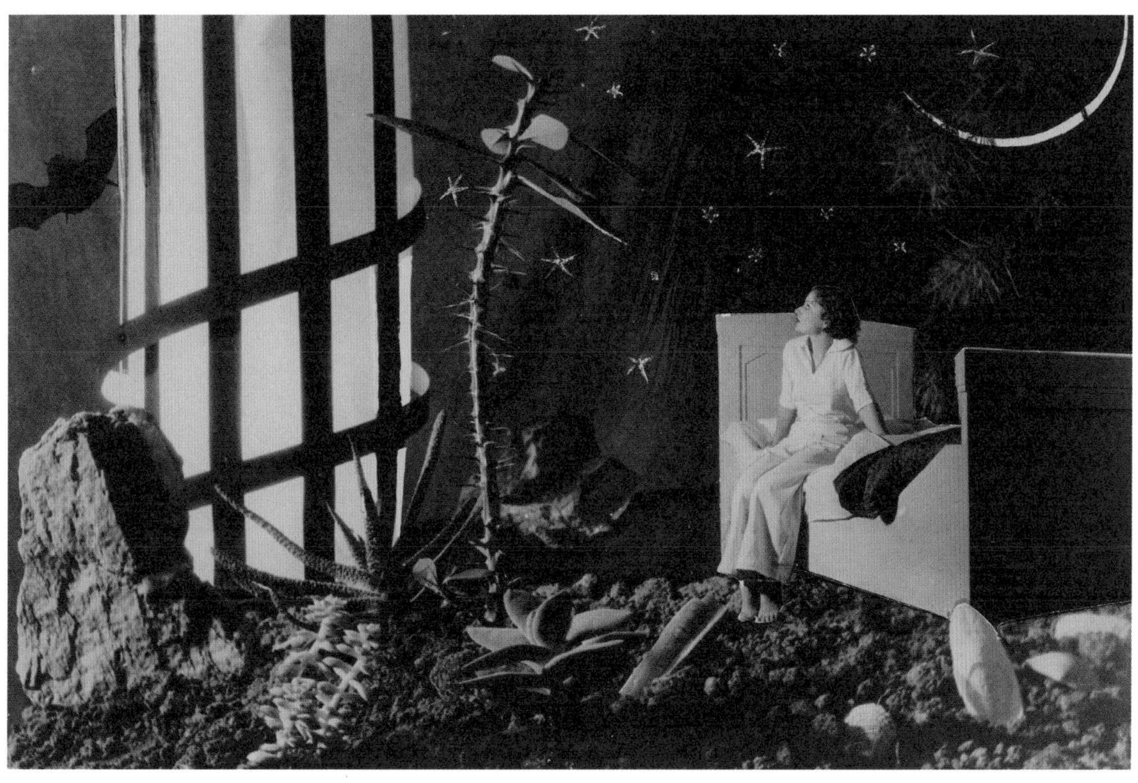

Traum 4 (Landung im Traumland) /
Dream 4 (The Landing in Dreamland), 1935

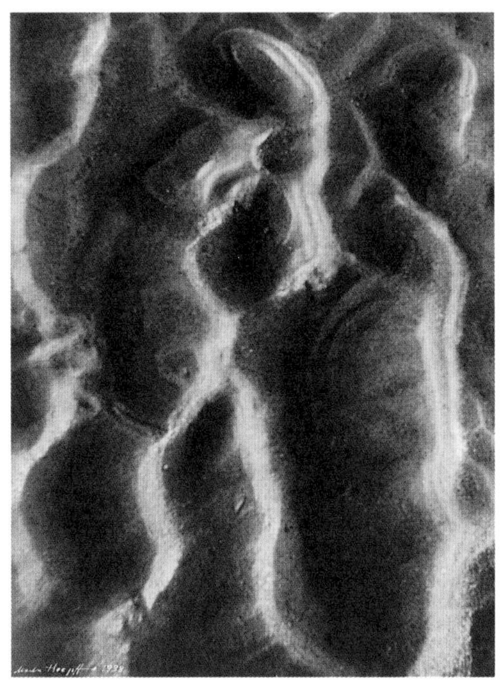

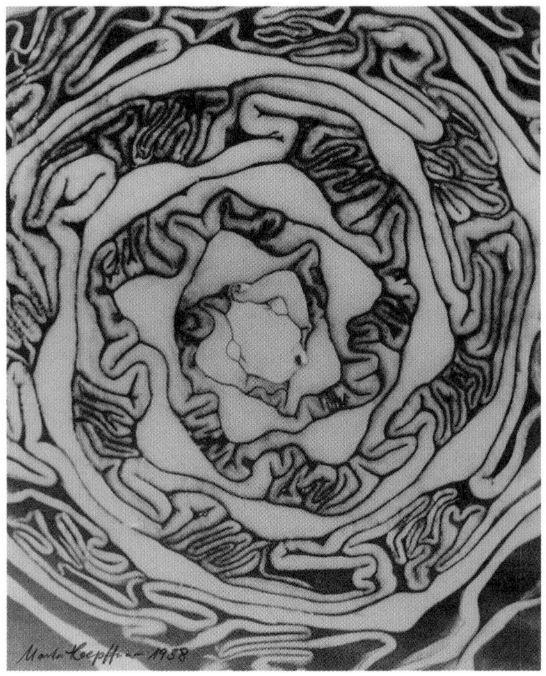

Abstrakte Formen im Sand I (Hommage a Willi Baumeister) /
Abstract Forms in the Sand (Homage to Willi Baumeister), 1938

Querschnitt durch einen Rotkohl /
Cross Section of a Red Cabbage, 1938

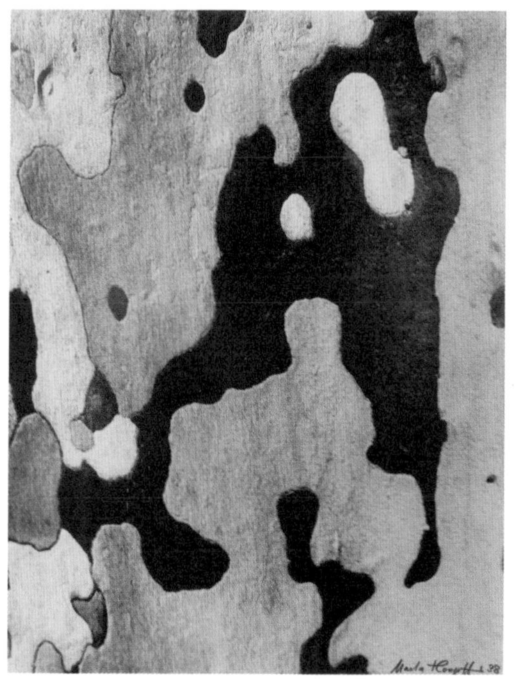

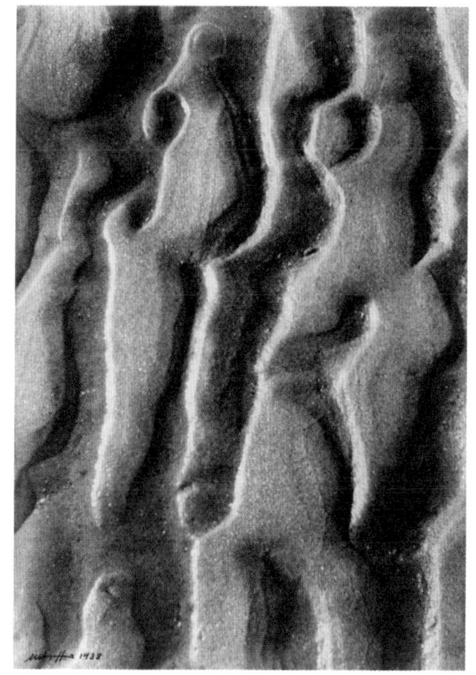

Abstrakte Formen in der Platanenrinde /
Abstract Forms in Plane Tree Bark, 1938

Abstrakte Formen im Sand II /
Abstract Forms in the Sand II, 1938

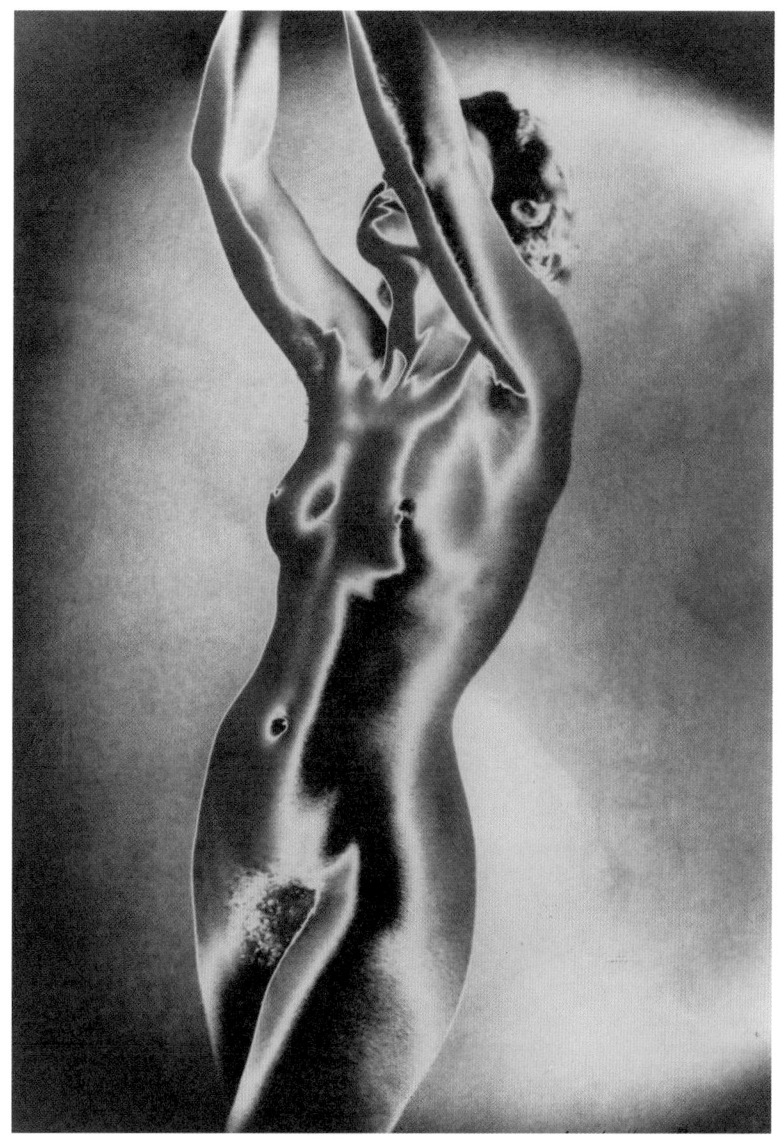

Akt Bewegung / Nude Motion, 1940

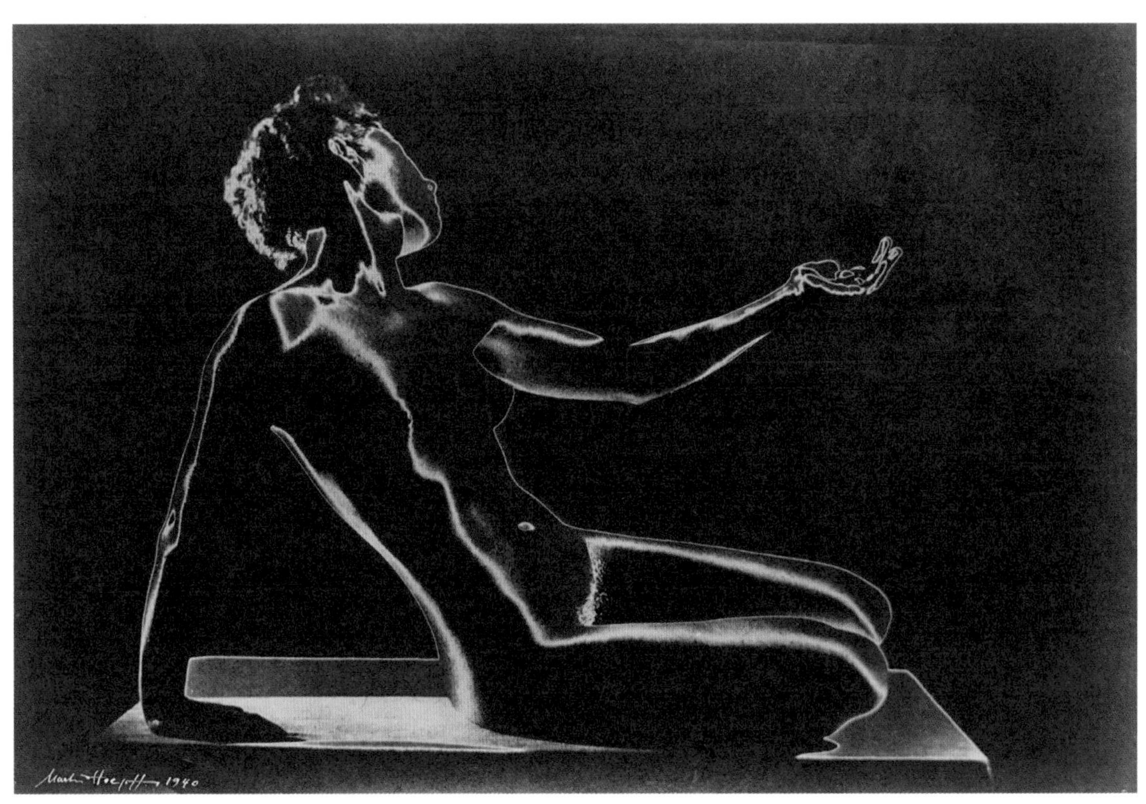

Sitzende / Seated Figure, 1940

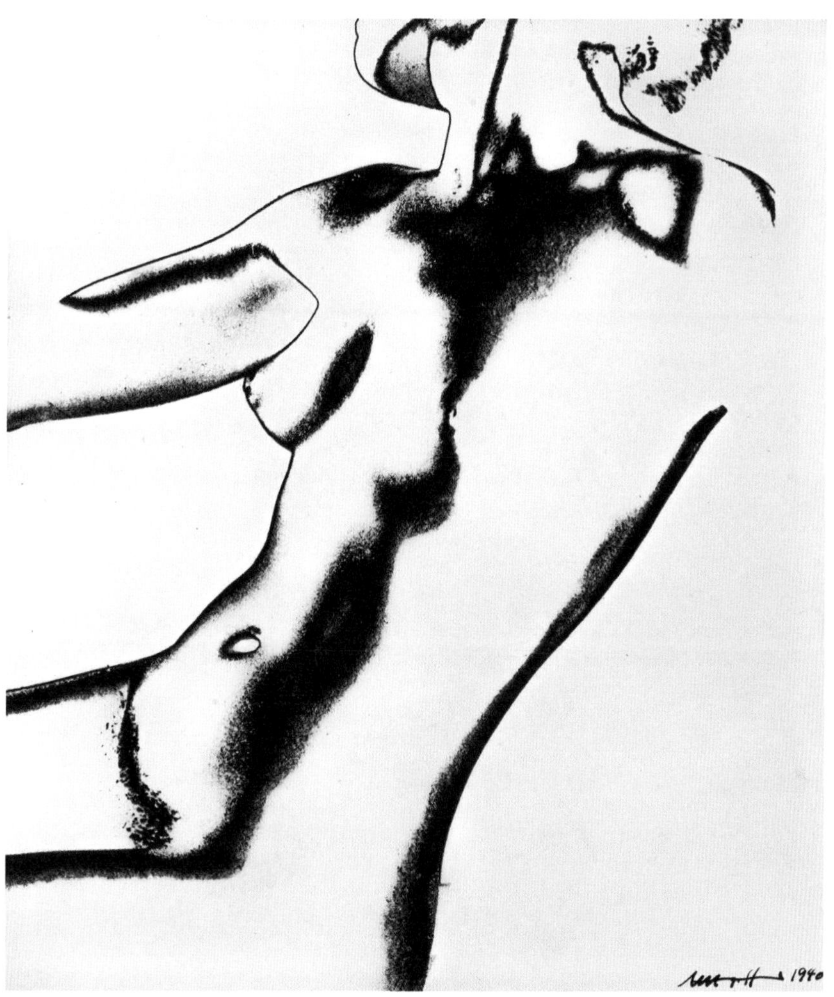

Torso, 1940

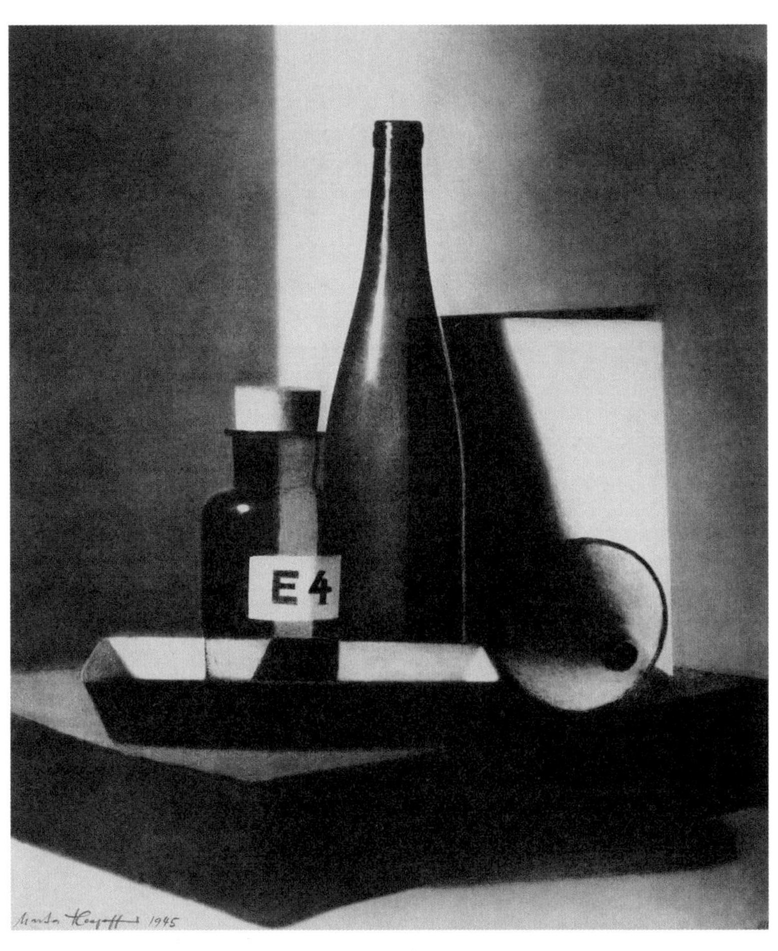

Komposition mit Flaschen / Composition with Bottles, 1945

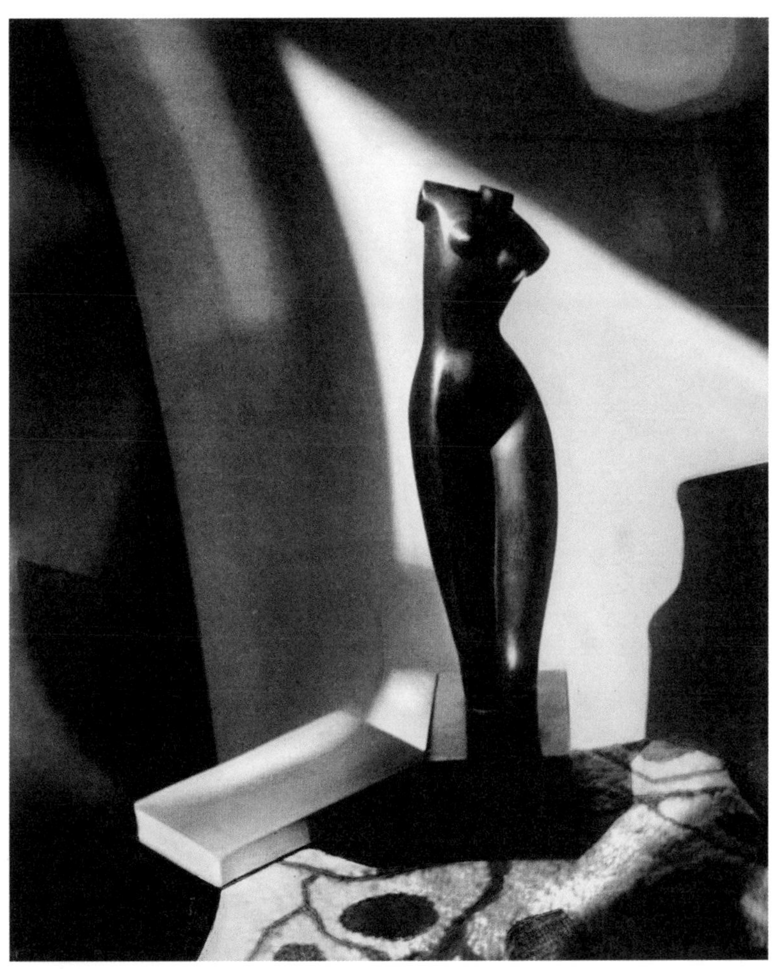

Komposition mit Archipenko-Skulptur / Composition with Archipenko Sculpture, 1943

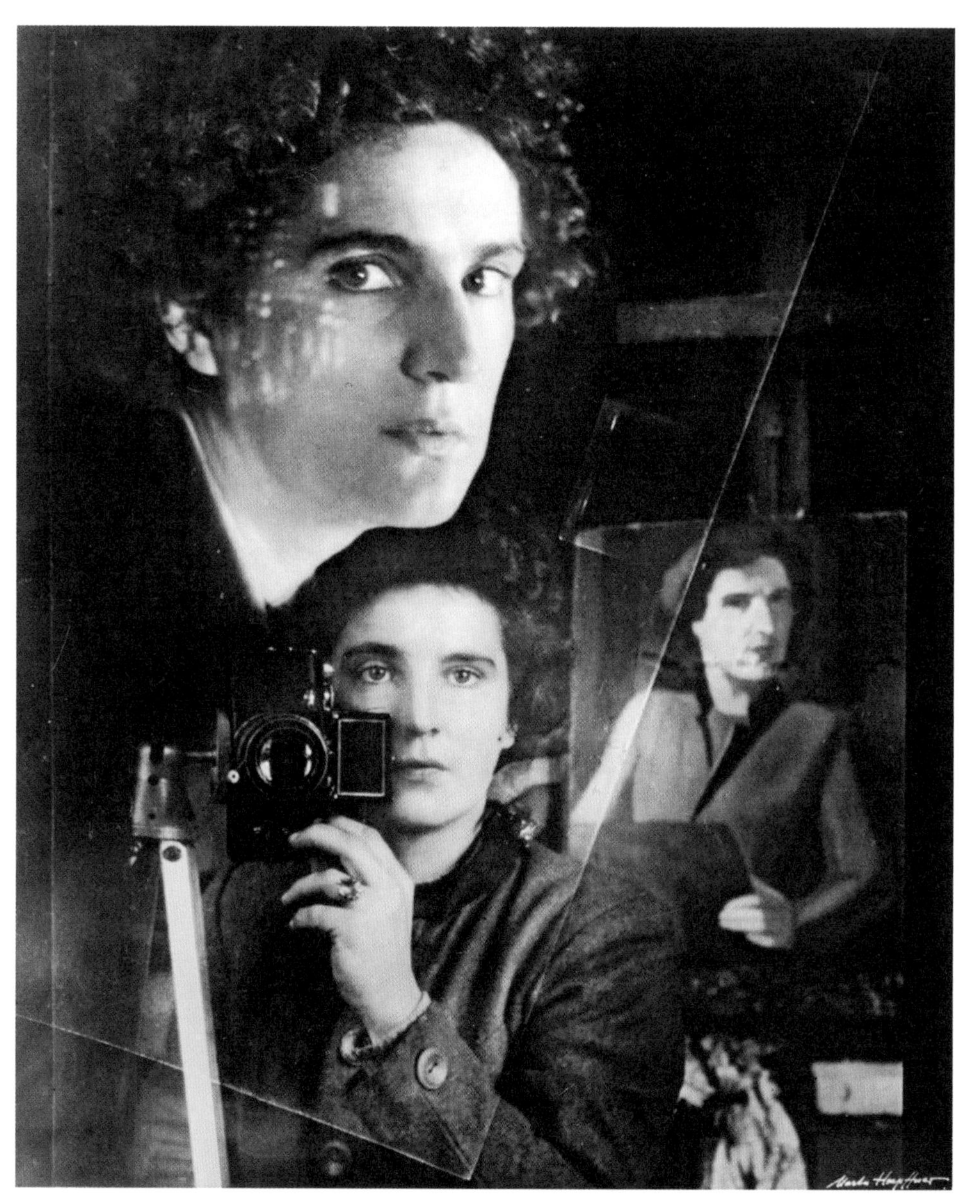

Selbstbildnis im Spiegel / Self-Portrait in the Mirror, 1941

MARTA HOEPFFNER 1912–2000

Marie Oucherif

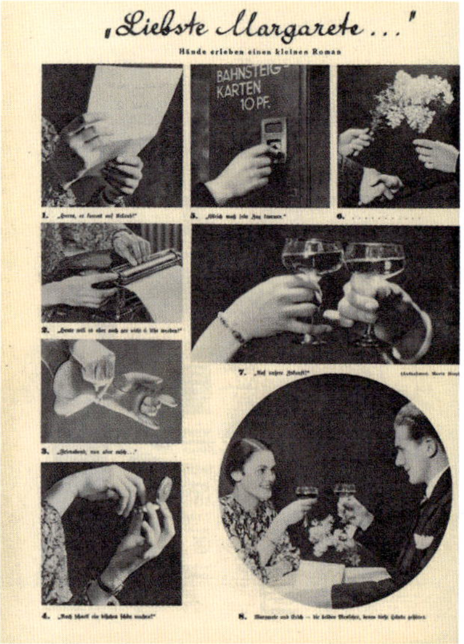

Die Bedeutung der Fotografie für den Nationalsozialismus manifestiert sich im enormen inszenatorischen Aufwand, der mit der Ernennung Adolf Hitlers zum Reichskanzler begann. Zwar hat es in Fotografie und bildender Kunst keine dezidierte „NS-Kunst" gegeben, doch entwickelte sich erstere zu einem Massenmedium, das als Propagandamittel genutzt wurde und insbesondere die Aufgabe hatte, die Scheinwelt einer Volksgemeinschaft zu etablieren, in der es keine sozialen Unterschiede oder gesellschaftlichen Probleme gab. Die Ästhetisierung des Alltags und die Banalisierung der Realität durch Stimmungsfotos, wie sie in Illustrierten ab den 1930er-Jahren zu finden waren, wurde oft mithilfe des Einsatzes von Fotografinnen realisiert. Für die Alltagsberichterstattung wurden zunehmend Frauen in diesen Betrieb eingebunden – und instrumentalisiert.[1] Fotografinnen jüdischer Herkunft oder mit unerwünschten politischen Auffassungen hingegen wie Ellen Auerbach, Grete Stern, Lotte Jacobi oder Marianne Breslauer sowie zahlreiche andere mussten die Verschlechterung ihrer Lebens- und Arbeitsbedingungen nach der Verabschiedung des „Gesetzes zur Wiederherstellung des Berufsbeamtentums" hinnehmen, wurden zur Emigration gezwungen oder in Konzentrationslagern ermordet.

Abb. 1
Marta Hoepffner,
Liebste Margarete, aus:
Das Illustrierte Blatt 7,
1936

Die Fotografie im Umfeld der Künstlerinnen und Künstler der Neuen Sachlichkeit, des „Neuen Sehens" und des Surrealismus führte zu völlig neuen Bildlösungen und Impulsen nach dem Ersten Weltkrieg. Im Gebrauch von Mehrfachbelichtung, Solarisation und der Collage sowie im Spiel mit Hell und Dunkel und der Verwendung von extremen Bildausschnitten entstanden ganz neue Perspektiven. Da für das Reichsministerium für Volksaufklärung und Propaganda die bildnerischen Ergebnisse der Fotografie jedoch keine Kunst darstellten, sondern als Handwerkserzeugnisse oder Gebrauchsware definiert wurden,[2] fanden sich nur wenige Fotografinnen und Fotografen in der Reichskammer der bildenden Künste wieder. Dennoch wurde besonders der Beruf der Fotografin für Zeitschriften und Illustrierte gefördert – als Pflegerin der Geschichts- und Heimatkunde –, da diese die personellen Lücken der im Krieg stationierten Männer ausfüllten und im Sinne der Gleichschaltung Bildberichte und Berichterstattungen fotografisch untermalen konnten. Für viele Fotografinnen ergab sich so eine Veränderung hin zur Fotografie als Lohnarbeit für illustrierte Zeitschriften.

1 Vgl. Artikel Fr[iedrich] Willy Frerk, Schenk deiner Frau eine Kamera, in: Photofreund 13, 24, 1933, S. 457–459.

2 „Gewöhnen wir uns deshalb daran, von der Fotografie als von einem Handwerk zu sprechen, und zwar mit echtem, altem Handwerkerstolz", aus: Wilhelm Niemann, Berufsfotografie, in: Die Kamera, Ausstellung für Fotografie, Druck und Reproduktion. Amtlicher Katalog und Führer, Berlin 1933, S. 27.

Marie Oucherif

The importance of photography for National Socialism manifested in its enormous efforts to stage itself, beginning with the appointment of Adolf Hitler as Reichskanzler. Although there was no decidedly "National Socialist art" in photography and the visual arts, the former developed into a mass medium that served as a propaganda tool and was used in particular in order to establish the illusory world of a national community in which there were no social differences or problems in society. The aestheticizing of day-to-day life and the trivializing of reality by means of mood photos, as could be found in illustrated magazines as of the 1930s, were often realized by employing woman photographers. Women were increasingly hired—and instrumentalized—for media coverage of everyday life.[1] By contrast, women photographers with Jewish ancestry or undesirable political views, such as Ellen Auerbach, Grete Stern, Lotte Jacobi, and Marianne Breslauer, among numerous others, had to accept the worsening of their living and working conditions after the passing of the Gesetz zur Wiederherstellung des Berufsbeamtentums (Law for the Restoration of the Professional Civil Service). They were forced to emigrate or were killed in concentration camps.

Fig. 1
Marta Hoepffner, *Dearest Margarete*, from *Das Illustrierte Blatt* 7 (1936)

1 See the article by Fr[iedrich] Willy Frerk, "Schenk deiner Frau eine Kamera," *Photofreund* 13, no. 24 (1933), pp. 457–59.

The photography in the surroundings of the men and women artists of Neue Sachlichkeit (New Objectivity), Neues Sehen (New Vision), and Surrealism gave rise to fresh pictorial solutions and impulses after the First World War. The use of multiple exposure, solarization, and collage, as well as the play with light and dark and the choice of extreme picture details, led to the emergence of entirely new perspectives. But, since the Reichsministerium für Volksaufklärung und Propaganda (Reich Ministry of Public Enlightenment and Propaganda) did not regard the pictorial results of photography as art, instead defining them as commodities or craft,[2] only a few photographers, male and female, were members of the Reichskammer der bildenden Künste (Reich Chamber of Fine Arts). The profession of being a woman photographer for magazines, whether illustrated or more text based, was nonetheless encouraged—as a guardian of history and local history—since women filled the personnel gaps left by the men deployed in the war and were able to accentuate photographically the pictorial reports and news coverage in line with Gleichschaltung (enforced conformity). For many women photographers, what thus came about was a change to photography as paid work for illustrated magazines.

2 "Let us therefore become accustomed to speaking about photography as about a craft, and, indeed, with the true pride of an old craftsman." Cited in Wilhelm Niemann, "Berufsfotografie," in *Die Kamera: Ausstellung für Fotografie, Druck und Reproduktion*, official catalogue and guide (Berlin: Union Deutsche Verlagsgesellschaft, 1933), p. 27.

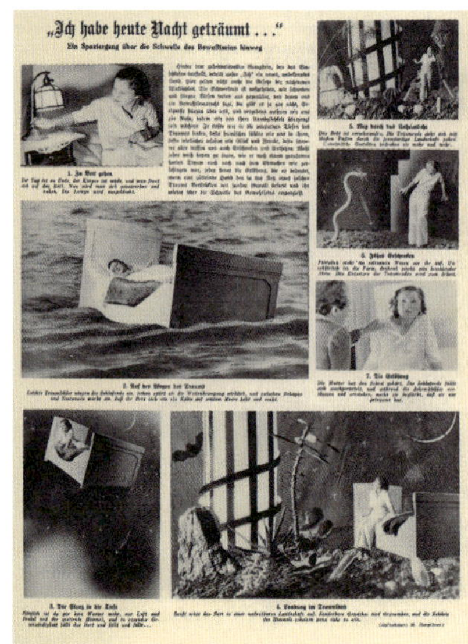
„Ich habe heute Nacht geträumt . . ."

Abb. 2
Marta Hoepffner,
Ich habe heute Nacht geträumt, aus: *Das Illustrierte Blatt* 12, 1936

Auch Marta Hoepffner gestaltete von 1936 bis 1938 Bildberichte →Abb. 1 für das *Illustrierte Blatt* der *Frankfurter Zeitung,* eine Ausgabe der gleichgeschalteten bürgerlichen Presse, die von der Frankfurter Societäts-Druckerei wöchentlich zwischen 1913 und 1948 herausgegeben wurde.[3] Dreizehn Bildgeschichten und zwei Titelblätter wurden von ihr in den erwähnten drei Jahren publiziert, die den Alltag der „deutschen" Familie als eine Wahl zwischen dem besten Verehrer und dem schönsten Urlaub erzählen. Dabei flossen Hoepffners künstlerische Techniken in diese Auftragsarbeiten ein: Durch die Aufbereitung der Bildgeschichten mit den Mitteln der Fotomontage konnte sie ebenso hyper- und surreale Traumsequenzen in diesen wiedergeben →Abb. 2. Hier wird ersichtlich, dass in der Lohnarbeit die Einflüsse der künstlerischen Fotografie und ihre Auseinandersetzung mit dem Fotogramm Einzug fanden. Doch da diese Techniken zur künstlerischen Fotografie zählten und daher sukzessive ausgeschlossen wurden, kaschierte sie diese von den Avantgarden beeinflusste Technik durch die kluge Wahl der teils surrealen Bildinhalte – wie die Bebilderung eines Traums – in den Bildgeschichten, die eine solche Fotomontage zur Visualisierung des Sujets fast schon voraussetzten →S. 158–159.

Mit der Fotogrammtechnik griff Hoepffner auf selbstgefertigte Schablonen zurück, die als Negativformen mit Glasplatten auf das Fotopapier gelegt wurden, um durch die „Rhythmisierung der konstruktiven Elemente eine abstrakte Formidee auszudrücken."[4] Orientiert an den ästhetischen Vorgaben der Avantgardemalerei, lassen sich in ihren Fotogrammen der 1930er-Jahre, wie *Hommage à de Falla,* 1937 →S. 157 die freien Möglichkeiten der Übersetzung einer künstlerischen Vorstellung erkennen. Nachdem sie 1933 mit ihrem Lehrer Willi Baumeister von der Frankfurter Kunstgewerbeschule abgegangen war, gründete Marta Hoepffner ihre eigene „Werkstätte für künstlerische Fotoaufnahmen" in Frankfurt am Main, die ihr den Lebensunterhalt sicherte, da sie sich vor allem durch Aufträge für Werbeprospekte und Porträtfotografie finanzierte. Dass Hoepffner dabei neben ihren Aufträgen mit künstlerischen Techniken experimentierte, ist an der Vielzahl der Fotogramme und Fotografien aus dieser Zeit zu sehen. Verfremdungseffekte durch Solarisation, Negativfotografie und Mehrfachbelichtung →S. 161 oder starke Rhythmisierung der Schwarz-Weiß-Kontraste →S. 166 sind in vielen der gegenständlichen Arbeiten dieser Zeit zu finden.[5] Die Arbeit mit dem weiblichen Modell und dem Experiment mit dem nackten Körper stellt für Hoepffner nicht nur ein beliebtes Bild um die „gefährliche wie auch mysteriöse Frau" dar:[6] Anstatt Frauen nur als verführerische Objekte sexueller Begierde darzustellen, drücken sie bei Hoepffner Selbstbewusstsein, Unmittelbarkeit und distanzierende Würde aus. In *Akt, Hockende (Solarisation* [1940]) →Abb. 3 wird die Überlappung der Werbe- und Illustriertenfotografie mit den künstlerischen Mitteln der Fotografie, mit denen sie sich auseinandersetzt, deutlich →vgl. Abb. 1 und 3. Dabei vervielfacht sie den Effekt der „körperlichen Plastizität": Die Verstärkung und Vervielfachung der Umrisse im Bild durch die Solarisation führen nicht zu einer gespenstischen Verfremdung des Bildes, sondern zu einer fast schon ertastbaren Plastizität des dargestellten Körpers. Obwohl die Technik der Fotografie aus der Praxis des Abbildens stammt, wird sie bei Hoepffner zu einem Mittel der Gestaltung, in der nicht mehr das abgebildete Modell, sondern Form, Licht und Schatten im Vordergrund stehen.

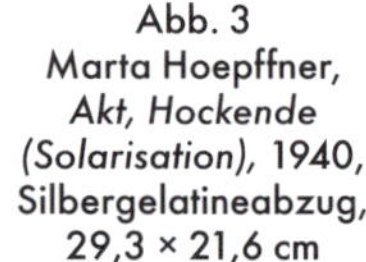
Abb. 3
Marta Hoepffner,
Akt, Hockende (Solarisation), 1940,
Silbergelatineabzug,
29,3 × 21,6 cm

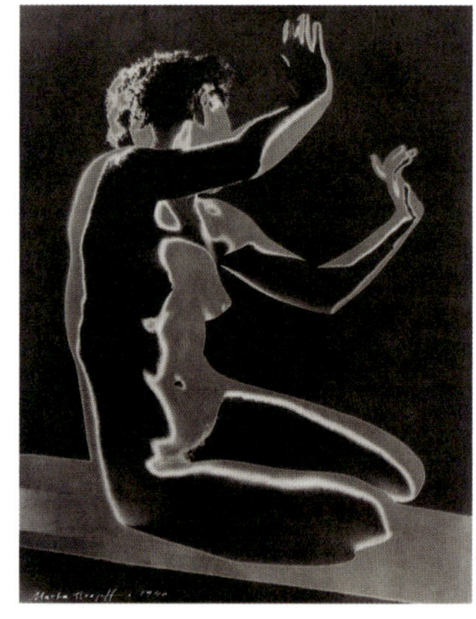

3 Der Terminus „Bildberichte" ist ein Begriff von Elisabeth Hase.
4 Marta Hoepffner, Die künstlerischen Möglichkeiten der Fotografie, in: Photorama 19, Januar/Februar 1955, S. 97–101.
5 Die Solarisation betrifft die Analogfotografie, da der Effekt nur bei fotografischem Film auftritt. Sie ist eine Verfremdung des fotografischen Bildes durch starke Überbelichtung.
6 Rudolf Scheutle, Mit Anmut und Würde. Aktfotografie zwischen Provokation und Pornografieverdacht, in: ders. und Ulrich Pohlmann (Hg.), Nude Visions. 150 Jahre Körperbilder in der Fotografie, Heidelberg 2009, S. 31–36, hier S. 32.

From 1936 to 1938, Marta Hoepffner also produced picture stories[3] →fig. 1 for *Das Illustrierte Blatt* of the *Frankfurter Zeitung*, a publication for the politically conformist middle-class press that was published by the Frankfurter Societäts-Druckerei on a weekly basis between 1913 and 1948. These three years saw the publication of thirteen such picture stories and two front pages by her, which narrated the daily life of the "German" family as a choice between the best suitor and the most beautiful vacation. At the same time, Hoepffner made use of artistic techniques in these commissioned works: by preparing the picture stories using the technique of photomontage, she was also able to render hyperreal and surreal dream sequences →fig. 2. It thus becomes apparent here that the influences of artistic photography and its exploration of the photogram were incorporated into paid work. But since such techniques were a part of artistic photography and therefore successively phased out, she concealed this technique influenced by the avant-garde by cleverly choosing at times surreal content for the photos—as in the illustration of a dream—in the picture stories, which almost required such photomontage so as to visualize the subject →pp. 158–59.

Fig. 2
Marta Hoepffner, *I Had a Dream Last Night*, from *Das Illustrierte Blatt* 12 (1936)

Fig. 3
Marta Hoepffner, *Nude, Crouching (Solarization)*, 1940, gelatin silver print, 29.3 × 21.6 cm

Using the photogram technique, Hoepffner relied on templates that she made herself, positioned on the photo paper as a negative form with glass plates in order to "express an abstract notion of form by giving rhythm to the constructive elements."[4] Oriented toward the aesthetic considerations of avant-garde painting, in her photograms of the 1930s, such as *Hommage à de Falla* (1937) →p. 157, one can recognize the ample opportunities for translating an artistic idea. After discontinuing her studies because her teacher Willi Baumeister left the Frankfurter Kunstgewerbeschule (School of Applied Arts, now Städelschule) in 1933, Marta Hoepffner established her own Werkstätte für künstlerische Fotoaufnahmen (Workshop for Artistic Photography) in Frankfurt am Main, which thus ensured her a living, since she otherwise supported herself primarily through commissions for advertising materials and portrait photography. The fact that Hoepffner experimented with artistic techniques in addition to her commissions can be seen in the large number of photograms and photographs from this time. Alienation effects resulting from solarization, negative photographs, and multiple exposures →p. 161 or a strong rhythm given to black-and-white contrasts →p. 166 are found in many of her figurative works of this period.[5] For the artist, working with female models and experimenting with the naked body went beyond merely representing the popular image of the "dangerous and also mysterious woman."[6] Rather than being portrayed as seductive objects of sexual desire, the women in Hoepffner's photographs express self-confidence, directness, and distanced dignity. Apparent in *Akt, Hockende (Solarisation)* (Nude, Crouching [Solarization], 1940) →fig. 3 is the overlapping of photos taken for advertising and illustrated magazines with the artistic means of photography that she was examining →see figs. 1 and 3. The artist thus multiplied the effect of "physical plasticity": using solarization to intensify and multiply the contours in the picture resulted not only in a spectral alienation of the picture, but also in the almost palpable plasticity of the bodies portrayed. Even though the technique of photography comes from the practice of forming and/or depicting, in Hoepffner's work it becomes a means of expression, for what stands in the foreground is no longer the model depicted, but instead form, light, and shadow.

3 The term *Bildberichte*, or picture stories, was coined by Elisabeth Hase.

4 Marta Hoepffner, "Die künstlerischen Möglichkeiten der Fotografie," *Photorama* 19 (January–February 1955), pp. 597–601.

5 Solarization is connected with analogue photography, since the effect only appears in the case of photographic film. It is an alienation of the photographic image produced by strong overexposure.

6 Rudolf Scheutle, "With Grace and Dignity: Nude Photography between Provocation and Suspected Pornography," in *Nude Visions: 150 Jahre Körperbilder in der Fotografie / 150 Years of Nude Photography*, ed. Rudolf Scheutle and Ulrich Pohlmann (Heidelberg: Kehrer, 2009), pp. 69–74, esp. p. 70.

KARL HOFER

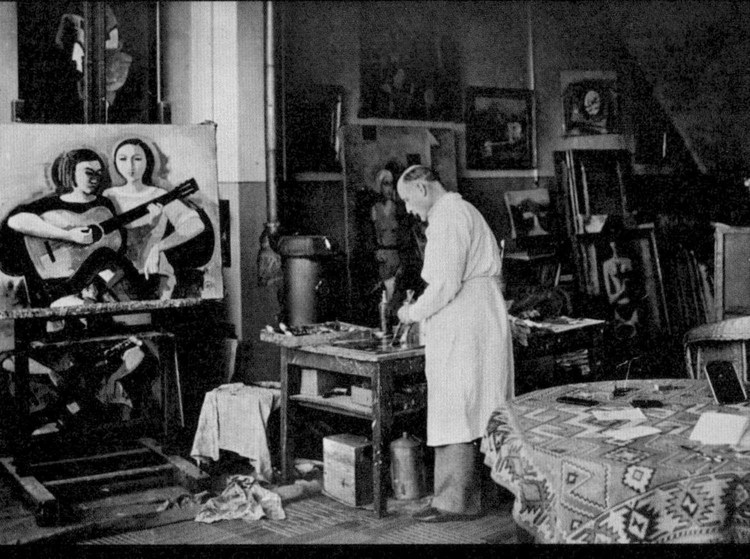

Karl Hofer in seinem Atelier / Karl Hofer in his studio, 1934

KARL HOFER
* 11. Oktober 1878 in Karlsruhe
† 3. April 1955 in Berlin

1896 Beginn des Studiums an der Akademie der Künste in Karlsruhe
1903 Übersiedelung nach Rom
1908 Umzug nach Paris
1914 Einzelausstellung in der Galerie Paul Cassirer in Berlin
1920 Berufung an die Vereinigten Staatsschulen für freie und angewandte Kunst in Berlin-Charlottenburg
1926 Teilnahme an der *International Exhibition of Paintings* im Carnegie Institute in Pittsburgh, PA
1928 Einzelausstellung in der Städtischen Kunsthalle Mannheim
1929 Ernennung zum Senatsmitglied der Preußischen Akademie der Künste
1933 Entlassung aus dem Lehramt
1937 Entfernung seiner Werke aus deutschen Sammlungen im Rahmen der Aktion „Entartete Kunst" und Diffamierung derselben auf der gleichnamigen Ausstellung in München
1939 Erster Preis der *International Exhibition of Paintings* im Carnegie Institute in Pittsburgh, PA
1943 Zerstörung des Berliner Ateliers durch Bombenangriffe
1945 Ernennung zum Direktor der Hochschule für bildende Künste in Berlin
1948 Ehrenmitglied der Akademie der Bildenden Künste in Karlsruhe
1950 Präsident des Deutschen Künstlerbundes
1953 Kunstpreis der Stadt Berlin, Großes Verdienstkreuz der Bundesrepublik Deutschland

KARL HOFER
b. October 11, 1878, in Karlsruhe
d. April 3, 1955, in Berlin

1896 Begins studies at the Academy of Arts in Karlsruhe
1903 Moves to Rome
1908 Moves to Paris
1914 Solo exhibition at the Galerie Paul Cassirer in Berlin
1920 Appointment at the United State Schools for Free and Applied Arts in Berlin-Charlottenburg
1926 Participation in the *International Exhibition of Paintings* at the Carnegie Institute in Pittsburgh, Pennsylvania
1928 Solo exhibition at the Städtische Kunsthalle Mannheim
1929 Appointment as a member of the Senate of the Prussian Academy of Arts
1933 Dismissal from his teaching position
1937 Removal of his works from German collections in the framework of the campaign "Degenerate Art" and defamation of these works in the exhibition of the same name in Munich
1939 First prize of the *International Exhibition of Paintings* at the Carnegie Institute in Pittsburgh, Pennsylvania
1943 Destruction of his studio in Berlin during air raids
1945 Appointment as director of the Berlin School of Fine Arts
1948 Honorary member of the Karlsruhe Academy of Fine Arts
1950 President of the Association of German Artists
1953 Art Prize of the City of Berlin, Order of Merit of the Federal Republic of Germany

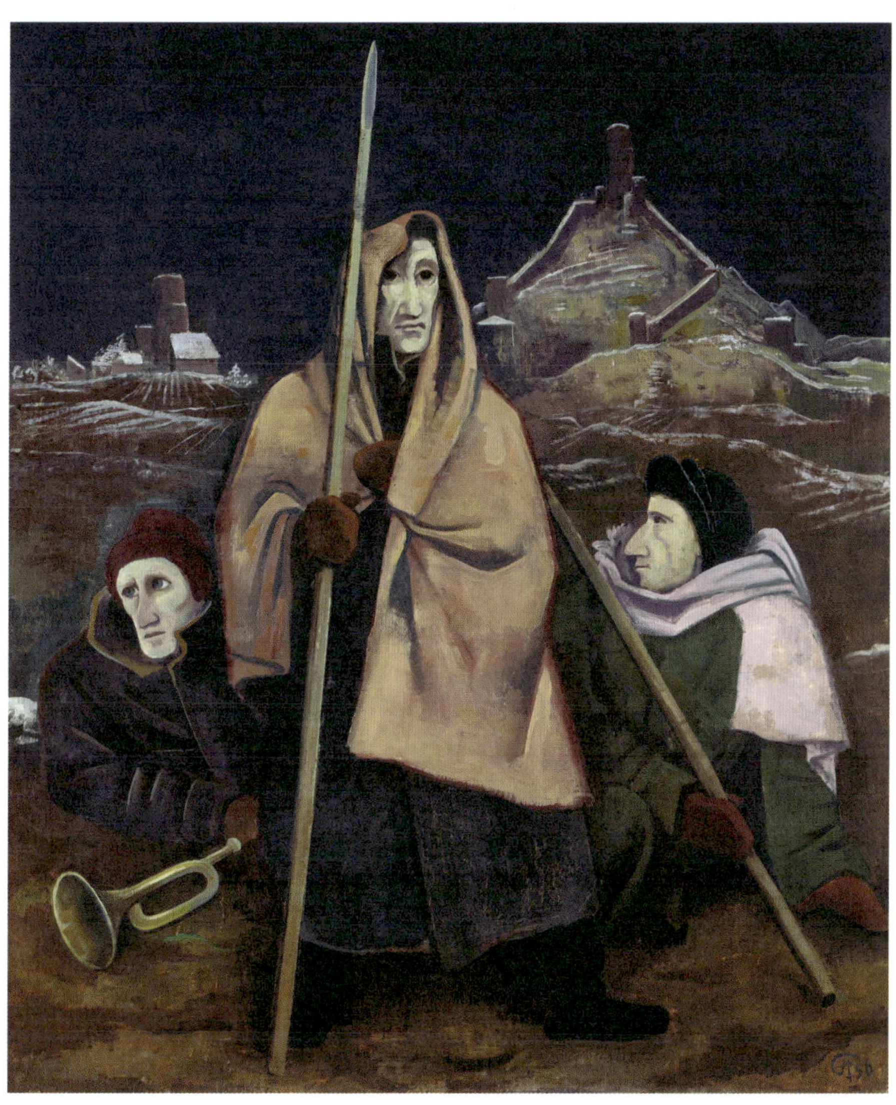

Die Wächter / The Watchmen, 1936

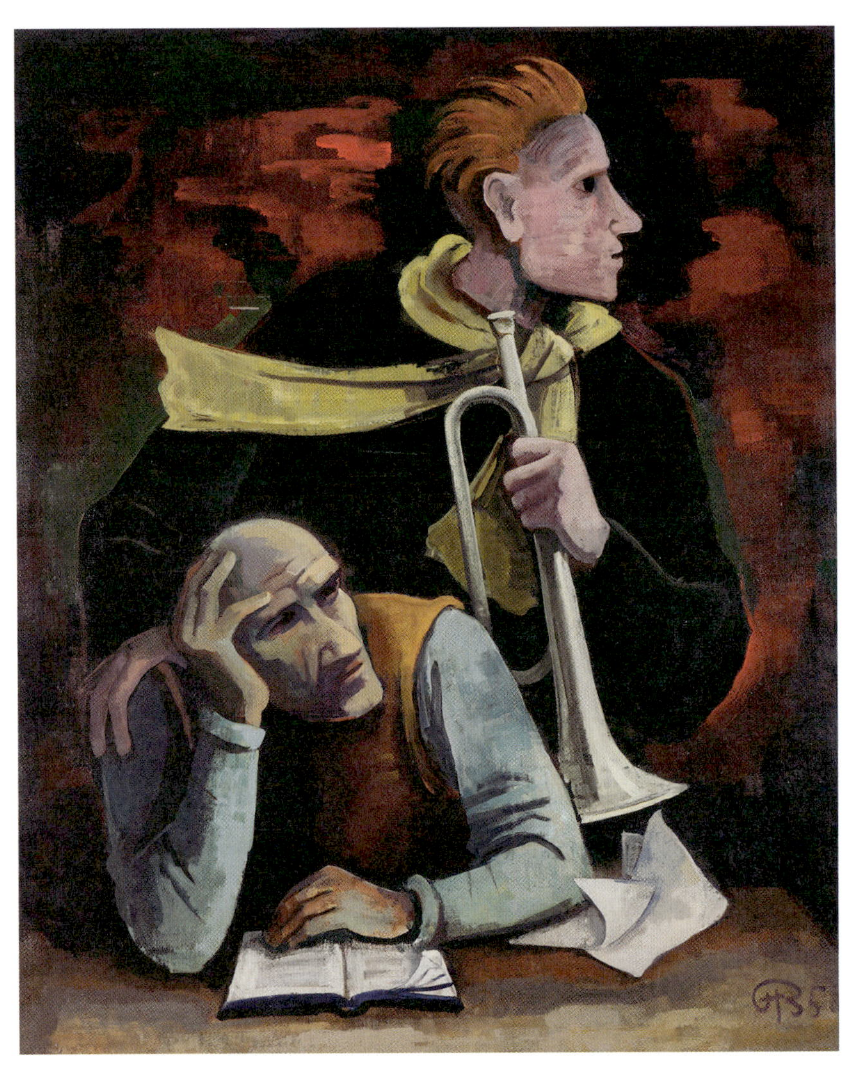

Alarm / Turmbläser /
Alarm / Tower Brass Player, 1935

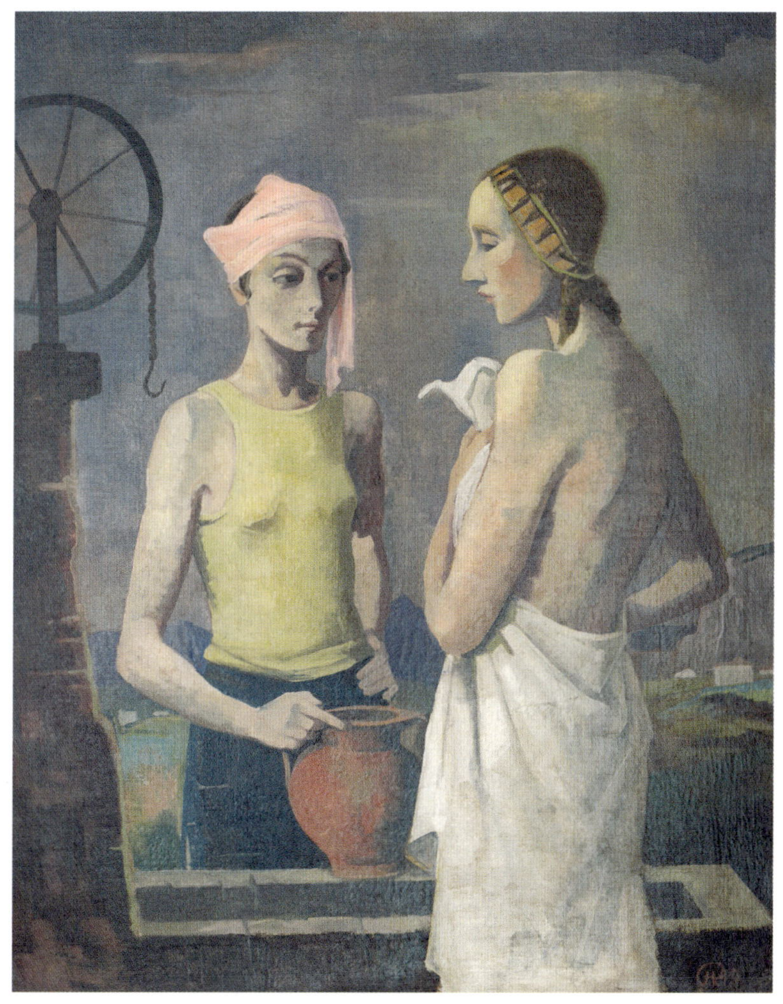

Zwei Frauen am Brunnen / Two Women at a Well, 1940

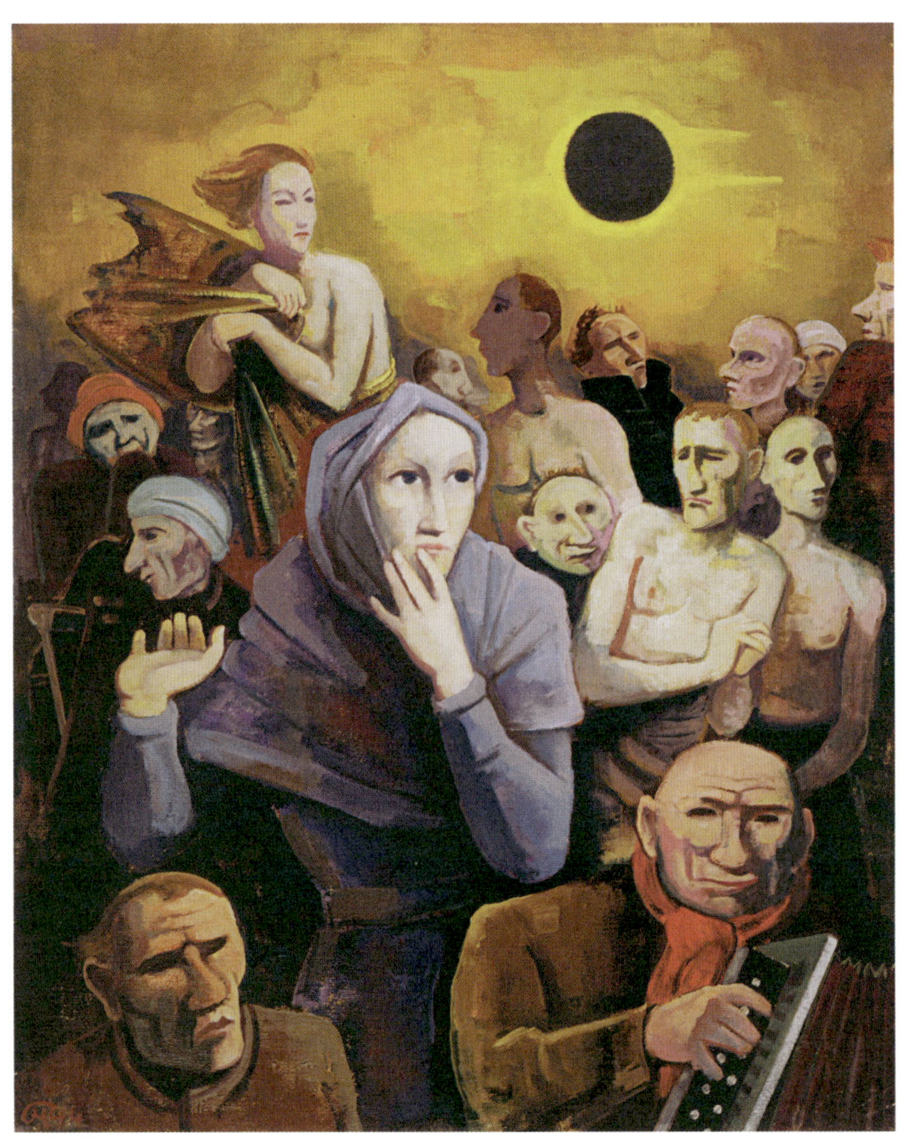

Schwarzmondnacht / Black Moon Night, 1944

KARL HOFER 1878–1955

Ilka Voermann

„In den Jahren vor der Naziherrschaft habe ich mich in Zeitungsartikeln gegen diese gewandt und wurde dafür nach der sogenannten Machtübernahme wohl als erster Hochschullehrer meines Postens an den damaligen Vereinigten Staatsschulen enthoben und bedroht, als Mitglied und Senator aus der Preußischen Akademie entfernt. Es wurde mir verboten, künstlerisch tätig zu sein, meine Werke auszustellen und zu verkaufen."[1] Mit diesen Worten erläuterte Karl Hofer im August 1950 seine berufliche Situation in den Jahren zwischen 1933 und 1945. Tatsächlich positionierte sich Hofer bereits 1931 mit den Artikeln „Die Blutsprobe" und „Faschismus, die dunkle Reaktion!" öffentlich gegen den Nationalsozialismus.[2] Beide Publikationen blieben für ihn zunächst ohne Folgen und vermutlich fühlte er sich wegen seiner etablierten Stellung in der Berliner Kunstszene durchaus sicher. Seit Oktober 1920 war er als Lehrer für Malerei an den Vereinigten Staatsschulen für freie und angewandte Kunst in Berlin-Charlottenburg tätig. Nur ein Jahr später wurde ihm eine Professur angeboten. 1929 nahm ihn der Senat der Preußischen Akademie der Künste als Mitglied auf. Mit der Machtergreifung der Nationalsozialisten wurde Hofer jedoch schnell zur Zielscheibe. Bereits am 1. April 1933 bezeichnete ein nationalsozialistisches Plakat ihn und andere Lehrer der Vereinigten Staatsschulen als „Vertreter des zersetzenden liberalistisch-marxistisch-jüdischen Ungeistes". Kurz darauf erfolgte seine Beurlaubung und im Sommer 1934 schließlich die Entlassung. Noch einmal meldete Hofer sich im Juli 1933 mit dem Artikel „Der Kampf um die Kunst", in dem er gewisse Sympathien für das NS-Regime formulierte, zu Wort.[3] Was in den nächsten Jahren folgte, war die zunehmende Diffamierung seiner Kunst durch die NS-Kunstpolitik: 1937 war er mit acht Gemälden auf der Ausstellung *Entartete Kunst* in München vertreten. Mehr als dreihundert seiner Werke wurden im Zuge der Vorbereitungen für die Ausstellung aus öffentlichen Sammlungen entfernt. Am 1. Juli 1938 folgte schließlich der Ausschluss aus der Preußischen Akademie der Künste.[4]

Soweit stimmen die Ereignisse mit Hofers Bericht aus dem Jahre 1950 überein. Anders sieht es mit seiner Behauptung aus, dass er weder ausstellen noch verkaufen konnte. Auch nach dem Machtantritt der Nationalsozialisten wurden Hofers Werke sowohl im In- als auch im Ausland bis 1939 regelmäßig ausgestellt.[5] Voraussetzung für das Ausstellen im „Dritten Reich" war die Mitgliedschaft in der Reichskammer der bildenden Künste, die Hofer nur für wenige Wochen im Jahr 1938 verlor. Die Umstände, die zu seinem Ausschluss aus der Reichskammer führten, wurden 2016 detailliert durch Gerd Hardach aufgearbeitet und hingen nicht mit Hofers Kunst, sondern mit seiner jüdischen Ehefrau zusammen.[6] Seit 1903 war Hofer mit der Österreicherin Mathilde Scheinberger (1874–1942) verheiratet, die er ein Jahr zuvor in Wien kennengelernt hatte. Im Laufe der Jahre entfremdete sich das Paar und die Ehe bestand lediglich auf dem

1 Karl Hofer, Notizen zur Situation, 2. August 1950, in: Andreas Hüneke (Hg.), Karl Hofer. Malerei hat eine Zukunft. Briefe, Aufsätze, Reden, Leipzig und Weimar 1991, S. 322.
2 Karl Hofer, Die Blutsprobe, in: Das Tage-Buch, 17. Januar 1931, S. 110 f. und Karl Hofer, Faschismus, die dunkle Reaktion!, in: Hüneke 1991 (wie Anm. 1), S. 189–190.
3 Karl Hofer, Der Kampf um die Kunst, in: Deutsche Allgemeine Zeitung, 13. Juli 1933.
4 Andreas Hüneke, Karl Hofer und der Nationalsozialismus, in: Wolfgang Ruppert (Hg.), Künstler im Nationalsozialismus. Die „deutsche Kunst", die Kunstpolitik und die Berliner Hochschule, Köln 2015, S. 166–175, hier S. 167 f.
5 Die Galerie Nierendorf in Berlin präsentierte seine Arbeiten fast jährlich bis 1938. Ein großer Erfolg war zudem seine Teilnahme an der *International Exhibition of Painting* im Carnegie Institute 1934 und 1938, bei denen Hofer beide Male mit einem Preis ausgezeichnet wurde. Seine letzte Ausstellung vor Ausbruch des Kriegs fand im Frühjahr 1939 im Kunstverein Winterthur statt. Hüneke 2015 (wie Anm. 4), S. 171.
6 Gerd Hardach, Parallele Leben. Mathilde Scheinberger und Karl Hofer, Berlin 2016.

Ilka Voermann

"In the years before the Nazi dictatorship, I advocated against [the National Socialists] in newspaper articles. Because of this, after the so-called assumption of power, I was, as perhaps the first university lecturer, relieved of my positions at the then Vereinigte Staatsschulen [United State Schools for Free and Applied Arts], was threatened, and my membership and position as a senator in the Preußische Akademie [Prussian Academy of Arts] were revoked. I was forbidden to work artistically or to exhibit or sell my works."[1] It was with these words that Karl Hofer described, in August 1950, his professional situation during the years 1933 to 1945. Hofer had actually already positioned himself publicly against National Socialism in 1931 with the articles "Die Blutsprobe" (The Blood Sample) and "Faschismus, die dunkle Reaktion!" (Fascism, the Dark Reaction!).[2] These two publications initially remained without consequences for him, and due to his established position in the Berlin art scene, he presumably felt relatively safe. Hofer had begun working as a teacher of painting at the Vereinigte Staatsschulen für freie und angewandte Kunst in Berlin-Charlottenburg in October 1920, and he was offered a professorship there just one year later. The senate of the Preußische Akademie accepted him as a member in 1929. With the seizure of power by the National Socialists, however, Hofer quickly became a target. A National Socialist poster already described him and other teachers at the Vereinigte Staatsschulen as "representatives of the subversive, liberalist-Marxist-Jewish demon" on April 1, 1933. He was suspended shortly thereafter and ultimately dismissed in the summer of 1934. Hofer expressed his thoughts once again in July 1933 with the article "Der Kampf um die Kunst" (The Struggle for Art), in which he formulated certain sympathies for the National Socialist regime.[3] What followed in the coming years was an increasing defamation of his art by the art policy of the National Socialists: in 1937, he was represented in the exhibition *Entartete Kunst* (Degenerate Art) in Munich with eight paintings. More than three hundred of his works were removed from public collections in the course of preparations for the exhibition. His exclusion from the Preußische Akademie der Künste finally followed on July 1, 1938.[4]

To this extent, the events square with Hofer's report from 1950. Things look otherwise with respect to his claim that he was unable to either exhibit or sell works. Even after the National Socialists assumed power, Hofer's paintings were exhibited both in Germany and abroad on a regular basis until 1939.[5] A prerequisite for exhibiting in the Third Reich was membership in the Reichskammer der bildenden Künste (Reich Chamber of Fine Arts), which Hofer held with the exception of a few weeks in 1938. The circumstances that led to his exclusion from the Reichskammer were elaborated in detail by Gerd Hardach in 2016 and were connected not with Hofer's art, but

1 Karl Hofer, "Notizen zur Situation, 2. August 1950," in *Karl Hofer: Malerei hat eine Zukunft; Briefe, Aufsätze, Reden*, ed. Andreas Hüneke (Leipzig and Weimar: Kiepenheuer, 1991), p. 322.

2 Karl Hofer, "Die Blutsprobe," *Das Tage-Buch*, January 17, 1931, pp. 110–11, and Karl Hofer, "Faschismus, die dunkle Reaktion!," in Hüneke, *Karl Hofer: Malerei hat eine Zukunft*, pp. 189–90.

3 Karl Hofer, "Der Kampf um die Kunst," *Deutsche Allgemeine Zeitung*, July 13, 1933.

4 Andreas Hüneke, "Karl Hofer und der Nationalsozialismus," in *Künstler im Nationalsozialismus: Die "deutsche Kunst," die Kunstpolitik und die Berliner Hochschule*, ed. Wolfgang Ruppert (Cologne: Böhlau, 2015), pp. 166–75, esp. pp. 167–68.

5 The Galerie Nierendorf in Berlin presented works by Hofer nearly every year until 1938. Another great success was his participation in the *International Exhibition of Painting* at the Carnegie Institute in 1934 and 1938, where Hofer was awarded a prize both times. His last exhibition before the eruption of the war took place in the spring of 1939 at the Kunstverein Winterthur in Switzerland. See Hüneke, *Karl Hofer: Malerei hat eine Zukunft*, p. 171.

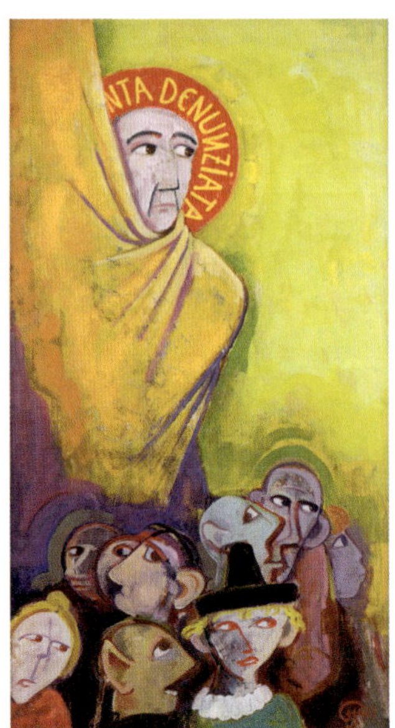

Abb. 1
Karl Hofer,
Santa Denunziata, 1941,
Öl auf Leinwand,
115,6 × 62,2 cm,
The Jewish Museum,
New York,
Purchase:
Leslie and Roslyn
Goldstein Fund,
2004-51

Papier. Seit 1927 hatten Mathilde und Karl Hofer getrennte Haushalte. 1931 bemühte sich Hofer erstmals um die Scheidung, die allerdings an der bürgerlichen Gesetzgebung scheiterte. Demnach konnte eine Ehe nur aufgrund des Schuldprinzips geschieden werden. Da Mathilde Hofer ihrem Ehemann treu war und sich nicht von ihm scheiden lassen wollte, wurde Hofers Gesuch vom Landesgericht abgelehnt. Eine Berufungsklage im Jahr 1933 scheiterte ebenfalls.[7] Mit dem Erlass der Nürnberger Gesetze 1935 galt die Ehe der Hofers als eine sogenannte „Mischehe" zwischen einer nach Maßgabe der nationalsozialistischen Rassenlehre jüdischen und einer nichtjüdischen Person. Solche Verbindungen waren im NS-Regime zwar zunehmend unerwünscht, an der Gesetzeslage änderte sich aber vorerst nichts.[8]

Zunächst war Hofers Anliegen, sich scheiden zu lassen, aus rein privaten Gründen motiviert gewesen. Dies änderte sich 1937, als die Reichskammer der bildenden Künste seine Mitgliedschaft erneut prüfte. Im Zuge des Prüfungsverfahrens wurde Hofers Ehe mit einer jüdischen Frau zum Anlass genommen, ihm den Ausschluss aus der Kammer anzudrohen. Hofer hatte damit ein neues Argument, um seine Frau, die ihn viele Jahre unterstützt hatte, umzustimmen. Tatsächlich willigte Mathilde Hofer in die Scheidung ein, die am 1. August 1938 vollzogen wurde. Da die Nachricht über seine Scheidung die Reichskammer verzögert erreichte, wurde Hofer am 15. Oktober 1938 ausgeschlossen. Dieser Beschluss wurde allerdings nach wenigen Wochen wieder aufgehoben.[9] Für Hofer hatte die Auseinandersetzung damit keine langwierigen Folgen. Mathilde Hofer hingegen, die seit 1938 in Wiesbaden lebte, verlor mit der Scheidung den Schutz einer sogenannten „privilegierten Mischehe" und wurde 1942 nach Ausschwitz deportiert und ermordet.[10] Wann Hofer vom Schicksal seiner Frau erfuhr und wie er seine eigene Rolle darin sah, ist unbekannt. In seinen Aufzeichnungen finden sich keine Äußerungen zu ihrem Tod, den er sicherlich nicht gewollt hat. Dass er aber die Gefahr, in die er seine Frau mit der Scheidung brachte, nicht erkannte, ist angesichts der öffentlichen Demütigung und Verfolgung, die jüdische Personen bereits in den frühen Jahren des NS-Regimes ausgesetzt waren, kaum vorstellbar.[11]

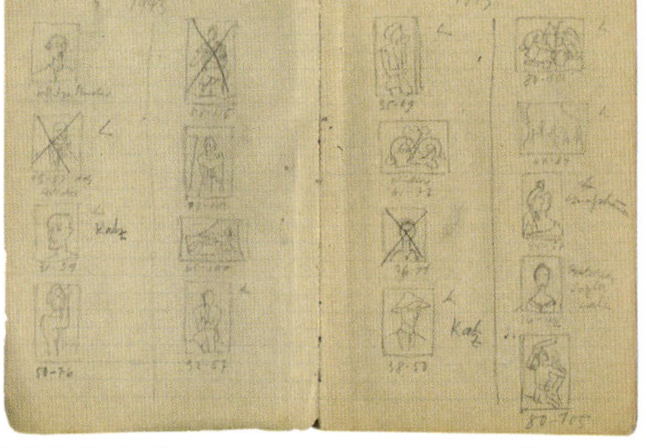

Abb. 2
Karl Hofer,
Notizheft mit Skizzen
von Werken,
entstanden zwischen
1943 und 1954,
20 × 25 cm,
Privatsammlung

In Hofers Bildern finden sich nur wenige Verweise auf sein privates Schicksal und die tagespolitischen Entwicklungen. Eine Ausnahme bildet das Gemälde *Santa Denunziata* (1941) →Abb. 1, in dem die namensgebende Figur die Funktion einer Schutzmantelmadonna verweigert und ihren Mantel fest um sich zieht. Allerdings häufen sich in Hofer Werken ab 1933 apokalyptische Themen und Darstellungen, die in der Rückschau fast visionär anmuten. Dazu gehören Werke wie *Die Wächter* (1936) →S. 177 und *Alarm / Turmbläser* (1952) →S. 178, die nicht nur durch ihre Titel, sondern auch durch die unbestimmte und düstere Umgebung der Figuren eine unheimliche und bedrohliche Stimmung erzeugen. Ganz im Gegensatz dazu stehen Gemälde wie *Zwei Frauen am Brunnen* (1940) →S. 179, in denen sich Hofer auf die Harmonie und Schönheit des Dargestellten konzentriert und nach einer überzeitlichen Ausdrucksform sucht. Es waren vor allem diese Werke, die Hofer bis 1939 auf Ausstellungen präsentierte und verkaufte. Mit Kriegsbeginn ließen die Ausstellungs- und Verkaufsmöglichkeiten für Hofer deutlich nach. Im März 1943 zerstörten Bombenangriffe sein Berliner Atelier und einen Großteil der darin befindlichen Bilder. Um der gefährlichen Situation zu entgehen, zogen Hofer und seine zweite Frau Elisabeth im Sommer in das Nervensanatorium in Potsdam-Babelsberg. Hier malte der Künstler nicht nur neue Bilder, wie die mystische *Schwarzmondnacht* (1944) →S. 180, sondern begann auch neue Fassungen der zerstörten Werke →Abb. 2.

7 Ebd., S. 27 und 30.
8 Ebd., S. 28–30.
9 Ebd., S. 39–41 und 50.
10 Ebd., S. 44–45.
11 Hofers Entscheidung wurde nachträglich häufig mit dieser Begründung legitimiert. Siehe Hüneke 2015 (wie Anm. 4), S. 171 und Hardach 2016 (wie Anm. 6), S. 41.

with his Jewish wife.[6] In 1903, Hofer had married the Austrian Mathilde Scheinberger (1874–1942), whom he had met in Vienna the year before. Over the years, the couple became estranged and the marriage existed solely on paper. As of 1927, Mathilde and Karl Hofer had separate households. Hofer made his first attempt to get a divorce in 1931, which, however, failed due to civil legislation, which stipulated that a marriage could only be dissolved based on the principle of guilt. Since Mathilde Hofer remained faithful to her husband and did not want to divorce him, the regional court rejected Hofer's petition. An appeal in 1933 was also unsuccessful.[7] With the passing of the Nuremburg Laws in 1935, the Hofers' marriage was regarded as a so-called "mixed marriage" between a Jewish person—according to the provisions of National Socialist racial theory—and a non-Jewish person. Although such marriages were increasingly undesirable under the National Socialist regime, no changes to the legislative environment were initially made.[8]

Fig. 1
Karl Hofer,
Santa Denunziata, 1941,
oil on canvas,
115.6 × 62.2 cm,
The Jewish Museum,
New York,
purchase:
Leslie and Roslyn
Goldstein Fund,
2004-51

Hofer's interest in getting a divorce was motivated by purely private reasons at first. This changed in 1937, when the Reichskammer der bildenden Künste once again evaluated his membership. In the course of this assessment process, Hofer's marriage to a Jewish woman was taken as an occasion to threaten him with exclusion from the chamber. Hofer thus had a new argument to change the mind of his wife, who had been supportive of him for many years. Mathilde Hofer then actually consented to the divorce, which went into effect on August 1, 1938. Since the news of his divorce reached the Reichskammer with a delay, Hofer was thrown out of the chamber on October 15, 1938. This decision was, however, repealed again a few weeks later.[9] For Hofer, this confrontation thus had no long-term ramifications. As a result of the divorce, however, Mathilde Hofer, who had been living in Wiesbaden since 1938, lost the protection of a so-called "privileged mixed marriage" and was deported to Auschwitz in 1942 and murdered.[10] It is not known when Hofer learned about the fate of his wife or how he saw his own role in the situation. In his records, nothing is said about her death, which he surely had not wanted. However, in light of the public humiliation and persecution to which Jewish persons were already exposed in the early years of the National Socialist regime, it is barely conceivable that he did not recognize the danger in which the divorce put his wife.[11]

Fig. 2
Karl Hofer,
Notebook with Sketches of Works,
created between
1943 and 1954,
20 × 25 cm,
private collection

Only a few references to his personal fate and day-to-day political developments can be found in Hofer's pictures. One exception is the painting *Santa Denunziata* (1941) →fig. 1, in which the eponymous figure rejects the function of a Virgin of Mercy and pulls her cloak tightly around herself. As of 1933, however, apocalyptic topics and pictures that seem almost visionary in retrospect became more frequent in Hofer's works. They include paintings like *Die Wächter* (The Watchmen, 1936) →p. 177 and *Alarm / Turmbläser* (Alarm / Tower Brass Player, 1935) →p. 178, which give rise to an uncanny and threatening atmosphere not only as a result of their titles, but also due to the figures' vague and bleak surroundings. Very much in contrast to them are paintings like *Zwei Frauen am Brunnen* (Two Women at a Well, 1940) →p. 179, in which Hofer concentrates on the harmony and beauty of what is depicted and searches for a timeless form of expression. It was such works in particular that Hofer presented and sold at exhibitions until 1939. After the war began, exhibition and sales opportunities for Hofer decreased significantly. In March 1943, air raids destroyed his studio in Berlin and the majority of the pictures located there. To escape the dangerous situation, Hofer and his second wife, Elisabeth, moved into a sanatorium in Potsdam-Babelsberg that summer. There the artist not only painted new pictures like the mystical *Schwarzmondnacht* (Black Moon Night, 1944) →p. 180; he also began new versions of works that had been destroyed →fig. 2.

6 Gerd Hardach, *Parallele Leben: Mathilde Scheinberger und Karl Hofer* (Berlin: Hentrich & Hentrich, 2016).
7 Ibid., pp. 27 and 30.
8 Ibid., pp. 28–30.
9 Ibid., pp. 39–41 and 50.
10 Ibid., pp. 44–45.

11 Hofer's decision was later frequently legitimized on this basis. See Hüneke, *Karl Hofer: Malerei hat eine Zukunft*, p. 171, and Hardach, *Parallele Leben*, p. 41.

EDMUND KESTING

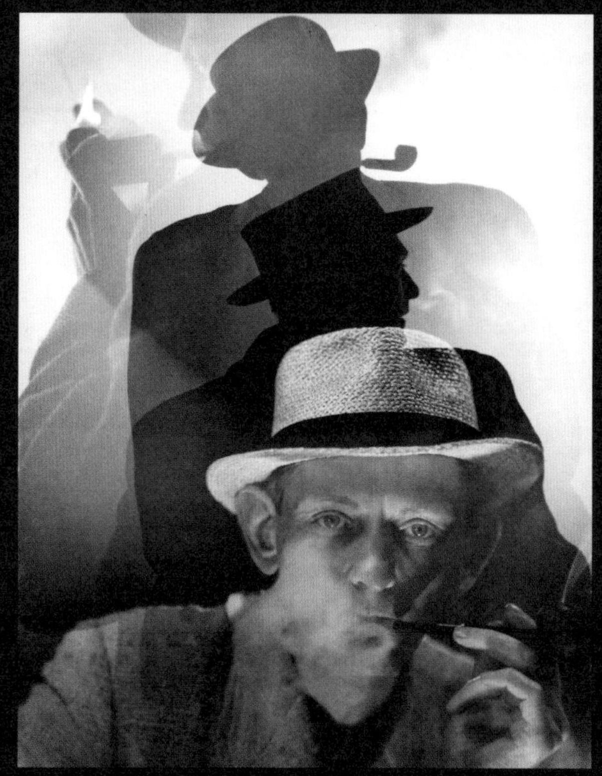

Edmund Kesting, Selbstbildnis / self-portrait, um / ca. 1940

EDMUND KESTING
* 27. Juli 1892 in Dresden
† 21. Oktober 1970 in Birkenwerder

1911 Besuch der Kunstgewerbeschule in Dresden
1915–1922 Studium an der Kunstakademie Dresden
1915 Einzug zum Militärdienst
1916 Erste Einzelausstellung bei Emil Richter in Dresden
1919 Gründung der privaten Kunstschule Der Weg
1923 Erste Ausstellung in der Berliner Galerie Der Sturm
1926 Teilnahme an der *Internationalen Kunstausstellung* in Dresden und der *International Exhibition of Modern Art* in New York
1931 Gründungsmitglied der Dresdner Sezession 1932
1933 Die Kunstschule Der Weg wird geschlossen
1935–1941 Fotografische Dokumentation der Werke des Grünen Gewölbes in Dresden
1936 Ausstellung mit der Dresdner Sezession in der Galerie Kühl in Dresden
1937 Beschlagnahmung von zwölf Werken im Rahmen der Aktion „Entartete Kunst"
1945 Gründung der Künstlergruppe der ruf
1946–1947 Lehramt an der Staatlichen Hochschule für Werkkunst in Dresden
1948–1953 Lehrauftrag an der Hochschule für angewandte Kunst, Berlin-Weißensee
1956 Berufung an die Deutsche Hochschule für Film und Fernsehen in Potsdam-Babelsberg, Veröffentlichung des Bildbandes *Dresden, wie es war*
1958 Veröffentlichung des Buches *Ein Maler sieht durchs Objektiv*
1959 Erste Einzelausstellung nach Ende des Krieges in der Galerie Kühl in Dresden

EDMUND KESTING
b. July 27, 1892, in Dresden
d. October 21, 1970, in Birkenwerder

1911 Attends the Dresden School of Arts and Crafts
1915–22 Studies at the Dresden Academy of Fine Arts
1915 Drafted for military service
1916 First solo exhibition at the Emil Richter Art Salon in Dresden
1919 Establishment of the private art school Der Weg
1923 First exhibition at the Galerie Der Sturm in Berlin
1926 Participation in the *Internationale Kunstausstellung* (International Art Exhibition) in Dresden and the *International Exhibition of Modern Art* in New York
1931 Founding member of the Dresden Secession 1932
1933 The art school Der Weg is closed
1935–41 Photographic documentation of the works of the Grünes Gewölbe in Dresden
1936 Exhibition with the Dresden Secession at the Galerie Kühl in Dresden
1937 Confiscation of twelve works within the framework of the campaign "Degenerate Art"
1945 Establishment of the artists' group der ruf
1946–47 Teaching position at the State School of Craftsmanship in Dresden
1948–53 Teaching appointment at the College of Applied Arts in Berlin-Weißensee
1956 Appointment at the German University of Television and Film in Potsdam-Babelsberg, publication of the photo book *Dresden, the Way It Was*
1958 Publication of the book *A Painter Looking through the Lens*
1959 First solo exhibition after the end of the war at the Galerie Kühl in Dresden

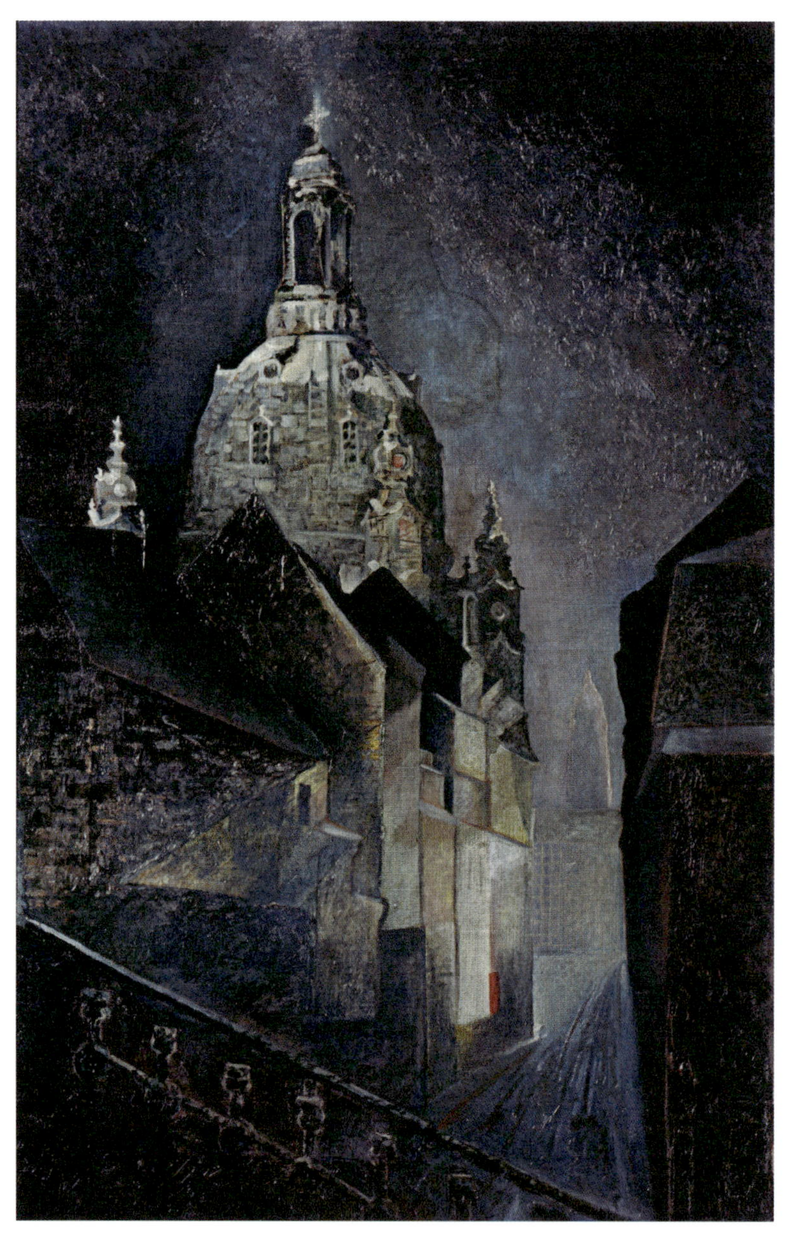

Abendstimmung an der Dresdener Frauenkirche /
Evening Atmosphere at the Church of Our Lady in Dresden, 1934

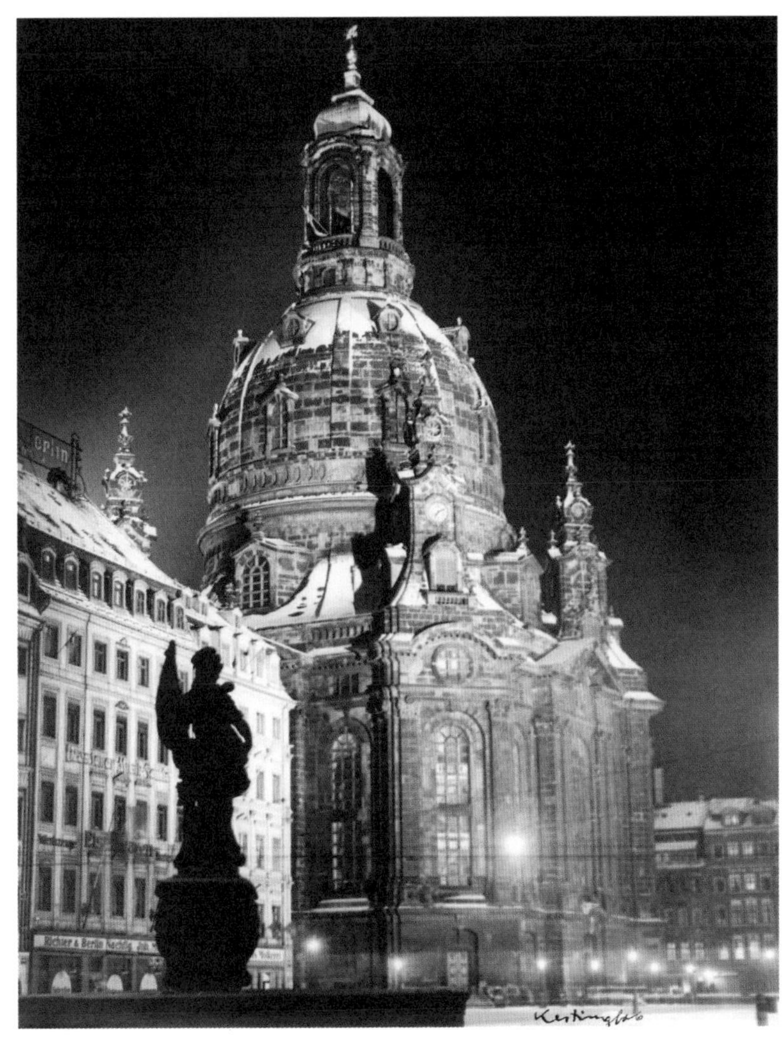

Frauenkirche in Dresden /
Church of Our Lady in Dresden, um / ca. 1936

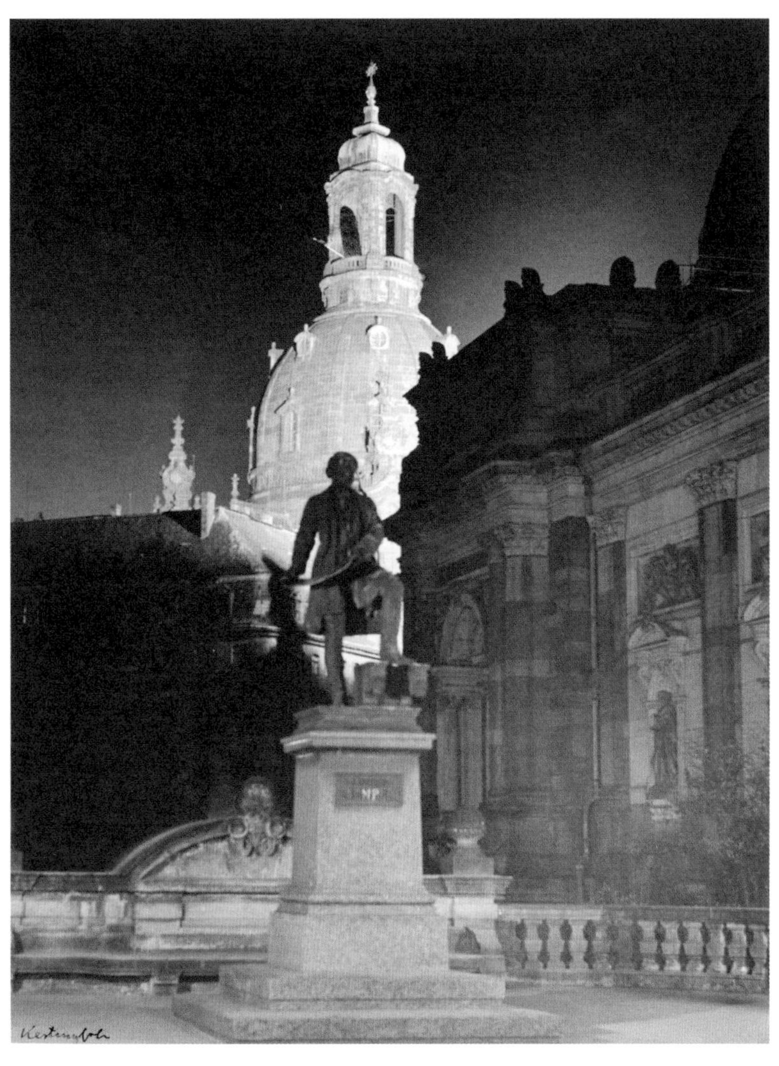

Die Frauenkirche in Dresden von der Brühlschen Terrasse aus, in nächtlicher Beleuchtung /
The Church of Our Lady in Dresden from the Brühl Terrace, Illuminated at Night, um / ca. 1936

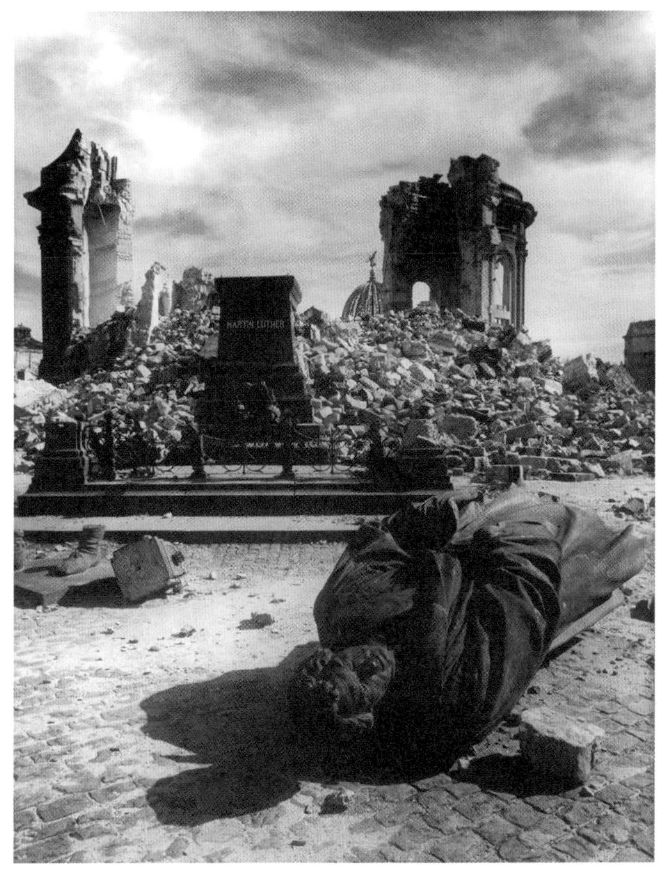

Die zerstörte Frauenkirche in Dresden mit dem umgestürzten Lutherstandbild /
The Destroyed Church of Our Lady in Dresden with the Toppled Luther Monument, 1945

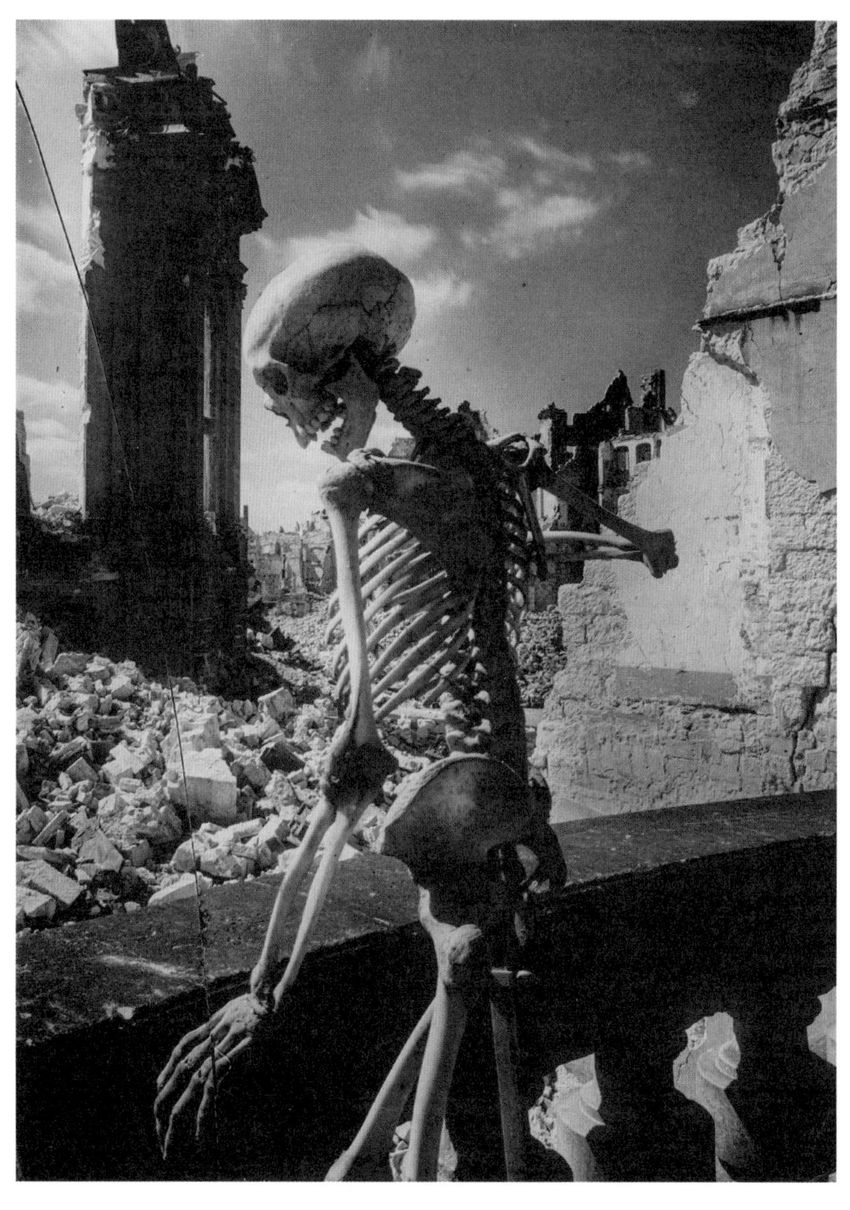

Trümmerstätte an der Dresdner Frauenkirche /
Rubble at the Church of Our Lady in Dresden, 1945

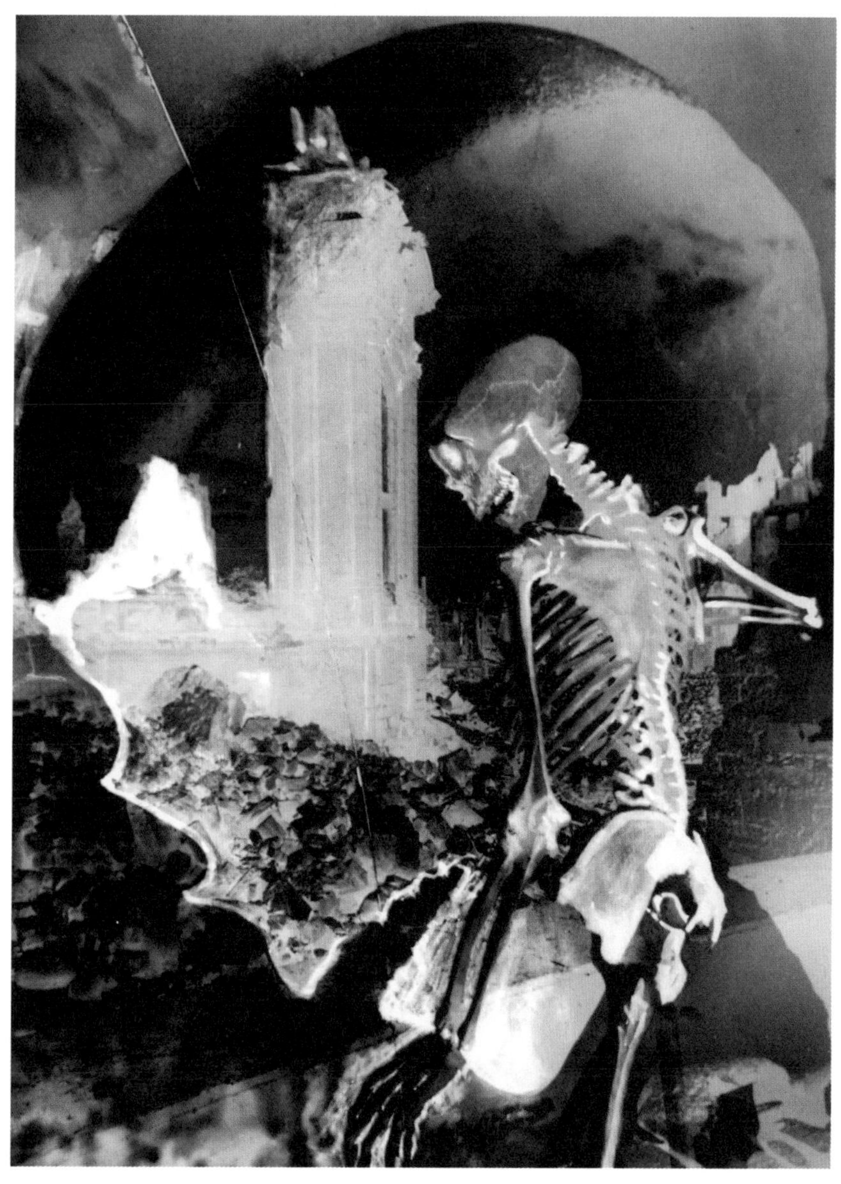

Tod über Dresden / Death over Dresden,
aus / from *Totentanz Dresden* / Dresden Dance of Death, 1945

EDMUND KESTING 1892–1970

Ilka Voermann

„Aber er hat eigentlich fast nur gemalt. Jede freie Zeit hat er dafür genutzt und gemalt und sich, wie gesagt, später dann mit der Fotografie beschäftigt. [...] die Fotografie war sein zweites Standbein."[1] Konstantin Kestings Aussage über das Verhältnis seines Vaters zur Fotografie mag auf den ersten Blick etwas verwundern, denn Edmund Kesting ist heute vor allem als Fotograf und weniger als Maler bekannt. Tatsächlich kam Kesting aber erst um 1920, als sich seine Ausbildung an der Kunstakademie in Dresden dem Ende zuneigte, mit der Fotografie in Berührung.[2] Wie wichtig das „zweite Standbein" für seine künstlerische Entwicklung und für sein Überleben während der Zeit des Nationalsozialismus werden würde, konnte er zu diesem Zeitpunkt noch nicht ahnen.

Edmund Kesting begann zunächst ein Studium an der Kunstgewerbeschule in Dresden, bevor er sich 1915 an der Kunstakademie einschrieb. Noch im selben Jahr wurde er zum Militärdienst eingezogen und konnte sein Studium erst nach Kriegsende wieder aufnehmen. 1919 gründete er gemeinsam mit Carl Piepho (1869–1920) die Kunstschule Der Weg, deren Unterricht auf seiner eigenen Kompositionslehre beruhte. Erstaunlicherweise war Kesting zu diesem Zeitpunkt selbst noch Student.[3] 1921 lernte er den Inhaber der Galerie Der Sturm Herwarth Walden (1878–1941) kennen, über den er die Bekanntschaft mit Künstlern aus dem Umkreis der Galerie machte. Insbesondere die Begegnungen mit László Moholy-Nagy (1895–1946) und El Lissitzky (1890–1941) bestärkten Kesting darin, sich vermehrt dem Medium der Fotografie zu widmen. In den 1920er-Jahren stellte er regelmäßig mit der Dresdner Künstlervereinigung aus, war aber auch auf Ausstellungen in Berlin und München vertreten. 1926 waren seine Werke erstmals außerhalb Deutschlands auf der *Ersten Allgemeinen Deutschen Kunstausstellung* in Moskau, Saratow und Leningrad zu sehen.[4] Später im Jahr zeigte die amerikanische Künstlerin und Kuratorin Katherine Dreier (1877–1952) Kesting im Rahmen der *International Exhibition of Modern Art* im Brooklyn Museum in New York.[5]

Dass sich die politische Lage in Deutschland dramatisch ändern würde, wurde ihm spätestens 1932 während eines letzten Treffens mit Herwarth Walden bewusst, der sich kurze Zeit später ins Exil nach Moskau begab. Nach der Machtergreifung wurde Kestings Kunstschule wie andere progressive Einrichtungen geschlossen. Im Mai 1933 durchsuchte die Geheime Staatspolizei sein Atelier. Konstantin Kesting erinnerte sich 2005, dass die Gestapo sich weniger für die Kunst seines Vaters interessierte, sondern vielmehr für eine Druckpresse, hinter der man politische Aktivitäten vermutete: „Und da hatte man gesagt, der Kesting würde damit Flugblätter herstellen."[6] Die Durchsuchung hatte für Kesting zwar keine unmittelbaren Folgen, wie ein

1 Konstantin Kesting im Gespräch mit Katja Ohlrich 2005, zit. nach Katja Wedhorn, Licht und Schatten. Neue Gestaltungsweisen der Fotografie von 1920 bis 1960 und der Beitrag Edmund Kestings, Marburg 2012, S. 289.

2 Wedhorn 2012 (wie Anm. 1), S. 136.

3 Kesting war von 1919 bis 1922 Meisterschüler bei Otto Gussmann an der Kunstakademie in Dresden. Auf Anraten von Herwarth Walden gründete Kesting 1926 eine Filiale seiner Kunstschule in Berlin. Siehe Edmund Kesting. Zum 100. Geburtstag, Gemälde, Arbeiten auf Papier, Fotografien, hg. von Galerie Döbele, Ausst.-Kat. Galerie Döbele, Stuttgart 1992, S. 65 f.

4 Eine Liste der Ausstellungsbeteiligungen findet sich ebd., S. 68 f.

5 Ruth L. Bohan u. a. (Hg.), The Société Anonyme: Modernism for America, New Haven 2006, S. 176.

6 Konstantin Kesting 2005 im Gespräch mit Katja Ohlrich, zit. nach Wedhorn 2012 (wie Anm. 1), S. 292.

Ilka Voermann

"But he was really almost always painting. He dedicated every free moment to it, and painted, and, as I said, took up photography later on ... . Photography was his second mainstay."[1] Konstantin Kesting's statement about his father's relationship to photography might be somewhat surprising at first glance, since Edmund Kesting is known today above all as a photographer, and not so much as a painter. Kesting's first contact with photography actually occurred around 1920, when his training at the Dresden Akademie der bildenden Künste (Academy of Fine Arts) was coming to an end.[2] At that point in time, he could not have imagined how important this "second mainstay" would become for his artistic development, as well as for his survival, during the National Socialist period.

1 Konstantin Kesting in conversation with Katja Ohlrich in 2005, in Katja Wedhorn, *Licht und Schatten: Neue Gestaltungsweisen der Fotografie von 1920 bis 1960 und der Beitrag Edmund Kestings* (Marburg: Tectum Verlag, 2014), p. 289.
2 Wedhorn, *Licht und Schatten*, p. 136.

Edmund Kesting initially began studying at the Dresden School of Arts and Crafts, before enrolling in the art academy in 1915. He was called up for military service the same year and was thus not able to resume his studies until after the First World War ended. In 1919, in cooperation with Carl Piepho (1869–1920), Kesting established the art school Der Weg, which gave lessons based on Kesting's personal theory of composition. Astonishingly, he was still a student himself at this point in time.[3] In 1921, he got to know Herwarth Walden (1878–1941), the owner of the gallery Der Sturm, through whom he made the acquaintance of artists associated with the gallery. In particular, encounters with László Moholy-Nagy (1895–1946) and El Lissitzky (1890–1941) strengthened Kesting's resolve to dedicate himself increasingly to the medium of photography. In the 1920s, he exhibited with the Dresdner Künstlervereinigung (Dresden Artist Association) on a regular basis, but was also represented in exhibitions in Berlin and Munich. His works could be seen for the first time outside of Germany in 1926 at the *Erste Allgemeine Deutsche Kunstausstellung* (First General German Art Exhibition) in Moscow, Saratov, and Leningrad.[4] Later that year, the American artist and curator Katherine Dreier (1877–1952) presented Kesting within the framework of the *International Exhibition of Modern Art* at the Brooklyn Museum in New York.[5]

3 Kesting was a master student of Otto Gussmann at the art academy in Dresden from 1919 to 1922. At the suggestion of Herwarth Walden, Kesting established a subsidiary of his art school in Berlin in 1926. See *Edmund Kesting: Zum 100. Geburtstag; Gemälde, Arbeiten auf Papier, Fotografien*, ed. Galerie Döbele, exh. cat. Galerie Döbele (Stuttgart: Galerie Döbele, 1992), pp. 65–66.
4 A list of participants in the exhibition is found in ibid., pp. 68–69.
5 Ruth L. Bohan et al., eds., *The Société Anonyme: Modernism for America* (New Haven: Yale University Press, 2006), p. 176.

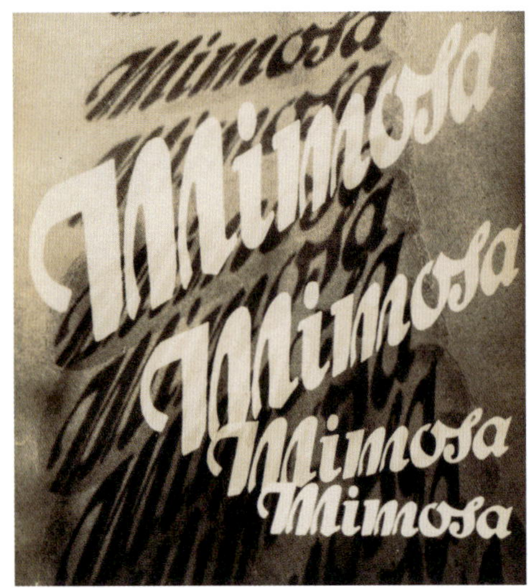

Abb. 1
Edmund Kesting, Werbeaufnahme für Mimosa, 1932, Silbergelatinepapier, Fotogramm, Negativmontage, 20,1 × 17,8 cm, Kupferstich-Kabinett, Staatliche Kunstsammlungen Dresden

Ausstellungs- oder Arbeitsverbot.[7] Allerdings verließ er sein Atelier kurz darauf und bezog Räumlichkeiten am Rande der Südvorstadt West, wo er sich unbeobachteter fühlte. Auch seine Ausstellungstätigkeiten wurden in den folgenden Jahren immer weniger und blieben auf Dresden beschränkt. Zwischen 1933 und 1936 war es ihm nur noch einmal im Jahr möglich, seine Arbeiten im Rahmen der Sächsischen und Dresdner Kunstausstellung zu zeigen.[8]

Infolge dieser Veränderungen verlagerte Kesting sein künstlerisches Schaffen zunehmend auf die Fotografie. Seit 1932 war er für den in Dresden ansässigen Automobilhersteller Horch und die Fotomaterialien herstellende Mimosa AG → Abb. 1 tätig. Insbesondere letzterer Auftraggeber erwies sich als sehr nützlich für Kesting, da er dort günstig Fotomaterialien beziehen konnte.[9] Ein weiterer Auftrag, der ihm zwischen 1935 und 1941 ein Einkommen sicherte, war die fotografische Dokumentation des Grünen Gewölbes im Auftrag des Direktors Walter Holzhausen.[10]

Neben diesen offiziellen Aufträgen widmete sich Kesting der Porträt- und der Architekturfotografie. Insbesondere die historischen Gebäude der Stadt Dresden nahm er regelmäßig und mit Vorliebe nachts auf. Dabei ging es ihm vermutlich weniger darum, nicht bei der Arbeit entdeckt zu werden, sondern um die besondere Stimmung der nächtlichen Stadt und der angestrahlten Monumente, wie es in *Frauenkirche in Dresden* (um 1936) → S. 189 und *Die Frauenkirche in Dresden von der Brühlschen Terrasse aus, in nächtlicher Beleuchtung* (um 1936) → S. 190 deutlich wird.[11] Auch in seinem Gemälde *Abendstimmung an der Dresdner Frauenkirche* (1934) → S. 188, einer der wenigen malerischen Arbeiten aus den Jahren zwischen 1933 und 1945, legte Kesting den Fokus auf die nächtliche Atmosphäre und knüpfte mit der flächigen, nahezu kubistischen Darstellung der umliegenden Häuser an moderne Vorbilder, aber auch an eigene Gemälde der Vorkriegszeit an. Zu Kestings bedeutendsten und bis heute bekanntesten fotografischen Arbeiten gehört der *Totentanz Dresden* (1945) → S. 193, der in unmittelbarer Reaktion auf die Zerstörung der Stadt Dresden durch alliierte Luftangriffe in der Nacht vom 13. auf den 14. Februar 1945 entstand. Wie viele andere Künstlerinnen und Künstler begegnete Kesting der zerstörten Stadt mit einer Mischung aus Entsetzen, Faszination und dem Bedürfnis, den Zustand der Stadt künstlerisch zu verarbeiten. Ein besonders morbides und fast surreales Motiv bot dabei die zerstörte medizinische Fakultät, in deren Überresten noch einige Skelette aufrecht standen. Auch der Dresdner Fotograf Richard Peter (1895–1977) dokumentierte diese Situation → Abb. 2. Kesting beließ es jedoch nicht bei einer Dokumentation, sondern fertigte aus den entstandenen Aufnahmen eine Serie aus experimentellen Negativ- und Positivmontagen, die er auch nach Ende des Krieges fortsetzte.

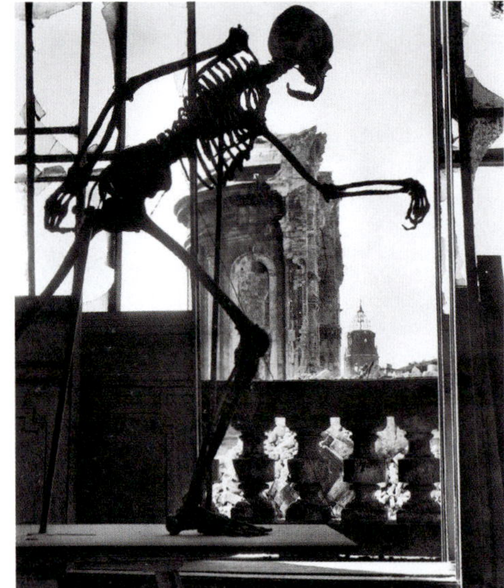

Abb. 2
Richard Peter, *Tod über Dresden*, Kunstakademie Anatomiesaal, 1945, Originalnegativ, Sächsische Landesbibliothek – Staats- und Universitätsbibliothek Dresden

7 Da Kesting von 1933 bis 1936 noch öffentlich ausstellte, ist eine Mitgliedschaft in der Reichskammer der bildenden Künste wahrscheinlich. Ob und wann ein Ausstellungs- oder Arbeitsverbot erlassen wurde, konnte bisher nicht geklärt werden. Siehe dazu auch Wedhorn 2012 (wie Anm. 1), S. 143.

8 Zu den Ausstellungsbeteiligungen siehe Ausst.-Kat. Stuttgart 1992 (wie Anm. 3), S. 68 f. Katja Wedhorn nennt in ihrer Dissertation noch zwei Fotografie-Ausstellungen, die 1935 *(Ein Maler fotografiert)* und 1938 *(Ein Maler sieht durchs Objektiv)* in der Kunstgewerbe-Bibliothek in Dresden stattfanden. Wedhorn 2012 (wie Anm. 1), S. 226.

9 Wedhorn 2012 (wie Anm. 1), S. 290.

10 Ausst.-Kat. Stuttgart 1992 (wie Anm. 3), S. 66.

11 Zahlreiche Aufnahmen, die in dieser Zeit entstanden, veröffentlichte Kesting in seinem Bildband *Dresden, wie es war*, für den er in der DDR keinen Verleger fand. Das Buch erschien schließlich 1955 im Westberliner Rembrandt-Verlag. Ausst.-Kat. Stuttgart 1992 (wie Anm. 3), S. 67.

Fig. 1
Edmund Kesting, *Advertising Photo for Mimosa*, 1932, gelatin silver paper, photogram, negative montage, 20.1 × 17.8 cm, Kupferstich-Kabinett, Staatliche Kunstsammlungen Dresden

Fig. 2
Richard Peter, *Death over Dresden*, Anatomy Hall, Dresden Academy of Fine Arts, 1945, original negative, Sächsische Landesbibliothek – Staats- und Universitätsbibliothek Dresden

Kesting became aware in 1932 at the latest, during his final meeting with Herwarth Walden, who went into exile in Moscow a short time later, that the political situation in Germany would change dramatically. After the National Socialists seized power, Kesting's art school, like other progressive institutions, was closed. In May 1933, the Geheime Staatspolizei (Secret State Police), or Gestapo, searched his studio. Konstantin Kesting recalled in 2005 that the Gestapo was interested less in his father's art than in a printing press, which was presumedly being used for political activities: "And it was said that Kesting produced pamphlets with it."[6] The search, however, had no immediate ramifications for Kesting, such as a ban on exhibiting or working.[7] He nevertheless moved out of his studio a short time later, into rooms on the edge of Dresden's Südvorstadt West, where he felt less observed. His exhibition activities also decreased in the years that followed and were limited to Dresden. Between 1933 and 1936, it was only possible for him to show his artwork once a year within the framework of art exhibitions in Saxony and Dresden.[8]

As a result of these changes, Edmund Kesting increasingly shifted his creative work to photography. As of 1932, he worked for Horch, a Dresden-based car manufacturer, and for Mimosa AG →fig. 1, which produced photo materials. Particularly the latter employer proved to be very useful for Kesting, since he was able to obtain inexpensive photo materials from the company.[9] Another job that ensured him income between 1935 and 1941 was the documenting of the Grüne Gewölbe (Green Vault) in photographs, commissioned by its director, Walter Holzhausen.[10]

Besides these official commissions, Kesting devoted himself to portrait and architecture photography. He took pictures particularly of the historical buildings of the city regularly and preferably at night. In doing so, he was probably interested less in avoiding discovery while working and more in the special atmosphere of the nocturnal city and the illuminated monuments, as becomes clear in *Frauenkirche in Dresden* (Church of Our Lady in Dresden, ca. 1936) →p. 189 and *Die Frauenkirche in Dresden von der Brühlschen Terrasse aus, in nächtlicher Beleuchtung* (The Church of Our Lady in Dresden from the Brühl Terrace, Illuminated at Night, ca. 1936) →p. 190.[11] In the painting *Abendstimmung an der Dresdner Frauenkirche* (Evening Atmosphere at the Church of Our Lady in Dresden, 1934) →p. 188, one of his few painterly works from the years between 1933 and 1945, Kesting also put a focus on the nighttime atmosphere. With a planar, nearly Cubistic rendering of the surrounding buildings, he linked it to modern paradigms, but also to his own paintings of the prewar period. Among Kesting's most important photographic works, and still today one of his most well-known pictures, is the *Totentanz Dresden* (Dresden Dance of Death, 1945) →p. 193, which was created as a direct reaction to the destruction of the city of Dresden by Allied aerial raids in the night of February 13–14, 1945. Like many other artists, Kesting encountered the destroyed city with a combination of dismay, fascination, and a need to process the condition of the city artistically. The destroyed medical faculty offered a particularly morbid and almost surreal motif with a few skeletons still standing upright after the bombing. The Dresden-based photographer Richard Peter (1895–1977) also documented this situation →fig. 2. Kesting was, however, not satisfied with merely documenting events; he also produced a series of experimental negative and positive montages from the photos, which he continued to work on after the end of the war.

6 Konstantin Kesting in conversation with Katja Ohlrich in 2005, cited in Wedhorn, *Licht und Schatten*, p. 292.

7 Since Kesting still continued to exhibit publicly from 1933 to 1936, membership in the Reichskammer der bildenden Künste (Reich Chamber of Fine Arts) is probable. It has hitherto not been possible to clarify whether and/or when a ban on exhibiting and working was issued. On this, also see Wedhorn, *Licht und Schatten*, p. 143.

8 On the exhibition participants, see the Stuttgart exhibition catalogue *Edmund Kesting: Zum 100. Geburtstag*, pp. 68–69. Katja Wedhorn also names two photography exhibitions in her dissertation: *Ein Maler fotografiert* (A Painter Photographs) took place in 1935 and *Ein Maler sieht durchs Objektiv* (A Painter Looking through the Lens) in 1938, both at the Kunstgewerbe-Bibliothek (Library of Applied Arts) in Dresden. See Wedhorn, *Licht und Schatten*, p. 226.

9 Wedhorn, *Licht und Schatten*, p. 290.

10 Döbele, *Edmund Kesting: Zum 100. Geburtstag*, p. 66.

11 Kesting published numerous photos taken around this time in his photobook *Dresden, wie es war* (Dresden, the Way It Was), for which he found no publisher in the German Democratic Republic. The book was finally published by Rembrandt-Verlag in West Berlin in 1955. See Döbele, *Edmund Kesting: Zum 100. Geburtstag*, p. 67.

JEANNE MAMMEN

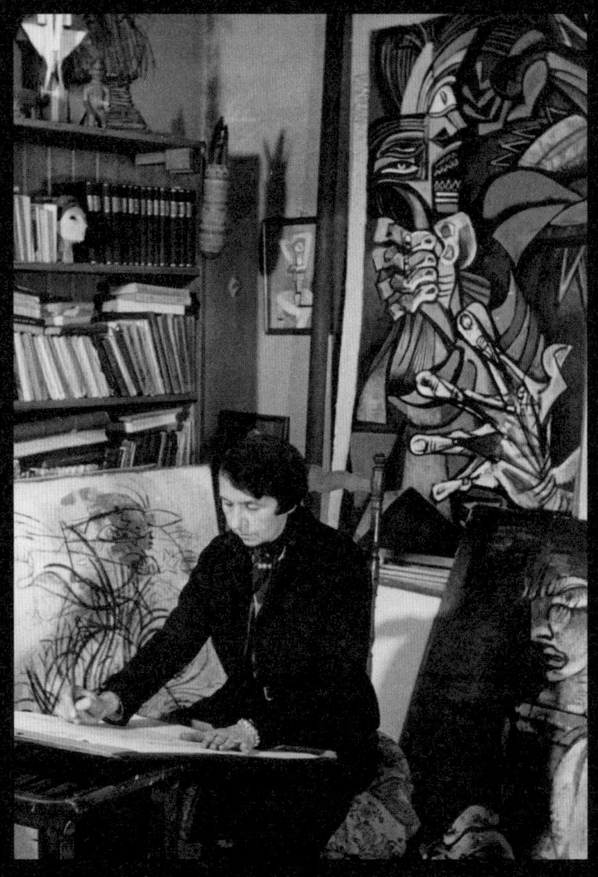

Jeanne Mammen im Atelier beim Zeichnen /
Jeanne Mammen drawing in her studio, Berlin, 1945–1946,
Jeanne-Mammen-Stiftung im Stadtmuseum Berlin

JEANNE MAMMEN
* 21. November 1890 in Berlin
† 22. April 1976 in Berlin

1907	Studium an der Académie Julian in Paris
1908–1910	Studium an der Académie Royale des Beaux-Arts in Brüssel
1911	Kurse an der Scuola Libera Academica in Rom
1914	Ausbruch des Ersten Weltkrieges, Übersiedelung der als „feindliche Ausländer" geltenden Familie nach Brüssel
1915	Umzug nach Berlin, Tätigkeit als Illustratorin für verschiedene Berliner Verlage
1930	Erste Einzelausstellung in der Galerie Gurlitt in Berlin
1932	Reise nach Moskau mit Hans Uhlmann
1933	Teilnahme an der Frühjahrsausstellung des Vereins der Künstlerinnen zu Berlin, enge Freundschaft mit Hans Uhlmann bis zum Ende des Krieges
1933–1934	Verkauf von Zeichnungen, Büchern und Zeitschriften mit dem Bücherkarren „Zur lächelnden Berolina"
1937	Besuch der Weltausstellung in Paris
1945	Beteiligung an der Ausstellung *Nach 12 Jahren – Antifaschistische Maler und Bildhauer stellen aus*
1947	Einzelausstellung in der Galerie Gerd Rosen in Berlin
1948	Teilnahme an der Gruppenausstellung *zone 5*
1949	Zusammenarbeit mit dem Künstlerkabarett „Die Badewanne"
1960	Einzelausstellung zum siebzigsten Geburtstag in der Akademie der Künste
1970	Einzelausstellung zum achtzigsten Geburtstag im Neuen Berliner Kunstverein

JEANNE MAMMEN
b. November 21, 1890, in Berlin
d. April 22, 1976, in Berlin

1907	Studies at the Académie Julian in Paris
1908–10	Studies at the Académie Royale des Beaux-Arts in Brussels
1911	Takes courses at the Scuola Libera Academica in Rome
1914	Outbreak of the First World War, moves to Brussels as part of a family regarded as "hostile foreigners"
1915	Moves to Berlin, works as an illustrator for various publishing houses
1930	First solo exhibition at the Galerie Gurlitt in Berlin
1932	Travels to Moscow with Hans Uhlmann
1933	Participation in the spring exhibition of the Association of Female Artists Berlin, close friendship with Hans Uhlmann throughout the war
1933–34	Sells drawings, books, and magazines with the book cart "Zur lächelnden Berolina" (To the Smiling Berolina)
1937	Visits the International Exposition in Paris
1945	Participation in the exhibition *Nach 12 Jahren: Antifaschistische Maler und Bildhauer stellen aus* (After 12 Years: Anti-Fascist Painters and Sculptors Exhibit)
1947	Solo exhibition at the Galerie Gerd Rosen in Berlin
1948	Participation in the group exhibition *zone 5*
1949	Collaboration with the artists' cabaret "Die Badewanne"
1960	Solo exhibition on the occasion of her seventieth birthday at the Academy of Arts in Berlin
1970	Solo exhibition on the occasion of her eightieth birthday at the Neuer Berliner Kunstverein

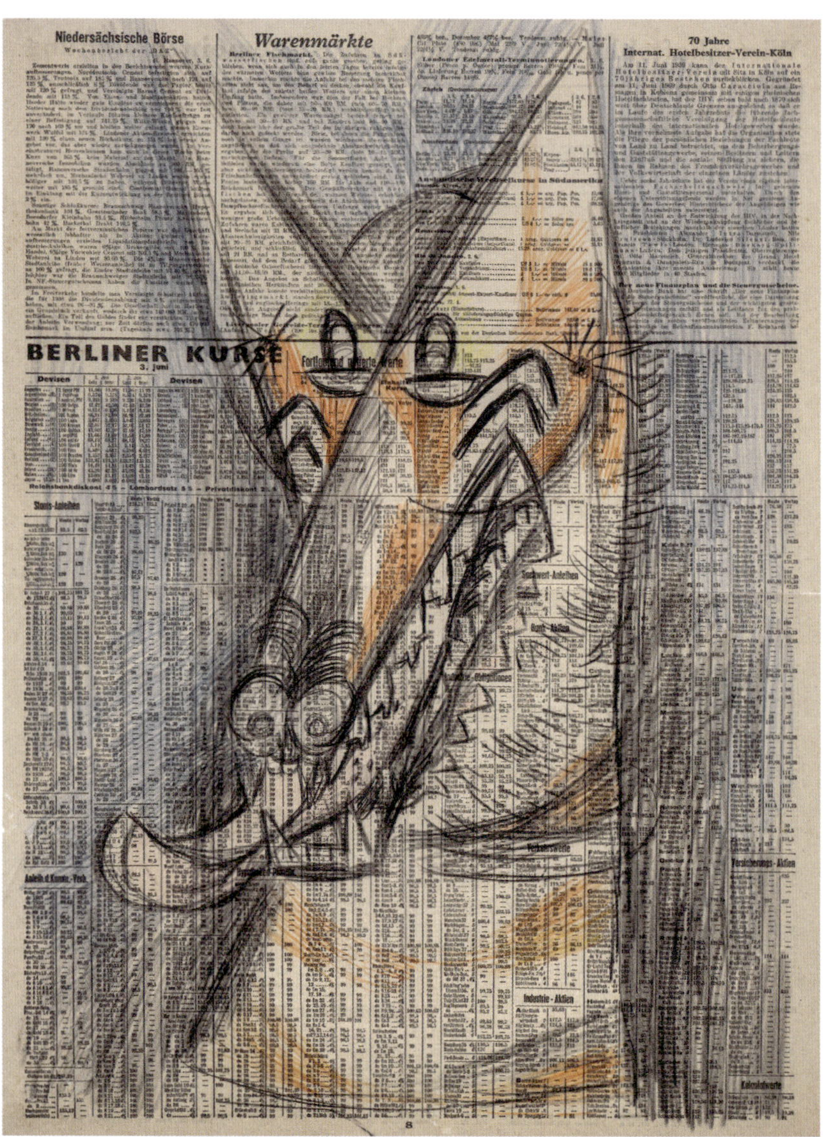

Wolf, um / ca. 1939

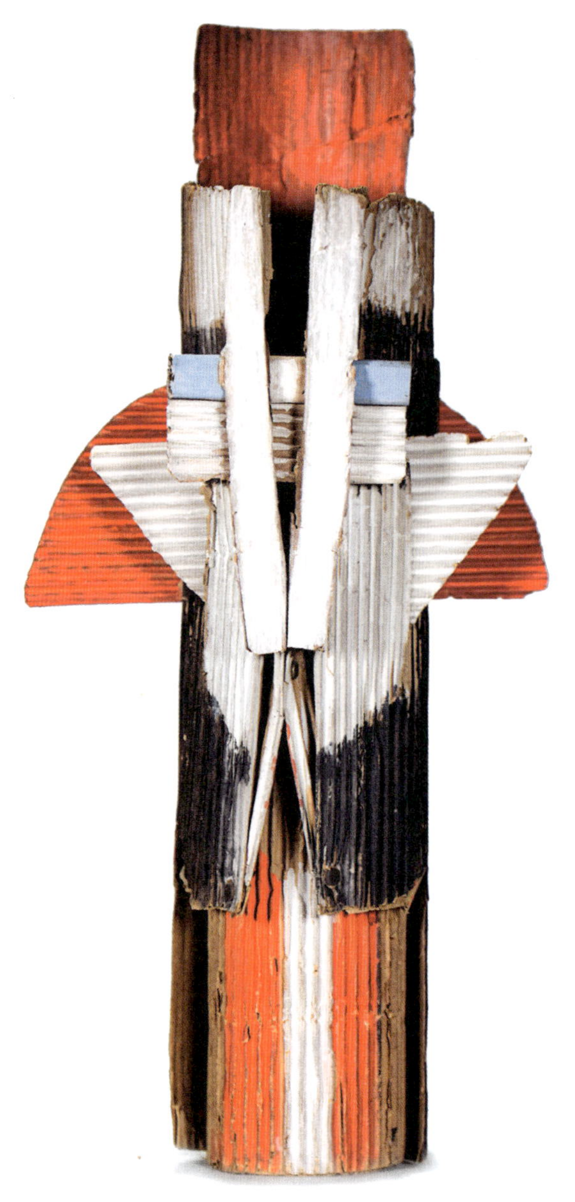

Teufel / Devil, um / ca. 1945

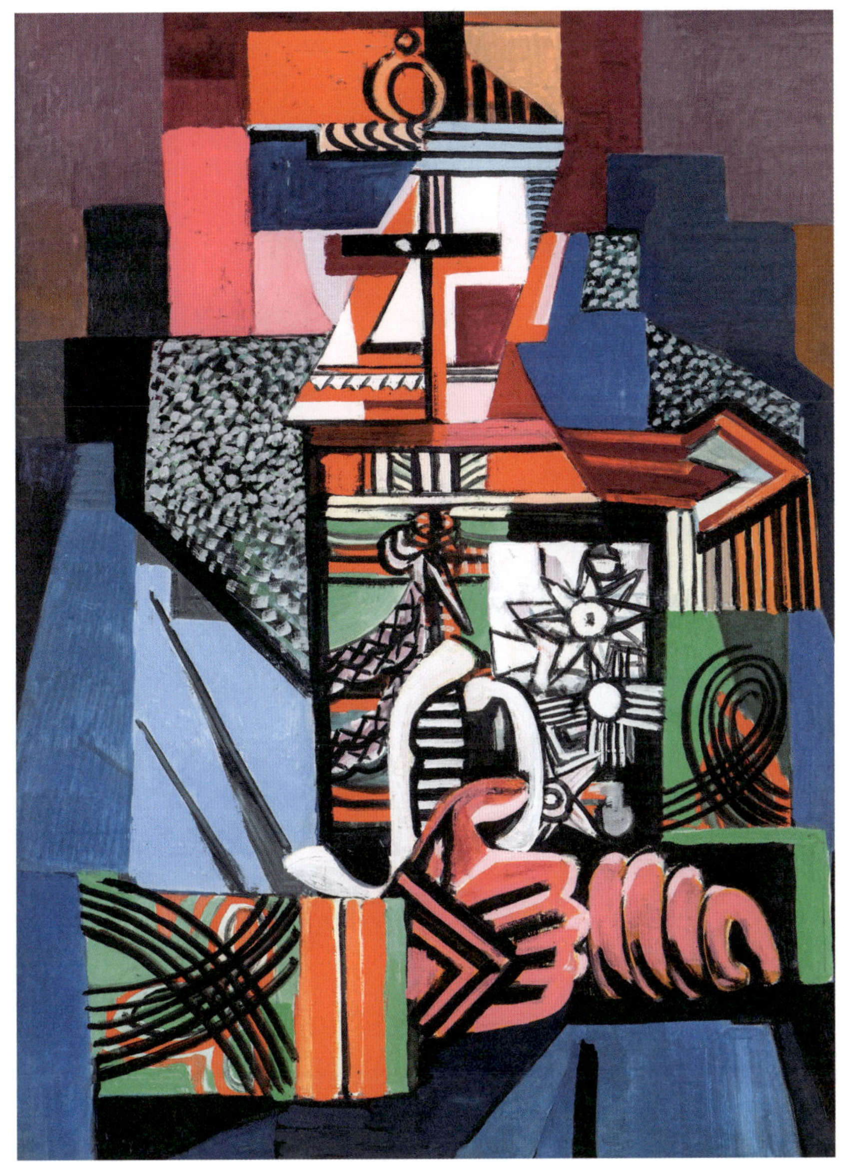

Mackensen, um / ca. 1942

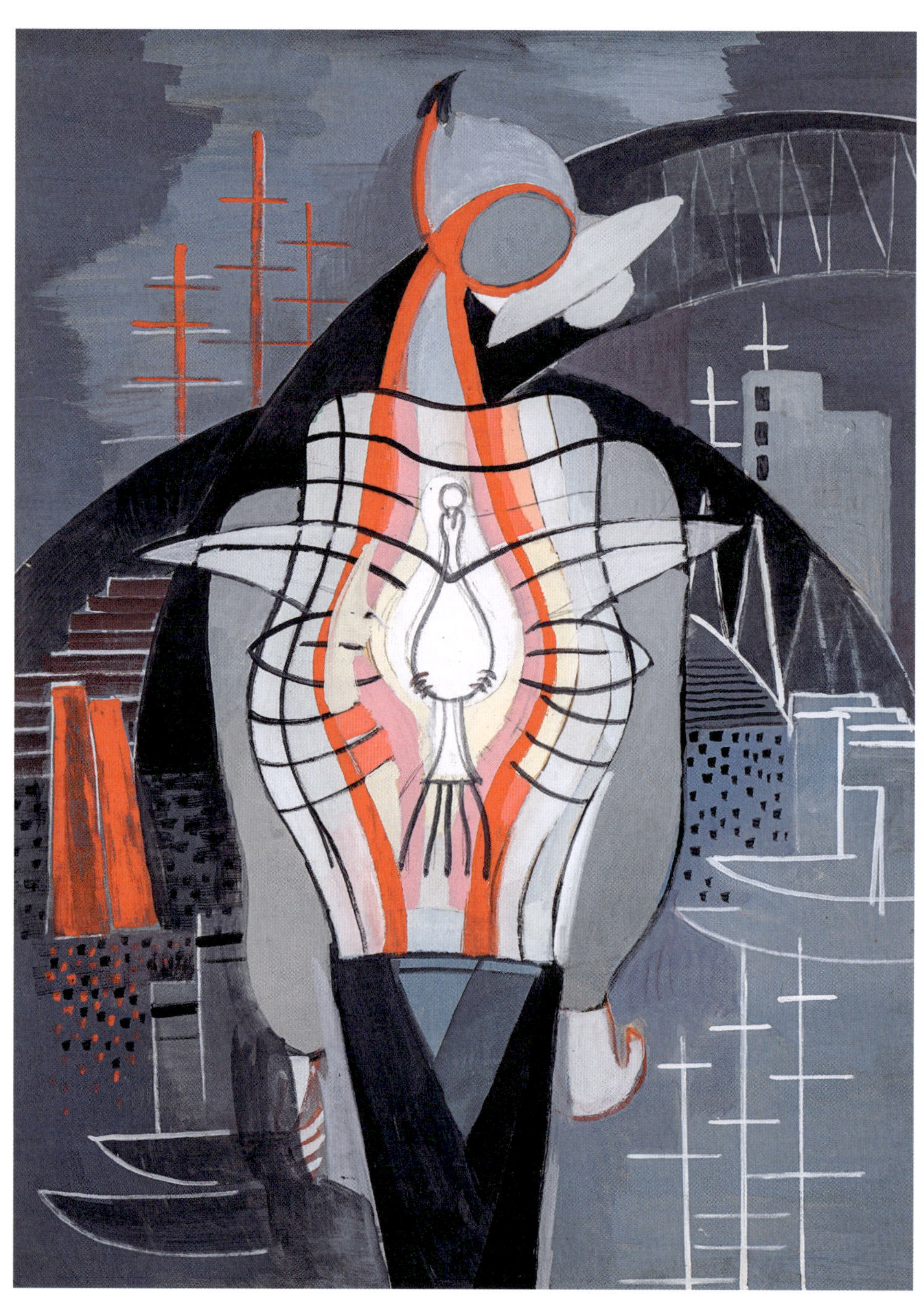

Tod und Verklärung eines Hamburger Matrosen (Ertrunkener Matrose) /
Death and Glorification of a Hamburg Sailor (Drowned Sailor), um / ca. 1940

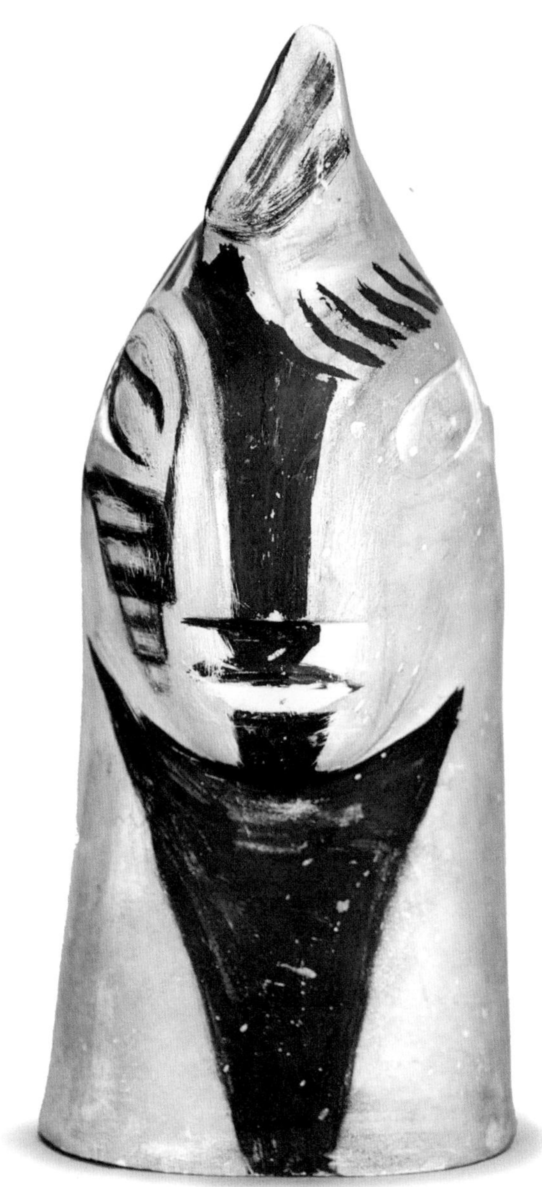

Afrikanischer Kriegerkopf / African Warrior Head, um / ca. 1936

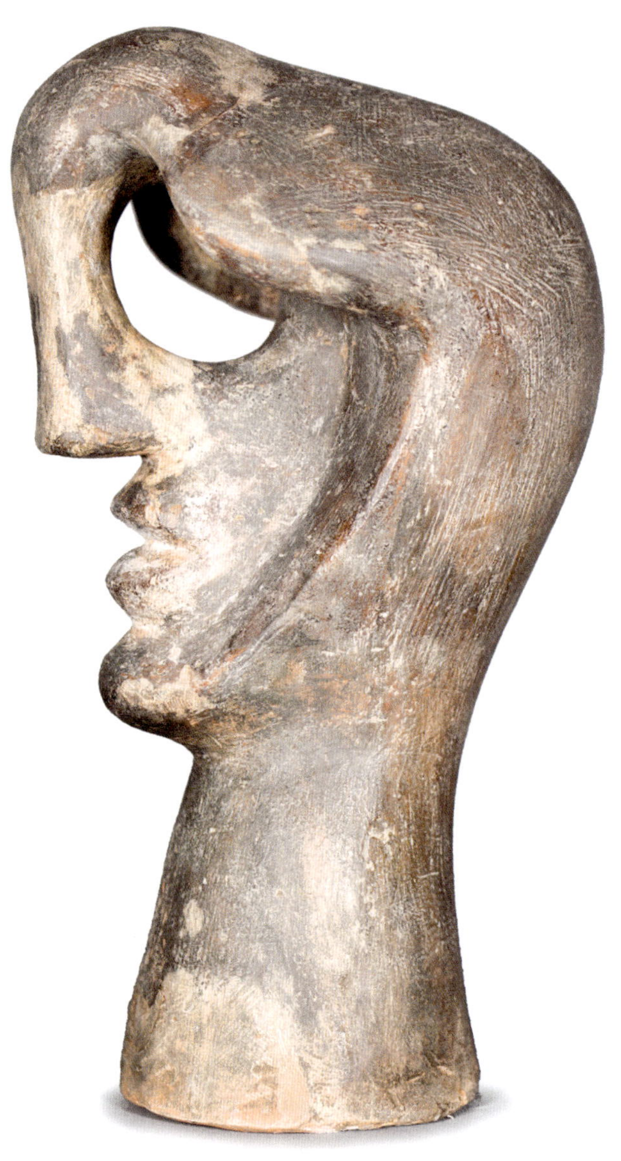

Männerkopf / Man's Head, um / ca. 1945

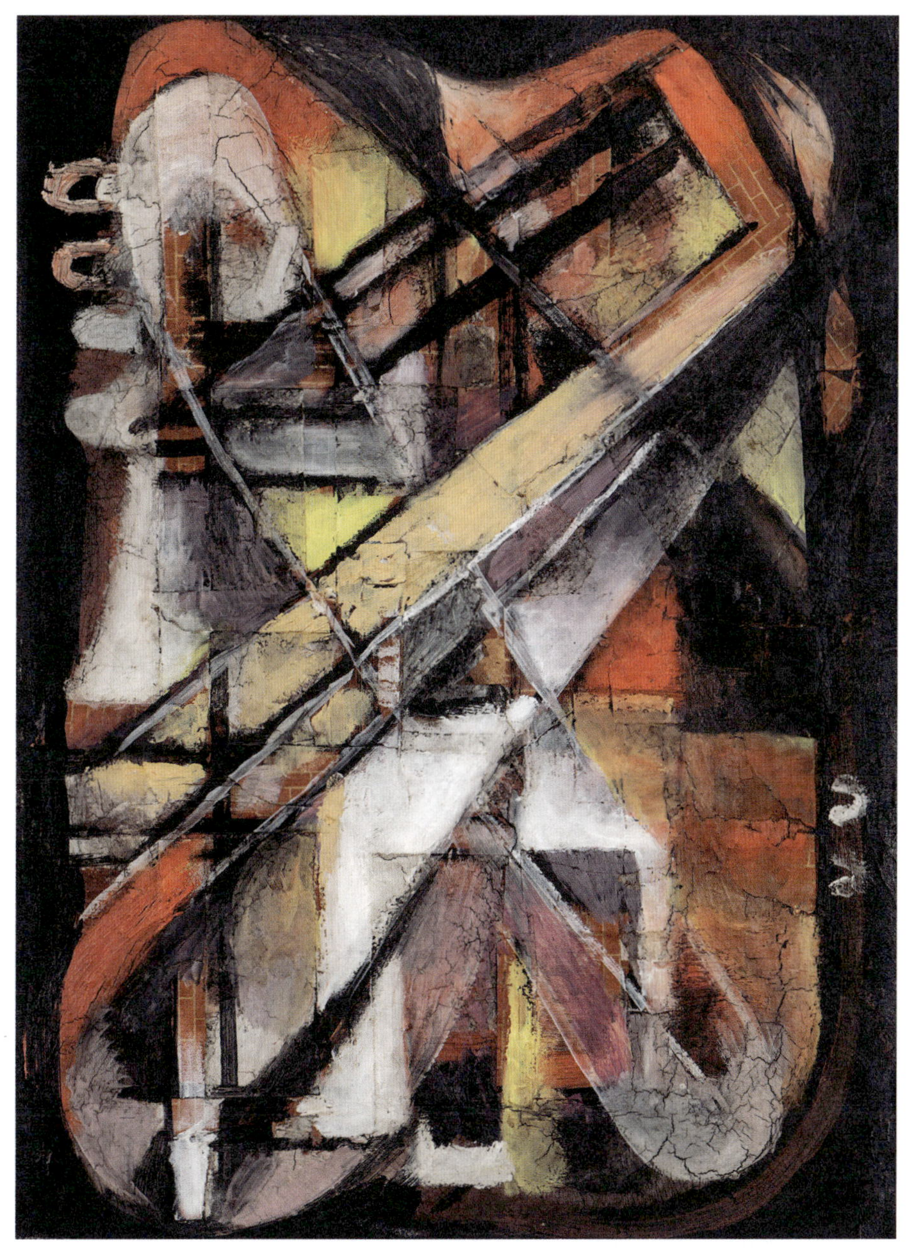

Brennendes Haus / Burning House, um / ca. 1944

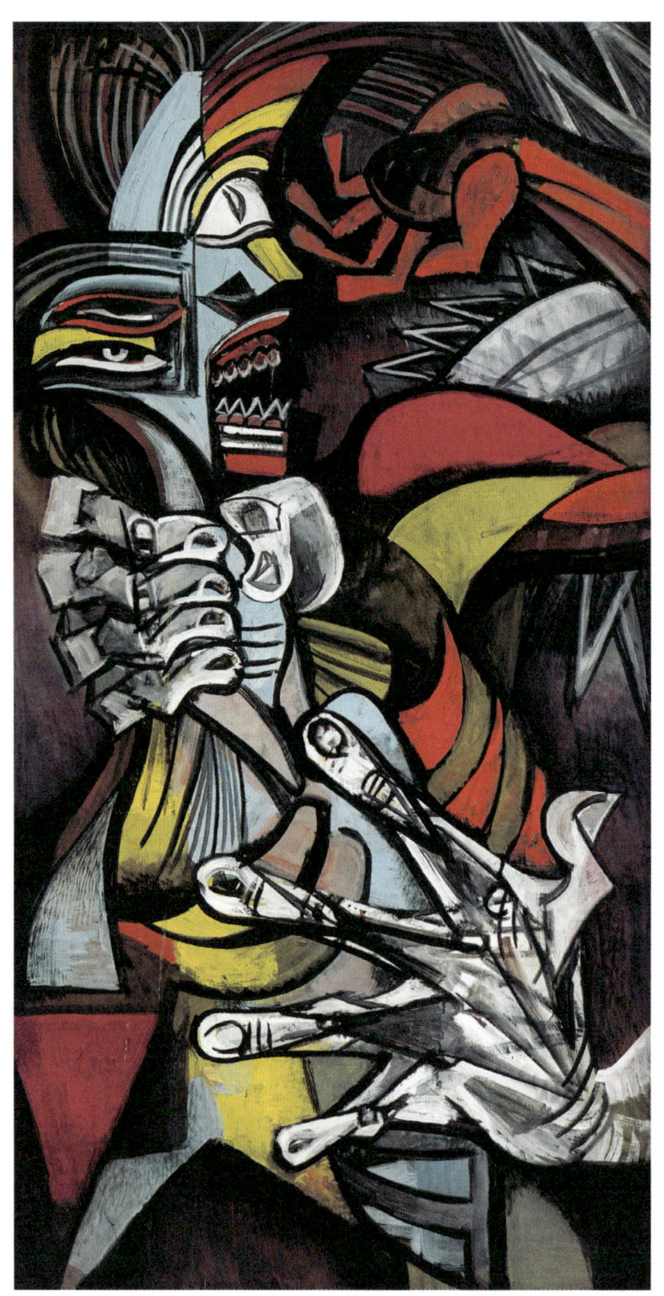

Würgeengel / The Strangling Angel, 1939–1942

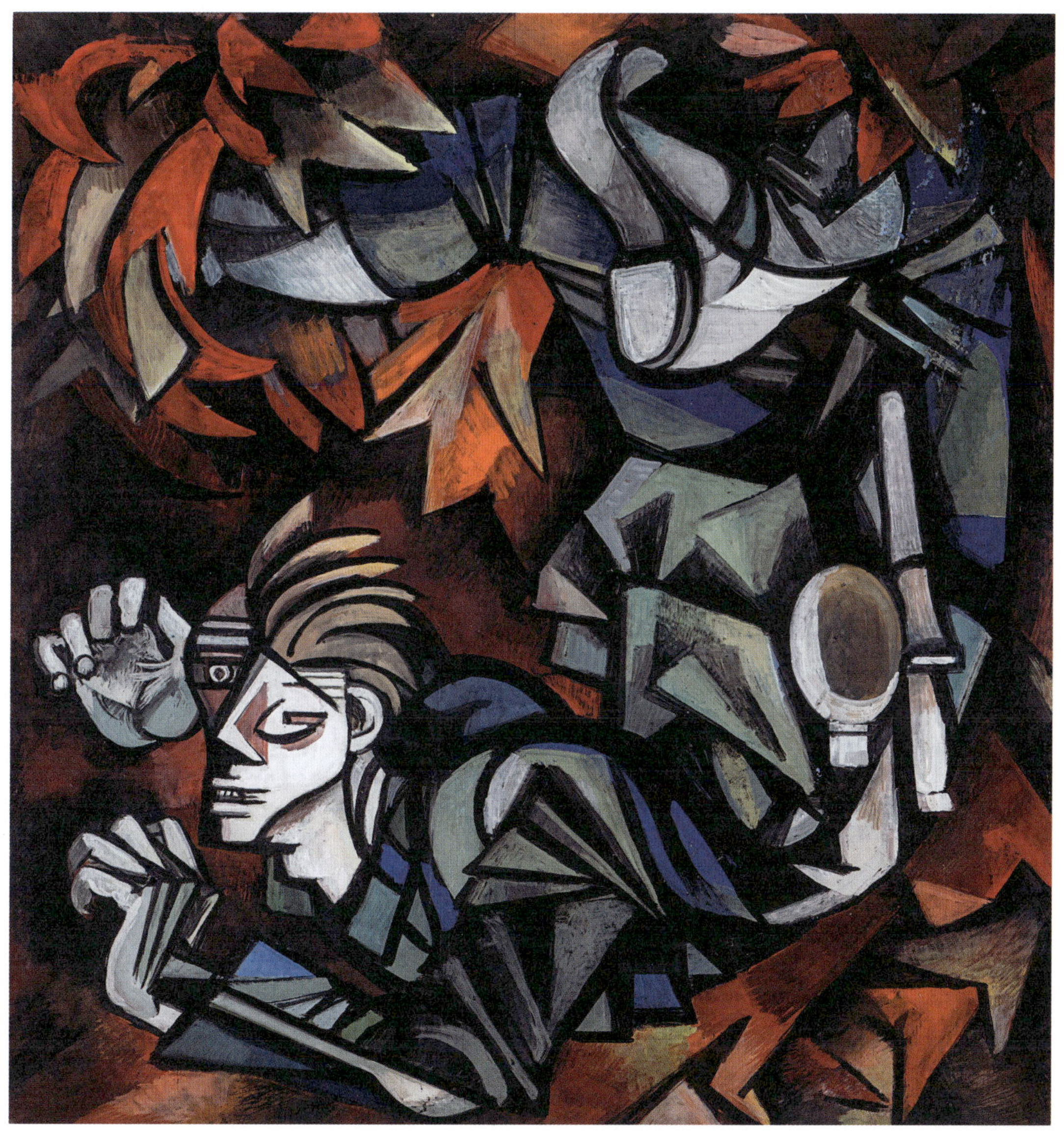

Sterbender Krieger (Junger Soldat im Frontfeuer) /
Dying Warrior (Young Soldier in the Front Fire), um / ca. 1943

JEANNE MAMMEN 1890–1976

Martina Weinland

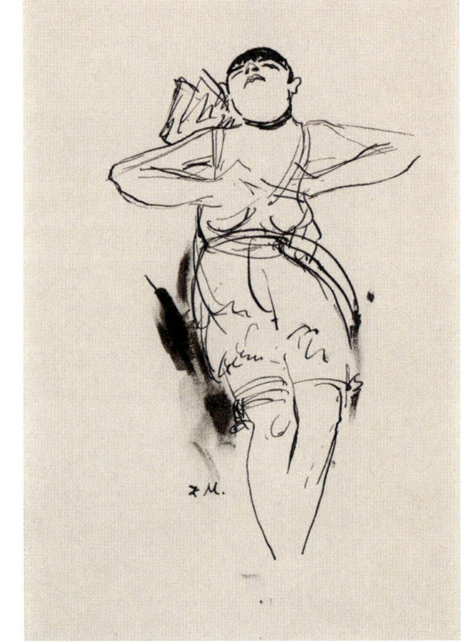

Abb. 1
Jeanne Mammen,
Valeska Gert, o. D.
[um 1929],
Feder auf Papier,
26 × 20 cm,
Jeanne-Mammen-Stiftung
im Stadtmuseum Berlin

Jeanne Mammen wurde am 21. November 1890 als Jüngste von vier Kindern in Berlin geboren und starb dort am 22. April 1976. Ihre Kindheit und Jugend erlebte sie in Paris. Dort begann sie 1907 mit ihrem Kunststudium an der Académie Julian mit ihrer zwei Jahre älteren Schwester Marie Louise (geb. 1888), genannt Mimi. Nach einem Jahr wechselten beide an die Académie Royale des Beaux-Arts nach Brüssel. Die Stadt galt damals als Zentrum des Symbolismus. 1909 erhielt sie die Auszeichnung *médaille pour composition*. Ihre bekannteste Arbeit aus dieser Zeit des Symbolismus ist der vierzehn Blatt umfassende Zyklus *Die Versuchung des heiligen Antonius* (1910–1914).

Mit Ausbruch des Ersten Weltkrieges mussten „unerwünschte Ausländer" Frankreich verlassen. Die Familie kehrte zurück nach Berlin. Die ersten Jahre waren für die beiden Gebrauchsgrafikerinnen Jeanne und ihre Schwester Mimi wirtschaftlich sehr schwierig. Ihre ökonomische Situation verbesserte sich Anfang der 1920er-Jahre und sie konnten ein eigenes Atelier am Kurfürstendamm 29 mitten in Berlins westlichem Vergnügungszentrum anmieten.

Mimi war wegen ihrer Modezeichnungen gefragt und Jeanne veröffentlichte regelmäßig Illustrationen in den Magazinen *Der Junggeselle*, *Ulk* und *Simplicissimus*. Beide waren gut im Geschäft und überaus erfolgreich. In den 1920er-Jahren lernte Mammen auch Valeska Gert (1892–1978) kennen, eine bekannte Tänzerin und Schauspielerin, die sie mehrfach porträtierte → Abb. 1. Ab 1933 lebte Gert überwiegend im Ausland und emigrierte 1939 endgültig nach Amerika. Berlin verlassen hatten bereits 1937 Mimi, um mit ihrer Freundin Henriette Goldenberg (1873–1942) in Teheran zu leben, ebenso Mammens Freunde Grete und Kurt Wohl, das Ehepaar Clara und Hans Gaffron (1902–1979), Steffi Nathan und Max Delbrück (1906–1981).[1] Sie waren nach England und nach Amerika emigriert und versuchten von dort aus, mittels Bildverkäufen die Künstlerin in Berlin zu unterstützen. Es wurde sehr einsam um Mammen und ihr Atelier am Kudamm 29 zu ihrem sehr persönlichen Refugium. Lange Zeit sollte dies kein Treffpunkt mehr für Freunde und Ort für anregende Gespräche sein.[2]

1 Jeanne Mammen blieb mit ihren Freunden in engem Kontakt. Briefwechsel aus dieser Zeit sind dennoch kaum mehr erhalten.

2 Siehe hierzu Martina Weinland, Berlin 1933–1945. Bis Hitler auftauchte mit dem neuen Schlamassel ..., in: Jeanne Mammen – eine Berliner Künstlerin par excellence, Ausst.-Kat. Museum Schlösschen im Hofgarten Wertheim, Wertheim 2019, S. 14–16.

Martina Weinland

Jeanne Mammen was born in Berlin on November 21, 1890, as the youngest of four children, and died there on April 22, 1976. She spent her childhood and youth in Paris. It was also where she began her studies of art at the Académie Julian in 1907, along with her sister Marie Louise (born in 1888), nicknamed Mimi, who was two years older. After one year, the two of them switched to the Académie Royale des Beaux-Arts in Brussels. At the time, the city was regarded as a center of Symbolism. In 1909, Mammen was awarded the Médaille pour composition. Her most well-known work from this Symbolist period is *Die Versuchung des heiligen Antonius* (The Temptation of St. Anthony, 1910–14), a series of fourteen illustrations.

Fig. 1
Jeanne Mammen,
Valeska Gert, n.d.
[ca. 1929],
pen and ink on paper,
26 × 20 cm,
Jeanne-Mammen-Stiftung
im Stadtmuseum Berlin

With the outbreak of the Second World War, "undesirable foreigners" were forced to leave France, and the Mammen family thus returned to Berlin. The first years were very difficult economically for the two commercial graphic artists, Jeanne and her sister Mimi. Yet their economic situation improved in the early 1920s, and they were able to rent their own studio at Kurfürstendamm 29, in the heart of Berlin's western entertainment mile.

Mimi was in demand for her fashion drawings, and Jeanne regularly published illustrations in the magazines *Der Junggeselle, Ulk,* and *Simplicissimus*. They each had a flourishing business and were quite successful. In the 1920s, Jeanne Mammen also became acquainted with Valeska Gert (1892–1978), a well-known dancer and actress, of whom she created several portraits →fig. 1. As of 1933, Gert lived primarily abroad and eventually emigrated to America in 1939. Mimi had already left Berlin in 1937 to live with her friend Henriette Goldenberg (1873–1942) in Tehran, just like Jeanne's friends Grete and Kurt Wohl, the married couple Clara and Hans Gaffron (1902–1979), as well as Steffi Nathan and Max Delbrück (1906–1981).[1] These friends emigrated to England and America and from there tried to support the artist in Berlin by selling her pictures. Mammen's life grew quite solitary, and her studio at Kurfürstendamm 29 became her very personal refuge. It would not be a place for meeting with friends and engaging in stimulating discussions again for a long time.[2]

1 Jeanne Mammen remained in close contact with her friends. Nevertheless, hardly any correspondence from this time has been preserved.
2 On this, see Martina Weinland, "Berlin 1933–1945: Bis Hitler auftauchte mit dem neuen Schlamassel … ," in *Jeanne Mammen – eine Berliner Künstlerin par excellence,* exh. cat. Museum Schlösschen im Hofgarten (Wertheim: Stiftung Schlösschen im Hofgarten, 2019), pp. 14–16.

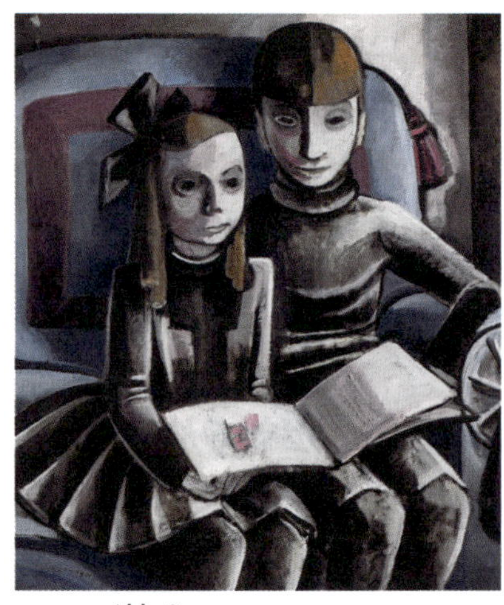

Abb. 2
Jeanne Mammen,
Zwei Kinder lesend,
um 1936,
Öl auf Leinwand,
102 × 88 cm,
Jeanne-Mammen-Stiftung
im Stadtmuseum Berlin

Gehen oder bleiben? Jeanne Mammen entschied sich dafür, in Berlin zu bleiben. Konsequent brach sie die Kontakte zu ihren bisherigen Verlagen ab, weil diese entweder arisiert oder deren Besitzer enteignet worden waren. Damit war sie praktisch ohne Einkommen und musste sich arbeitssuchend melden. »Der Bücherroller« am Kudamm, ein mobiler Verkaufsstand für eigene und fremde Grafiken sowie Kunstbücher, blieb ein kurzes Intermezzo, das sie Anfang 1934 wegen zu geringer Einnahmen wieder aufgab. 1933 beteiligte sie sich noch einmal an einer Gruppenausstellung des Vereins der Künstlerinnen in Berlin. Gelegenheitsarbeiten als Schaufensterdekorateurin und als (Be-) Malerin von handgeschnitzten Puppenköpfen für das Reichsinstitut für Puppenspiel bei Harro Siegel folgten. Obwohl ihre finanzielle Situation prekär war, blieb sie ihrem Grundsatz treu, nicht mit dem NS-Regime zu kollaborieren. Sehr deutlich erlebte sie seinen Terror, wenn der randalierende Mob über den Kudamm zog, Schaufenster jüdischer Geschäfte zerstörte und Gastwirte wie deren Gäste grundlos angriff und verprügelte. Solche Angriffe hatten schon deutlich vor Januar 1933 begonnen.

Zwangsläufig auf sich zurückgeworfen, besuchte Mammen wieder Abendkurse und übte sich im Zeichnen nach Modellen.[3] Dies diente auch dazu, sich offiziell als arbeitssuchende Grafikerin auszuweisen. Im Jahr 1937 fuhr sie nach Paris und besuchte dort die Weltausstellung, wo sie das epochale Antikriegsbild *Guernica* des von ihr bewunderten Pablo Picasso sah. Ihre in den 1930er-Jahren bis dahin entstandenen Bilder, deren Motive zum Teil wie eingefroren und in der Bewegung erstarrt und blicklos wirken →Abb. 2, erfuhren nun eine Wandlung hin zum Kubismus. Dieser Wandel brachte Werke hervor, die – wenn sie bekannt geworden wären – unter das Verdikt „entartete Kunst" gefallen wären. Auch Mammens plastische Arbeiten hätte dies betroffen, denn sie zeigen eine Vorliebe für das Archaische. In dem erhaltenen, rund zwanzig Arbeiten zählenden Bestand fallen die Kopfskulpturen mit ausgeprägten Profilen und stark vorgewölbten Nasen- und Stirnpartien auf. Sie haben bildnerische Pendants →Abb. 3; S. 206.

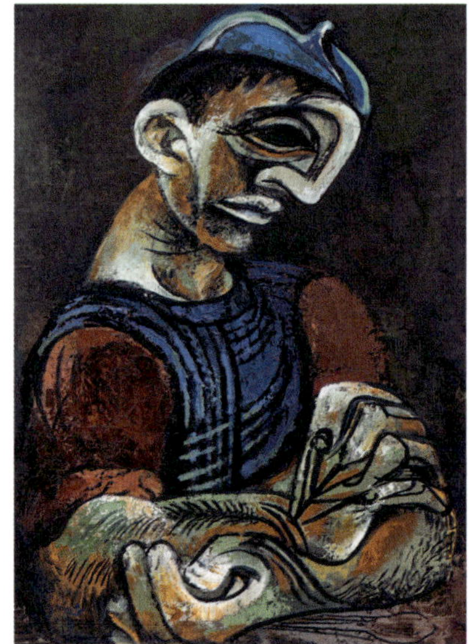

Abb. 3
Jeanne Mammen,
Mann mit Baskenmütze im Profil, um 1943,
Öl auf Karton,
103 × 73,5 × 4 cm,
Jeanne-Mammen-Stiftung
im Stadtmuseum Berlin

Mammen wusste, dass sie sich auf ein für sie gefährliches Terrain begab, wenn sie in diesem diskreditierten und von der NS-Obrigkeit verfolgten Stil weiterarbeitete, aber sie konnte nicht anders und sah darin den ihr einzig möglichen Konter zu den Verbrechen um sie herum. Zu einem Problem wurde der Kriegsalltag für sie, der von Bombenalarm und ihrer Aufgabe als Brandwächterin des Hauses Kudamm 29 bestimmt war. So musste sie ihr Atelier, ihr Refugium, das mit Bildern und Skulpturen überbordend gefüllt war, vor fremden Blicken schützen.

Jeanne Mammen gab öffentlich nur ungern etwas von sich preis. Knapp dreißig Jahre nach Kriegsende fasste sie die Zeit lapidar zusammen: „Keine Ölfarbe, keine Leinwand – alle Bilder aus dieser Zeit sind mit Plakattempera auf Pappe gemalt … Keine Fenster, keine Heizung, weder Gas noch elektrisches Licht, keine Lebensmittel …"[4] Dabei hatte sie ein Jahr nach Kriegsende ihrem Freund Max Delbrück gegenüber etwas ausführlicher in einem Brief vom 26. Juli 1946 zu verstehen gegeben: „… die Überreste von Jeanne sitzen in den Überresten von Berlin, haben viel, viel – endlos Grauenhaftes und Schreckliches überstanden. Meine Bildchen sind noch alle da und vermehren sich, ich war den ganzen Krieg über erstaunlich fleißig, trotzdem alles schwarz geschah und ich lange Zeit nicht wagen durfte, irgendjemand auch nur einen Blick in mein Atelier werfen zu lassen".[5]

3 Siehe hierzu Eberhard Roters, Jeanne Mammen, wer ist das?, in: Jeanne Mammen. Köpfe und Szenen, Berlin 1920–1933, hg. von Marga Döpping, Ausst.-Kat. Kunsthalle Emden, Emden 1991, S. 27.
4 Jeanne Mammen und Max Delbrück, Zeugnisse einer Freundschaft, Berlin 2005, S. 38.
5 Ebd., S. 66.

Fig. 2
Jeanne Mammen,
Two Children Reading,
ca. 1936,
oil on canvas,
102 × 88 cm,
Jeanne-Mammen-Stiftung
im Stadtmuseum Berlin

Fig. 3
Jeanne Mammen,
Man with Beret
in Profile, ca. 1943,
oil on cardboard,
103 × 73.5 × 4 cm,
Jeanne-Mammen-Stiftung
im Stadtmuseum Berlin

To go or to stay? Jeanne Mammen decided to remain in Berlin. She severed contact with her former publishing houses, because they had either been Aryanized or expropriated from their owners. She hence had practically no income and had to register as seeking employment. "Der Bücherroller" (The Bookroller) on Kurfürstendamm, a mobile vendor stand that sold its own graphics and those of other artists, as well as art books, remained a brief intermezzo that she abandoned again in early 1934 due to low earnings. In 1933, Mammen participated one more time in a group exhibition at the Verein der Berliner Künstlerinnen (Association of Female Berlin Artists). Occasional jobs as a display window decorator and a painter of hand-carved doll heads for the Reichsinstitut für Puppenspiel (Reich Institute for Puppetry) under Harro Siegel followed. Even though her financial situation was precarious, Mammen remained true to her principle of not collaborating with the National Socialists. She experienced the regime's terror quite acutely when a mob stormed down Kurfürstendamm, destroying the shop windows of Jewish businesses, and assaulting and beating up proprietors and their guests without any provocation. Such attacks had already begun well before January 1933.

Unavoidably left to her own devices, Mammen once again attended evening courses and practiced drawing from models.[3] This also enabled her to officially identify herself as a graphic artist seeking employment. In 1937, she went to Paris and visited the International Exposition there, where she saw the epochal antiwar picture *Guernica* by Pablo Picasso, an artist whom she greatly admired. Her paintings, which she had been creating since the 1930s, with motifs that at times appeared frozen, suspended in motion, and sightless →fig. 2, now underwent a change toward Cubism. This brought about works that—if they had become public—would have been classified as "degenerate art." Surely Mammen's sculptural works would have met the same fate, since they showed a preference for archaic themes. In the roughly twenty pieces that have been preserved, the head sculptures with pronounced profiles and strongly protruding nose and forehead sections stand out. They also have pictorial counterparts →fig. 3; p. 206.

Mammen knew that she was venturing into terrain that was dangerous for her when she continued to work in this discredited style, which was generally persecuted by the National Socialist authorities. But she was unable to do otherwise and saw this style as her only possible counteroffensive to the crimes occurring around her. Day-to-day life during the war, which for her was defined by bomb alarms and her role as a fire warden for the building at Kurfürstendamm 29, became a problem for her. She had to protect her studio, which was filled to overflowing with paintings and sculptures, from prying eyes.

Jeanne Mammen revealed things about herself to the public only grudgingly. Nearly thirty years after the end of the war, she succinctly summarized: "No oil paint, no canvas—all of the pictures from that time are painted with poster tempera on cardboard ... No windows, no heating, neither gas nor electric light, no food ..."[4] One year after the war ended, however, she expressed herself to her friend Max Delbrück in somewhat greater detail in a letter of July 26, 1946: "... the remains of Jeanne sit in the remains of Berlin, have survived many, many—endlessly dreadful and horrible things. All my little pictures still exist and multiply; I was surprisingly industrious throughout the war, despite all the horror taking place, and I did not dare to let anyone even take a look into my studio for a long time."[5]

3 On this, see Eberhard Roters, "Jeanne Mammen, wer ist das?," in *Jeanne Mammen: Köpfe und Szenen, Berlin 1920–1933,* ed. Marga Döpping, exh. cat. Kunsthalle Emden (Emden: Stiftung Henri und Eske Nannen, 1991), p. 27.

4 Jeanne Mammen and Max Delbrück, *Zeugnisse einer Freundschaft* (Berlin: Förderverein der Jeanne-Mammen-Stiftung e. V., 2005), p. 38.

5 Ibid., p. 66.

ERNST WILHELM NAY

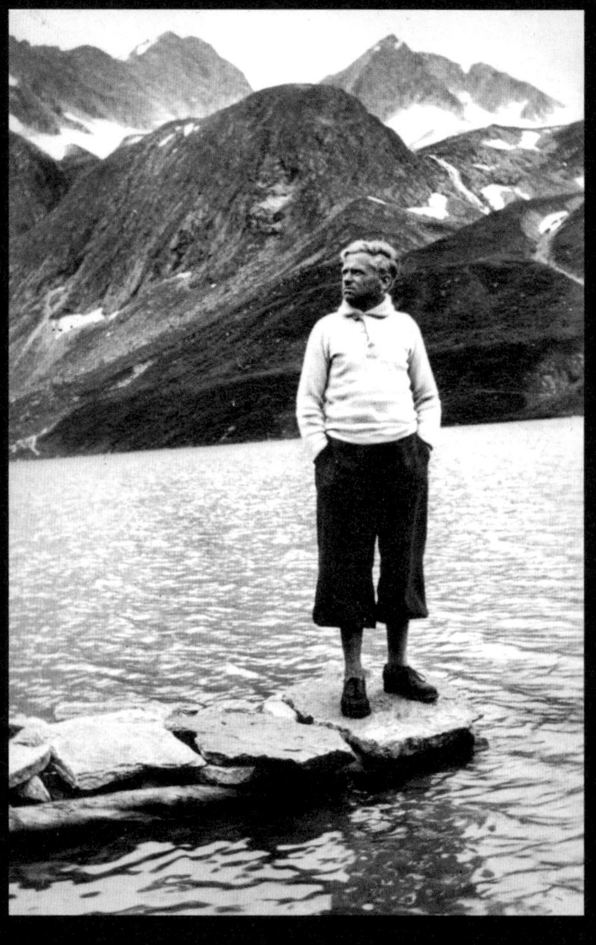

Ernst Wilhelm Nay auf den Lofoten / Ernst Wilhelm Nay on the Lofoten, 1937, Archiv Ernst Wilhelm Nay Stiftung, Köln / Cologne

ERNST WILHELM NAY
* 11. Juni 1902 in Berlin
† 8. April 1968 in Köln

1925–1928 Studium bei Karl Hofer an den Vereinigten Staatsschulen für freie und angewandte Kunst in Berlin-Charlottenburg
1930 Aufenthalt auf Bornholm
1931 Staatspreis der Preußischen Akademie der Künste, neunmonatiges Stipendium in der Villa Massimo in Rom
1933 Teilnahme an der Ausstellung *Lebendige deutsche Kunst* in den Galerien Alfred Flechtheim und Paul Cassirer in Berlin
1935 Aufenthalt im Fischerdorf Vietzkerstrand (heute: Wicko Morskie, Polen) an der Ostsee
1937 Beschlagnahmung seiner Werke und Diffamierung derselben auf der Ausstellung *Entartete Kunst*
1937 Dreimonatige Reise auf die Lofoten
1938 Zweite Lofotenreise
1939 Ende des Jahres Einberufung zum Militärdienst
1942 Versetzung nach Le Mans als Kartenzeichner, Nutzung des Ateliers des Bildhauers Pierre de Térouanne
1943 Zerstörung des Berliner Ateliers während eines Bombenangriffs
1945 Übersiedelung nach Hofheim im Taunus
1946 Erste Einzelausstellungen in den Galerien Günther Francke in München und Gerd Rosen in Berlin
1948 Beteiligung an der Biennale in Venedig
1950 Retrospektive in der Kestner-Gesellschaft in Hannover
1951 Übersiedelung nach Köln
1955 Teilnahme an der documenta 1, Publikation der Schrift *Vom Gestaltwert der Farbe*
1967 Großes Verdienstkreuz der Bundesrepublik Deutschland

ERNST WILHELM NAY
b. June 11, 1902, in Berlin
d. April 8, 1968, in Cologne

1925–28 Studies under Karl Hofer at the United State Schools for Free and Applied Arts in Berlin-Charlottenburg
1930 Stay on the island of Bornholm
1931 State Prize of the Prussian Academy of Arts, nine-month grant/fellowship at the Villa Massimo in Rome
1933 Participation in the exhibition *Lebendige deutsche Kunst* (Vibrant German Art) at the galleries of Alfred Flechtheim and Paul Cassirer in Berlin
1935 Stay in the fishing village of Vietzkerstrand (today: Wicko Morskie, Poland) on the Baltic Sea
1937 Confiscation of his works and defamation of them in the exhibition *Entartete Kunst* (Degenerate Art)
1937 Three-month stay on the Lofoten islands
1938 Second trip to the Lofoten
1939 Called up for military service by the end of the year
1942 Relocates to Le Mans as a cartographer, uses the studio of the sculptor Pierre de Térouanne
1943 Destruction of his studio in Berlin during an air raid
1945 Moves to Hofheim im Taunus
1946 First solo exhibitions at the galleries Günther Francke in Munich and Gerd Rosen in Berlin
1948 Participation in the Venice Biennale
1950 Retrospective at the Kestner-Gesellschaft in Hanover
1951 Moves to Cologne
1955 Participation in documenta 1, publication of his text *On the Design Value of Color*
1967 Order of Merit of the Federal Republic of Germany

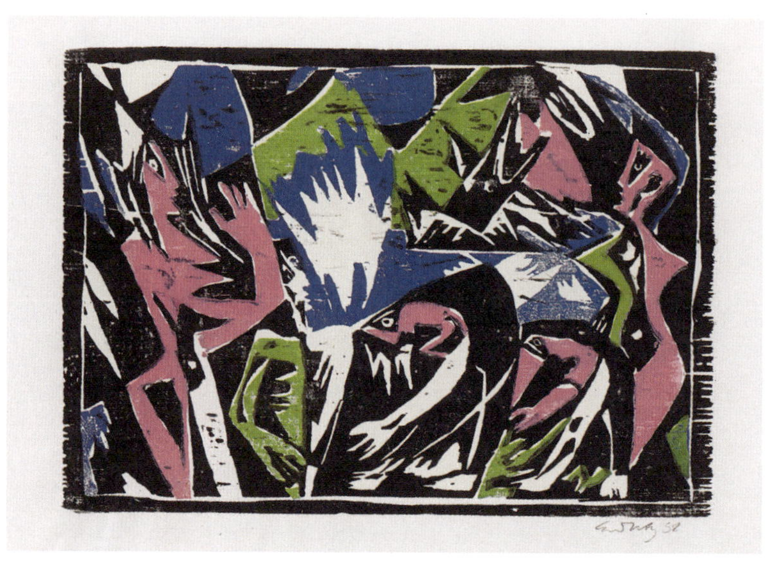

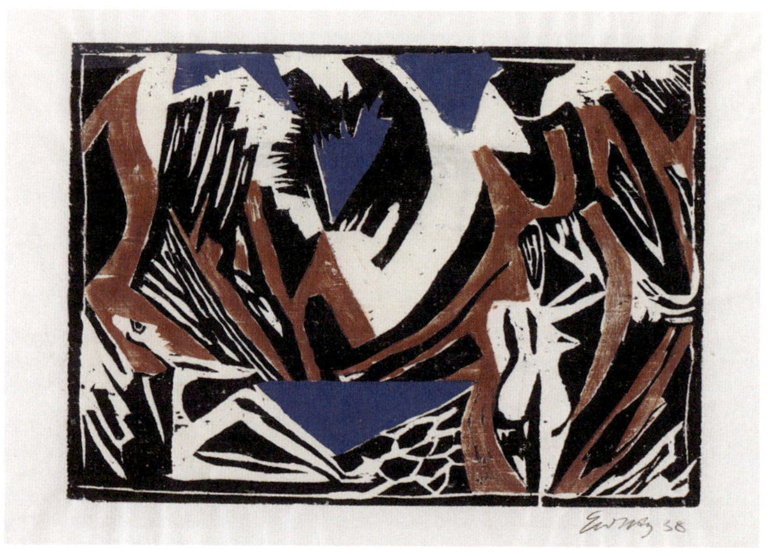

Fünf Badende in Lofoten / Five Bathers in Lofoten, 1938

Zwei Badende am Bergsee / Two Bathers at a Mountain Lake, 1938

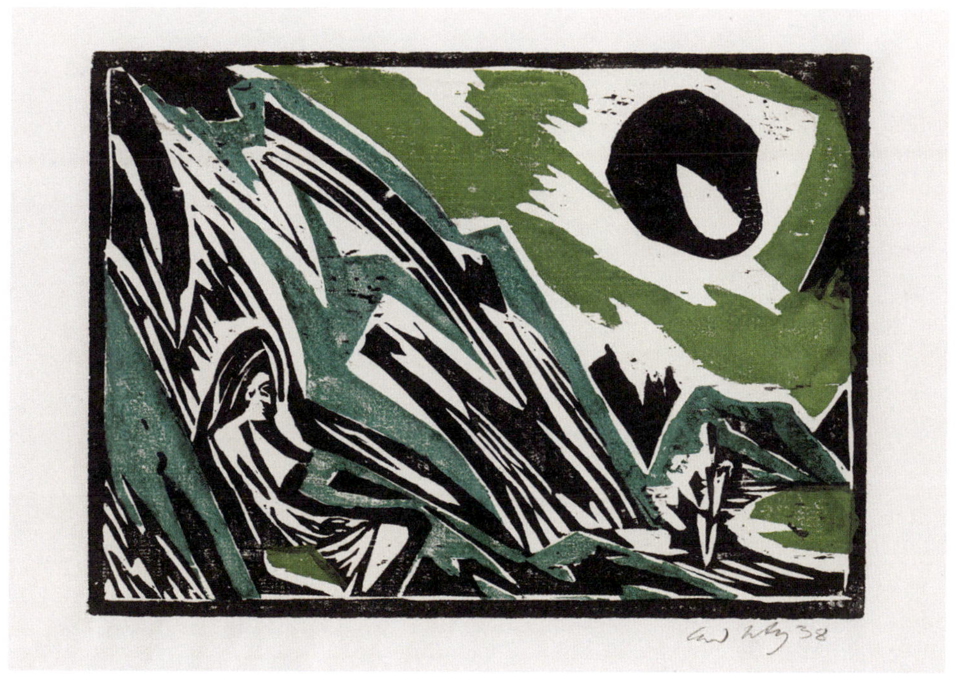

Badende an der Steilküste / Bathers along a Coastal Bluff, 1938

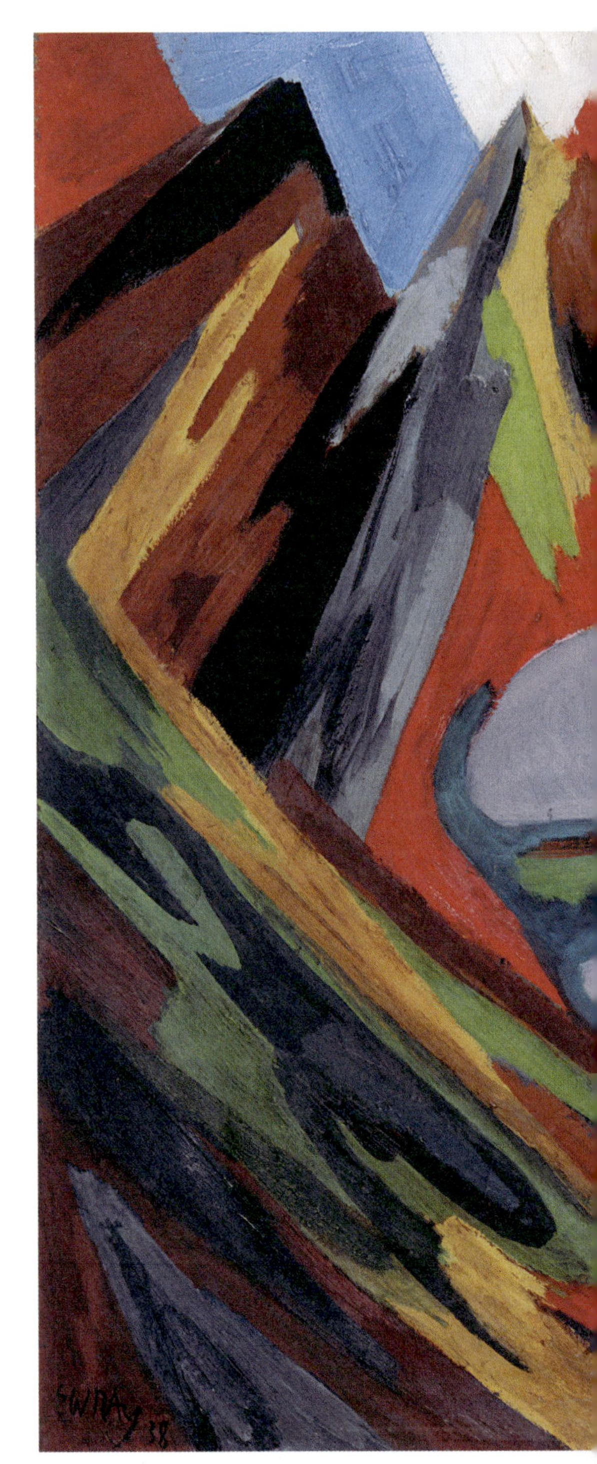

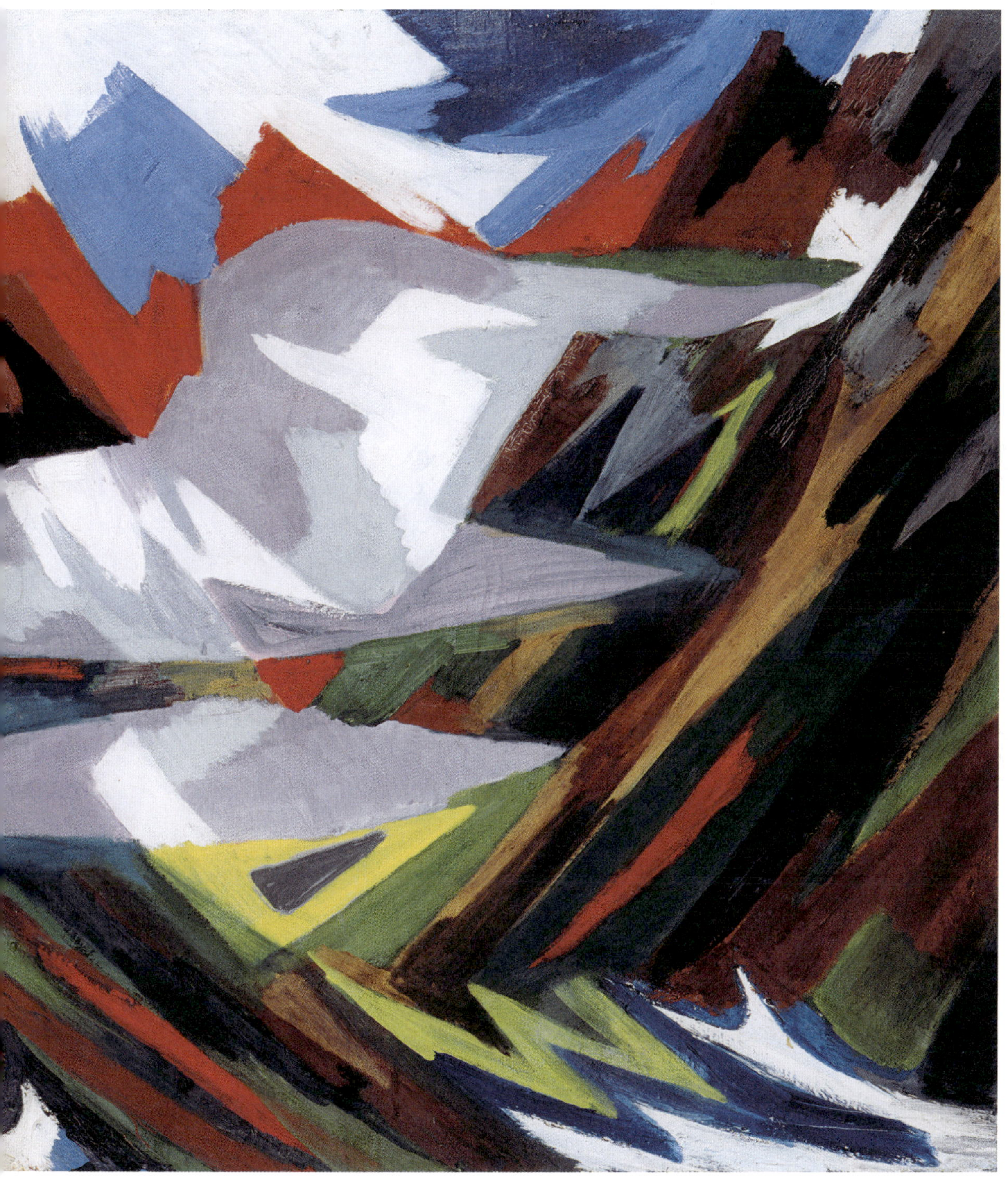

Lofotenlandschaft mit Wolke / Lofoten Landscape with Cloud, 1938

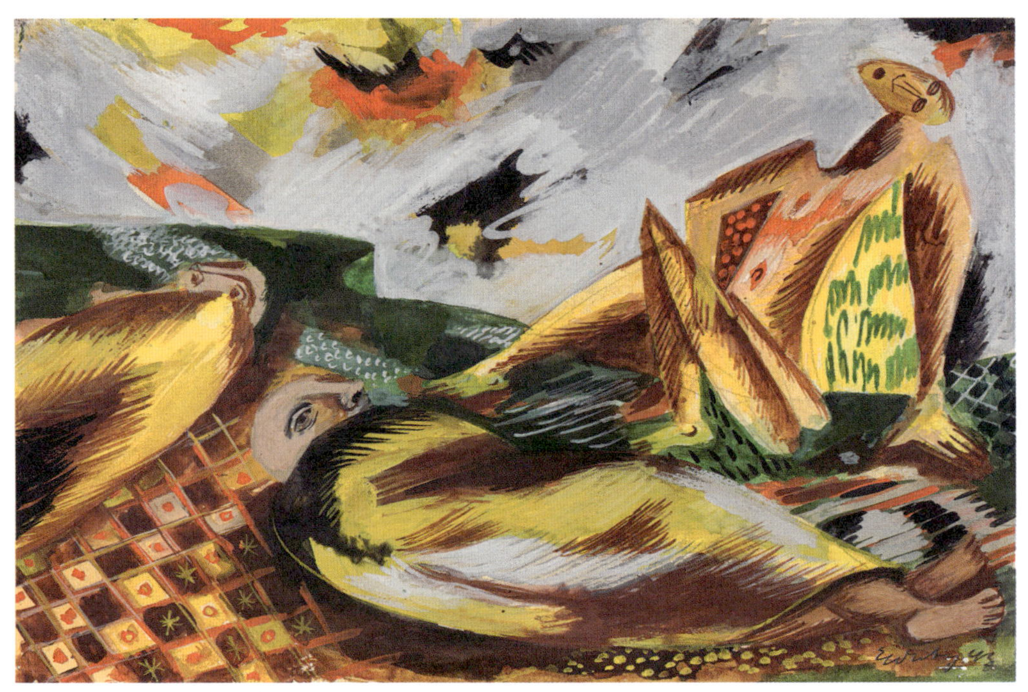

Schlafende Soldaten / Sleeping Soldiers, 1943

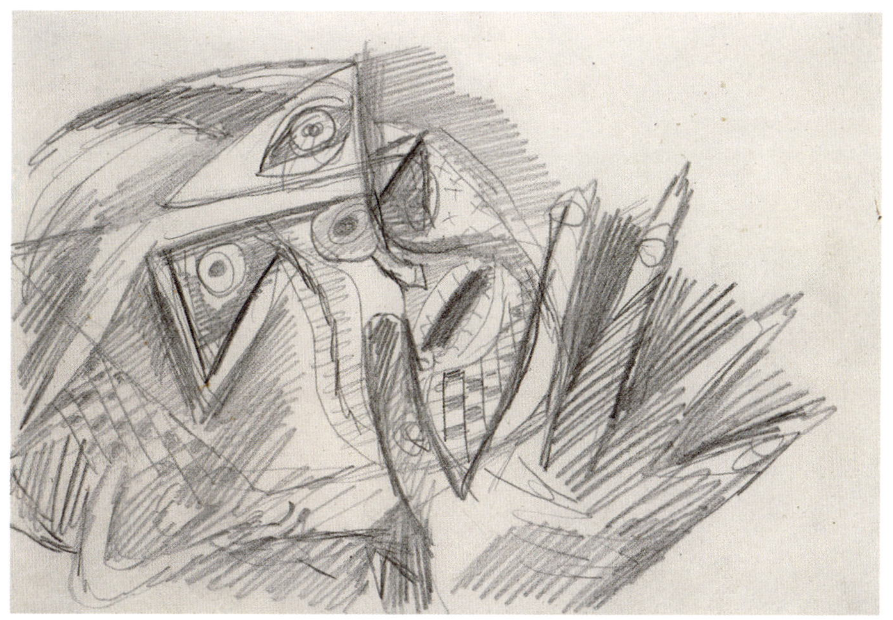

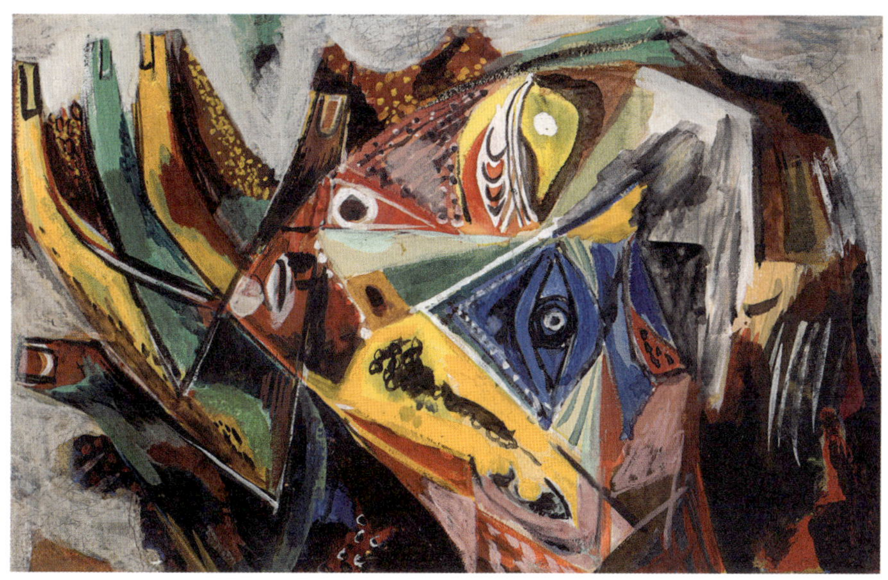

Männlicher Kopf in die Hand gestützt / Male Head Resting on Hand, 1944

Frauenkopf in Hand gestützt / Woman's Head Resting on Hand, 1944

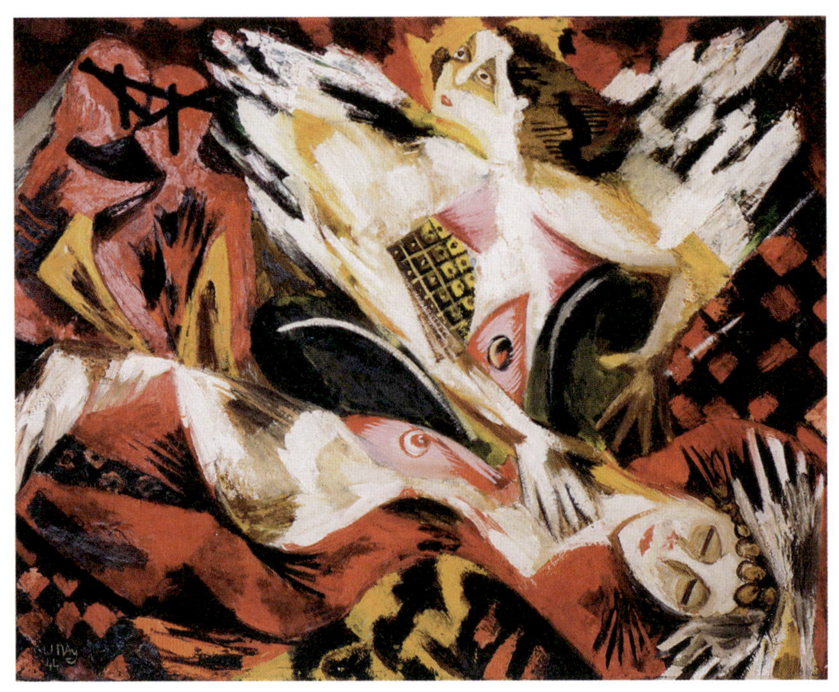

Der Engel / The Angel, 1944

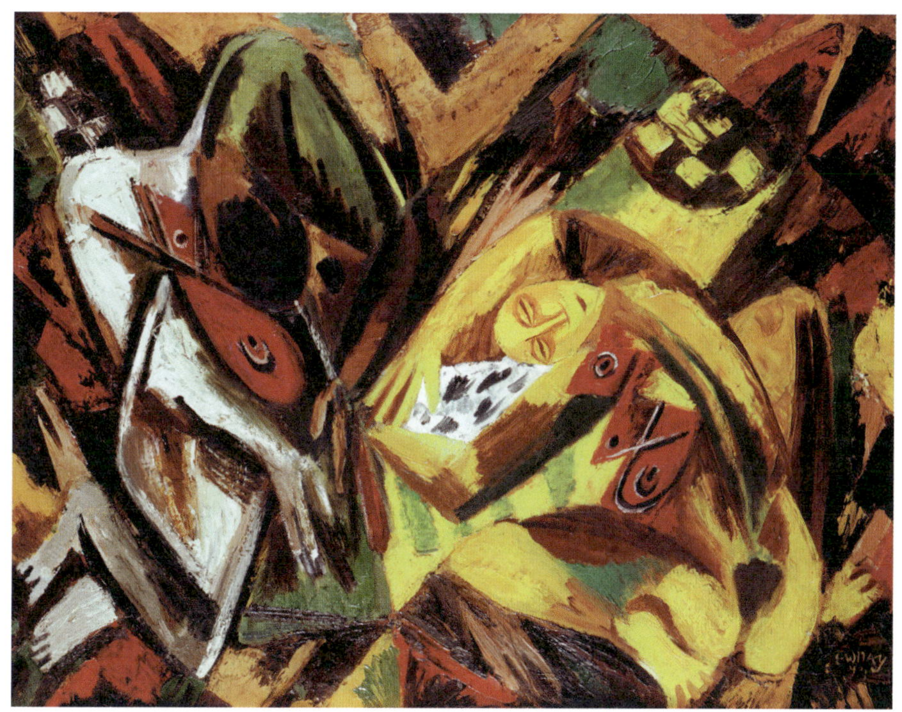

Klagende Frauen III / Lamenting Women III, 1944

ERNST WILHELM NAY 1902–1968

Marie Oucherif

„Nay hat die Bilder der Nachkriegszeit nie als Neubeginn verstanden."[1]

Mit dem Jahr 1945 wurde und werden immer noch ein Neustart oder die Wiederaufnahme der Kunst nach zwölf Jahren nationalsozialistischer Diktatur assoziiert. Ernst Wilhelm Nays Auffassung seiner eigenen Werkgenese aus der Kriegszeit, in der Bilder stets aufeinander aufbauen, ist der Gegenpol zu einer solchen Geschichtsvergessenheit. Nays Credo, dass „Bilder aus Bildern entstehen", beschreibt in der durchgängigen Weiterentwicklung werkimmanenter Themen seine Arbeitsweise.[2] Die Jahre zwischen 1933 und 1945 waren für ihn nicht Zeiten von Regression oder Stillstand, sondern Jahre der Reifung seiner Ideen.[3]

Nachdem Nay sich 1924 mit drei autodidaktisch gemalten Bildern bei Karl Hofer an der Preußischen Akademie der Künste in Berlin vorgestellt hatte, lud ihn dieser über die Vermittlung eines Stipendiums ein, in seiner Klasse zu studieren, in der Nay bis 1928 war. Nach anschließenden Aufenthalten in Paris, Bornholm und Rom wurde ihm 1937 auf Vermittlung von Carl Georg Heise und mit der finanziellen Unterstützung Edvard Munchs ein dreimonatiges Arbeitsstipendium auf den Lofoten in Nordnorwegen ermöglicht.[4] Das Jahr 1937 stellte für Nay daher ein wichtiges Jahr dar, da es neben der Reise heraus aus dem nationalsozialistischen Deutschland auch den Eintritt in die entscheidende Phase seiner Malerei bedeutete: Er fand zu seinem eigenen Stil. Während er in Deutschland zur selben Zeit mit zwei Werken → Abb. 1 in der von den Nationalsozialisten veranstalteten Propagandaausstellung *Entartete Kunst* diffamiert wurde, gelang ihm mit den *Lofotenbildern*, die er nach der Rückkehr in seinem Berliner Atelier malte, der angestrebte „Durchbruch zu einer Abstraktion um des Lebens willen, ein

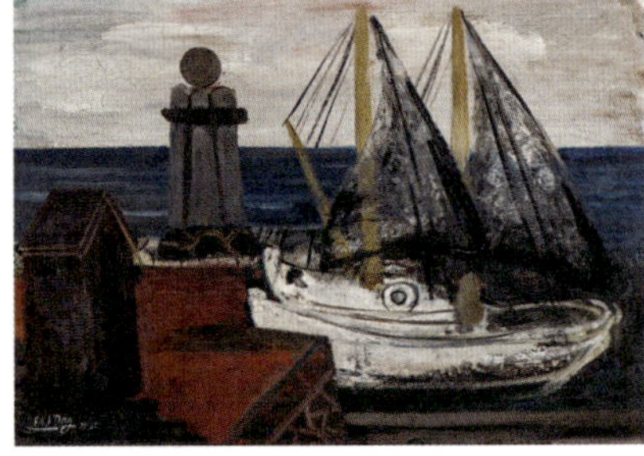

Abb. 1
Ernst Wilhelm Nay,
Fischerboote an der Hafenmole, 1930,
Öl auf Leinwand,
50 × 70 cm,
Galerie Michael Haas,
Berlin

1 Ulf Küster, Gedanken zum Verhalten von Malerei und Zeichnung bei Ernst Wilhelm Nay, in: E. W. Nay. Das polyphone Bild. Gouachen, Aquarelle, Zeichnung, hg. von Ernst Wilhelm Nay Stiftung, Ausst.-Kat. Kunstmuseum Bonn, Ostfildern 2012, S. 15–18, hier S. 15.

2 E. W. Nay um 1967, in: Magdalene Claesges (Hg.), Ernst Wilhelm Nay, Lesebuch. Selbstzeugnisse und Schriften 1931–1968, Köln 2002, S. 304–305.

3 Nay stellte zwischen 1937 und 1945 zweimal in Deutschland aus: München 1940: Galerie Günther Franke (im Hinterzimmer der Galerie): *Von Nolde bis Nay* (Juni); München 1943: Galerie Günther Franke (im Hinterzimmer der Galerie). *E. W. Nay – Gouachen, Aquarelle und Zeichnungen* (4.–20. Januar).

4 Bis 1933 Direktor des St. Annen Museums und des Museum Behnhaus in Lübeck, ab 1945 Direktor der Hamburger Kunsthalle und des Hamburger Kunstvereins.

Marie Oucherif

"Nay never regarded the pictures of the post-war period as a new beginning."[1]

The year 1945 was and continues to be associated with a new start or revival of art after the twelve years of National Socialist dictatorship. Ernst Wilhelm Nay's understanding of the genesis of his own work created during the war, in which the pictures always build on one another, is the counterpole to such a repression of history. Nay's credo that "pictures emerge from pictures" describes his way of working with the ongoing further development of topics immanent in his oeuvre.[2] For him, the years between 1933 and 1945 were not a time of regression or standstill, but instead years in which his ideas matured.[3]

Fig. 1
Ernst Wilhelm Nay,
Fishing Boats at the Harbour Pier, 1930,
oil on canvas,
50 × 70 cm,
Galerie Michael Haas,
Berlin

1 Ulf Küster, "Gedanken zum Verhalten von Malerei und Zeichnung bei Ernst Wilhelm Nay," in *E. W. Nay: Das polyphone Bild; Gouachen, Aquarelle, Zeichnung*, ed. Ernst Wilhelm Nay Foundation, exh. cat. Kunstmuseum Bonn (Ostfildern: Hatje Cantz, 2012), pp. 15–18, esp. p. 15.

2 Magdalene Claesges, ed., "E. W. Nay um 1967," in *Ernst Wilhelm Nay, Lesebuch: Selbstzeugnisse und Schriften 1931–1968* (Cologne: DuMont, 2002), pp. 304–5.

3 Between 1937 and 1945, Nay exhibited his work twice in Germany: in the exhibition *Von Nolde bis Nay* (June) at the Galerie Günther Franke (in the back room of the gallery) in Munich in 1940; and in *E. W. Nay – Gouachen, Aquarelle und Zeichnungen* (January 4–20) at the Galerie Günther Franke (in the back room of the gallery) in Munich in 1943.

After Nay presented himself to Karl Hofer at the Preußische Akademie der Künste (Prussian Academy of Arts) in Berlin with three autodidactically painted pictures in 1924, Hofer invited him, with the help of scholarship, to study in his class, in which Nay remained until 1928. Following subsequent stays in Paris, Bornholm, and Rome, thanks to the intermediation of Carl Georg Heise and with the financial support of Edvard Munch, a working stipend enabled him to spend three months on the Lofoten archipelago in Northern Norway in 1937.[4] The year 1937 was thus an important year for Nay, since, in addition to the trip outside of National Socialist Germany, it also signified the beginning of the decisive phase in his painting: he found his own personal style. While he was simultaneously defamed in Germany with two works →fig. 1 in the propaganda exhibition *Entartete Kunst* (Degenerate Art) organized by the National Socialists, his *Lofotenbildern* (Lofoten Pictures), which Nay painted in his studio in Berlin after his return, enabled him to achieve the envisaged "breakthrough to an abstraction for the sake of life, a depiction of the essence of life" and "penetration of an idea down to its source."[5] Nay's works are figurative and simultaneously subordinated to a stringent symbolic and rhythmic principle. Travel—he visited the Lofoten archipelago a second time in 1938—was perceived as a journey into elemental nature, on the edge of Europe, at the periphery of culture. The golden thread that runs through his oeuvre is his vision of a "mythical relationship," hence the tension

4 Director until 1933 of the St. Annen Museum and the Museum Behnhaus, both in Lübeck, and director as of 1945 of the Hamburger Kunsthalle and the Hamburger Kunstverein, both in Hamburg.

5 Ernst Wilhelm Nay, letter written on February 23, 1936, in Claesges, *Ernst Wilhelm Nay, Lesebuch*, p. 15.

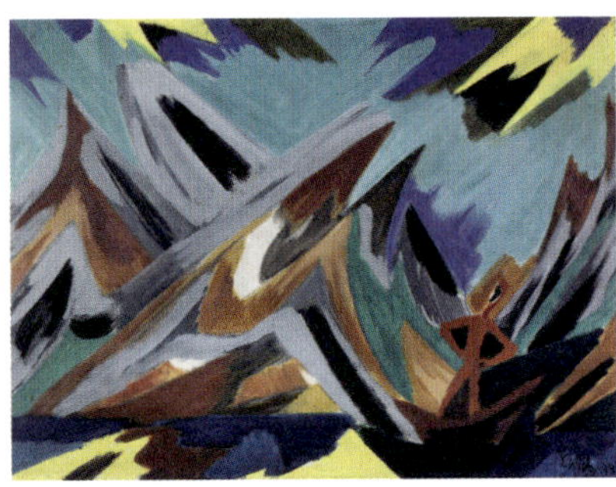

Abb. 2
Ernst Wilhelm Nay,
Adam in den Lofoten,
1938,
Öl auf Leinwand,
78 × 103 cm,
Privatsammlung
Frankfurt am Main

Darstellen des Lebenskernes" und des „Durchdringen[s] der Idee bis zum Quell".[5] Nays Arbeiten sind gegenständlich und gleichzeitig einem strengen zeichenhaften und rhythmischen Prinzip unterworfen. Die Reise – er reiste ein zweites Mal 1938 auf die Lofoten – war als Fahrt in die elementare Natur angelegt, an den Rand Europas, die Peripherie der Kultur. Den roten Faden durch sein Werk stellt seine Vision der „mythischen Gebundenheit", also die Spannung zwischen Bildlogik und der sinnlichen Referenz, dar.[6] Dies formulierte er bereits 1934 in der Erläuterung seiner Kunst an die Reichskulturkammer „ohne Zweckabsicht", aber in der Hoffnung auf Erklärung seiner Kunst, die er oft missverstanden sah.[7] So schrieb er, er wolle „... ein Erlebnis formen, einer inneren Regung durch die Form Ausdruck geben, ... genährt aus der großen Einheit von Körper, Seele und Verstand, aus der mythischen Bindung."[8] Beispielhaft kann dies Nays Bild *Adam in den Lofoten* (1938) →Abb. 2 zeigen, dem die dramatische Begegnung eines Menschen mit der elementaren und unbehandelten Natur zum Bildsubjekt wurde.[9] Schon der Bildtitel verweist auf den doppeldeutigen Unterton einer überzeitlichen Welt und eines „Ursprünglichen". Nay suchte die Begegnung mit dem Grundsätzlichen – auf der motivischen Ebene –, doch experimentiert man bei der Betrachtung mit einem unscharf gestellten Blick, kommt auch eine abstrakte Qualität des Gemäldes zur Geltung: Adam verschwimmt gleichsam mit der Natur, mit Formen und Farben; die als Chiasmus angelegten Farbflächen in Gelb verleihen dem Bild eine besondere Ausdruckskraft.[10] Zu beachten sei dabei immer, dass sich Nay schon früh gegen literarische Deutung und Interpretierbarkeit seiner Bilder ausgesprochen hat. Ähnlich auch in anderen Werken, wie *Lofotenlandschaft mit See* (1938) →Abb. 3, in denen Mensch, Berg und Natur in einer formalen Einheit erscheinen und dabei immer die Grundform der scharfen Zacken bergen.[11]

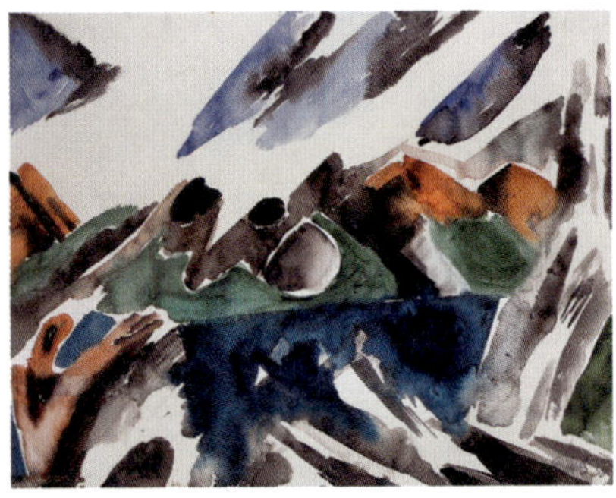

Abb. 3
Ernst Wilhelm Nay,
Lofotenlandschaft mit See, 1938,
Aquarell
auf Vergépapier,
48,5 × 62,8 cm,
Städel Museum,
Frankfurt am Main

Im Jahr 1940 als Infanterist nach Südfrankreich versetzt, wurde er 1942 durch die Vermittlung des Düsseldorfer Rechtsreferendars Hans Lühdorf (1910–1983) als Kartenzeichner nach Le Mans versetzt[12] – ein Stellungswechsel, der es ihm erlaubte, sich nebenher wieder seiner Kunst zu widmen. Nay lernte den Bildhauer Pierre de Térouanne kennen, der ihm in dieser Zeit sein Atelier zur Verfügung stellte. Erstmals entstanden in Nays Œuvre Gouachen →vgl. S. 220–221. Ähnlich wie im Fall der Reise zu den Lofoten waren es auch in Frankreich die Freundschaft und die künstlerische Wertschätzung, die ihm dazu verhalfen, sein Werk in dieser Zeit weiterzuentwickeln. Nays Formensprache kristallisierte sich dabei vor allem in den 1940er-Jahren heraus, wenn er durch „verschiedene Formelemente – Dreiecke, Fächer, Rhomben und Spindeln, konzentrische Kreise, Punkte und Punktlinien, geschwungene oder eher kristalline Grafismen"[13] zu seiner Bildsprache gelangte. Obwohl Nay als Kolorist und die Farbe als sein primäres Medium gelten, beschreiben diese grafischen Elemente in der Zeichnung und in der Malerei ein gleichrangiges Ausdrucksmittel.

5 Ernst Wilhelm Nay, Brief vom 23. Februar 1936, in: Claesges 2002 (wie Anm. 2), S. 15.
6 Ernst Wilhelm Nay, Brief an Carl Hagemann (bedeutender Frankfurter Kunstsammler, erwarb als erster *Lofoten*-Werke von Nay), 7. Februar 1937, in: Claesges 2002 (wie Anm. 2), S. 16.
7 Brief an die Reichskulturkammer, 8. November 1934, in: ebd. S. 12–13, hier S. 13.
8 Ebd., S. 12 f.
9 Vgl. Christoph Schreier, Auf der Suche nach dem Essentiellen. Gedanken zur Werkentwicklung bei Nay, in: Siegfried Gohr, Johann Georg Prinz von Hohenzollern, Dieter Ronte (Hg.), E. W. Nay. Variationen. Retrospektive zum 100. Geburtstag, Köln 2002, S. 17–22, hier S. 18.
10 Ebd.
11 Vgl. Ernst Wilhelm Nay: Aquarelle, mit einer Einführung von Fritz Usinger, München 1956, S. 44.
12 Lühdorf war während des Krieges in Le Mans als Dolmetscher tätig und mit Nay befreundet.
13 Friedrich Weltzien, Organisches Bild und mythische Bindung. Körperkonzepte in Nays Frühwerk, in: Ernst Wilhelm Nay Stiftung (Hg.), Ernst Wilhelm Nay und die Moderne, Bd. 1, Köln 2020 (Schriften der E. W. Nay Stiftung), S. 37–67, hier S. 37.

Fig. 2
Ernst Wilhelm Nay,
Adam in the Lofoten,
1938,
oil on canvas,
78 × 103 cm,
private collection,
Frankfurt am Main

Fig. 3
Ernst Wilhelm Nay,
Lofoten Landscape with Lake, 1938,
watercolor
on Vergé paper,
48.5 × 62.8 cm,
Städel Museum,
Frankfurt am Main

between pictorial logic and sensory reference.[6] Nay already formulated this in 1934 when explaining his art to the Reichskulturkammer (Reich Chamber of Culture) "without any intended objective," but simply in the hope of clarifying his art, which he regarded as frequently misunderstood.[7] He thus wrote that he wanted "... to shape an experience, to provide an inner impulse by means of the form of expression, ... nourished by the great unity of body, soul, and mind, by the mythical relationship."[8] This is evident in an exemplary way in Nay's painting *Adam in den Lofoten* (Adam in the Lofoten, 1938) →fig. 2, in which man's dramatic encounter with elemental and untouched nature became the topic of the picture.[9] Its title already makes reference to the ambiguous undercurrent of a timeless world and a "primal" character. Nay sought an encounter with the fundamental—on the level of motifs—but if one experiments when viewing with an unfocused gaze, then an abstract quality of the painting is also revealed: Adam becomes blurred with nature, with forms and colors; the yellow fields of color designed as a chiasmus lend the picture a particular expressiveness.[10] But it should always be kept in mind that Nay already spoke out at an early point in time against a literary explanation or interpretability of his pictures. Something similar is also found in other works, such as *Lofotenlandschaft mit See* (Lofoten Landscape with Lake, 1938) →fig. 3, in which man, mountain, and nature appear as a formal unit and thus always conceal the basic form of spikes.[11]

6 Ernst Wilhelm Nay, letter to Carl Hagemann (an important art collector in Frankfurt, who was the first person to purchase Nay's *Lofoten* works), February 7, 1937, in Claesges, *Ernst Wilhelm Nay, Lesebuch*, p. 16.
7 Ernst Wilhelm Nay, letter to the Reichskulturkammer, November 8, 1934, in Claesges, *Ernst Wilhelm Nay, Lesebuch*, pp. 12–13, esp. p. 13.
8 Ibid., pp. 12–13.
9 See Christoph Schreier, "Auf der Suche nach dem Essentiellen: Gedanken zur Werkentwicklung bei Nay," in *E. W. Nay: Variationen; Retrospektive zum 100. Geburtstag*, ed. Siegfried Gohr, Johann Georg Prinz von Hohenzollern, and Dieter Ronte (Cologne: DuMont, 2002), pp. 17–22, esp. p. 18.
10 Ibid.
11 See *Ernst Wilhelm Nay: Aquarelle*, with an introduction by Fritz Usinger (Munich: Piper, 1956), p. 44.

Having been called to southern France as an infantryman in 1940, he was subsequently transferred to Le Mans as a cartographer in 1942 thanks to the intercession of the Düsseldorf-based legal clerk Hans Lühdorf (1910–1983)[12]—a change of position that simultaneously enabled Nay to once again dedicate himself to his art. He got to know the sculptor Pierre de Térouanne, who made his studio available to Nay during this time. Gouaches were created in Nay's oeuvre for the first time →pp. 220–21. As in the case of the trip to the Lofoten archipelago, it was also friendship and artistic appreciation that helped him to develop his work further during this time in France. Nay's language of forms thus crystallized particularly in the 1940s, when he supplemented his design vocabulary with "various form elements—triangles, squares, rhombuses and spindles, concentric circles, points and dotted lines, curved or more crystalline graphic structures."[13] Even though Nay is regarded as a colorist, and paint was his usual medium of choice, these graphic elements can be described as an equally important means of expression in his drawing and painting.

12 Lühdorf worked as an interpreter in Le Mans during the war and was a friend of Nay's.
13 Friedrich Weltzien, "Organisches Bild und mythische Bindung: Körperkonzepte in Nays Frühwerk," in *Ernst Wilhelm Nay und die Moderne*, ed. Ernst Wilhelm Nay Foundation, vol. 1 of *Schriften der E. W. Nay Stiftung* (Cologne: Verlag der Buchhandlung Walther König, 2020), pp. 37–67, esp. p. 37.

FRANZ RADZIWILL

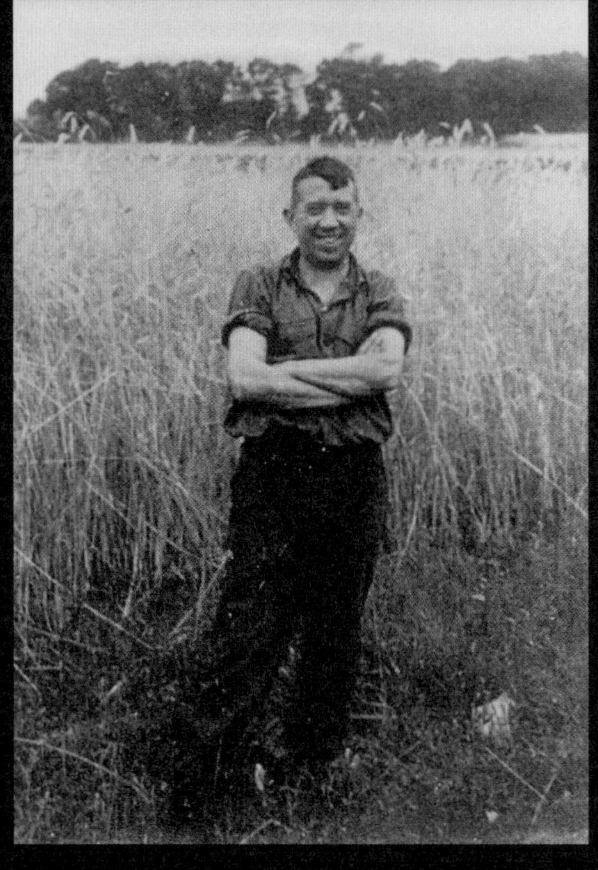

Franz Radziwill in Dangast, Anfang 1930er-Jahre / early 1930s,
Franz Radziwill Gesellschaft e.V., Varel-Dangast

FRANZ RADZIWILL
* 6. Februar 1895 in Strohhausen bei Rodenkirchen
† 12. August 1983 in Wilhelmshaven

1913–1915 Studium an den Höheren Technischen Staatslehranstalten, erste künstlerische Arbeiten
1915–1918 Dienst als Sanitätssoldat
1920 Aufnahme in die Berliner Freie Sezession
1922 Einzelausstellungen in der Galerie Heller in Berlin, dem Hamburger Kunstverein und der Vereinigung für junge Kunst in Oldenburg
1923 Kauf des Fischerhauses in Dangast
1931 Mitglied der Novembergruppe
1933 Eintritt in die NSDAP, Berufung an die Kunstakademie in Düsseldorf
1935 Entlassung aus dem Lehramt aufgrund einer Diffamierungskampagne, Umzug nach Dangast
1935–1937 Kreiskulturstellenleiter im Landkreis Friesland
1935–1939 Reisen als Gast der Kriegsmarine nach Brasilien, Nordafrika, Spanien, Großbritannien, Skandinavien und zu den Karibischen Inseln
1937 Beschlagnahmung von Werken im Zuge der Aktion „Entartete Kunst", Kontakt zur Bekennenden Kirche
1938 Diffamierung auf der Berliner Ausstellung *Entartete Kunst*, Verbot von Einzelausstellungen durch die Reichskammer der bildenden Künste (RdbK)
1939 Einzug zum Militärdienst
1957 Ausstellungen im Folkwang Museum in Essen und in der Nationalgalerie Berlin
1963 Rompreis der Deutschen Akademie, Ehrengast der Villa Massimo in Rom
1970 Retrospektive in der Kunsthalle Bremen

FRANZ RADZIWILL
b. February 6, 1895, in Strohausen near Rodenkirchen
d. August 12, 1983, in Wilhelmshaven

1913–15 Studies at the Higher State Technical Schools, first artistic works
1915–18 Serves as a medic during the war
1920 Admission to the Berlin Free Secession
1922 Solo exhibitions at the Galerie Heller in Berlin, the Hamburger Kunstverein in Hamburg, and the Vereinigung für junge Kunst in Oldenburg
1923 Purchases a fisherman's house in Dangast
1931 Member of the November Group
1933 Joins the National Socialist German Workers' Party (NSDAP), appointment to the Düsseldorf Academy of Arts
1935 Dismissal from his teaching position due to a defamation campaign, moves to Dangast
1935–37 Head of the regional office for culture in the district of Friesland
1935–39 Travels to Brazil, North Africa, Spain, Great Britain, Scandinavia, and the Caribbean Islands as a guest of the war navy
1937 Confiscation of works as part of the campaign "Degenerate Art," contact with the Confessional Church
1938 Defamation in the Berlin exhibition *Degenerate Art,* ban on solo exhibitions by the Reich Chamber of Fine Arts (RdbK)
1939 Recruited for military service
1957 Exhibitions at the Folkwang Museum in Essen and the Nationalgalerie Berlin
1963 Rome Prize of the German Academy, honorary guest at the Villa Massimo in Rome
1970 Retrospective at the Kunsthalle Bremen

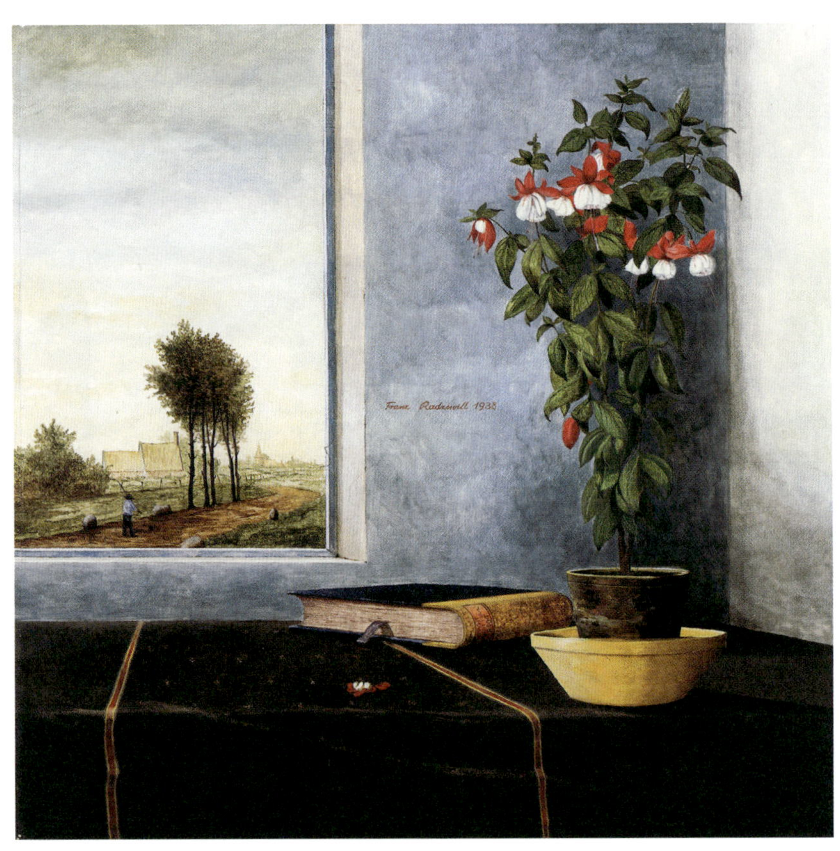

Stilleben mit Fuchsie / Still Life with Fuchsia, 1938

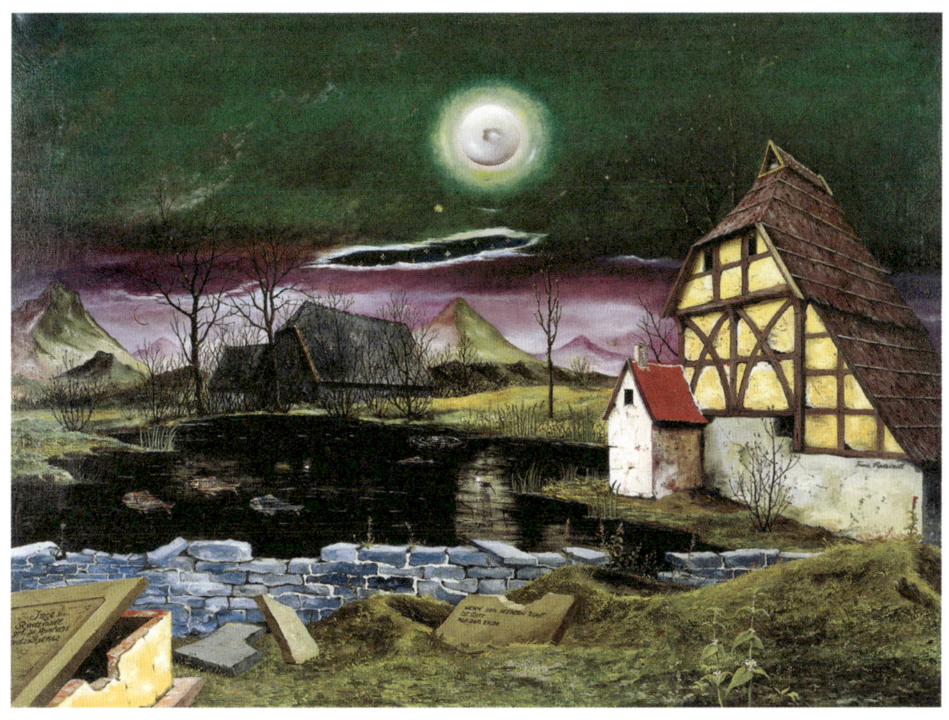

Wenn der Mensch ruht, ist Gott auf der Erde /
When Man Rests, God Is on Earth, 1943

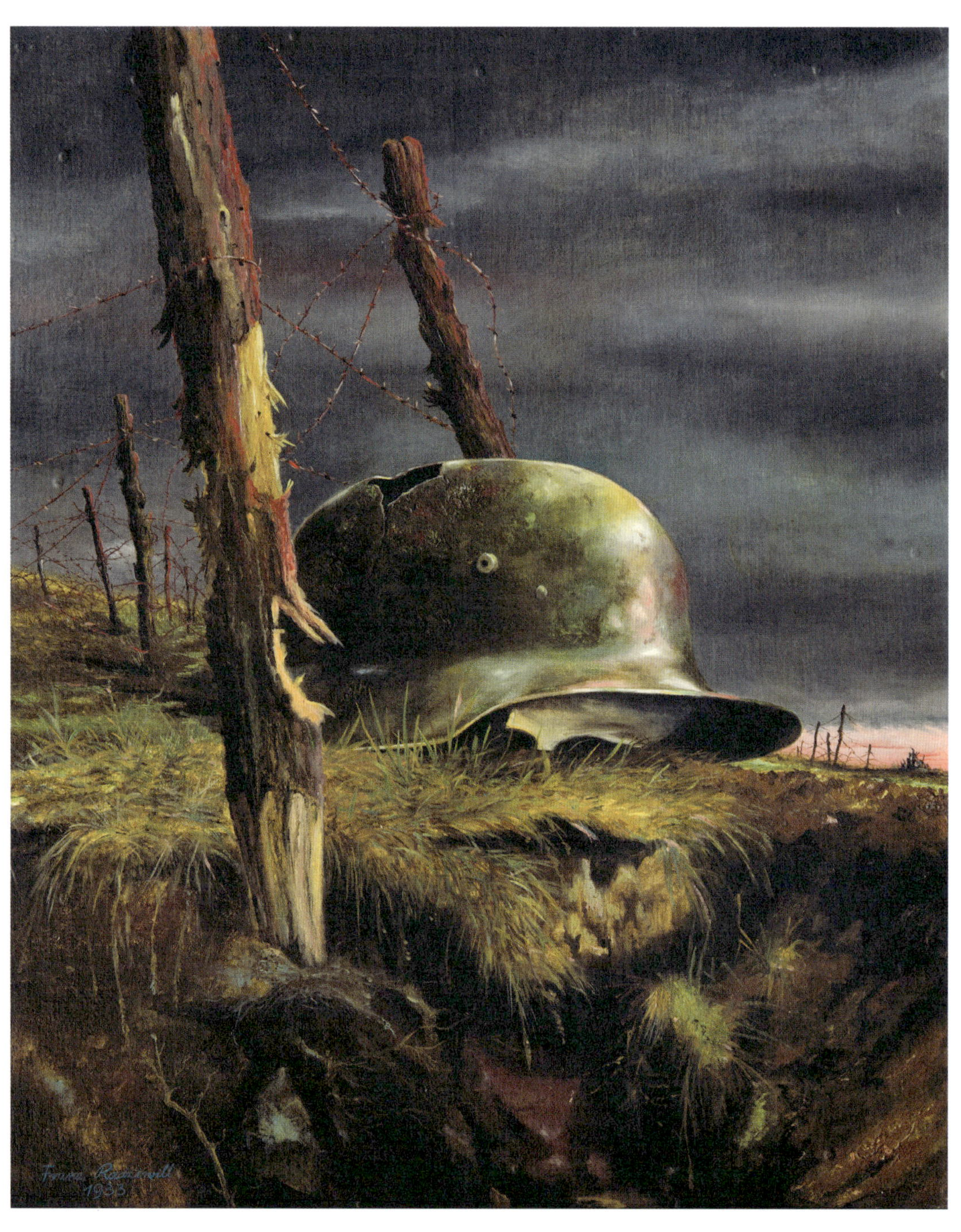

Stahlhelm im Niemandsland /
The Steel Helmet in No-Man's-Land, 1933

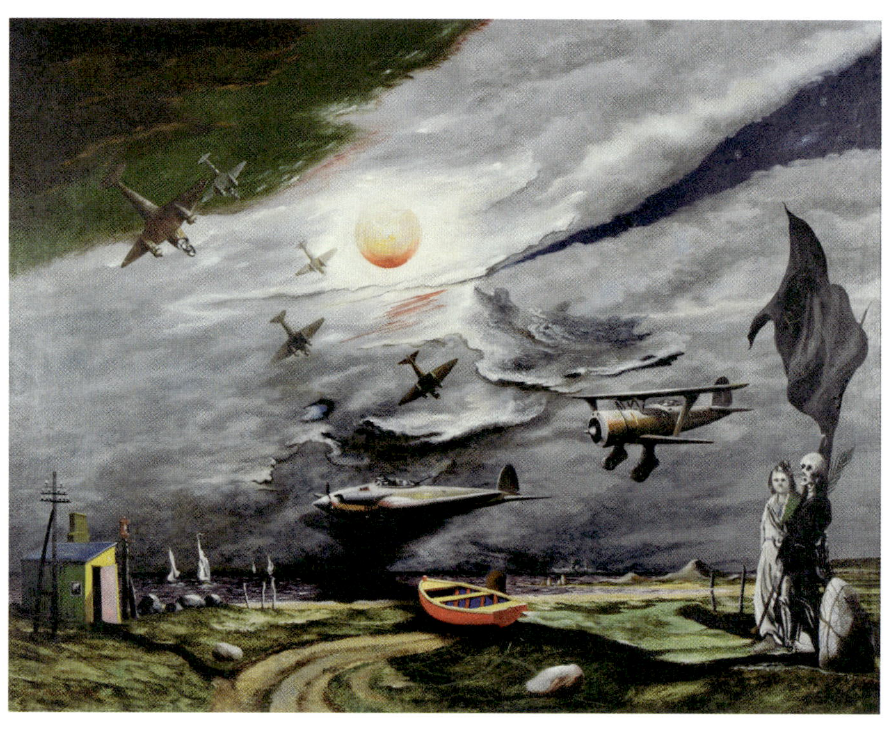

Flugzeuge / Immer schneller fliegen /
Airplanes / Flying Ever Faster, 1938

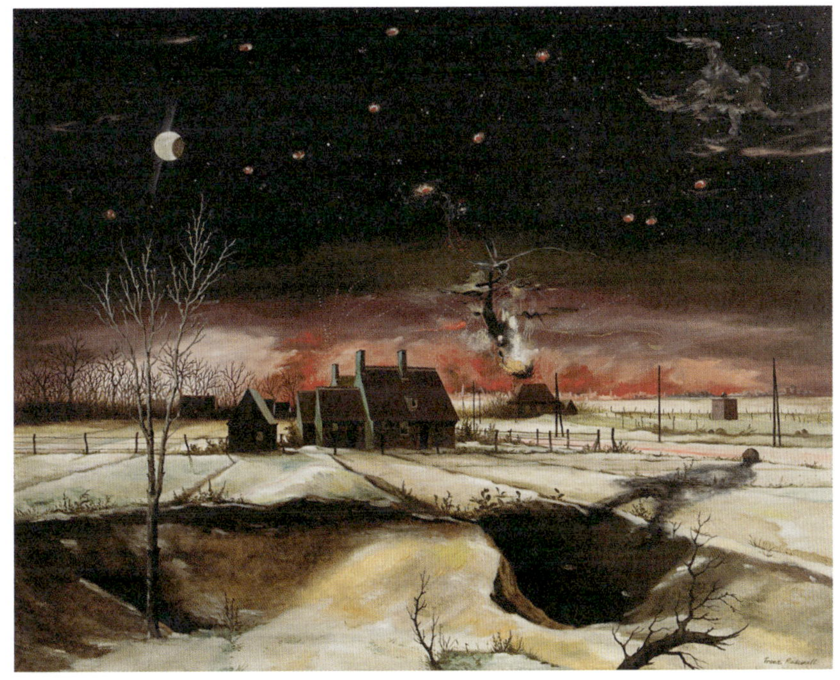

Bombenangriff auf Wilhelmshaven /
Air Raid on Wilhelmshaven, 1941

FRANZ RADZIWILL 1895–1983

Olaf Peters

„Jedenfalls scheine ich als Nazi in Berlin schwer verrufen zu sein. Dieses ist mir aber bester Lohn, weiter für diese hohe Bewegung zu werben, die den schönsten Sinn hat, Deutschland! Wenn ihr am 30. Juli zur Wahl geht, dann gebt Hitler eure Stimme."[1] Der norddeutsche Maler Franz Radziwill, der innerhalb der Neuen Sachlichkeit eine durchaus originäre Position einnahm und mit deren neuromantischen Strömungen verbunden wird, sympathisierte mit den Nationalsozialisten.[2] Nach der Machtübernahme Hitlers schrieb er am 7. März 1933 aus Berlin an seine Frau und war davon angetan, wie die sogenannte „Sturmabteilung" (SA) der Nationalsozialisten Jüdinnen belästigte, indem die Organisation auf zynische Weise zu Spenden aufrief, mit denen man Ausreisen nach Jerusalem finanzieren wolle. Radziwill rechtfertigte dies.[3] Der Maler hing dem nordwestdeutschen, sozialrevolutionären Flügel der NSDAP an, den man aber bald blutig stutzen sollte.[4] Die SS ermordete prominente Mitglieder der SA-Führung und Vertreter der konservativen Elite im Juni 1934.

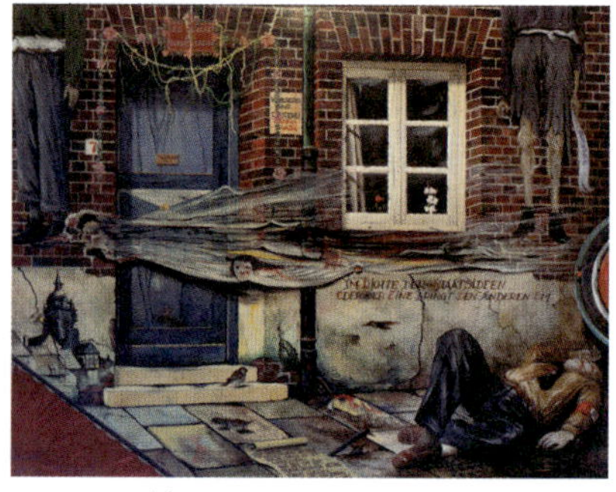

Abb. 1
Franz Radziwill,
Revolution / Dämonen (Im Lichte der Staatsideen),
1933–1947,
Öl auf Leinwand auf Holz,
99 × 125,5 cm,
Privatsammlung, Italien

Der Künstler zählte zunächst zu den Profiteuren der Machtergreifung und wurde an der Düsseldorfer Kunstakademie zum Professor ernannt. Er versuchte nicht nur als Parteigenosse, sondern auch künstlerisch Anschluss an das neue Regime zu finden und konzipierte ein Märtyrerbild für die SA. Es ist heute unter dem Titel *Revolution / Dämonen* (1933–1947) →Abb. 1 bekannt und weist eine komplexe Entstehungs- und Veränderungsgeschichte auf. Die ursprüngliche Bildaussage wurde durch nachträgliche Übermalungen verändert und auch verunklärt (vom Märtyrerbild über den unfreiwilligen Ausweis innerparteilicher Gewalt bis zur Totalitarismuskritik).[5] Radziwill behauptete sich nur kurz an der Akademie, denn Neider zerrten sein „entartetes" expressionistisches Frühwerk hervor und man warf ihm „pädagogische Unfähigkeit" vor. Er verlor sein Amt und zog sich wieder nach Dangast zurück, wo er sich mit Vertretern des „Dritten Reichs" arrangierte. Die Reichsmarine und Carl Röver, ein lokaler, 1942 verstorbener Gauleiter der NSDAP, unterstützten ihn. Erst allmählich setzte eine stärkere Distanzierung vom „Dritten Reich" ein.

1 Brief von Franz Radziwill an Wilhelm Niemeyer vom 1. Juli 1932, zit. nach: Gerhard Wietek, Franz Radziwill Wilhelm Niemeyer. Dokumente einer Freundschaft, Oldenburg 1990, S. 141 f., hier S. 142. Zum Kontext vgl. Olaf Peters, Neue Sachlichkeit und Nationalsozialismus. Affirmation und Kritik 1931–1947, Berlin 1998, S. 144–164.
2 Vgl. allgemein Franz Radziwill, hg. von der nGbK e. V., Ausst.-Kat. Staatliche Kunsthalle Berlin u. a., Berlin 1981/82; Franz Radziwill 1895 bis 1983. Monographie und Werkverzeichnis, Köln 1995.
3 Brief Franz Radziwills an seine Frau Inge vom 7. März 1933, Franz Radziwill Haus und Archiv, Dangast. Vgl. allgemein Peters 1998 (wie Anm. 1); James A. van Dyke, Franz Radziwill and the Contradictions of German Art History, 1919–45, Ann Arbor 2010 und Der Maler Franz Radziwill in der Zeit des Nationalsozialismus, hg. von Birgit Neumann-Dietzsch und Viola Weigel, Ausst.-Kat. Franz Radziwill Haus, Dangast und Kunsthalle Wilhelmshafen 2011/12, Bielefeld u.a. 2011.
4 Vgl. grundlegend Patrick Moreau, Nationalsozialismus von links. Die „Kampfgemeinschaft revolutionärer Nationalsozialisten" und die „Schwarze Front" Otto Straßers 1930–1935, Stuttgart 1984.
5 Vgl. hierzu James A. van Dyke, Franz Radziwill. „Die Gemeinschaft" und die nationalsozialistische „Revolution" in der Kunst, in: Georges-Bloch-Jahrbuch des Kunstgeschichtlichen Seminars der Universität Zürich 4, 1997, S. 135–163; Peters 1998 (wie Anm. 1), S. 144–164 und van Dyke 2010 (wie Anm. 3), S. 107–114.

Olaf Peters

"At any rate, as a Nazi in Berlin, I seem to be held in great disrepute. The best reward for me, however, is to campaign on behalf of this great movement, which has the most beautiful aim, Germany! When you go to vote on July 30, then give your vote to Hitler."[1] The northern German painter Franz Radziwill, who occupied a very original position within Neue Sachlichkeit (New Objectivity) and was connected with its neo-Romantic currents, sympathized with the National Socialists.[2] After Hitler's seizure of power, he wrote to his wife from Berlin on March 7, 1933, expressing that he was impressed by how the so-called Sturmabteilung (Storm Troopers, SA) of the National Socialists harassed Jewish women by calling for donations with which to finance emigration to Jerusalem. Radziwill defended this.[3] The painter was a supporter of the northwest German, social revolutionary wing of the National Socialist German Workers' Party (NSDAP), which would, however, soon be destroyed, with a great loss of blood.[4] The Schutzstaffel (Protection Squadron, SS) murdered prominent members of the SA leadership and representatives of the conservative elite in June 1934.

Fig. 1
Franz Radziwill,
Revolution / Demons (In the Light of State Ideas),
1933–47,
oil on canvas on wood,
99 × 125.5 cm,
private collection, Italy

1 Franz Radziwill, letter to Wilhelm Niemeyer, July 1, 1932, cited in Gerhard Wietek, *Franz Radziwill Wilhelm Niemeyer: Dokumente einer Freundschaft* (Oldenburg: Isensee, 1990), pp. 141–42, esp. p. 142. On the context, see Olaf Peters, *Neue Sachlichkeit und Nationalsozialismus: Affirmation und Kritik 1931–1947* (Berlin: Reimer, 1998), pp. 144–64.

2 See, in general, nGbK e. V., ed., *Franz Radziwill*, exh. cat. Staatliche Kunsthalle Berlin et al. (Berlin: Frölich & Kaufmann, 1981–82); *Franz Radziwill 1895 bis 1983: Monographie und Werkverzeichnis* (Cologne: Wienand, 1995).

3 Franz Radziwill, letter to his wife, Inge, March 7, 1933, Franz Radziwill Haus und Archiv, Dangast. See, in general, Peters, *Neue Sachlichkeit und Nationalsozialismus*; James A. van Dyke, *Franz Radziwill and the Contradictions of German Art History, 1919–45* (Ann Arbor: University of Michigan Press, 2010); and Birgit Neumann-Dietzsch and Viola Weigel, eds., *Der Maler Franz Radziwill in der Zeit des Nationalsozialismus*, exh. cat. Franz Radziwill Haus, Dangast, and Kunsthalle Wilhelmshafen (Bielefeld: Kerber, 2011).

4 See, fundamentally, Patrick Moreau, *Nationalsozialismus von links: Die "Kampfgemeinschaft revolutionärer Nationalsozialisten" und die "Schwarze Front" Otto Straßers 1930–1935* (Stuttgart: Deutsche Verlags-Anstalt, 1984).

The artist initially benefited from the seizure of power and was made a professor at the art academy in Düsseldorf. He attempted to connect with the new regime, not only as a party member but also artistically, and conceived a martyr image for the SA. It is known today under the title *Revolution / Dämonen* (Revolution / Demons, 1933–47) →fig. 1, and the story of its creation and later alterations is complex. The original message of the picture was altered and obscured by subsequent overpaintings (from a picture of a martyr to an unintentional statement about violence in the party to a critique of totalitarianism).[5] Radziwill held his ground at the academy for only a short time, since envious individuals dragged out his "degenerate" Expressionist early work and he was accused of "pedagogical incompetence." He lost his position and moved back to Dangast, where he came to an arrangement with representatives of the Third Reich. He received the support of the Reichsmarine (navy) and of Carl Röver, a *Gauleiter* (regional leader) of the NSDAP, who died in 1942. Only gradually did Radziwill begin distancing himself from the Third Reich.

5 On this, see James A. van Dyke, "Franz Radziwill: 'Die Gemeinschaft' und die nationalsozialistische 'Revolution' in der Kunst," in *Georges-Bloch-Jahrbuch des Kunstgeschichtlichen Seminars der Universität Zürich*, vol. 4 (Zurich: Kunstgeschichtliches Seminar, 1997), pp. 135–63; Peters, *Neue Sachlichkeit und Nationalsozialismus*, pp. 144–64; and Van Dyke, "Franz Radziwill," pp. 107–14.

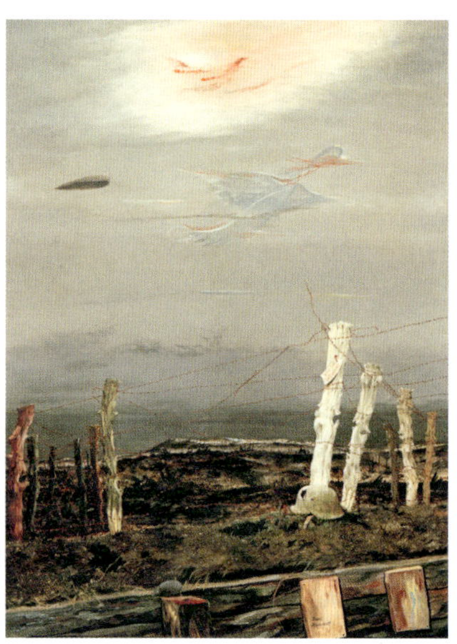

Abb. 2
Franz Radziwill,
Das Grab im Niemandsland, 1934,
Öl auf Leinwand auf Holz,
133 × 92 cm,
Stiftung Deutsches Historisches Museum, Berlin

Krieg und Kriegsgerät spielten im Werk des Malers eine wichtige Rolle. Dabei beschäftigte er sich malerisch mit den Kriegstreibereien des „neuen" Deutschlands bei der Revision der demütigenden Bedingungen des Versailler Vertrages und ersten Bombenangriffen auf die Zivilbevölkerung (Spanischer Bürgerkrieg). Radziwill erinnerte an den Ersten Weltkrieg und führte 1933/34 zwei an Monumente erinnernde Stahlhelmbilder aus: *Der Stahlhelm im Niemandsland* (1933) → S. 232 und *Das Grab im Niemandsland* (1934) → Abb. 2. Das zweite Bild wurde mit *Der Unterstand am Naroczsee – Der Krieg im Osten,* das bereits 1929 gemalt worden war, sowie *Das Schlachtfeld von Cambrai 1917 – Der Krieg im Westen* von 1930 zu einem Triptychon vereint. Es handelte sich konzeptionell und politisch um einen Gegenentwurf zum berühmten Kriegstriptychon von dem mit Radziwill bekannten Otto Dix von 1929 bis 1932. Radziwill stellte Ereignisbild und Denkmal additiv zusammen; Dix stiftete eine tafelübergreifende Erzählung und verschmolz unterschiedliche Zeit- und Ereignishorizonte miteinander.[6]

Radziwills Bilder zeigten die historischen Ereignisse unheroisch und konnten kaum als affirmative Propagandabilder dienen. Es herrschten eine gewisse Düsternis sowie eine melancholische Todessymbolik vor, die sich an die Romantik Caspar David Friedrichs anlehnte. Man kann – nicht zuletzt in den zahlreichen Landschaften und Stillleben – eine Kontinuität des national konnotierten neuromantischen Idioms beobachten, das weiterhin traditionell und patriotisch erscheinen mochte, sich aber nicht kriegsbejahend ausmünzen ließ. Radziwill besaß dafür letztlich kein überzeugendes Bildkonzept. Dies gilt auch für den späten Höhepunkt *Die Tankschlacht von Cambrai 1917* aus dem Jahr 1939, mit dem Radziwill auf der Großen Deutschen Kunstausstellung reüssieren wollte, was aber misslang.

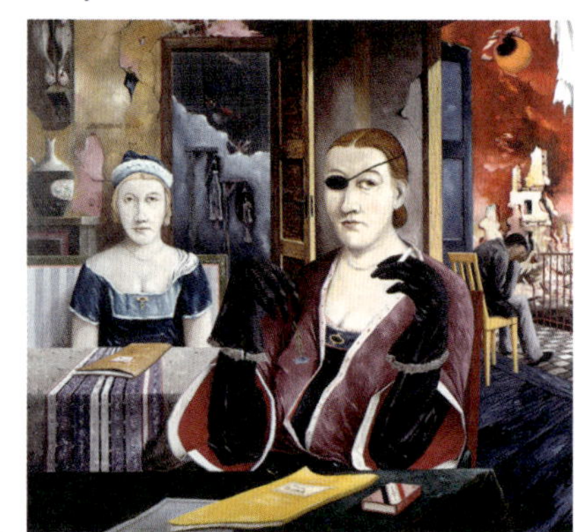

Abb. 3
Franz Radziwill,
Deutschland 1944,
1944/45,
Ölfarbe, Leinwand,
105 × 122 cm,
Niedersächsisches Landesmuseum, Hannover

Zahlreiche Bilder wurden von Radziwill nachträglich übermalt, so auch *Flugzeuge / Immer schneller fliegen* → S. 234, dessen ursprüngliche Fassung auf 1938 datiert. Sukzessive Veränderungen und surreale Überschreibungen dokumentieren einen weltanschaulichen Wandel, erschweren aber eine kontextualisierende Interpretation. Der *Bombenangriff auf Wilhelmshaven* → S. 235 von 1941 wurde nur moderat verändert und zeigt Radziwills Beschäftigung mit dem sich gegen Deutschland wendenden Kriegsverlauf. Die Heimat ist in einen blutroten Feuerhimmel getaucht und kann vor feindlichen Bomberflotten nicht geschützt werden. Ab 1944 harrte Radziwill dem Ende des „Dritten Reichs" entgegen und überließ sich der Introspektion. Er porträtierte sich selbst, aktualisierte das persönlich geprägte *Frauen*-Bild von 1924/25 in Form einer Allegorie mit dem Titel *Deutschland 1944* → Abb. 3, das den erfolglosen Widerstand gegen Hitler reflektierte, wobei auch hier eine Überarbeitung nach dem Kriegsende im Mai 1945 angenommen werden muss. Der Maler sah seine alte Welt buchstäblich zersprengt und formulierte ein surreales Nachkriegswerk, das stark kulturkritisch gefärbt war.[7]

6 Vgl. neben Peters 1998 (wie Anm. 1), S. 165–227 und van Dyke 2010 (wie Anm. 3), S. 150–164 auch Kai Artinger, Franz Radziwill. „Grab im Niemandsland". Ein Beitrag zum Gefallenenkult im „Dritten Reich", in: DHM Magazin 8, 1998, 22; vgl. zu Dix Otto Dix. Der Krieg. Das Dresdner Triptychon, hg. von Birgit Dalbajewa, Simone Fleischer und Olaf Peters u. a., Ausst.-Kat. Staatliche Kunstsammlungen Dresden, Dresden 2014.

7 Vgl. Radziwill und die moderne Welt, hg. von der Franz Radziwill Gesellschaft e. V., Ausst.-Kat. Franz Radziwill Haus, Dangast, Oldenburg 2008.

Fig. 2
Franz Radziwill,
The Grave in No-Man's-Land, 1934,
oil on canvas
on wood,
133 × 92 cm,
Stiftung Deutsches
Historisches Museum,
Berlin

Fig. 3
Franz Radziwill,
Germany 1944,
1944–45,
oil paint, canvas,
105 × 122 cm,
Niedersächsisches
Landesmuseum,
Hannover

War and military equipment played an important role in the painter's oeuvre. He thus occupied himself in his paintings with the warmongering of the "new" Germany in connection with the revision of the humiliating conditions of the Treaty of Versailles and with the first bomb attacks on a civilian population (Spanish Civil War). In his paintings, Radziwill evoked the First World War and, in 1933–34, he executed two steel helmet pictures that are reminiscent of monuments: *Der Stahlhelm im Niemandsland* (The Steel Helmet in No-Man's-Land, 1933) →p. 232 and *Das Grab im Niemandsland* (The Grave in No-Man's-Land, 1934) →fig. 2. The second picture was combined with *Der Unterstand am Naroczsee – Der Krieg im Osten* (The Dugout on Naroczsee – The War in the East), which was already painted in 1929, and *Das Schlachtfeld von Cambrai 1917 – Der Krieg im Westen* (The Battlefield of Cambrai 1917 – The War in the West), from 1930, to create a triptych. Conceptually and politically, it was an alternative concept to the well-known war triptych created by Radziwill's acquaintance Otto Dix between 1929 and 1932. Radziwill put event pictures and monuments together in an additive way, while Dix produced a narrative across the panels and merged various temporal and event horizons.[6]

6 In addition to Peters, *Neue Sachlichkeit und Nationalsozialismus*, pp. 165–227, and Van Dyke, "Franz Radziwill," pp. 150–64, also see Kai Artinger, "Franz Radziwill: 'Grab im Niemandsland'; Ein Beitrag zum Gefallenenkult im 'Dritten Reich,'" *DHM Magazin* 8 (1998), p. 22; in connection with Dix, see Birgit Dalbajewa, Simone Fleischer, and Olaf Peters, eds., *Otto Dix: Der Krieg – Das Dresdner Triptychon*, exh. cat. Staatliche Kunstsammlungen Dresden (Dresden: Sandstein Verlag, 2014).

Radziwill's paintings showed historical events in an unheroic way and could hardly serve as affirmative propaganda pictures. A certain darkness, as well as melancholic, death-related imagery inspired by the Romanticism of Caspar David Friedrich, dominated. One can observe—not least in the numerous landscapes and still lifes—a continuity of the nationally connoted neo-Romantic idiom, which still might have seemed traditional and patriotic, but could not be regarded as supportive of the war. Radziwill ultimately had no convincing pictorial concept for this. The same also applies to the late high point *Die Tankschlacht von Cambrai 1917* (The Tank Battle of Cambrai 1917) from the year 1939, with which Radziwill wanted to achieve success at the *Große Deutsche Kunstausstellung* (Great German Art Exhibition) but was unsuccessful.

Numerous pictures were subsequently overpainted by Radziwill, including *Flugzeuge / Immer schneller fliegen* (Airplanes / Flying Ever Faster) →p. 234, the original version of which dates to 1938. Successive modifications and surreal overwritings document a change in ideology, yet make a contextualizing interpretation difficult. *Bombenangriff auf Wilhelmshafen* (Air Raid on Wilhelmshaven, 1941) →p. 235 was only altered to a moderate extent and shows Radziwill's preoccupation with the course of the war, which was turning against Germany. The homeland is submerged in a blood-red, blazing sky and cannot be protected against enemy bomber fleets. As of 1944, Radziwill awaited the end of the Third Reich and lost himself in introspection. He produced self-portraits and also updated the personally influenced *Frauen* (Women) picture from 1924–25 in the form of an allegory with the title *Deutschland 1944* (Germany 1944) →fig. 3, which reflected the unsuccessful resistance against Hitler, whereby a reworking after the end of the war in May 1945 must also be assumed in this case. The painter saw his old world literally explode and formulated a surreal postwar oeuvre that was severely critical of contemporary culture.[7]

7 See Franz Radziwill Gesellschaft e. V., ed., *Radziwill und die moderne Welt*, exh. cat. Franz Radziwill Haus, Dangast (Oldenburg: Isensee, 2008).

HANS UHLMANN

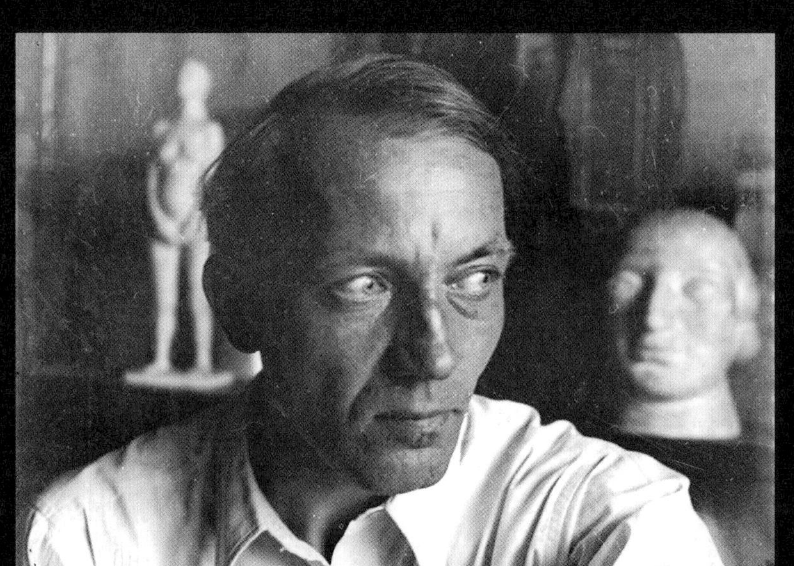

HANS UHLMANN
* 27. November 1900 in Berlin
† 28. Oktober 1975 in Berlin

1920–1924 Studium an der Technischen Hochschule in Berlin
1925 Erste bildhauerische Versuche
1926–1933 Assistent an der Technischen Hochschule in Berlin
1930 Einzelausstellung in der Galerie Gurlitt in Berlin
1932 Reise nach Moskau mit Jeanne Mammen
1933 Verlust der Anstellung an der Technischen Hochschule
1933–1935 Festnahme durch die Gestapo, anschließend Verurteilung und Haft in der Justizvollzugsanstalt Tegel
1937 Arbeit als Konstrukteur bei der National-Krupp Registrierkassen GmbH in Berlin
1945 Fachreferent für Malerei und Plastik im Volksbildungsamt Berlin-Steglitz, Organisation der Ausstellung *Nach 12 Jahren – Antifaschistische Maler und Bildhauer stellen aus*
1946 Ausstellungsleiter der Galerie Gerd Rosen, Berlin
1950 Berufung an die Hochschule für Bildende Künste Berlin
1954 Ordentliche Professur und zahlreiche Aufträge für Kunst im öffentlichen Raum
1955 Teilnahme an der documenta 1
1956 Ordentliches Mitglied der Akademie der Künste Berlin
1968 Retrospektive in der Akademie der Künste in Berlin

HANS UHLMANN
b. November 27, 1900, in Berlin
d. October 28, 1975, in Berlin

1920–24 Studies at the Technical College in Berlin
1925 First sculpture attempts
1926–33 Assistant at the Technical College in Berlin
1930 Solo exhibition at the Galerie Gurlitt in Berlin
1932 Travels to Moscow with Jeanne Mammen
1933 Loses his position at the Technical College
1933–35 Arrested by the Gestapo, followed by conviction and imprisonment at the detention center in Berlin-Tegel
1937 Work as a draftsman at the company National-Krupp Registrierkassen GmbH in Berlin
1945 Specialist for painting and sculpture at the national adult education office in Berlin-Steglitz, organizes the exhibition *Nach 12 Jahren: Antifaschistische Maler und Bildhauer stellen aus* (After 12 Years: Anti-Fascist Painters and Sculptors Exhibit)
1946 Head of exhibitions at the Galerie Gerd Rosen, Berlin
1950 Appointment to the Berlin School of Fine Arts
1954 Full professorship and numerous commissions for art in public space
1955 Participation in documenta 1
1956 Full member of the Berlin Academy of Arts
1968 Retrospective at the Berlin Academy of Arts

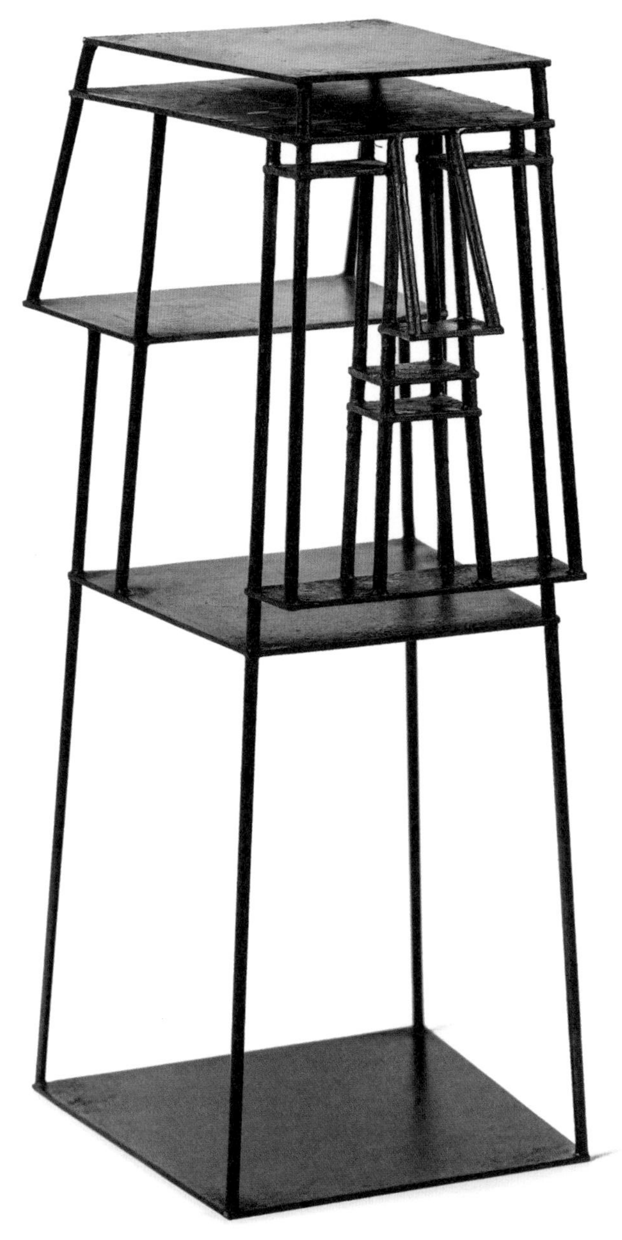

Kopf, Femme aéroplane / Head, *Femme aéroplane*, 1937

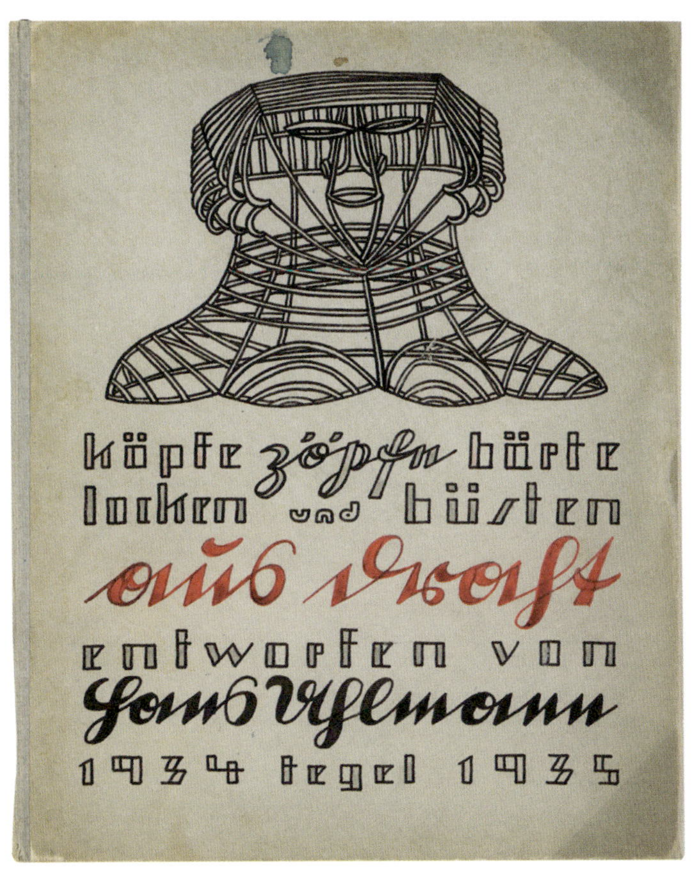

Köpfe, Zöpfe, Bärte, Locken und Büsten aus Draht / Heads, Braids, Beards, Tresses, and Busts of Wire (Deckblatt der Mappe, auch genannt *Tegeler Köpfe* / cover of the portfolio, also called Tegel Heads), 1934/35

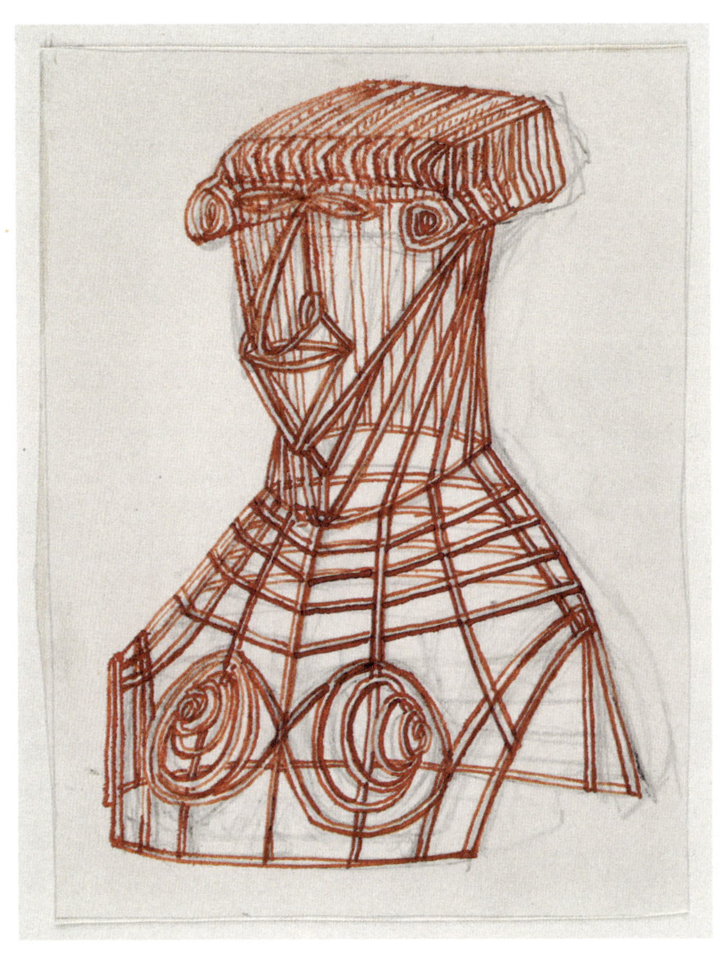

Ohne Titel (Blatt aus Tegeler Köpfe) /
Untitled (Plate from Tegel Heads), 1934/35

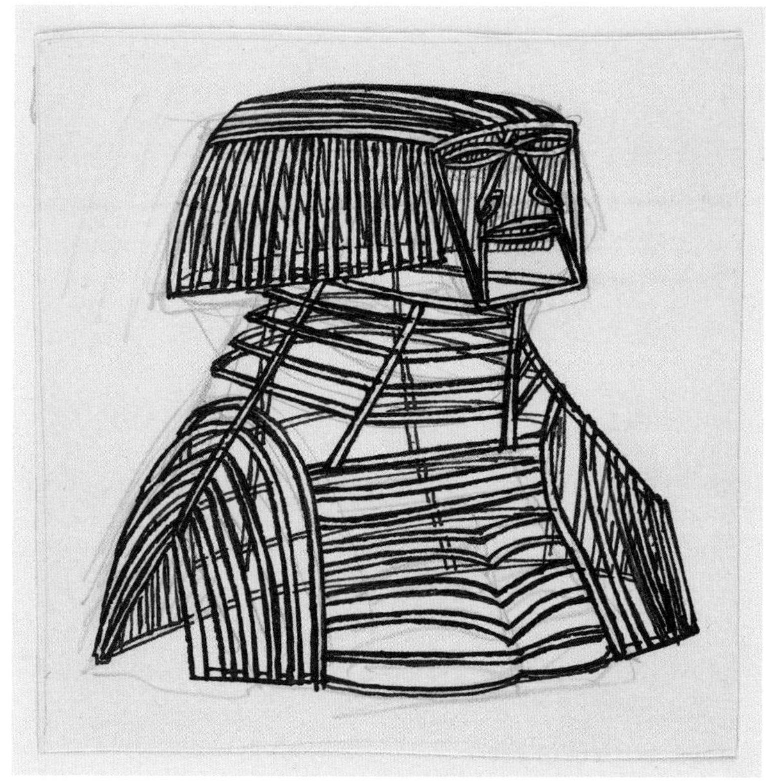

Ohne Titel (Blatt aus Tegeler Köpfe) /
Untitled (Plate from Tegel Heads), 1934/35

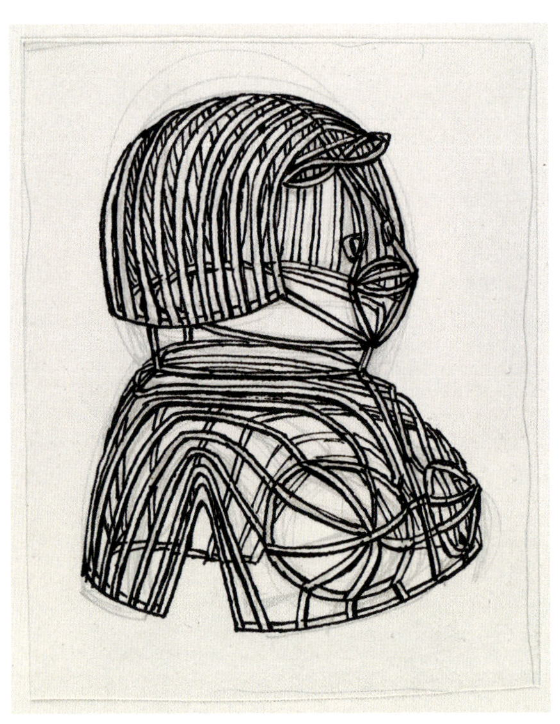

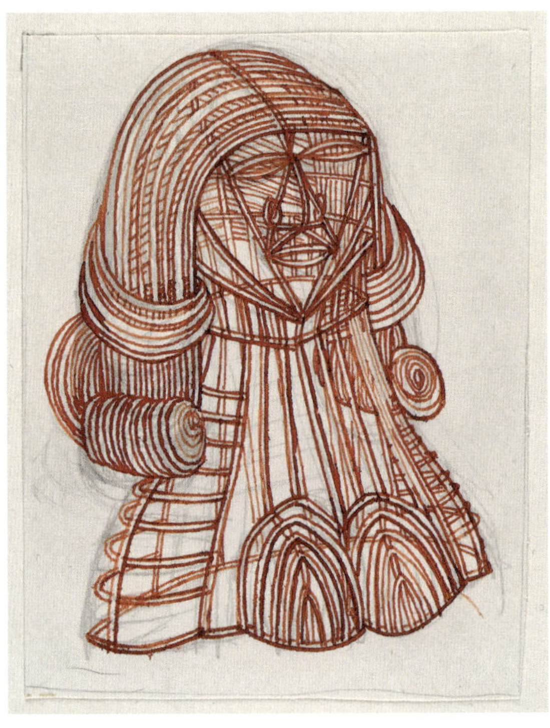

Ohne Titel (*Blatt aus Tegeler Köpfe*) /
Untitled (Plate from Tegel Heads), 1934/35

Ohne Titel (*Blatt aus Tegeler Köpfe*) /
Untitled (Plate from Tegel Heads), 1934/35

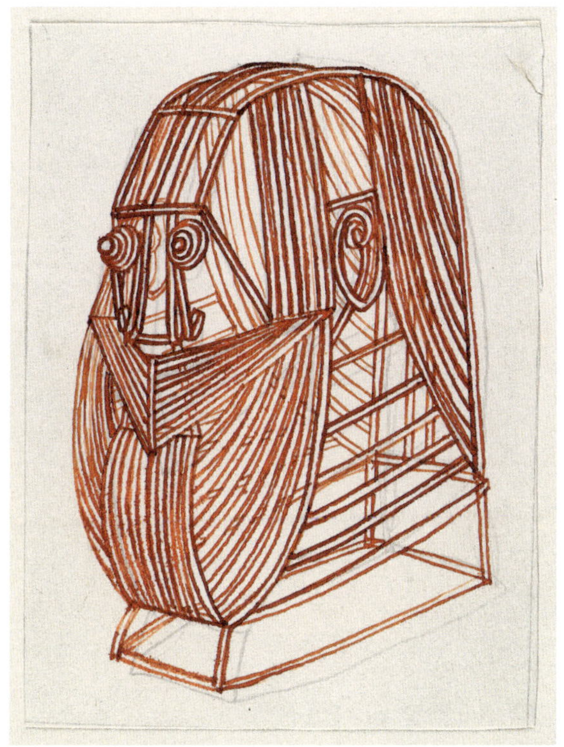

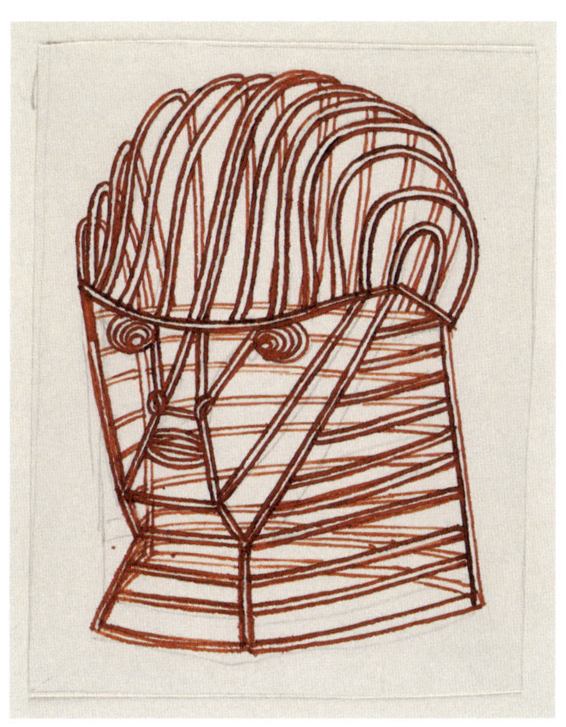

Ohne Titel (Blatt aus Tegeler Köpfe) /
Untitled (Plate from Tegel Heads), 1934/35

Ohne Titel (Blatt aus Tegeler Köpfe) /
Untitled (Plate from Tegel Heads), 1934/35

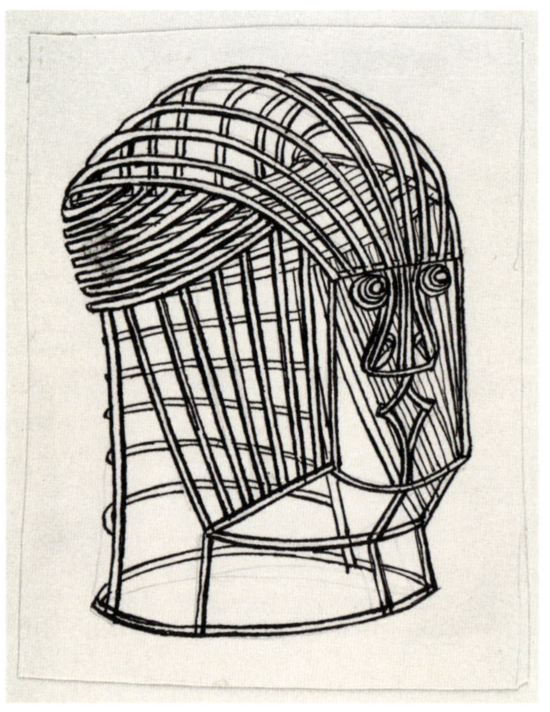

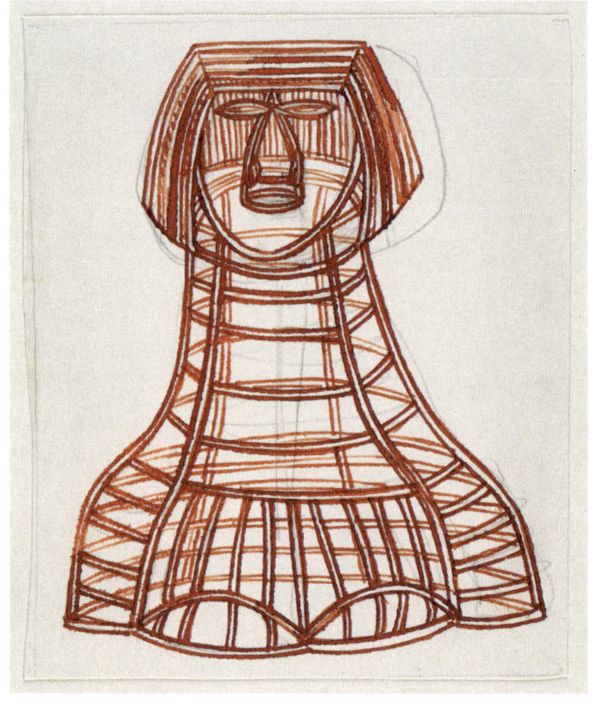

Ohne Titel (Blatt aus Tegeler Köpfe) /
Untitled (Plate from Tegel Heads), 1934/35

Ohne Titel (Blatt aus Tegeler Köpfe) /
Untitled (Plate from Tegel Heads), 1934/35

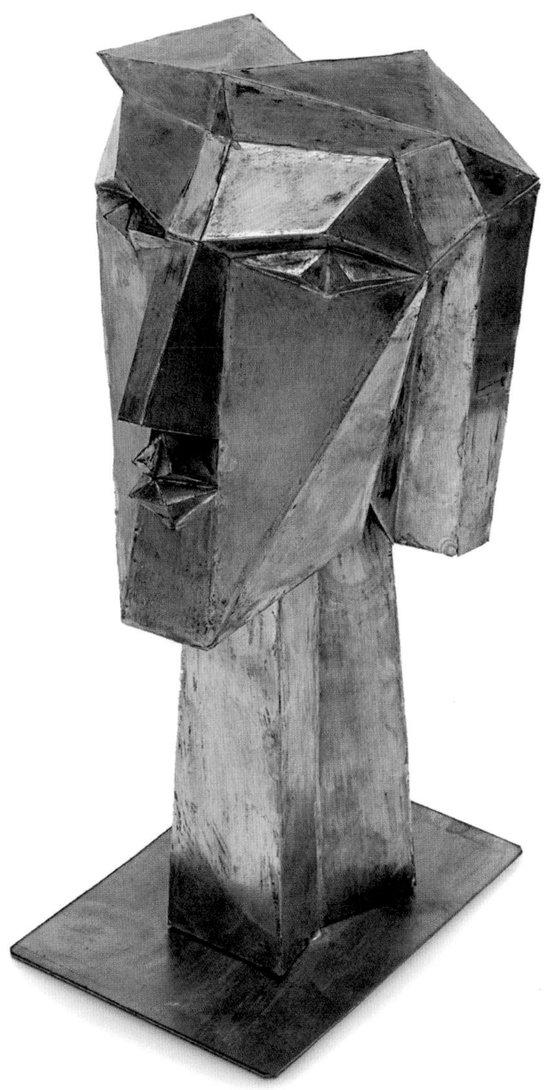

Weiblicher Kopf / Head of a Woman, 1940

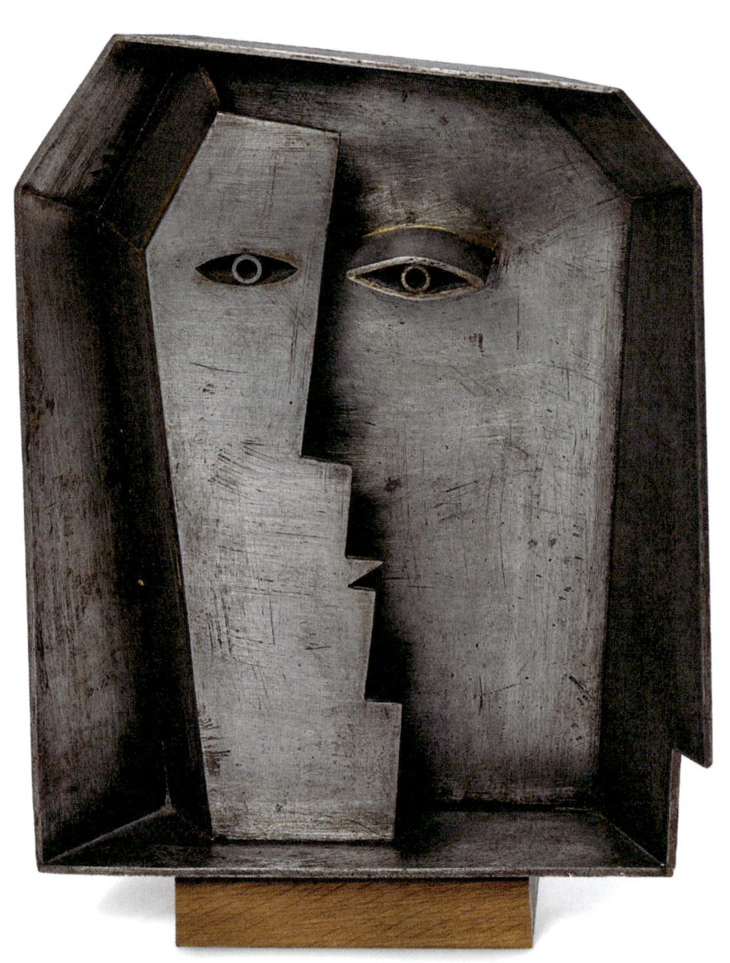

Kopfmaske / Head Mask, 1940

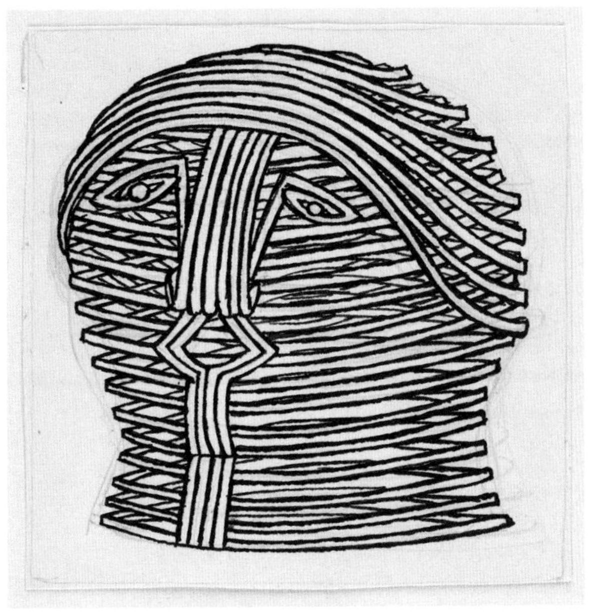

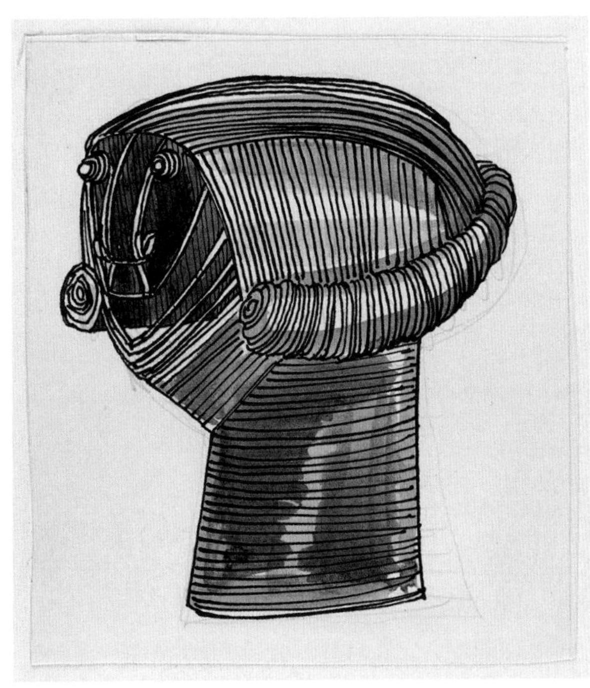

Ohne Titel (Blatt aus Tegeler Köpfe) /
Untitled (Plate from Tegel Heads), 1934/35

Ohne Titel (Blatt aus Tegeler Köpfe) /
Untitled (Plate from Tegel Heads), 1934/35

HANS UHLMANN 1900–1975

Carmela Thiele

Wer sich mit dem Werk und dem Lebensweg von Hans Uhlmann befasst, kann viel über Resilienz lernen. Der Bildhauer arbeitete in den Jahren 1933 bis 1945 an den Grundlagen seines später auf der Documenta, auf Biennalen und internationalen Ausstellungen gezeigten Werks. Die Konzentration auf seine Kunst half ihm, die Anfechtungen von außen an sich abgleiten zu lassen. Er erlebte das Ende der nationalsozialistischen Diktatur, das Ende der gleichgeschalteten Kultur als „Triumph des schöpferischen Geistes über brutale Gewalt und Unverstand".[1] In einem Interview mit der Deutschen Welle bekannte er rückblickend: „So grausam die Zeit war, … vom Gefängnis abgesehen und solchen Dingen, war diese stille Arbeit für mich …, die Versuche, zu einer Plastik zu kommen, … in der Einsamkeit viel leichter und schöner zu bewältigen."[2]

Im engen Familien- und Freundeskreis lebte Hans Uhlmann während der NS-Zeit in einer „geistigen Opposition", wie sie auch die Journalistin Ruth Andreas-Friedrich in ihrem Buch *Der Schattenmann* für die Jahre 1938 bis 1945 beschrieben hat.[3] Hans Uhlmann hatte jedoch im Gegensatz zu vielen Deutschen das drohende Unheil früh erkannt und musste am eigenen Leibe erleben, wie gefährlich aktiver Widerstand war.

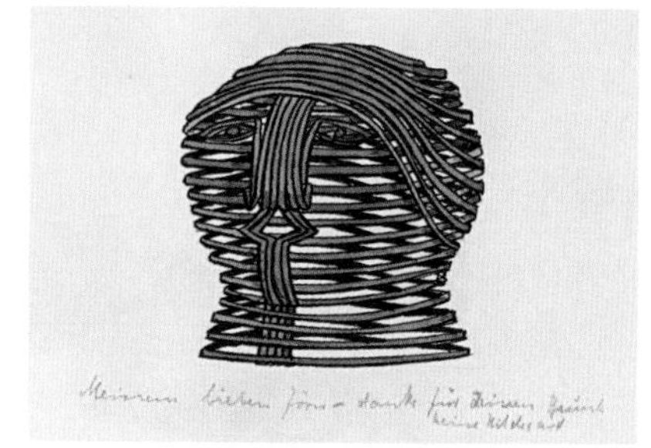

Abb. 1
Hans Uhlmann,
Tegeler Skizzenbuch 3,
1934–1935,
Tuschfeder und Aquarell auf Papier,
10,7 × 14,7 cm,
Berlinische Galerie – Landesmuseum für Moderne Kunst, Fotografie und Architektur

Der an der Technischen Universität Berlin arbeitende Ingenieur gehörte der KPD an, deren Mitglieder nach 1933 systematisch vom NS-Staat verfolgt wurden.[4] 1932 war Uhlmann beim Kleben von Plakaten erwischt worden, auch eine Reise nach Moskau mit Jeanne Mammen (1890–1976) ist zu jener Zeit belegt.[5] Im ersten Jahr der Machtergreifung Adolf Hitlers, am 26. Oktober 1933, verhaftete ihn die Gestapo in der Nähe des Berliner Winterfeldplatzes. Mehrere Wochen saß er in dem berüchtigten Gestapo-Gefängnis Columbia-Haus am Tempelhofer Feld ein, wo er mehrfach verhört und in einer Isolationszelle Tag und Nacht überwacht wurde. Am 24. Februar 1934 verurteilte das Kammergericht Berlin den Dreiunddreißigjährigen wegen Vorbereitung zum Hochverrat zu eineinhalb Jahren Gefängnis.

In der Haftanstalt Tegel entstanden im Sommer 1934 erste Entwürfe für Metallplastiken, denen formal reduzierte Variationen folgten →Abb. 1. Diese Ideenskizzen setzte der Künstler nach seiner Entlassung aus dem Gefängnis in Skulpturen um. Während er tagsüber bei der Krupp National Registrierkassen GmbH arbeitete, widmete er sich abends der Raumskulptur aus Metall. Dabei setzte Hans Uhlmann nicht nur auf sein technisch-mathematisches Wissen.

1 Hans Uhlmann, Freiheit des Kunstschaffens, in: „Nach 12 Jahren" – Kunstschau – Sommer 1945, hg. von Volksbildungsamt Steglitz, Abteilung Bildende Kunst, Berlin 1945, o. S.

2 Johannes Freisel, Das Porträt: Hans Uhlmann, Typoskript Hörfunkbeitrag, Deutsche Welle, 9. März 1970.

3 Die Tagebuch-Aufzeichnungen von Ruth Andreas-Friedrich erschienen 1946 zunächst in englischer Übersetzung in New York *(Underground Berlin 1938–1945)* und erst im Jahr darauf verlegt von Peter Suhrkamp im Berlin Verlag *(Der Schattenmann. Tagebuchaufzeichnungen 1938–1945)*. Das Buch wurde mehrfach neu aufgelegt und ins Französische, Niederländische, Hebräische und Ungarische übersetzt.

4 „Hans Uhlmann, Dipl.; wohnhaft Bln.-Wilmersdorf, Orber Str. 21a; KPD; gehörte einer illeg. Straßenzelle im KPD-UB Bln. Südost an", aus: Geschichtswerkstatt des BVVdN e. V. (Hg.), Widerstand in Berlin gegen das NS-Regime 1933–1945, Bd. 8, Berlin 2012, S. 78.

5 Vgl. Carmela Thiele, Jeanne Mammen und Hans Uhlmann, eine Künstlerfreundschaft im Berlin des Nationalsozialismus und der Nachkriegszeit, in: Jeanne Mammen, Die Beobachterin, Retrospektive 1910–1975, hg. von Thomas Köhler und Annelie Lütgens, Ausst.-Kat. Berlinische Galerie, München 2017, S. 169–176.

Carmela Thiele

One can learn a lot about resilience by engaging with the work and life journey of Hans Uhlmann. In the years from 1933 to 1945, the sculptor worked on the foundations of his oeuvre, which would later be presented at Documenta, biennials, and international exhibitions. Concentration on his art helped him to deal with challenges from the outside world. He experienced the end of the National Socialist dictatorship as a "triumph of the creative spirit over brutal violence and ignorance."[1] In an interview with Deutsche Welle, a German public state-owned international broadcaster, Uhlmann admitted in retrospect: "The time was so horrible, ... but apart from prison and such things, it was a quiet time for me ... , the attempts to arrive at a form of sculpture ... [which was] much easier and more pleasant to deal with in solitude."[2]

During the National Socialist period, Hans Uhlmann lived in a circle of close family members and friends in a state of intellectual opposition, as the journalist Ruth Andreas-Friedrich described these years in her book *Berlin Underground: 1938–1945*.[3] However, in contrast to many Germans, Hans Uhlmann recognized the impending disaster at an early point in time and got to experience how dangerous active resistance was first hand.

Uhlmann, an engineer who worked at the Technische Universität Berlin (Technical University of Berlin), was a member of the Kommunistische Partei Deutschlands (Communist Party of Germany, KPD), whose members were systematically persecuted by the National Socialist state after 1933.[4] He got caught putting up posters in 1932, and a trip to Moscow at this time with Jeanne Mammen (1890–1976) is also documented.[5] In the first year after Adolf Hitler took power, the Gestapo arrested Uhlmann near Winterfeldplatz in Berlin on October 26, 1933. He was interned in the infamous Gestapo prison Columbia-Haus on Tempelhofer Feld, where he was interrogated several times and put under surveillance day and night in an isolation cell. On February 24, 1934, the Kammergericht Berlin (Berlin Appellate Court) sentenced the thirty-three-year-old to one and a half years in prison for inciting high treason.

The first designs for metal sculptures were created while he was being held at the detention center in the Tegel district of Berlin in the summer of 1934, and were to be followed by formally reduced variations →fig. 1. The artist then executed these concept sketches after being released from prison. While working during the day at the company Krupp National Registrierkassen GmbH, he dedicated himself in the evening to his metal space sculptures. In doing so, Uhlmann relied on his knowledge, for instance of technology and mathematics.

Fig. 1
Hans Uhlmann,
Tegel Sketchbook 3,
1934–35,
India ink pen and watercolor on paper,
10.7 × 14.7 cm,
Berlinische Galerie – Landesmuseum für Moderne Kunst, Fotografie und Architektur

1 Hans Uhlmann, "Freiheit des Kunstschaffens," in *"Nach 12 Jahren": Kunstschau, Sommer 1945*, ed. Volksbildungsamt Steglitz, Abteilung Bildende Kunst (Berlin: Volksbildungsant Steglitz, 1945), n.p.

2 Johannes Freisel, "Das Porträt: Hans Uhlmann," typescript of a radio contribution, Deutsche Welle, March 9, 1970.

3 In 1947, the diary entries of Ruth Andreas-Friedrich were published in German by Suhrkamp in Berlin under the title *Der Schattenmann: Tagebuchaufzeichnungen 1938–1945*. That same year, an English translation by June Barrows Mussey was published by Henry Holt and Co. in New York as *Berlin Underground 1938–1945*, and then in London a year later. The book has been reissued several times and also translated into French, Dutch, Hebrew, and Hungarian.

4 "Hans Uhlmann, Dipl.; wohnhaft Bln.-Wilmersdorf, Orber Str. 21a; KPD; gehörte einer illeg. Straßenzelle im KPD-UB Bln. Südost an." Cited in *Widerstand in Berlin gegen das NS-Regime 1933 bis 1945*, vol. 8, ed. Geschichtswerkstatt des BVVdN e. V. (Berlin: Trafo, 2012), p. 78.

5 See Carmela Thiele, "Jeanne Mammen and Hans Uhlmann: An Artists' Friendship in Berlin during the Nazi and Postwar Years," in *Jeanne Mammen: The Observer, Retrospective 1910–1975*, ed. Thomas Köhler and Annelie Lütgens, exh. cat. Berlinische Galerie (Munich: Hirmer, 2017), pp. 169–76.

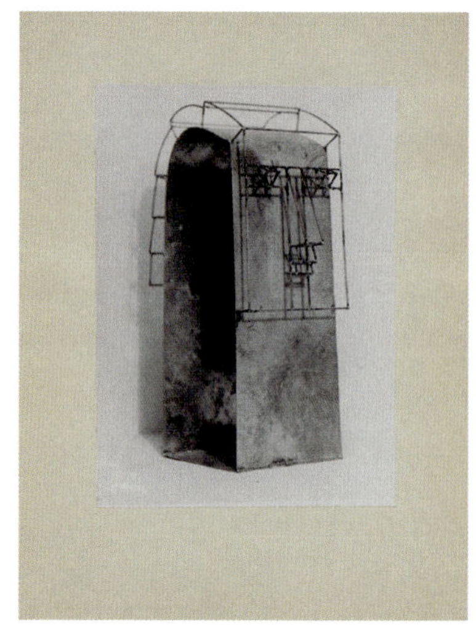

Abb. 2
Hans Uhlmann,
Ohne Titel (Skulptur von Hans Uhlmann), o. D., Silbergelatinepapier, auf Pappe montiert, Berlinische Galerie – Landesmuseum für Moderne Kunst, Fotografie und Architektur

Bislang ist nicht erwiesen, ob der Künstler das *Realistische Manifest* von Naum Gabo (1890–1977) und Antoine Pevsner (1884–1962) aus dem Jahre 1920 gekannt und befolgt hat, wie zuletzt im Rahmen einer Ausstellung nahegelegt wurde.[6] In dem epochalen Text für eine moderne Raumplastik heißt es u. a.: „Die Lotleine in der Hand, mit Augen, so genau wie ein Lineal, in einem Geiste, so gespannt wie ein Zirkel ... konstruieren wir unser Werk wie der Ingenieur seine Brücken ..." Hans Uhlmann verhehlte seine Begeisterung für technische Meisterwerke nicht. Während seiner Reise nach Frankreich 1929 zeichnete er eine Schwebebrücke, eine *pont transpondeur,* während einer Reise nach Hamburg fotografierte er die Kräne am Hafen.[7] In seinem während der Haft geschriebenen Tagebuch erwähnt er jedoch weder Gabo noch das Realistische Manifest.[8] Dafür zitiert er vor allem aus den Schriften des Dichters, Zeichners und Filmemachers Jean Cocteau (1889–1963), erinnert sich an eine Szene aus dem Avantgardefilm *Entr'acte* von René Clair (1898–1981) oder an Aufführungen der *Dreigroschenoper* von Bertolt Brecht (1898–1956). Die mathematisch-konstruktiven Grundlagen der Stahlbauweise waren ihm geläufig wie einem Musiker die Klangräume. Vor diesem Hintergrund erforschte er die ästhetischen Mittel der Zeichnung und der Plastik, interessierte sich aber für alle Spielarten der Kunst.

Hans Uhlmann schuf zwischen 1935 und 1942 mehr als vierzig Köpfe, gebaut aus Eisenstäben und Eisen- oder Zinkblechen. Nur neunzehn solcher Arbeiten wurden in das Werkverzeichnis aufgenommen. Doch belegen hier erstmals veröffentlichte Fotografien, die von Jeanne Mammen aufbewahrt worden sind, dass der Künstler sehr viel mehr produziert hatte → Abb. 2 und 3.[9] Noch während der Haft in Tegel, wo er in einer Buchbinderei arbeitete, fasste der Künstler dreißig Blätter mit Entwürfen für Raumplastiken zu der Mappe mit dem Titel *Köpfe, Zöpfe, Bärte, Locken und Büsten aus Draht* (1934/35) → S. 243–248, 251 zusammen.

Dieter Honisch bezeichnete die Zeichnungen nach dem Tod des Künstlers als „eigenartige Büsten, in denen der Mensch wie sein eigner Gefangener erscheint, sich selbst als Käfig vorführt, zu dem er sich gemacht hat."[10] Der ehemalige Direktor der Berliner Nationalgalerie ergänzt, dass es schwer zu sagen sei, ob die Drahtgitter etwas einschließen oder etwas von außen abwehren sollen, und weist auf die Ambivalenz der Darstellungen hin, die sowohl als „Person und Typus" wirken wie als „Idol oder Figurine". Es handle sich um Erscheinungen zwischen Körper und Raum.

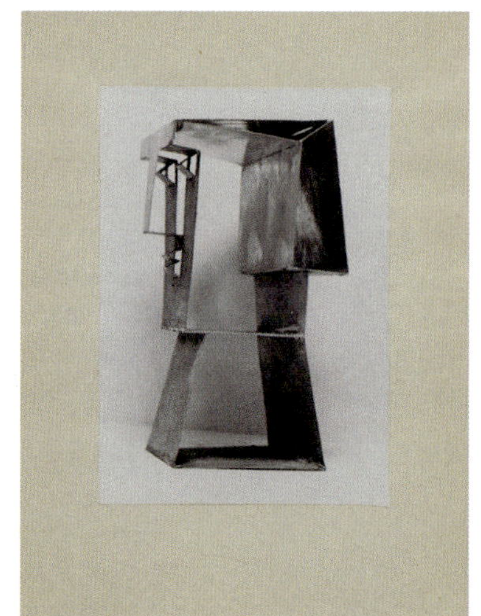

Abb. 3
Hans Uhlmann,
Ohne Titel (Skulptur von Hans Uhlmann), o. D., Silbergelatinepapier, auf Pappe montiert, Berlinische Galerie – Landesmuseum für Moderne Kunst, Fotografie und Architektur

Hans Uhlmann selbst beschrieb seine frühen „Köpfe" rückblickend nüchtern: „Die geometrisierenden und konstruktiven Draht- und Eisenblech-Köpfe ... mit ihrer Durchsichtigkeit und ... Überschaubarkeit ergeben ein lebendiges ... Spiel der Überschneidungen: Sie sind von innen nach außen architektonisch-konstruktiv aufgebaut. Sie enthalten ferner Akzente in den ‚Knotenpunkten', die den Raum rhythmisieren."[11] In ihnen würden „Strahlenbündel als Gleichnis für ‚Augen und Sehen' zusammengeführt. Er schließt mit dem Satz: „Die Arbeit dieses Jahrzehnts enthält somit eine erste Systematik der ‚direkten Metallplastik'."

6 Katja Blomberg, Die Natur spricht die Sprache der Mathematik, in: Lynn Chadwick – Beasts of the Times. Lynn Chadwick, Katja Strunz, Hans Uhlmann, hg. von Katja Blomberg und Julia Wallner, Ausst.-Kat. Georg Kolbe Museum, Berlin, Köln 2019, S. 67 ff.

7 Die *Pont transpondeur* hat die Werkverzeichnis-Nummer 6, siehe: Christoph Brockhaus und Jörn Merkert (Hg.): Hans Uhlmann (1900–1975), Die Aquarelle und Zeichnungen, mit einem Werkverzeichnis von C. Thiele, Berlin 1990, S. 154.

8 Hans Uhlmann, Tagebuch aus der Gefängniszeit Berlin 1933–1935, aus dem Französischen von Bernadette Uhlmann-Brinkmann, Typoskript, 118 Seiten © Hans-Joachim Uhlmann. – Archiv Berlinische Galerie. Das französische Original befindet sich in Privatbesitz; die Übersetzung kann in der Berlinischen Galerie eingesehen werden (Publikation in Vorbereitung).

9 Sammlung Künstler*innen-Archive der Berlinischen Galerie: BG-Ar 7/81.27, BG-AR 7/81,30.

10 Dieter Honisch, Rede anlässlich der Eröffnung Uhlmann-Ausstellung am 12. Februar 1978 in der Galerie Brusberg, Hannover, zit. nach: Brockhaus / Merkert 1990 (wie Anm. 7), S. 145 ff.

11 Hans Uhlmann, in: Wilhelm Lehmbruck Museum (Hg.), Uhlmann-Raum, Duisburg 1977 (Räume 1), o. S.

Fig. 2
Hans Uhlmann,
Untitled (Sculpture by Hans Uhlmann), n.d.,
gelatin silver paper,
mounted on cardboard,
Berlinische Galerie –
Landesmuseum
für Moderne Kunst,
Fotografie
und Architektur

Fig. 3
Hans Uhlmann,
Untitled (Sculpture by Hans Uhlmann), n.d.,
gelatin silver paper,
mounted on cardboard,
Berlinische Galerie –
Landesmuseum
für Moderne Kunst,
Fotografie
und Architektur

It has not yet been determined whether the artist was familiar with or adhered to the *Realistic Manifesto* by Naum Gabo (1890–1977) and Antoine Pevsner (1884–1962) from the year 1920, as was recently suggested within the framework of an exhibition.[6] In the text, which was epochal for a modern spatial sculpture, one finds, for instance, the following words: "The plumb line in the hand, with eyes as precise as a ruler, with a spirit as focused as a compass ... we construct our work as the engineer does his bridges ... ." Hans Uhlmann did not conceal his enthusiasm for technical masterpieces. He drew a transporter bridge, a *pont transpondeur,* while traveling in France in 1929, and photographed cranes at the port while on a trip to Hamburg.[7] There is, however, no mention of either Gabo or the *Realistic Manifesto* in the diary he kept while in prison.[8] He does quote frequently from texts by the poet, artist, and filmmaker Jean Cocteau (1889–1963), and recalls a scene from the avant-garde film *Entr'acte* by René Clair (1898–1981) or performances of the *Dreigroschenoper* (Threepenny Opera) by Bertolt Brecht (1898–1956). The mathematical, structural foundations of steel construction were as familiar to him as soundscapes are to a musician. Against this backdrop, Uhlmann explored the aesthetic means of drawing and sculpture, but was interested in all varieties of art.

6 Katja Blomberg, "Nature Speaks the Language of Mathematics," in *Lynn Chadwick – Beasts of the Times: Lynn Chadwick, Katja Strunz, Hans Uhlmann*, ed. Katja Blomberg and Julia Wallner, exh. cat. Georg Kolbe Museum, Berlin (Cologne: Verlag der Buchhandlung Walther König, 2019), pp. 82ff.
7 The *pont transpondeur* was assigned the number 6 in the catalogue raisonné; see Christoph Brockhaus and Jörn Merkert, eds., *Hans Uhlmann (1900–1975): Die Aquarelle und Zeichnungen, mit einem Werkverzeichnis von C. Thiele* (Berlin: Heenemann, 1990), p. 154.
8 Hans Uhlmann, *Tagebuch aus der Gefängniszeit Berlin 1933–1935,* translated from the French by Bernadette Uhlmann-Brinkmann, typescript, 118 pages, © Hans-Joachim Uhlmann – Archiv Berlinische Galerie. The French original is privately owned; the translation can be viewed at the Berlinische Galerie in Berlin (publication forthcoming).

Between 1935 and 1942, Hans Uhlmann created more than forty heads constructed from iron rods and iron or zinc sheeting. Only nineteen such works were included in the catalogue raisonné. But photographs preserved by Jeanne Mammen, which are being published here for the first time, establish that the artist produced quite a few more such sculptures →figs. 2 and 3.[9] While still interned in Tegel, where he worked in the bookbinding workshop, the artist assembled thirty pages with designs for spatial sculptures in the portfolio titled *Köpfe, Zöpfe, Bärte, Locken und Büsten aus Draht* (Heads, Braids, Beards, Tresses, and Busts of Wire, 1934–35) →pp. 243–48, 251.

After the artist's death, Dieter Honisch described the drawings as "strange busts in which man seems to be his own prisoner, presents himself as a cage, into which he has made himself."[10] The former director of the Nationalgalerie in Berlin adds that it is difficult to say whether the wire mesh is meant to enclose something or ward off something from the outside; he points to the ambivalence of the pictures, which give the impression of being both "person and type" and also "idol or figurine." It is about manifestations between body and space.

Hans Uhlmann himself retrospectively described his early "Heads" in a matter-of-fact way: "The geometricizing and constructive heads of wire and iron sheeting ... with their transparency and ... straightforwardness give rise to a lively ... play of overlappings: they are structured from the inside to the outside in an architectural and constructional way. They contain additional accents at the 'nodal points' that give rhythm to the space."[11] In them, "bundles of rays" are assembled "as an allegory for 'eyes and seeing.'" He concludes with the sentence: "The work of this decade thus involved an initial systematizing of 'direct metal sculpture.'"

9 Artists' Archives of the Berlinische Galerie: BG-Ar 7/81.27, BG-AR 7/81,30.
10 Dieter Honisch, "Rede anlässlich der Eröffnung Uhlmann-Ausstellung am 12. Februar 1978 in der Galerie Brusberg, Hannover," cited in Brockhaus and Merkert, *Hans Uhlmann (1900–1975)*, pp. 145ff.
11 "Hans Uhlmann," in *Uhlmann-Raum*, ed. Wilhelm Lehmbruck Museum, vol. 1 of *Räume* (Duisburg: Wilhelm Lehmbruck Museum, 1977), n.p.

FRITZ WINTER

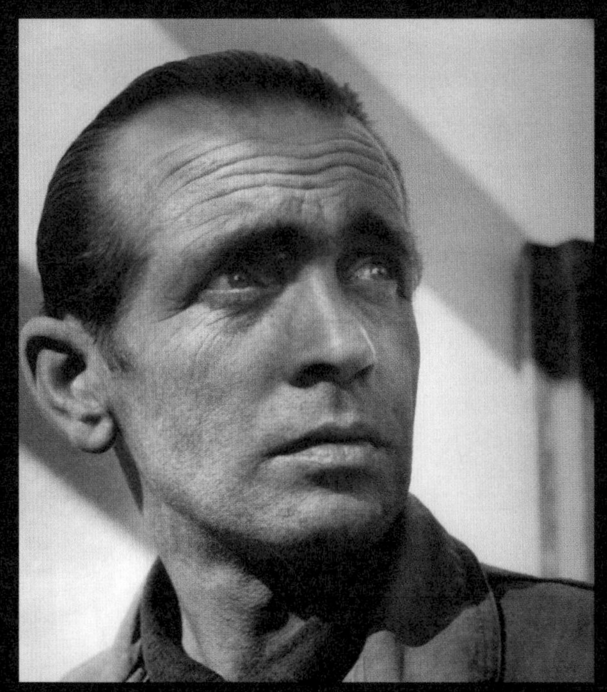

Fritz Winter, 1959, Fritz-Winter-Haus Ahlen

FRITZ WINTER
* 22. September 1905 in Altenbögge
† 1. Oktober 1976 in Herrsching am Ammersee

1927–1930	Studium am Staatlichen Bauhaus in Dessau
1931–1932	Lehrtätigkeit an der Pädagogischen Akademie in Halle
1935	Umzug nach Dießen am Ammersee
1937	Beschlagnahmung von Werken Winters im Rahmen der Aktion „Entartete Kunst"
1939	Einberufung zum Militärdienst
1944	Entstehung der Werkserie *Triebkräfte der Erde* während eines Genesungsurlaubs
1945–1949	Russische Kriegsgefangenschaft in Sibirien und an der Wolga
1946	Beteiligung an Kunstausstellungen durch Initiativen seiner Lebensgefährtin Margarete Schreiber-Rüffer
1949	Rückkehr aus der Kriegsgefangenschaft
1953	Gastdozent an der Landeskunstschule Hamburg
1955	Professur an der Staatlichen Hochschule für bildende Künste Kassel, Teilnahme an der documenta 1 in Kassel
1965–1966	Erste große Retrospektive zum sechzigsten Geburtstag in Kassel, Koblenz, Hannover, Mannheim, Düsseldorf, Stuttgart und Berlin
1972	Orden Pour le Mérite für Wissenschaften und Künste
1974	Großes Verdienstkreuz der Bundesrepublik Deutschland mit Stern
1975	Einrichtung des Fritz-Winter-Hauses in Ahlen, Westfalen

FRITZ WINTER
b. September 22, 1905, in Altenbögge
d. October 1, 1976, in Herrsching am Ammersee

1927–30	Studies at the State Bauhaus in Dessau
1931–32	Teaching work at the Pedagogical Academy in Halle
1935	Move to Dießen am Ammersee
1937	Confiscation of works within the framework of the campaign "Degenerate Art"
1939	Called up for military service
1944	Creation of the series of works *Driving Forces of the Earth* while on sick leave
1945–49	Russian captivity as a prisoner of war in Sibiria and on the Volga
1946	Participation in art exhibitions resulting from initiatives by his partner Margarete Schreiber-Rüffer
1949	Returns from captivity as a prisoner of war
1953	Guest lecturer at the Hamburg State School of Art
1955	Professorship at the State School of Fine Arts in Kassel, participation in documenta 1 in Kassel
1965–66	First big retrospective on the occasion of his sixtieth birthday in Kassel, Koblenz, Hanover, Mannheim, Düsseldorf, Stuttgart, and Berlin
1972	Order of Merit for the Sciences and Arts
1974	Order of Merit of the Federal Republic of Germany (with star)
1975	Erection of the Fritz Winter House in Ahlen, Westphalia

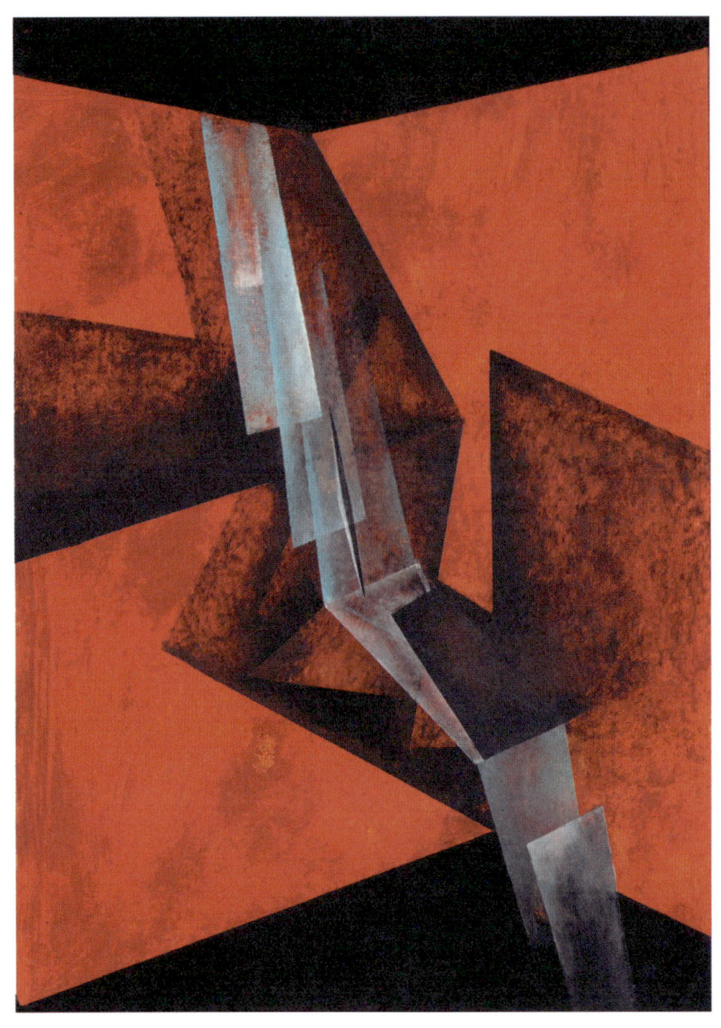

Blitz / Lightning, 1934

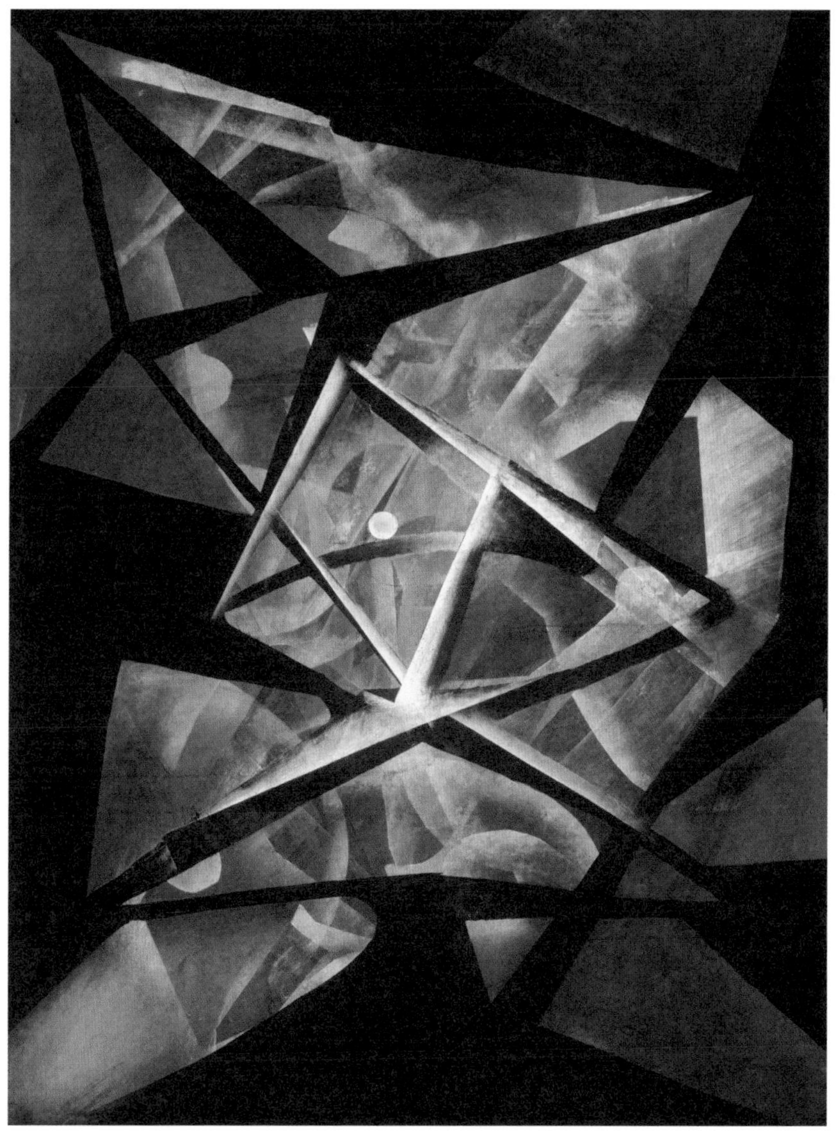

Weiß in Schwarz / White in Black, um / ca. 1934

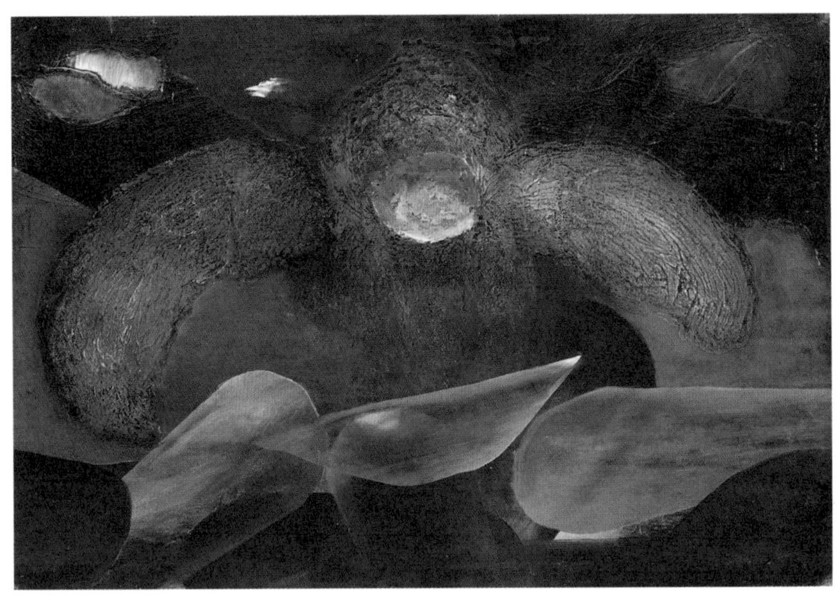

An der Erde / On Earth, 1937

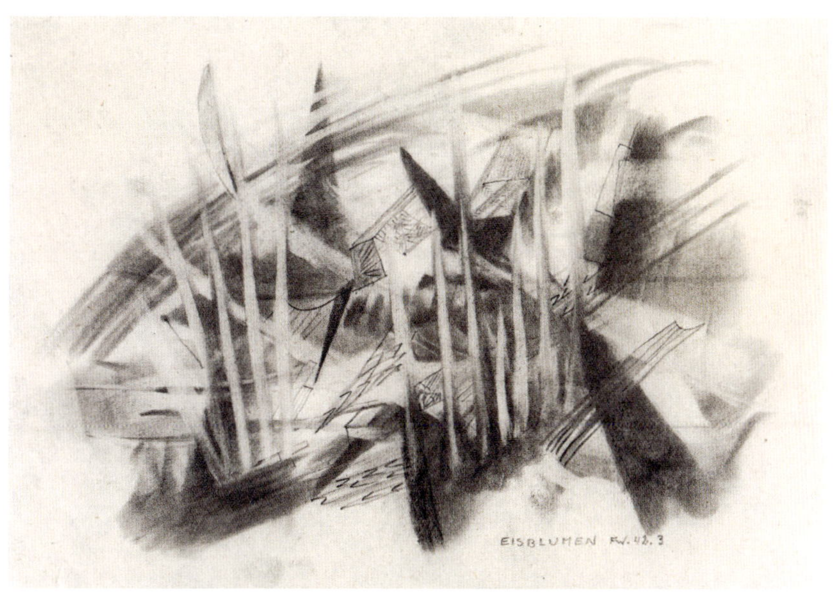

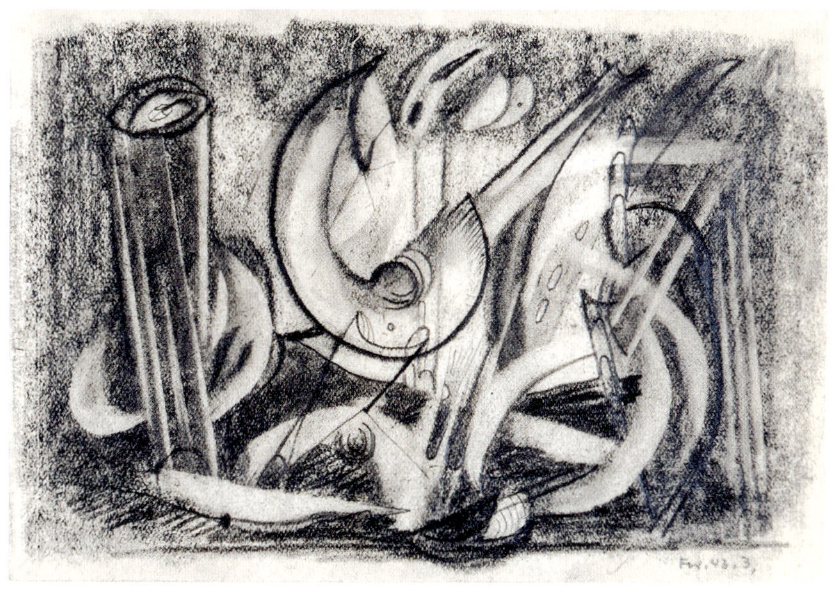

Eisblumen / Frost Flowers, 1942

Österlich / Easter, 1942

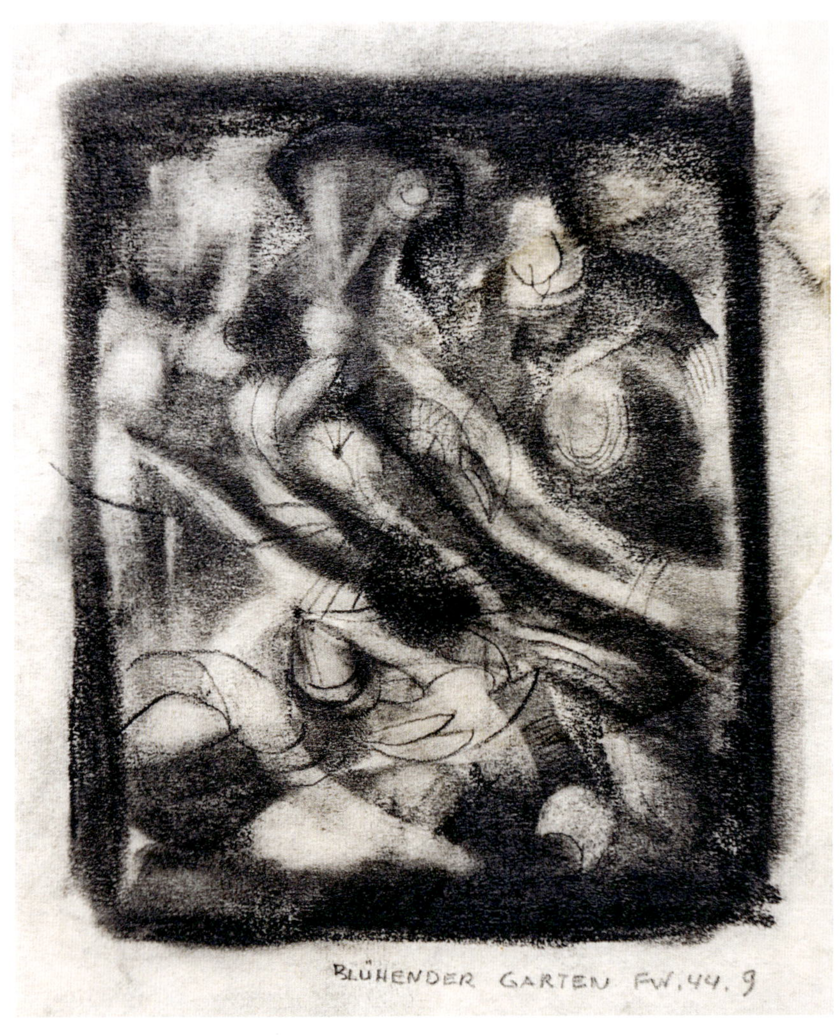

Blühender Garten / Blooming Garden, 1944

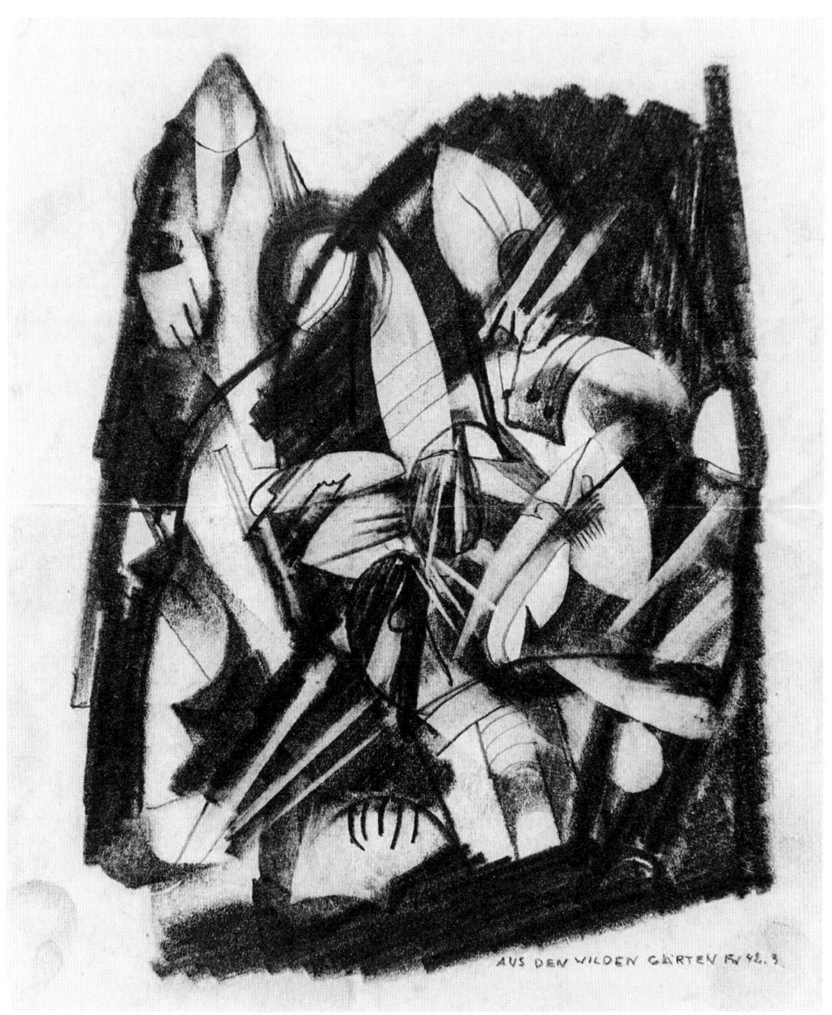

Aus den wilden Gärten / From Wild Gardens, 1942

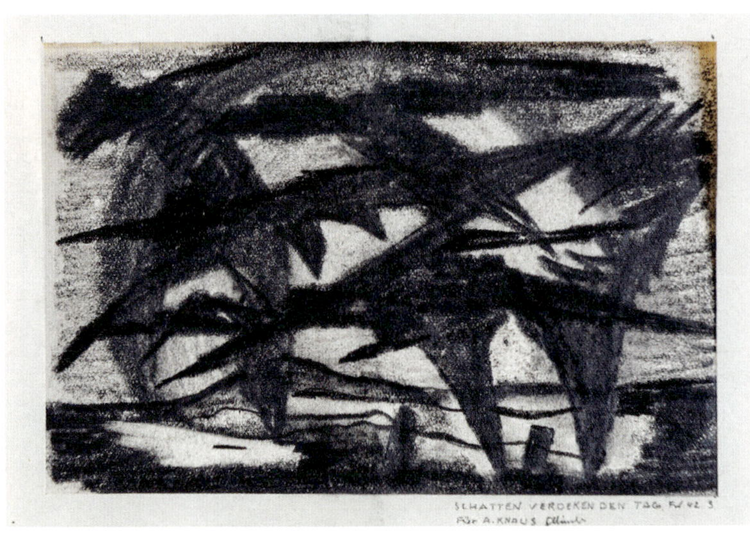

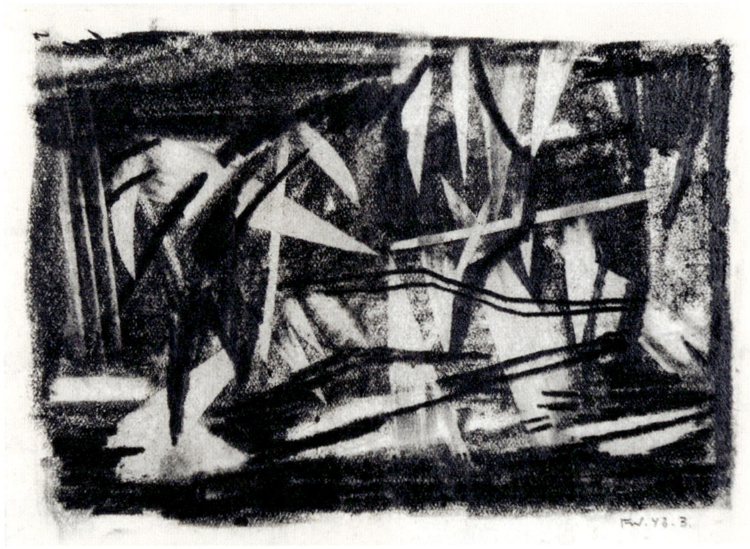

Schatten verdeken den Tag / Shadows Hide the Day, 1942

Gegeneinander / Against Each Other, 1942

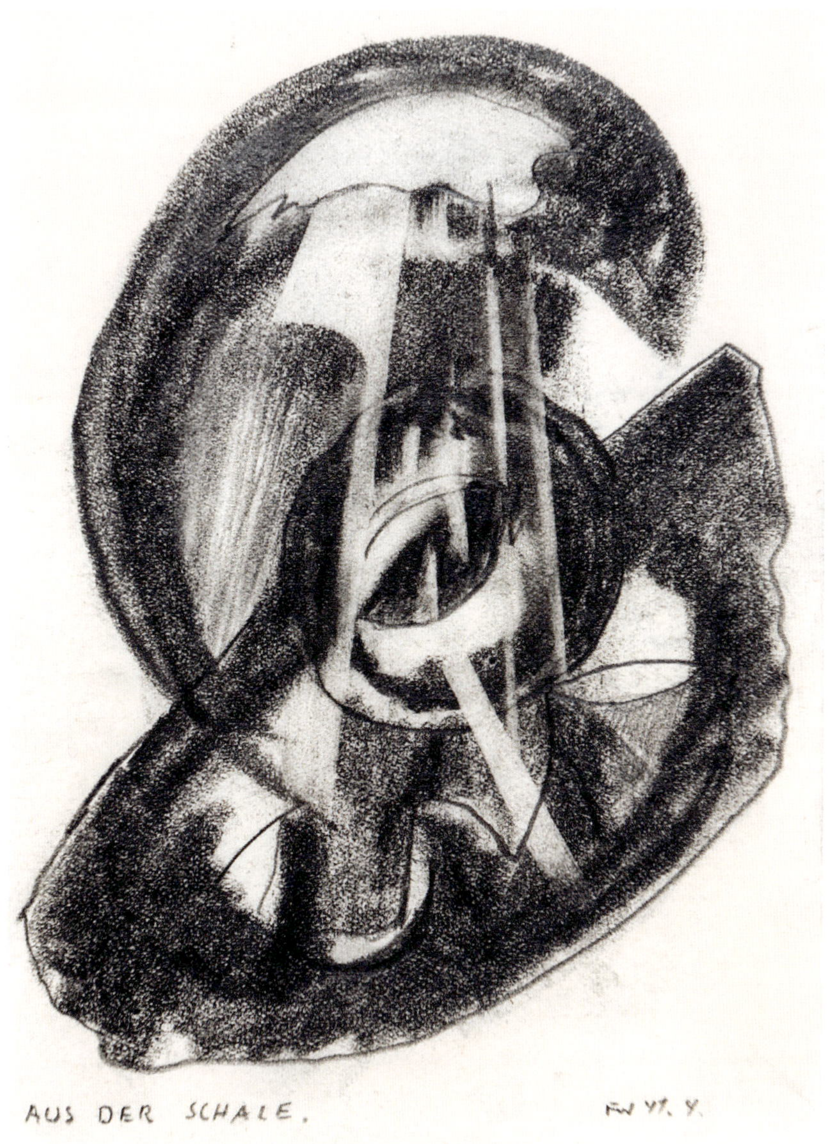

Aus der Schale / From the Shell, 1941

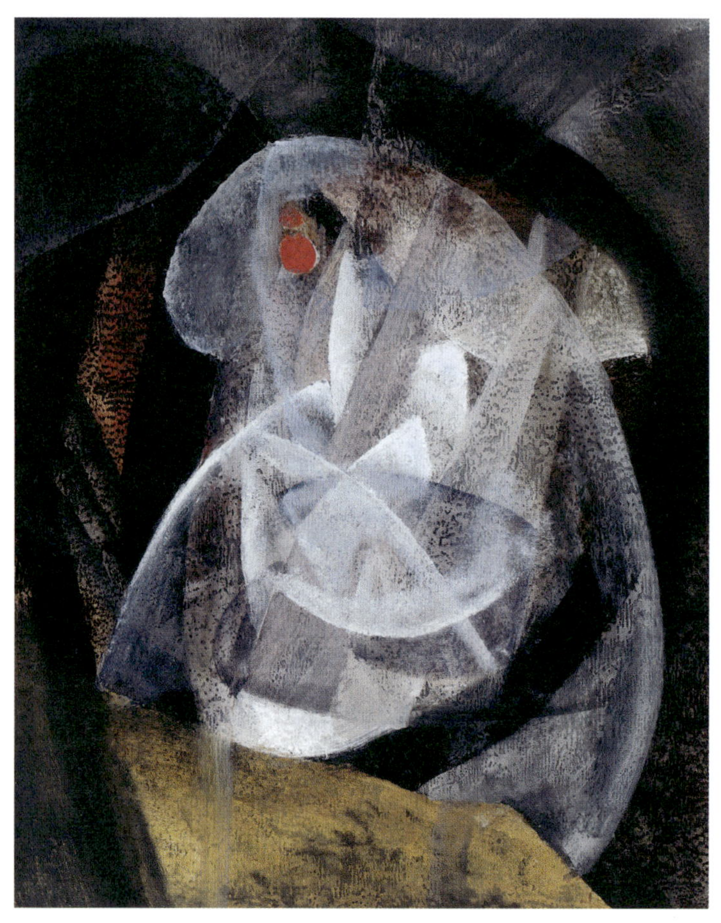

Triebkräfte der Erde / Driving Forces of the Earth, 1944

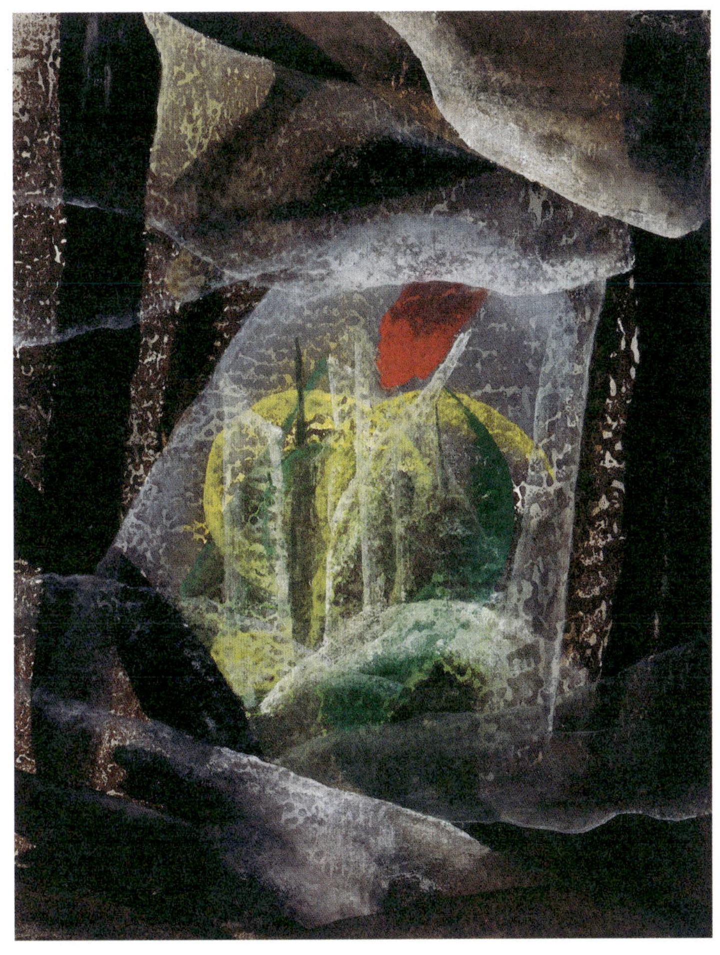

Triebkräfte der Erde / Driving Forces of the Earth, 1944

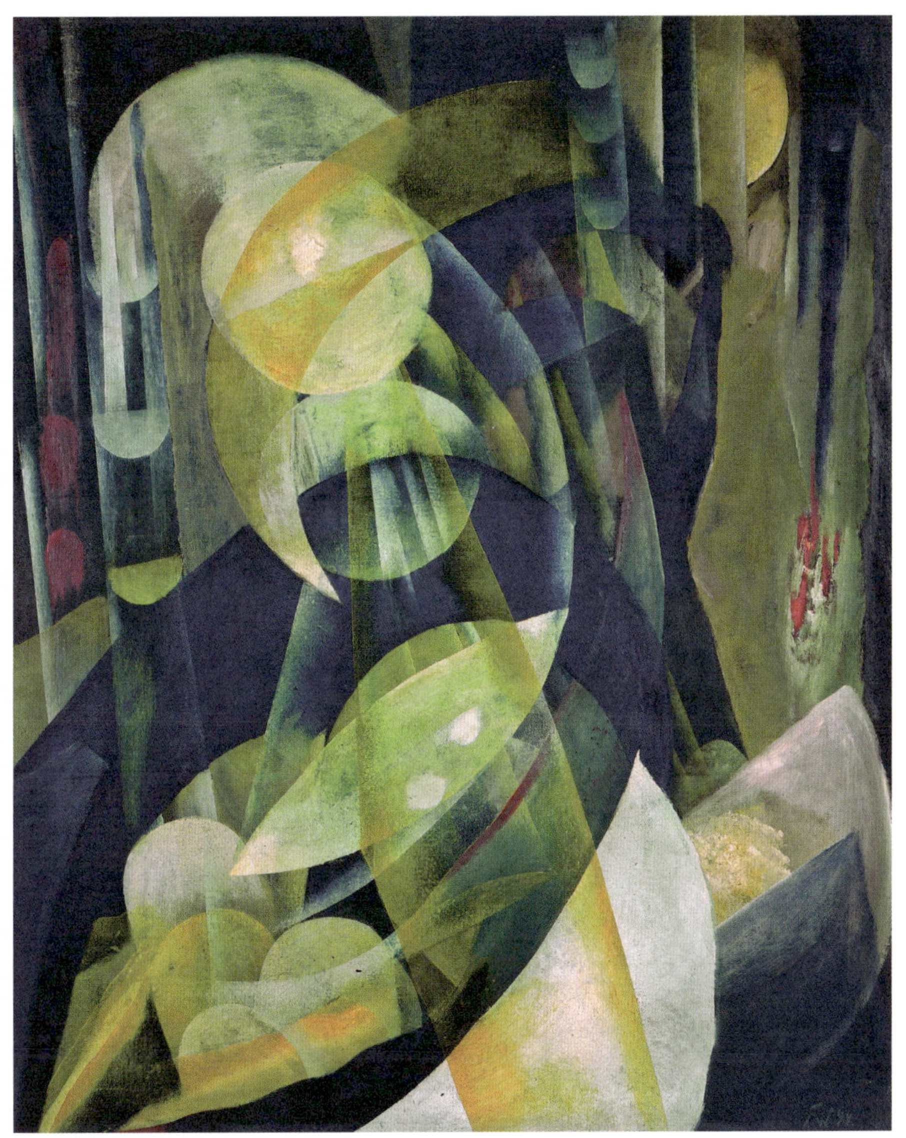

Metamorphose / Metamorphosis, 1944

FRITZ WINTER 1905–1976

Cathrin Klingsöhr-Leroy

Fritz Winter wurde künstlerisch von der nationalsozialistischen Kulturpolitik, physisch und psychisch vom Zweiten Weltkrieg schwer getroffen. Der kurz nach Jahrhundertbeginn geborene Maler, der nach seinem Studium am Bauhaus in Dessau enge Kontakte nicht nur zur Generation seiner Lehrer Paul Klee (1879–1940) und Ernst Ludwig Kirchner (1880–1938) hatte, sondern der auch mit dem konstruktivistischen Bildhauer Naum Gabo (1890–1977) Anfang der 1930er-Jahre in Berlin zusammenarbeitete, fand schon früh Gelegenheit, seine Werke auszustellen. Museen in Halle, Hamburg, Mannheim, Breslau und Wuppertal erwarben 1930 Bilder des jungen Künstlers. Dieser vielversprechende Beginn seiner Karriere wurde mit der Aktion gegen die sogenannte entartete Kunst beendet: 1937 wurden Arbeiten von Fritz Winter in öffentlichen Sammlungen beschlagnahmt, aus den Museen entfernt und entschädigungslos enteignet, der Maler selbst erhielt Arbeits- und Ausstellungsverbot.[1] 1938 wurden einige seiner Werke in der New Burlington Gallery in London gezeigt, die sich gegen die diffamierende Wanderausstellung *Entartete Kunst* in Deutschland richtete. 1939 wurde Fritz Winter zum Kriegsdienst einberufen und nahm am Polenfeldzug, ab 1941 am Russlandfeldzug teil. Er geriet 1945 in russische Gefangenschaft und kehrte 1949 von Sibirien nach Deutschland zurück.

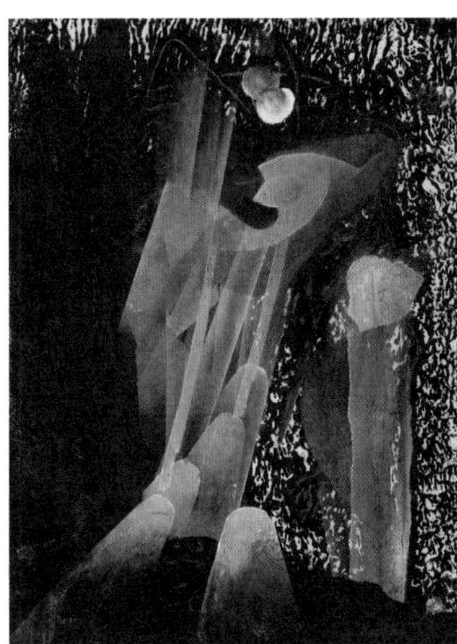

Abb. 1
Fritz Winter,
Triebkräfte der Erde,
1944,
Gouache, Öl und Aquarell auf Papier,
29,6 × 21,1 cm,
Franz Marc Museum,
Kochel am See,
Dauerleihgabe aus Privatsammlung

Seine Lebensgefährtin sowie Freunde und Sammler wie Will Grohmann (1887–1968) und Ottomar Domnick (1907–1989) sorgten dafür, dass Winters Werk in internationalen Kunstausstellungen nach 1945 zu sehen war. Noch wichtiger für die bedeutende Rolle, die Winter als abstrakter Maler nach seiner Rückkehr aus russischer Gefangenschaft spielte, war die Interpretation der Werke, die er während des Krieges an der Front und während eines Urlaubs vom Kriegsdienst geschaffen hatte. Als Soldat zeichnete er mit Bleistift in Skizzenbücher. Über dreihundert kleine, abstrakt-vegetabile Darstellungen entstanden auf diese Weise zwischen 1941 und 1944. Während eines Genesungsurlaubs malte Winter 1944 farbige Darstellungen, die auf das Formenvokabular seiner Kriegszeichnungen zurückgehen. Damals entstand die Serie *Triebkräfte der Erde* (1944) → Abb. 1, S. 266–267.

Die zeitgenössischen Interpretationen der etwa vierzig bis fünfzig Blätter greift die geschichtlich-biografische Situation ihrer Entstehung auf, um sie eng mit dem intellektuellen Neuaufbruch im Deutschland der Nachkriegszeit zu verbinden. 1957 erschien eine Monografie zu den *Triebkräften der Erde* mit einem einführenden Text von Werner Haftmann (1912–1999). Dieser hob zwei Aspekte hervor: Zum einen den spezifischen Naturbezug dieser abstrakten

1 Laut Gabriele Lohberg bewarb sich Winter 1934 um die Aufnahme in die Reichskulturkammer der bildenden Künste, wurde 1936 aufgenommen, jedoch ein Jahr später wieder entlassen. Gabriele Lohberg, Fritz Winter. Leben und Werk, München 1986, S. 23.

Cathrin Klingsöhr-Leroy

Fritz Winter was severely impacted artistically by the cultural policy of the National Socialists, as well as physically and psychologically by the Second World War. The painter, who was born shortly after the turn of the century, already had the chance to exhibit his works at an early point in time; after studying at the Bauhaus Dessau, he not only maintained close contact to the generation of his teachers Paul Klee (1879–1940) and Ernst Ludwig Kirchner (1880–1938); he also collaborated with the Constructivist sculptor Naum Gabo (1890–1977) in Berlin in the early 1930s. Museums in Halle, Hamburg, Mannheim, Breslau, and Wuppertal acquired pictures by the young artist in 1930. This promising start to his career came to an end with the campaign against what was called "degenerate art": in 1937, works by Fritz Winter in public collections were seized, removed from museums, and expropriated without compensation, and the painter himself was prohibited from working and exhibiting.[1] In 1938, some of his works oriented against the defamatory traveling exhibition *Entartete Kunst* (Degenerate Art) in Germany were presented at the New Burlington Gallery in London. Fritz Winter was drafted into military service in 1939; he participated in the invasion of Poland, and as of 1941 in the Russian campaign. In 1945, Winter landed in Russian captivity and did not return to Germany from Siberia until 1949.

Fig. 1
Fritz Winter,
Driving Forces of the Earth, 1944,
gouache, oil, and watercolor on paper,
29.6 × 21.1 cm,
Franz Marc Museum,
Kochel am See,
permanent loan from a private collection

His life partner, as well as friends and collectors like Will Grohmann (1887–1968) and Ottomar Domnick (1907–1989), ensured that Winter's oeuvre could be seen in international art exhibitions after 1945. What was even more important for the significant role that Winter played as an abstract painter after returning from Russian captivity was the interpretation of the works that he produced on the front during the war and while furloughed from military service. As a soldier, Winter made pencil drawings in sketchbooks. Over 300 small, abstract vegetal pictures were created in this way between 1941 and 1944. While on sick leave in the winter of 1944, he painted colorful pictures that make use of the form vocabulary found in his war drawings. It was at this time that he produced the series of paintings *Triebkräfte der Erde* (Driving Forces of the Earth, 1944) →fig. 1; pp. 266–67.

The contemporary interpretations of the roughly forty to fifty works took up the historical, biographical situation of the time in which they were created in order to link them closely with the new intellectual beginnings in Germany during the postwar period. A monograph on the *Triebkräfte der Erde* was published in 1957, with an introductory text by Werner Haftmann (1912–1999) emphasizing two aspects. On the one hand, Haftmann noted the specific reference to nature of these abstract pictures, their rendering of natural phenomena, which—in line with Kandinsky's book *Über das Geistige in der Kunst* (On the Spiritual in Art)—permeates the superficial appearance of things[2] so as to make visible the substance concealed behind it.[3] On the other hand, Haftmann regarded Winter's "driving forces" as a reaction to the contemporary historical situation and ascribed a symbolic meaning to them that would shape the understanding of the se-

1 According to Gabriele Lohberg, Winter applied for membership in the Reichskammer der bildenden Künste (Reich Chamber of Fine Arts) in 1934 and was accepted in 1936, before being booted out again a year later. Gabriele Lohberg, *Fritz Winter: Leben und Werk* (Munich: Bruckmann, 1986), p. 23.

2 The link to the group Der Blaue Reiter after the war, through German representatives of abstraction and Fritz Winter in particular, was repeatedly highlighted by contemporary interpreters of this tendency in art.

3 Werner Haftmann, "Introduction," in Fritz Winter, *Triebkräfte der Erde: 16 Ölblätter* (Munich: Piper, 1957), pp. 44–45.

Darstellungen, ihre Wiedergabe von Naturphänomenen, die – im Sinn von Kandinskys *Über das Geistige in der Kunst* – die oberflächliche Erscheinung der Dinge durchdringt,[2] um das dahinter verborgene Wesentliche sichtbar zu machen.[3] Darüber hinaus sah Haftmann die „Triebkräfte" Winters als Reaktion auf die zeitgeschichtliche Situation und wies ihnen eine symbolische Bedeutung zu, die das Verständnis der Bildfolge für die nächsten Jahrzehnte prägen sollte: „... – es sind die tiefen Gedanken der deutschen Romantik, die in Winters ‚Triebkräften der Erde' aus ihrer Latenz herausgenommen und aktiv in bildnerische Taten umgesetzt werden", schrieb Haftmann und weiter: „Ich würde nicht so sehr auf der deutschen Weise und Herkunft dieser Bilderreihe bestehen, wenn ich nicht fürchten müsste, dass andernfalls ihr besonderer *dokumentarischer* Wert übersehen werden könnte. Sie ist ein wichtiges Dokument der deutschen zeitgenössischen Geschichte."[4]

Die gleichen Umstände galten auch für die Entstehung der Bleistiftzeichnungen → S. 261–265, die Winter an der Front zeichnete und von denen er einen großen Teil in der Gefangenschaft vernichtete. Nicht nur aufgrund ihrer romantisch-pantheistischen Natursicht, sondern auch technisch und stilistisch sind diese Zeichnungen als Voraussetzung der *Triebkräfte der Erde* zu sehen. Dabei bezog sich Fritz Winter auf einen bedeutenden Vorläufer, das *Skizzenbuch aus dem Felde* Franz Marcs (1880–1916). Auch Marcs Zeichnungen, die 1915 im Ersten Weltkrieg an der Frontlinie zu Frankreich entstanden, sind kleine Hymnen an die Natur, Skizzen in Schwarz-Weiß, die wie diejenigen Fritz Winters bis ins Detail ausgearbeitet und kompositionell geschlossen wirken. Fritz Winters Zeichnungen betonen das Malerische. Er verwischt den von ihm benutzten fetten schwarzen Stift zu transparenten Schleiern, arbeitet mit Schablonen, die die tiefschwarzen Flächen spalten und hervorheben, während er feinere schwarze Linien nur sparsam einsetzt. Sein Formenrepertoire lässt die dynamisch sich durchkreuzenden oder aufeinanderstoßenden Spitzen und Strahlen, die Lanzettformen aus Marcs Kriegszeichnungen wiederaufleben.

Die dominante Form der Zeichnungen ist bei Winter jedoch das Runde, Weiche, Umfassende. In der aus mikroskopischer Nähe betrachteten Formenwelt, die er uns auf den Kriegszeichnungen zeigt, herrscht höhlenartiges Dunkel, das durch einfallendes Licht erhellt wird. In seiner gebündelten Fülle gewinnt das Licht eine nahezu moralische Dimension. Es erscheint als übergeordnete, göttliche Kraft, die im Kunstwerk die Formen und die Farben, in der Natur die Materie zum Leben erweckt. Über diesen, auf die Schöpfungsgeschichte zu beziehenden Sinn, geht die Symbolhaftigkeit des Lichtes in den im Krieg geschaffenen Zeichnungen noch hinaus, indem die Helligkeit sich hier als das gute, schöpferische Prinzip dem Zerstörung und Tod nach sich ziehenden Bösen entgegenzustellen scheint. In diesem Sinn bot die Betrachtung der Natur Fritz Winter an der Front Trost und Hoffnung. In einem Brief schrieb er: „... bittere Kämpfe um Meter in Dreck und Schlamm und Nässe ... Aber hier gilt es eben mit allem fertig zu werden. ... Schlimm wäre bloß, würde man davon in seiner Lebensauffassung beeinträchtigt. Die schönsten Edelsteine kann man im Schlamm finden. Nichts kann einen tiefer erschüttern, als wenn einem so ganz ohne Habe, so ganz ohne ziviler Mensch zu sein, eine Blüte, ein Blatt begegnet und einem das Große dieser Schöpfung zuteil wird. Das ist das Große an diesen Erlebnissen, daß man sie nackt erlebt und klar ohne Tünche. In dieser sogenannten Armseligkeit findet man alles wieder, was einem verlorengegangen ist. ... Daß der Krieg mir diese Möglichkeit gibt, läßt mich ihn ertragen."[5]

2 Der Anschluss an den „Blauen Reiter" durch die deutschen Repräsentanten der Abstraktion nach dem Krieg, insbesondere durch Fritz Winter, wurde von den zeitgenössischen Interpreten dieser Richtung immer wieder hervorgehoben.

3 Werner Haftmann, Einführung zu: Fritz Winter. Triebkräfte der Erde. 16 Ölblätter, München 1957, 44 f.

4 Ebd., S. 49 f. (Hervorhebung im Original).

5 Werner Haftmann, Fritz Winter: Aus Briefen und Tagebüchern 1932–1950, Bern 1951, S. 9.

ries of pictures in the decades that followed: "... what are detached from their latency and actively implemented in creative acts in Winter's *Triebkräfte der Erde* are the profound thoughts of German Romanticism," Haftmann wrote, and went on to state: "I would not insist to such a great extent on the German manner and origin of this picture series if I did not have to fear that their particular *documentary* value might otherwise be overlooked. It is an important document of contemporary German history."[4]

The same circumstances also applied to the creation of the pencil drawings →pp. 261–65 that Winter drew at the front, a large portion of which he destroyed while in captivity. These drawings can be seen as a preliminary basis for *Triebkräfte der Erde* not only due to their Romanticist, pantheistic view of nature, but also in terms of technique and style. In them, Fritz Winter made reference to an important antecedent, the *Skizzenbuch aus dem Felde* (Sketchbook from the Battlefield) by Franz Marc (1880–1916). Marc's drawings, which were created while he was at the front in 1915 during the First World War, are also small hymns to nature, sketches in black and white, like those that Fritz Winter elaborated in detail, and seem compositionally self-contained. Winter's drawings emphasize a painterly quality. He smudged the fatty, black pencil he used to create transparent hazes, worked with templates that cleave and emphasize the deep black areas, while making use of finer black lines only quite frugally. His repertoire of forms resurrects the dynamic crisscrossing or converging spikes and rays, the lancet shapes in Marc's war drawings.

However, the dominant approach to drawing in Winter's works is the rounded, the soft, and the comprehensive. In the manifestations contemplated with microscopic closeness that he shows us in the drawings made during the war, a cave-like darkness illuminated by incoming light dominates. With its focused abundance, the light is given an almost moral dimension. It appears as a superordinate, divine force that animates the forms and colors in the artwork, that brings to life matter in nature. Beyond this meaning with its reference to the history of creation, the symbolism of light in the drawings produced during the war here also seems to counter the evils accompanying destruction and death with the brightness of the principle of the good and the creative. In this sense, Fritz Winter's contemplation of nature at the front offered comfort and hope. In a letter, he wrote: "... bitter struggles for every meter in the filth and mud and wetness. ... It would be just terrible if one's outlook on life were to be affected by this. One can find the most beautiful jewel in the mud. Nothing can shake one up more profoundly than if one so lacking in possessions, so without being a civilized man, encounters a flower, a leaf, and becomes a part of the greatness of this creation. This is the wonderful thing about these experiences, the fact that one undergoes them nakedly and clearly without whitewashing. In this so-called wretchedness, one once again finds what had been lost. ... That the war gives me this opportunity enables me to endure it."[5]

4 Ibid., pp. 49–50 (emphasis in the original).

5 Werner Haftmann, *Fritz Winter: Aus Briefen und Tagebüchern 1932–1950* (Bern: Marbach, 1951), p. 9.

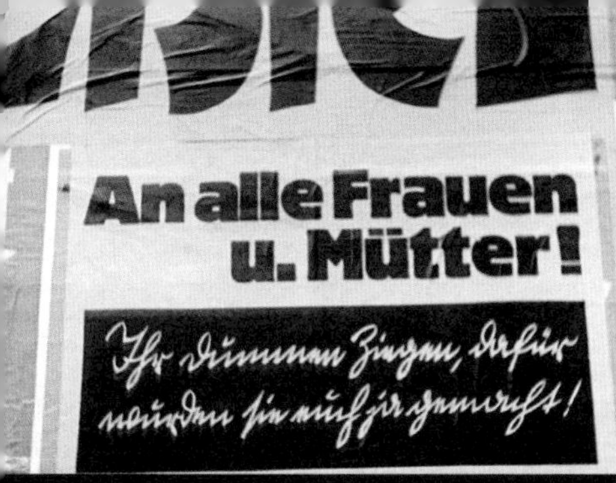
An alle Frauen
u. Mütter!

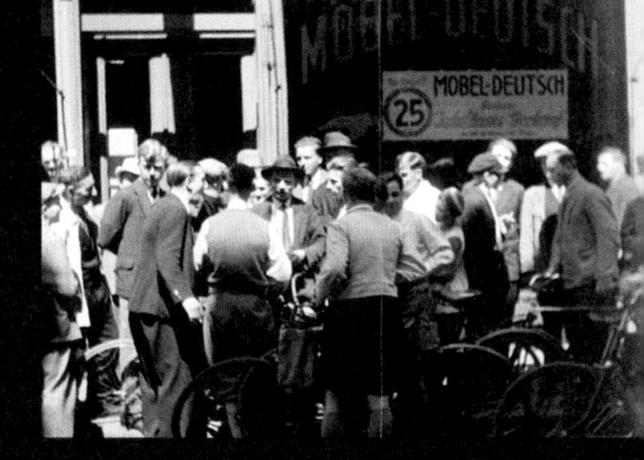
MOBEL-DEUTSCH
25

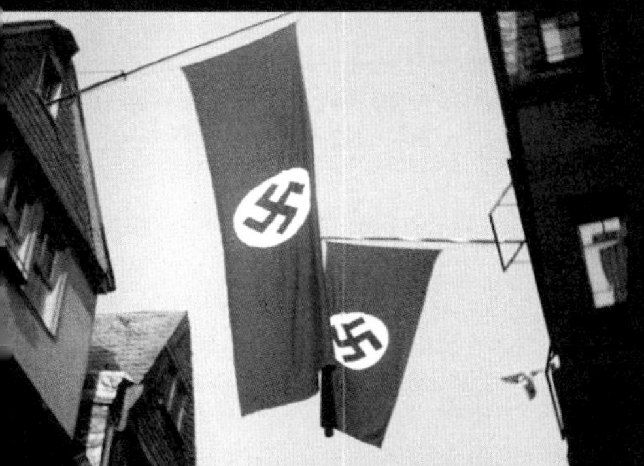

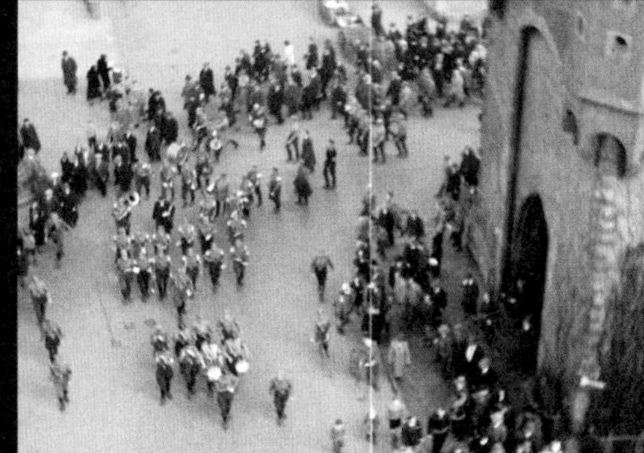

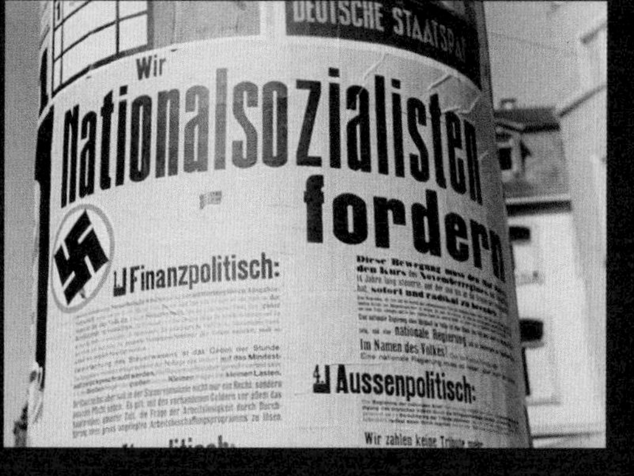
Wir
Nationalsozialisten
fordern
Finanzpolitisch:
Im Namen des Volkes!
Aussenpolitisch:
Wir zahlen keine Tribute

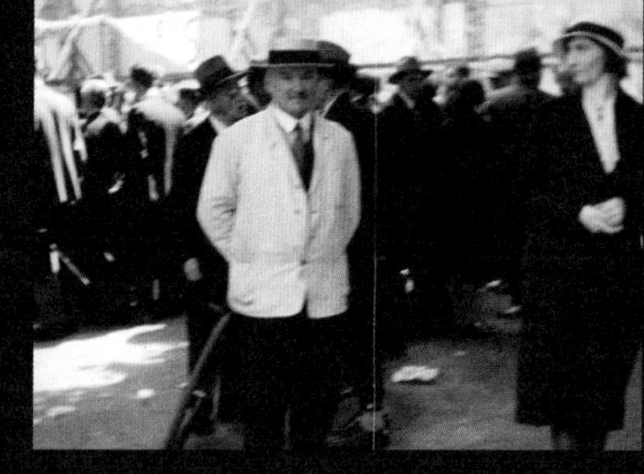

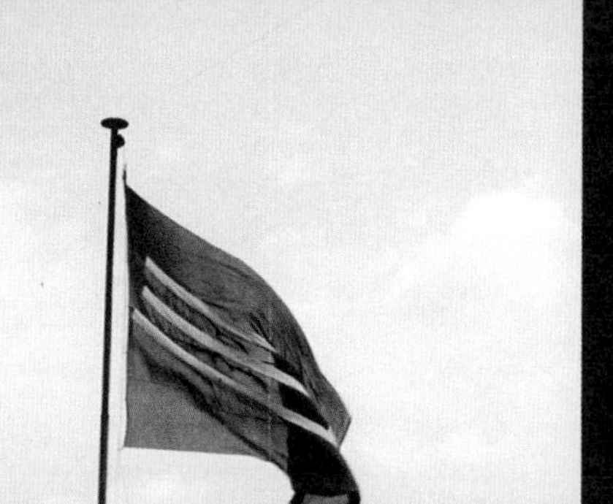

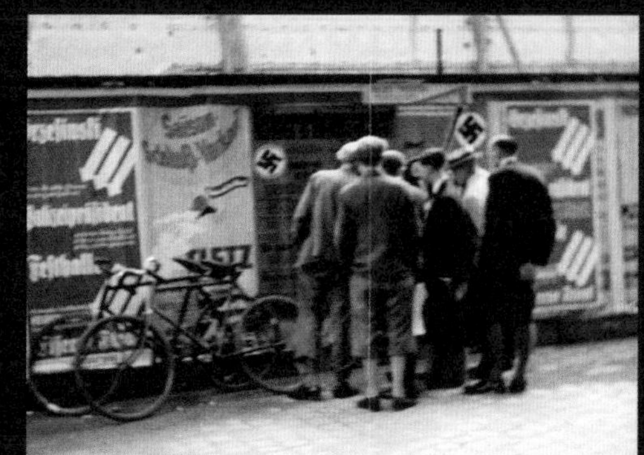

CHRONOLOGIE 1933 BIS 1945

1933

30. Januar — Adolf Hitlers Ernennung zum Reichskanzler durch Reichspräsident Paul von Hindenburg bedeutet das Ende der Weimarer Republik und den Beginn des nationalsozialistischen Regimes.

27. Februar — Am Abend bricht im Reichstagsgebäude ein Brand aus. Die Führung der Nationalsozialistischen Deutschen Arbeiterpartei (NSDAP) beschuldigt den kurz nach dem Brand festgenommenen Niederländer Marinus van der Lubbe, das Feuer im Auftrag der Kommunistischen Partei Deutschlands (KPD) gelegt zu haben. Es folgt eine immense Zahl politischer Verhaftungen.

28. Februar — Hindenburg unterzeichnet noch am Tag nach der Brandnacht die „Verordnung des Reichspräsidenten zum Schutz von Volk und Staat", die mit sofortiger Kraft die Meinungs-, Presse- und Versammlungsfreiheit einschränkt und der Polizei weitreichende Befugnisse einräumt.

13. März — Das „Reichsministerium für Volksaufklärung und Propaganda" (RMVP) wird unter der Leitung von Joseph Goebbels eingerichtet.

März — Angestachelt durch die vom RMVP initiierte Kulturpolitik, veröffentlicht der „Führerrat der vereinigten Deutschen Kunst- und Kulturverbände" die Denkschrift *Was die Deutschen Künstler von der neuen Regierung erwarten!* mit Maßnahmen zur Gleichschaltung und Säuberung. Darin werden in schwammigen und tendenziösen Worten die Entfernung moderner Kunstwerke sowie die Entlassung der Museumsleiter, die für den Ankauf derselben verantwortlich seien, gefordert. Es wird im Sinne einer öffentlichen Diffamierung, Hetze und Zurschaustellung empfohlen, die entfernten Kunstwerke unter Nennung der Ankaufssummen auszustellen und anschließend zu verbrennen.

20./21. März — In Dachau und Oranienburg werden die ersten – systematisch aufgebauten – Konzentrationslager errichtet. Zunächst werden hier hauptsächlich politische Gegner des NS-Regimes interniert, da die Gefängnisse für die mehr als hunderttausend Gefangenen, darunter die Reichstagsabgeordneten der KPD, nicht mehr ausreichten.

23. März — Als weitere Maßnahmen zur Festigung der Diktatur beschließt der Reichstag trotz seiner Dezimierung nach der Verhaftungswelle, nach vorheriger Änderung der Geschäftsordnung und in Anwesenheit von bewaffneten SA- und SS-Angehörigen das „Gesetz zur Behebung der Not von Volk und Reich" und erklärt damit sowohl die Legislative, die parlamentarische Kontrolle sowie die Verfassungskonformität als überflüssig. Das Ermächtigungsgesetz wird zur Grundlage für die Aufhebung der Gewaltenteilung und ermöglicht Hitler die absolute Alleinherrschaft ohne weitere Parteien.

April — In verschiedenen deutschen Städten, wie Mannheim, Karlsruhe, Dresden, Stuttgart, Chemnitz, Nürnberg und Halle an der Saale, eröffnen sogenannte „Schandausstellungen", welche die Methoden der Ausstellung *Entartete Kunst* vorwegnehmen.

1. April — Im ganzen Deutschen Reich beginnt der Terror gegen jüdische Mitbürgerinnen und Mitbürger mit dem Boykott jüdischer Geschäfte, Arztpraxen und Rechtsanwaltskanzleien. Angehörige der SA gehen gewalttätig gegen Jüdinnen und Juden sowie gegen Personen vor, die den Boykott ablehnen.

CHRONOLOGY 1933 TO 1945

1933

January 30 — Reich President Paul von Hindenburg's appointment of Hitler as Reich Chancellor signals the end of the Weimar Republic and the beginning of the National Socialist regime.

February 27 — A fire breaks out in the Reichstag building in the evening. The leadership of the National Socialist German Workers' Party (NSDAP) accuses Marinus van der Lubbe from the Netherlands of setting the fire on behalf of the Communist Party of Germany (KPD). He is arrested shortly after the fire, and a huge number of other politically motivated arrests follow.

February 28 — On the day after the nighttime fire, Hindenburg signs the "Decree of the Reich President for the Protection of the People and State," which restricts freedom of opinion, press, and assembly with immediate effect and gives very extensive powers to the police.

March 13 — The Reich Ministry of Public Enlightenment and Propaganda (RMVP) is set up under the direction of Joseph Goebbels.

March — Encouraged by the cultural policy initiated by the newly created RMVP, the Führer's Council of United German Art and Cultural Associations publishes the memorandum "What German Artists Can Expect from the New Government!" which includes measures for enforced conformity and cleansing. It calls for a distancing from modern works of art and for the dismissal of museum directors responsible for the acquisition of such works in somewhat vague and tendentious wording. In line with public defamation, smear campaigns, and exposition, it is recommended that the artworks removed from collections be exhibited along with mention of their purchase price and then burned.

March 20–21 — The first—systematically developed—concentration camps are erected in Dachau and Oranienburg. Mainly political opponents of the National Socialist regime are initially interned in them, since the prisons no longer suffice for the more than 100,000 detainees, including Reichstag representatives of the KPD.

March 23 — As further measures to consolidate the dictatorship, the Reichstag, despite its decimated state after the wave of arrests, passes the Law to Remedy the Distress of People and Reich, after prior revisions to the procedural rules and in the presence of armed members of the Sturmabteilung (Storm Troopers, SA) and Schutzstaffel (Protection Squadron, SS). Legislature and parliamentary control as well as compliance with the constitution are thus declared superfluous. The Enabling Act becomes the basis for the suspension of the separation of powers and gives Hitler absolute autocratic rule, without other parties.

April — The so-called *Schandausstellungen* (shame exhibitions), which anticipate the methods of the exhibition *Entartete Kunst* (Degenerate Art), open in various German cities, such as Mannheim, Karlsruhe, Dresden, Stuttgart, Chemnitz, Nuremberg, and Halle an der Saale.

April 1 — The terror against Jewish citizens begins throughout the German Reich with the boycott of Jewish businesses, doctors' offices, and law firms. Members of the SA violently attack Jews and also individuals who reject the boycott.

7. April — Mit dem „Gesetz zur Wiederherstellung des Berufsbeamtentums" ermöglicht die Regierung die Entlassung zahlloser Akademiker: Verwaltungsbeamte, Hochschullehrer und Museumsdirektoren. Betroffen sind nicht nur jüdische und regimekritische Beamte, sondern in wiederum willkürlich schwammiger Formulierung alle, „die nach ihrer bisherigen politischen Betätigung nicht die Gewähr dafür bieten, dass sie jederzeit rückhaltlos für den nationalen Staat eintreten".

10. Mai — Im Zuge einer unter dem Motto „Wider den undeutschen Geist" vom Nationalsozialistischen Deutschen Studentenbund initiierten Aktion finden im ganzen Deutschen Reich Bücherverbrennungen statt.

Juli — In Berlin wird der „Kulturbund deutscher Juden" (ab 1935 „Reichsverband der Jüdischen Kulturbünde in Deutschland") gegründet. Er ist die einzige im NS-Staat zugelassene jüdische Kulturorganisation. Ursprünglich als Selbsthilfeorganisation initiiert, wird der Verband durch die Behörden zur Kontrolle und Isolation jüdischer Künstlerinnen und Künstler missbraucht.

4./5. Juli — Die Deutsche Volkspartei (DVP) und die Deutsche Zentrumspartei lösen sich auf. Nachdem die SPD bereits im Juni verboten wurde, ist die NSDAP damit die einzige Partei in Deutschland.

19. Oktober — Die Reichsregierung teilt dem Völkerbund in Genf formell seinen Austritt mit. Hitlers militärische Expansionspläne sind mit den Abrüstungsbemühungen des Völkerbundes nicht vereinbar.

12. November — In einem mit den Reichstagswahlen verbundenen Referendum lassen die Nationalsozialisten ein Plebiszit über einen längst vollzogenen außenpolitischen Schritt durchführen: Über neunzig Prozent „stimmen" nach Angaben der Machthaber für den Austritt aus dem Völkerbund.

15. November — Die Reichskulturkammer wird in Berlin feierlich eröffnet. Sie untergliedert sich in sieben Einzelkammern für Schrifttum, Film, Musik, Theater, Presse, Rundfunk und bildende Künste. Durch Zwangsmitgliedschaft werden alle kulturell tätigen Personen der Aufsicht des Reichspropagandaministeriums unterstellt. → Abb. 1

1934

30. Juni — Hitler lässt seinen SA-Stabschef und langjährigen Freund Ernst Röhm sowie andere hochstehende SA-Führer in einer vorbereiteten Aktion verhaften und ermorden. Als Vorwand wird eine geplante Revolte, der „Röhm-Putsch", genannt.

1. August — Nach Hindenburgs Tod übernimmt Hitler nach einem am Tag zuvor verabschiedeten Gesetz auch das Amt des Reichspräsidenten. Am Tag von Hindenburgs Tod ergeht an alle Soldaten der Reichswehr der Befehl, von nun an nicht mehr auf die Verfassung, sondern auf die Person Hitlers zu schwören, den sogenannten Führereid.

18. August — Der „Aufruf der Kulturschaffenden", ein von Goebbels formuliertes Bekenntnis zu Hitler, wird von siebenunddreißig Künstlerinnen und Künstlern unterzeichnet und im *Völkischen Beobachter* am Vorabend der „Volksabstimmung über das Staatsoberhaupt des Deutschen Reichs" veröffentlicht. Die Volksabstimmung erbringt Hitler am 19. August 1934 eine einfache Mehrheit der abgegebenen und gültigen Stimmen.

1935

13. Januar — Mit dem völkerrechtlich bindenden Volksentscheid zum „Saargebiet", einem nach dem Versailler Vertrag gegenüber dem heutigen Saarland kleineren Mandatsgebiet des Völkerbundes, stimmt die Bevölkerung für eine Rückkehr zum Deutschen Reich.

15. September — Die „Nürnberger Gesetze" werden auf dem Reichsparteitag der NSDAP einstimmig angenommen. Die Gesetze sind das Instrument, um die antisemitische und rassistische Ideologie der Nationalsozialisten und insbesondere die systematische Verfolgung der jüdischen Bevölkerung auf eine juristische Grundlage zu stellen.

1936

1.–16. August — In Berlin finden die Olympischen Sommerspiele statt.

30. Oktober — Die Neue Abteilung der Nationalgalerie im Berliner Kronprinzenpalais wird für reguläre Besucher geschlossen und kann nur noch auf Anfrage besucht werden.

27. November — In einem Erlass verbietet Goebbels jede Form von Kunstkritik.

April 7 — With the Law for the Restoration of the Professional Civil Service, the government facilitates the dismissal of numerous university graduates: administrative officials, university professors, and museum directors. The individuals affected are not only Jewish officials and civil servants critical of the regime, but also, in a capriciously imprecise formulation, all of those "who, based on their previous political activities, provide no guarantee that they will advocate unreservedly for the national state at any time."

May 10 — The burning of books takes place throughout the German Reich as part of an action initiated by the National Socialist German Students' Union with the motto "Against the Un-German Spirit."

July — The Cultural Association of German Jews (as of 1935, the Reich Association of Jewish Cultural Associations in Germany) is established in Berlin. It is the only Jewish cultural organization authorized by the National Socialist state. Originally started as a self-help organization, the association is misused by the authorities to control and isolate Jewish artists.

July 4–5 — The German People's Party (DVP) and the German Center Party (DZP) are dissolved. Since the Socialist Democratic Party of Germany (SPD) was already dissolved in June, the NSDAP is thus now the only party in Germany.

October 19 — The Reich government formally informs the League of Nations in Geneva of its withdrawal. Hitler's plans for military expansion cannot be reconciled with the League's disarmament efforts.

November 12 — In a referendum connected with the Reichstag elections, the National Socialists achieve, through the passage of a plebiscite, a long-since completed foreign policy step: over 90 percent "vote" for withdrawing from the League of Nations, according to information from those in power.

November 15 — The Reich Chamber of Culture is ceremoniously opened in Berlin. It is structured into seven individual chambers for literature, film, music, theater, press, radio, and visual arts. As a result of mandatory membership, all producers of culture are subjected to the oversight of the Reich Ministry of Public Enlightenment and Propaganda. →Fig. 1

1934

June 30 — Hitler has Ernst Röhm, his SA commander and friend of many years, as well as other high-level SA leaders, arrested and murdered in a premeditated action. A planned revolt, the "Röhm Purge," is named as a pretext.

August 1 — Following Hindenburg's death, Hitler also assumes the office of Reich President, based on a law passed the previous day. On the day of Hindenburg's death, all soldiers in the Reichswehr (Reich Defense) are given the order to henceforth swear their oath to Hitler as an individual, the so-called *Führereid* (Hitler Oath), rather than to the constitution.

August 18 — The "Appeal to Producers of Culture," a declaration of belief in Hitler formulated by Goebbels, is signed by thirty-seven artists and published in the *Völkischer Beobachter* newspaper on the eve of the Referendum on the Head of State of the German Reich. It gives Hitler a simple majority of the votes that were cast and deemed valid on August 19, 1934.

1935

January 13 — Citizens of the Territory of the Saar Basin—which had been put under a League of Nations mandate by the Treaty of Versailles and is in fact smaller than the current Saarland—vote for a return to the German Reich in a plebiscite that is binding under international law.

September 15 — The "Nuremberg Laws" are unanimously adopted at the Nuremberg Rally of the NSDAP. The laws provide an important legal basis for the anti-Semitic and racist ideology of the National Socialists and in particular for the systematic persecution of the Jewish population.

1936

August 1–16 — The Summer Olympic Games take place in Berlin.

October 30 — The New Department of the Nationalgalerie in Berlin's Kronprinzenpalais (Crown Prince's Palace) is closed to regular visitors and can only be visited upon request.

November 27 — In a decree, Goebbels bans all forms of art criticism.

1937

Januar — Wolfgang Willrich veröffentlicht seine Hetzschrift *Säuberung des Kunsttempels – Eine kunstpolitische Kampfschrift zur Gesundung deutscher Kunst im Geiste nordischer Art.* → Abb. 2

Juli — Eine von Adolf Ziegler zusammengestellte Kommission wählt in der ersten Jahreshälfte etwa tausendeinhundert Kunstwerke aus dreißig öffentlichen Sammlungen für die Ausstellung *Entartete Kunst* in München aus.

12. Juli — Pablo Picassos Gemälde *Guernica,* das den Luftangriff auf die Zivilbevölkerung der baskischen Stadt im April durch deutsche und italienische Bomber thematisiert, wird anlässlich der Eröffnung des Spanischen Pavillons auf der Weltausstellung in Paris präsentiert. → Abb. 3

18. Juli — Die *Große Deutsche Kunstausstellung* wird von Hitler im Haus der Deutschen Kunst in München (heute: Haus der Kunst) eröffnet. Das Haus der Deutschen Kunst wurde von 1933 bis 1937 unter persönlicher Beteiligung Adolf Hitlers nach Plänen von Paul Ludwig Troost in einem monumentalen Neoklassizismus errichtet. → Abb. 4

19. Juli — Adolf Ziegler eröffnet die Ausstellung *Entartete Kunst* in den Hofgartenarkarden in München. Von den tausendeinhundert aus öffentlichen Sammlungen entfernten Werken werden insgesamt etwa sechshundert gezeigt und öffentlich angeprangert. → Abb. 5

1938

27. Februar — In Berlin eröffnete die Wanderausstellung *Entartete Kunst* im Haus der Kunst. Die Schau basiert auf der gleichnamigen Münchner Ausstellung und wird bis 1941 in verschiedenen deutschen und österreichischen Städten gezeigt. Die Auswahl der Exponate wird zum Teil von Station zu Station verändert.

13. März — Nach dem Einmarsch der deutschen Wehrmacht in Österreich am Vortag lässt Hitler ein Gesetz zum „Anschluss" Österreichs an das Deutsche Reich verkünden. Die staatlichen Einrichtungen des Nachbarlandes werden durch deutsche Behörden übernommen.

31. Mai — Mit dem „Gesetz über Einziehung von Erzeugnissen entarteter Kunst" wird die rechtliche Grundlage für den Verkauf der in öffentlichen Sammlungen beschlagnahmten Kunstwerke geschaffen.

7. November — Der siebzehnjährige Herschel Grynszpan verübt in Paris ein Attentat auf Ernst vom Rath, den Legationsrat der deutschen Botschaft. Vom Rath stirbt zwei Tage später an den Folgen des Attentats.

9. November — Das Attentat auf Ernst vom Rath wird zum Anlass für einen gegen die jüdische Bevölkerung gerichteten und angeordneten Pogrom genommen. Während des Novemberpogroms setzen Mitglieder der SA und der NSDAP Synagogen in Brand, zerstören und plündern Geschäfte und Wohnungen. Jüdische Männer, Frauen und Kinder werden misshandelt und getötet.

1939

20. März — Der „unverwertbare" Rest der als „entartet" beschlagnahmten Werke wird auf dem Hof der Berliner Hauptfeuerwache verbrannt.

30. Juni — Hundertfünfundzwanzig Werke, die im Zuge der Aktion „Entartete Kunst" beschlagnahmt wurden, werden über die Galerie Theodor Fischer in Luzern versteigert.

1. September — Die deutsche Wehrmacht marschiert ohne Kriegserklärung in Polen ein. Dieser Angriff bedeutet den Beginn des Zweiten Weltkrieges.

2. September — Großbritannien und Frankreich erklären dem Deutschen Reich den Krieg.

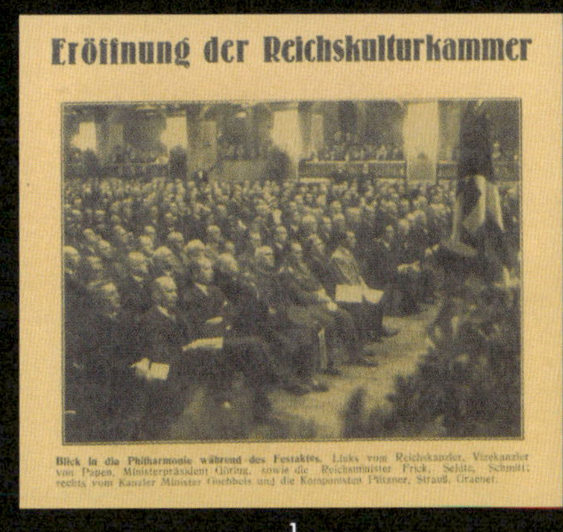

Eröffnung der Reichskulturkammer

Blick in die Philharmonie während des Festaktes. Links vom Reichskanzler, Vizekanzler von Papen, Ministerpräsident Göring, sowie die Reichsminister Frick, Seldte, Schmitt; rechts vom Kanzler Minister Goebbels und die Komponisten Pfitzner, Strauß, Graener.

1

Abb. 1
Festakt zur Eröffnung der Reichskulturkammer, Konzertsaal, (alte) Philharmonie Berlin, Bernburger Straße, 1933

Fig. 1
Ceremony for the opening of the Reich Chamber of Culture, concert hall, (old) Philharmonie Berlin, Bernburger Straße, 1933

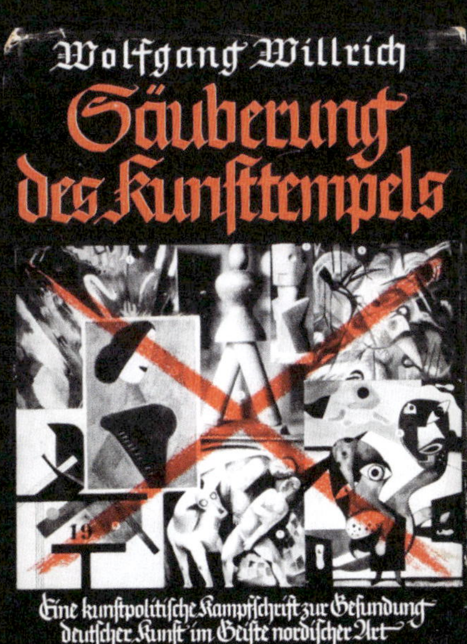

2

Abb. 2
Deckblatt von Wolfgang Willrichs *Säuberung des Kunsttempels*, 1937

Fig. 2
Cover page of Wolfgang Willrich's *The Cleansing of the Temple of Art*, 1937

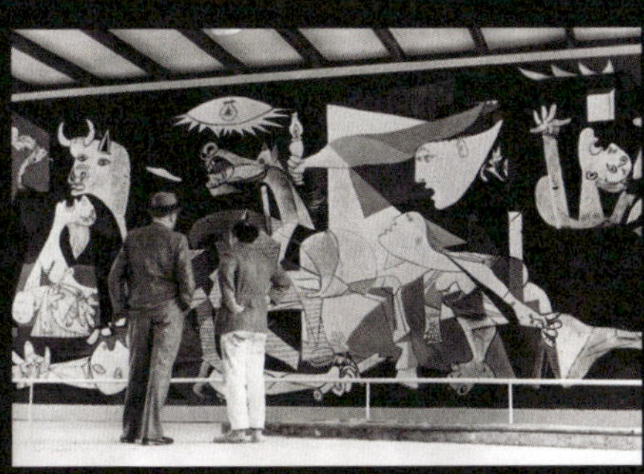

3

Abb. 3
Pablo Picassos Gemälde *Guernica*, ausgestellt auf der Weltausstellung am 30. Juli 1937 in Paris

Fig. 3
Pablo Picasso's painting *Guernica*, exhibited at the International Exposition in Paris on July 30, 1937

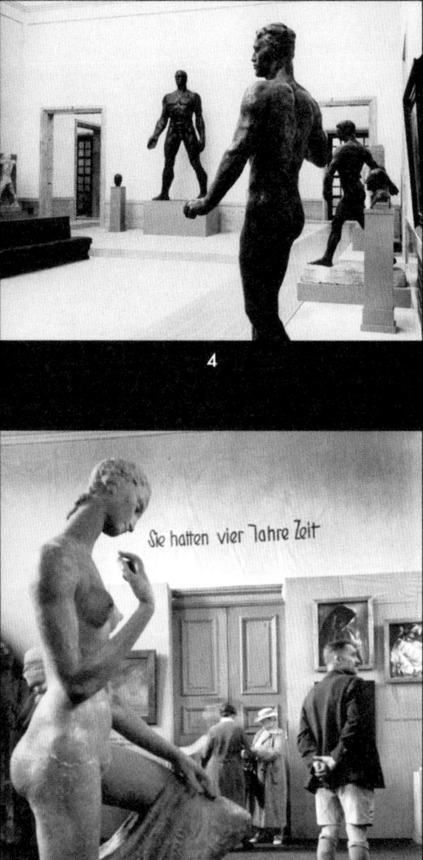

4

5

1937

January Wolfgang Willrich publishes his inflammatory treatise *The Cleansing of the Temple of Art: An Artistic and Political Invective for Healing German Art in the Spirit of Nordic Art.* → Fig. 2

July During the first half of the year, a commission put together by Adolf Ziegler selects roughly 1,100 artworks from thirty public collections for the *Degenerate Art* exhibition in Munich.

July 12 Pablo Picasso's painting *Guernica,* which deals with the aerial attack in April on the civilian population of the Basque city by German and Italian bombers, is presented on the occasion of the opening of the Spanish Pavilion at the International Exposition in Paris. → Fig. 3

July 18 Hitler opens the *Große Deutsche Kunstausstellung* (Great German Art Exhibition) at the Haus der Deutschen Kunst (House of German Art) in Munich (today: Haus der Kunst). The building was erected in a monumental Neoclassicist style between 1933 and 1937 with the personal participation of Adolf Hitler, based on plans by Paul Ludwig Troost. → Fig. 4

July 19 Adolf Ziegler opens the *Degenerate Art* exhibition in the arcades of the Hofgarten in Munich. Of the 1,100 artworks removed from public collections, a total of roughly 600 are shown and publicly denounced. → Fig. 5

1938

February 27 The *Degenerate Art* traveling exhibition opens at the Haus der Kunst in Berlin. The show is based on the exhibition of the same name in Munich and is presented in various German and Austrian cities until 1941. The choice of exhibits is changed at times depending on the venue.

March 13 After the German Wehrmacht invasion of Austria the previous day, Hitler announces a law "annexing" Austria to the German Reich. The government institutions of the neighboring country are taken over by German authorities.

May 31 The legal basis for the sale of artwork seized from public collections is created with the enactment of the Law on the Confiscation of Productions of Degenerate Art.

November 7 Seventeen-year-old Herschel Grynszpan attempts to assassinate Ernst vom Rath, the Legation Secretary of the German Embassy, in Paris. Rath dies two days later from the injuries sustained in this attack.

November 9 The attempted assassination of Ernst vom Rath is taken as the occasion for a pogrom directed and ordered against the Jewish population. During the November pogrom, members of the SA and the NSDAP set fire to synagogues, destroying and looting businesses and homes. Jewish men, women, and children are abused and killed.

1939

March 20 The "unusable" rest of the works seized as "degenerate" are burned in the courtyard of the main fire station in Berlin.

June 30 The Galerie Theodor Fischer in Lucerne auctions off 125 of the works seized as part of the *Degenerate Art* campaign.

September 1 The German Wehrmacht marches into Poland without a declaration of war. This attack signals the beginning of the Second World War.

September 2 Great Britain and France declare war on the German Reich.

1940

9. April — Ohne Kriegserklärung marschiert die deutsche Wehrmacht in Dänemark und Norwegen ein. Dänemark kapituliert nach einem Tag. Schweden erklärt seine Neutralität gegenüber dem deutschen Überfall.

10. Mai — Mit dem Einmarsch in die neutralen Länder Niederlande, Belgien und Luxemburg beginnt die Westoffensive der deutschen Truppen.

5. Juni — Deutsche Truppen durchbrechen die französische Nordwestfront.

10. Juli — Die deutsche Luftwaffe beginnt mit der Bombardierung Südenglands.

15. September — Die deutsche Luftwaffe erleidet schwere Verluste während der „Battle of Britain" genannten Luftschlacht.

2. Oktober — In Warschau muss die jüdische Bevölkerung in ein Ghetto ziehen.

1941

11. Februar — Deutsche Truppen landen in Libyen.

22. Juni — Ohne Kriegserklärung beginnen die deutschen Truppen mit dem Einmarsch in die Sowjetunion.

19. September — Eine neue Polizeiverordnung verpflichtet alle jüdischen Personen über sechs Jahre, in der Öffentlichkeit den „Judenstern" zu tragen.

14. Oktober — Die ersten Anordnungen zur Deportation deutscher Jüdinnen und Juden nach Osteuropa werden erteilt.

23. Oktober — Deutschen Jüdinnen und Juden wird die Auswanderung aus dem Deutschen Reich verboten.

11. Dezember — Das Deutsche Reich erklärt den Vereinigten Staaten von Amerika den Krieg.

1942

20. Januar — Auf der Wannseekonferenz in Berlin wird die systematische Ermordung der europäischen Jüdinnen und Juden geplant und koordiniert.

26. März — Mit Ankunft der ersten Deportationszüge beginnt im Vernichtungslager Auschwitz die massenweise Ermordung europäischer Jüdinnen und Juden.

1943

14.–24. Januar — Der US-amerikanische Präsident Franklin D. Roosevelt und der britische Ministerpräsident Winston Churchill beraten auf der Konferenz von Casablanca über die Fortführung des Krieges und fordern eine bedingungslose Kapitulation Deutschlands.

31. Januar — Die sechste Armee der deutschen Wehrmacht kapituliert in Stalingrad. Diese Niederlage bringt die entscheidende Wende an der Ostfront.

18. Februar — Propagandaminister Joseph Goebbels verkündet in einer Rede im Berliner Sportpalast den „Totalen Krieg".

19. April — Im Warschauer Ghetto beginnt ein Aufstand, der bis zur Auflösung des Ghettos am 16. Mai andauert.

10. Juni — Die Westalliierten beginnen mit ihrer Kombinierten Bomberoffensive („Combined Bomber Offensive") gegen das Deutsche Reich, die zunächst strategische Ziele, später als Flächenbombardement auch die Zivilbevölkerung treffen sollte.

1944

6. Juni — Am sogenannten D-Day landen alliierte Truppen in der Normandie.

1945

27. Januar — Die Rote Armee befreit das Vernichtungslager Auschwitz.

8./9. Mai — Mit der Kapitulation der deutschen Wehrmacht endet der Zweite Weltkrieg in Europa.

1940

April 9 — Without a declaration of war, the German Wehrmacht invades Denmark and Norway. Denmark capitulates after one day. Sweden declares its neutrality in the face of German aggression.

May 10 — The western offensive of the German troops begins with the invasion of the neutral countries of the Netherlands, Belgium, and Luxemburg.

June 5 — German troops break through the French northwestern front.

July 10 — The German Luftwaffe begins bombing the south of England.

September 15 — The German Luftwaffe suffers heavy losses during the air battle called the Battle of Britain.

October 2 — The Jewish population of Warsaw is forced to move into a ghetto.

1941

February 11 — German troops land in Libya.

June 22 — Without a declaration of war, German troops begin the invasion of the Soviet Union.

September 19 — A new police regulation forces all Jewish individuals over six years of age to wear the Star of David in public.

October 14 — The first orders to deport German Jews to Eastern Europe are issued.

October 23 — German Jews are forbidden to emigrate from the German Reich.

December 11 — The German Reich declares war on the United States of America.

1942

January 20 — The systematic murder of European Jews is planned and coordinated at the Wannsee Conference in Berlin.

March 26 — The mass murder of European Jews begins with the arrival of the first deportation trains at the Auschwitz extermination camp.

1943

January 14–24 — US President Franklin D. Roosevelt and British Prime Minister Winston Churchill discuss the continuation of the war and call for Germany's unconditional surrender at the Casablanca Conference.

January 31 — The Sixth Army of the German Wehrmacht capitulates in Stalingrad. This defeat brings about the decisive turnaround on the eastern front.

February 18 — Propaganda minister Joseph Goebbels declares "total war" in a speech at the Sportpalast in Berlin.

April 19 — An uprising begins in the Warsaw Ghetto. It continues until the dissolution of the ghetto on May 16.

June 10 — The Western Allies begin their Combined Bomber Offensive against the German Reich, which will initially hit strategic targets, and subsequently also the civilian population as carpet bombing.

1944

June 6 — Allied troops land in Normandy on D-Day.

1945

January 27 — The Red Army liberates the Auschwitz extermination camp.

May 8–9 — With the capitulation of the German Wehrmacht, the Second World War comes to an end in Europe.

LISTE DER AUSGESTELLTEN WERKE
LIST OF EXHIBITED WORKS

WILLI BAUMEISTER

Willi Baumeister
Figur in Bewegung /
Figure in Motion, 1936/37
Öl auf Leinwand / Oil on canvas
130 × 97 cm
Privatsammlung / Private collection,
Courtesy Kunsthandel
Wolfgang Werner Bremen / Berlin
→ Abb. S. / Fig. p. 55

Willi Baumeister
Mann mit Spitzbart /
Man with Goatee, um / ca. 1941
Bleistift, Tusche,
Künstlerpostkarte / Pencil,
ink, artist's postcard
14,9 × 10,5 cm
Stiftung Historische Museen
Hamburg – Altonaer Museum,
Inv.-Nr. 1965-682
→ Abb. S. / Fig. p. 47

Willi Baumeister
Der Rächer (Übermalung) /
The Avenger (Overpainting), 1941
Katalog: *Die Große Deutsche Kunstausstellung* 1941, Übermalung
des Katalogblattes mit Tinte
(S. 12) Arno Breker: *Der Rächer* /
Catalogue: The Great German Art
Exhibition, ink overpainting
of the catalogue page (p. 12)
Arno Breker: The Avenger
30,8 × 23,5 × 0,2 cm
Privatsammlung / Private collection
→ Abb. S. / Fig. p. 46

Willi Baumeister
Mann mit Spitzbart /
Man with Goatee, 1941
Tinte, Farbstift und Maschinengeschriebenes auf Postkarte /
Ink, colored pencil,
and typewriting on postcard
14,8 × 10,3 cm
Privatsammlung / Private collection
→ Abb. S. / Fig. p. 49

Willi Baumeister
Mann mit Spitzbart II /
Man with Goatee II, 1941
Bleistift, Gouache und Wasserfarbe
auf Postkarte / Pencil, gouache,
and watercolor on postcard
14,9 × 10,4 cm
Privatsammlung / Private collection
→ Abb. S. / Fig. p. 48

Willi Baumeister
Ohne Titel / Untitled, 1941
Spachtelmasse auf Papier, auf
Pappe aufgezogen / Putty
on paper, mounted on cardboard
25,8 × 19,9 × 4 cm
Dauerleihgabe der / Permanent
loan of the Freunde
des Kunstmuseums Stuttgart
→ Abb. S. / Fig. p. 59

Willi Baumeister
Ohne Titel / Untitled, 1941
Lackfarbenfluss auf Stahlblech /
Lacquer paint on steel sheeting
30 × 20 cm
Dauerleihgabe der / Permanent
loan of the Freunde
des Kunstmuseums Stuttgart
→ Abb. S. / Fig. p. 56

Willi Baumeister
Ohne Titel / Untitled, 1941/42
Nitrolackfarben auf Sperrholz /
Nitrocellulose lacquer on plywood
20 × 29,1 × 5 cm
Dauerleihgabe der / Permanent
loan of the Freunde
des Kunstmuseums Stuttgart
→ Abb. S. / Fig. p. 58
Detail S. / p. 4

Willi Baumeister
Ohne Titel / Untitled, o. D. / n.d.
Spachtelmasse und
Dispersionsfarbe auf Pappe / Putty and
dispersion paint on cardboard
22,3 × 32,5 cm
Dauerleihgabe der / Permanent
loan of the Freunde
des Kunstmuseums Stuttgart
→ Abb. S. / Fig. p. 57

Willi Baumeister
Gilgamesch XII (Variante) /
Gilgamesh XII (Variant), 1943
Kohle und Ölkreide
auf Ingres-Bütten / Charcoal and oil
crayon on Ingres laid paper
24 × 31,1 cm
Archiv Baumeister
im Kunstmuseum Stuttgart
→ Abb. S. / Fig. p. 51

Willi Baumeister
Gilgamesch XX (Variante) /
Gilgamesh XX (Variant), 1943
Kohle und Ölkreide auf
Ingres-Bütten / Charcoal and oil
crayon on Ingres laid paper
24,3 × 31,4 cm
Archiv Baumeister
im Kunstmuseum Stuttgart
→ Abb. S. / Fig. p. 52

Willi Baumeister
Gilgamesch XXXII (Variante) /
Gilgamesh XXXII (Variant), 1943
Kohle und Bleistift auf
Zeichenkarton / Charcoal and pencil
on drawing cardboard
14,8 × 21,9 cm
Archiv Baumeister
im Kunstmuseum Stuttgart
→ Abb. S. / Fig. p. 50

Willi Baumeister
Gilgamesch XL (Variante) /
Gilgamesh XL (Variant), 1943
Kohle und Ölkreide auf
Ingres-Bütten / Charcoal and oil
crayon on Ingres laid paper
24,5 × 31 cm
Archiv Baumeister
im Kunstmuseum Stuttgart
→ Abb. S. / Fig. p. 51

Willi Baumeister
Sonnenfiguren / Sun Figures, 1944
Öl mit Kunstharz und Spachtelkitt
auf Karton / Oil with synthetic
resin and putty on paperboard
64,8 × 53,8 cm
Archiv Baumeister
im Kunstmuseum Stuttgart
→ Abb. S. / Fig. p. 53

OTTO DIX

Otto Dix
Judenfriedhof in Randegg im Winter mit Hohenstoffeln /
Jewish Cemetery in Randegg in Winter
with Hohenstoffeln, 1935
Öl auf Holz / Oil on wood
60 × 80 cm
Saarlandmuseum – Moderne
Galerie, Stiftung Saarländischer
Kulturbesitz
→ Abb. S. / Fig. p. 70

Otto Dix
Sonnenaufgang in Randegg /
Sunrise in Randegg, 1935
Öl auf Hartfaserplatte /
Oil on fiberboard
71 x 80 cm
Museum zu Allerheiligen
Schaffhausen, Depositum der
Sturzenegger-Stiftung
→ Abb. S. / Fig. p. 71

Otto Dix
Die Versuchung des heiligen Antonius / The Temptation of St. Anthony, 1937
Mischtechnik auf Holz / Mixed media on wood
150 × 148,5 cm
Zeppelin Museum Friedrichshafen, Leihgabe der / on loan from ZF Friedrichshafen AG, Friedrichshafen
→ Abb. S. / Fig. p. 73

Otto Dix
Düstere Landschaft / Gloomy Landscape, 1940
Mischtechnik auf Holz / Mixed media on wood
65 × 85 cm
Kunstsammlung Chemnitz – Museum Gunzenhauser, Eigentum der / property of Stiftung Gunzenhauser
→ Abb. S. / Fig. pp. 68–69
Detail S. / p. 5

Otto Dix
Kreuztragung I / Christ Carrying the Cross I, 1943
Rötel auf chamoisfarbenem Karton / Red chalk on chamois-colored paperboard
64 × 48,5 cm
Kunstsammlung Chemnitz – Museum Gunzenhauser, Eigentum der / property of Stiftung Gunzenhauser
→ Abb. S. / Fig. p. 72

HANS GRUNDIG

Hans Grundig
Spitzel (Der Spitzel) / Spy (The Informant), aus der Folge *Tiere und Menschen* / from the series Animals and Men, 1935
Kaltnadelradierung / Drypoint etching
50,2 × 65 cm
Akademie der Künste, Berlin, Kunstsammlung, Inv.-Nr.: Hans Grundig 91
→ Abb. S. / Fig. p. 86

Hans Grundig
Allesfresser / Omnivores, aus der Folge *Tiere und Menschen* / from the series Animals and Men, 1935
Kaltnadelradierung / Drypoint etching
37,4 × 50 cm
Akademie der Künste, Berlin, Kunstsammlung, Inv.-Nr.: Hans Grundig 92
→ Abb. S. / Fig. p. 84

Hans Grundig
Bestien (Kampf) / Beasts (Battle), aus der Folge *Tiere und Menschen* / from the series Animals and Men, 1936
Kaltnadelradierung / Drypoint etching
35 × 44,6 cm
Akademie der Künste, Berlin, Kunstsammlung, Inv.-Nr.: Hans Grundig 82
→ Abb. S. / Fig. p. 83

Hans Grundig
SA beherrscht die Straße (Brauner Terror) / The SA Rules the Street (Brown Terror), aus der Folge *Tiere und Menschen* / from the series Animals and Men, 1936
Kaltnadelradierung / Drypoint etching
33,9 × 42,7 cm
Akademie der Künste, Berlin, Kunstsammlung, Inv.-Nr.: Hans Grundig 110
→ Abb. S. / Fig. p. 85

Hans Grundig
Gefangen (Gefangene) / Imprisoned (Prisoners), aus der Folge *Tiere und Menschen* / from the series Animals and Men, 1936
Kaltnadelradierung / Drypoint etching
32,9 × 42,7 cm
Akademie der Künste, Berlin, Kunstsammlung, Inv.-Nr.: Hans Grundig 87
→ Abb. S. / Fig. p. 87

Hans Grundig
Goebbels-Propaganda / Goebbels Propaganda, aus der Folge *Tiere und Menschen* / from the series Animals and Men, 1936
Kaltnadelradierung / Drypoint etching
34,7 × 44,6 cm
Akademie der Künste, Berlin, Kunstsammlung, Inv.-Nr.: Hans Grundig 83
→ Abb. S. / Fig. p. 84

Hans Grundig
Angst (Ungeheuer, Ameisenbär, Schnüffler) / Fear (Monster, Anteater, Bloodhound), aus der Folge *Tiere und Menschen* / from the series Animals and Men, 1936
Kaltnadelradierung / Drypoint etching
54 × 37,8 cm
Akademie der Künste, Berlin, Kunstsammlung, Inv.-Nr.: Hans Grundig 106
→ Abb. S. / Fig. p. 89

Hans Grundig
Gefangener / Prisoner, aus der Folge *Tiere und Menschen* / from the series Animals and Men, 1936
Kaltnadelradierung / Drypoint etching
52,6 × 38,6 cm
Akademie der Künste, Berlin, Kunstsammlung, Inv.-Nr.: Hans Grundig 69
→ Abb. S. / Fig. p. 88

Hans Grundig
In den Abgrund (Untergang) / Into the Abyss (Destruction), aus der Folge *Tiere und Menschen* / from the series Animals and Men, 1938
Kaltnadelradierung / Drypoint etching
50,1 × 65 cm
Akademie der Künste, Berlin, Kunstsammlung, Inv.-Nr.: Hans Grundig 306
→ Abb. S. / Fig. p. 90

Hans Grundig
Abendlied (Lied der Wölfe) / Evensong (Song of the Wolves), aus der Folge *Tiere und Menschen* / from the series Animals and Men, 1938
Kaltnadelradierung / Drypoint etching
34,1 × 50,2 cm
Akademie der Künste, Berlin, Kunstsammlung, Inv.-Nr.: Hans Grundig 107
→ Abb. S. / Fig. p. 89

Hans Grundig
Kampf der Bären und Wölfe / Clash of the Bears and Wolves, 1938
Öl auf Sperrholz / Oil on plywood
90,5 × 102,5 cm
Staatliche Museen zu Berlin, Nationalgalerie
→ Abb. S. / Fig. p. 82
Detail S. / p. 6

Hans Grundig
Abschied / Farewell, 1939
Öl auf Leinwand / Oil on canvas
80 × 120 cm
Albertinum | Galerie Neue Meister, Staatliche Kunstsammlungen Dresden
→ Abb. S. / Fig. p. 91

LEA GRUNDIG

Lea Grundig
Der Jude ist schuld /
It's the Jew's Fault, Blatt / plate 1:
Judengasse in Berlin /
Jewish Street in Berlin, 1935
Kaltnadelradierung /
Drypoint etching
42 × 54 cm
Jüdisches Museum Frankfurt
→ Abb. S. / Fig. p. 98

Lea Grundig
Der Jude ist schuld /
It's the Jew's Fault, Blatt / plate 3:
Der Watschenmann /
The Whipping Boy, 1936
Kaltnadelradierung /
Drypoint etching
51,3 × 39 cm
Akademie der Künste, Berlin,
Kunstsammlung,
Inv.-Nr.: Lea Grundig 600
→ Abb. S. / Fig. p. 100

Lea Grundig
Der Jude ist schuld /
It's the Jew's Fault, Blatt / plate 4:
Stürmermaske /
Stuermer Mask, 1935
Kaltnadelradierung /
Drypoint etching
37,5 × 32 cm
Jüdisches Museum Frankfurt
→ Abb. S. / Fig. p. 99

Lea Grundig
Der Jude ist schuld /
It's the Jew's Fault, Blatt / plate 5:
Pogrom, 1935
Kaltnadelradierung /
Drypoint etching
39 × 52 cm
Jüdisches Museum Frankfurt
→ Abb. S. / Fig. p. 101

Lea Grundig
Unterm Hakenkreuz /
Under the Swastika, Blatt / plate 4:
Kinder spielen Erschießen /
Children Playing at Shooting, 1935
Kaltnadelradierung /
Drypoint etching
38 × 52,5 cm
Jüdisches Museum Frankfurt
→ Abb. S. / Fig. p. 106

Lea Grundig
Unterm Hakenkreuz /
Under the Swastika, Blatt / plate 6:
Die Wände haben Ohren /
The Walls Have Ears, 1936
Kaltnadelradierung /
Drypoint etching
50 × 65 cm
Jüdisches Museum Frankfurt
→ Abb. S. / Fig. p. 105

Lea Grundig
Unterm Hakenkreuz /
Under the Swastika, Blatt / plate 7:
Das Flüstern / Whispering, 1935
Kaltnadelradierung /
Drypoint etching
47 × 53 cm
Jüdisches Museum Frankfurt
→ Abb. S. / Fig. pp. 102–103

Lea Grundig
Unterm Hakenkreuz /
Under the Swastika, Blatt / plate 10:
Gestapo im Haus /
Gestapo in the House, 1936
Kaltnadelradierung /
Drypoint etching
37,4 × 27,2 cm
Akademie der Künste, Berlin,
Kunstsammlung,
Inv.-Nr.: Lea Grundig 386
→ Abb. S. / Fig. p. 107

Lea Grundig
Unterm Hakenkreuz /
Under the Swastika, Blatt / plate 13:
Im Bunker /
In the Bomb Shelter, 1935
Kaltnadelradierung /
Drypoint etching
42 × 53 cm
Jüdisches Museum Frankfurt
→ Abb. S. / Fig. p. 105

Lea Grundig
Unterm Hakenkreuz /
Under the Swastika, Blatt / plate 14:
Gefangen I / Imprisoned I, 1937
Kaltnadelradierung /
Drypoint etching
32 × 25,5 cm
Jüdisches Museum Frankfurt
→ Abb. S. / Fig. p. 104
Detail S. / p. 7

Lea Grundig
Krieg droht! /
War Threatens!, Blatt / plate 2:
Angst / Fear, 1936
Kaltnadelradierung /
Drypoint etching
45 × 33,5 cm
Jüdisches Museum Frankfurt
→ Abb. S. / Fig. p. 109

Lea Grundig
Krieg droht! /
War Threatens!, Blatt / plate 3:
Gasmasken / Gas Masks, 1938
Radierung / Etching
42 × 52,5 cm
Jüdisches Museum Frankfurt
→ Abb. S. / Fig. p. 110

Lea Grundig
Krieg droht! / War Threatens!,
Blatt / plate 4:
Hitler bedeutet Krieg /
Hitler Means War, 1936
Kaltnadelradierung /
Drypoint etching
38,9 × 53 cm
Akademie der Künste, Berlin,
Kunstsammlung,
Inv.-Nr.: Lea Grundig 616
→ Abb. S. / Fig. p. 111

Lea Grundig
Krieg droht! /
War Threatens!, Blatt / plate 5:
Mütter, Krieg droht /
Mothers, War Threatens, 1936
Kaltnadelradierung /
Drypoint etching
32,5 × 50 cm
Jüdisches Museum Frankfurt
→ Abb. S. / Fig. p. 113

Lea Grundig
Krieg droht! /
War Threatens!, Blatt / plate 6:
Die Kinder / The Children, 1936
Kaltnadelradierung /
Drypoint etching
24,8 × 26,2 cm
Jüdisches Museum Frankfurt
→ Abb. S. / Fig. p. 112

WERNER HELDT

Werner Heldt
Meeting (Aufmarsch der Nullen) /
Meeting (Parade of the Zeros),
1933–1935
Kohle auf Guarro-Bütten /
Charcoal on Guarro laid paper
47 × 63,3 cm
Berlinische Galerie –
Landesmuseum für Moderne Kunst,
Fotografie und Architektur
→ Abb. S. / Fig. p. 125

Werner Heldt
Herbsttag / Autumn Day,
um / ca. 1935
Öl auf Leinwand / Oil on canvas
30,4 × 56,7 cm
Sammlung Röse
→ Abb. S. / Fig. p. 126

Werner Heldt
Buch und Totenmaske /
Book and Death Mask, 1935
Kohle auf Papier /
Charcoal on paper
46,8 × 62,7 cm
Staatliche Graphische Sammlung
München / Munich
→ Abb. S. / Fig. p. 128

Werner Heldt
Der Anführer / The Leader, 1935
Kohle, Papier (hellbraun) /
Charcoal, paper (light brown)
36,1 × 60 cm
Staatsgalerie Stuttgart,
Graphische Sammlung,
erworben / acquired 1973
Land Baden-Württemberg
→ Abb. S. / Fig. p. 127

Werner Heldt
Häuser mit Früchten /
Buildings with Fruit, um / ca. 1938
Öl auf Leinwand / Oil on canvas
24 × 42 cm
Sammlung Rugo
→ Abb. S. / Fig. p. 123

Werner Heldt
Berliner Vorstadtstraße (Straße mit Friseurladen) /
Suburban Street in Berlin
(Street with Barbershop), 1936
Öl auf Leinwand / Oil on canvas
60 × 100 cm
Hamburger Kunsthalle,
Geschenk von / gift of
Dr. Wilhelm Huth, Hamburg, 1964
→ Abb. S. / Fig. p. 120

Werner Heldt
Mann mit Hut vor einem Fenster (Holländischer Jude) /
Man with Hat at a Window
(Dutch Jew), 1943
Kohle auf rosa Papier /
Charcoal on light-pink paper
62,8 × 46,5 cm
Staatliche Museen zu Berlin,
Kupferstichkabinett
→ Abb. S. / Fig. p. 121

Werner Heldt
Straße mit Kirche und Vordergrundfigur / Street with Church
and Figure in the Foreground, 1944
Aquarell und Tusche
auf Karton / Watercolor
and India ink on paperboard
28,3 × 38,8 cm
Staatliche Museen zu Berlin,
Kupferstichkabinett
→ Abb. S. / Fig. p. 122
Detail S. / p. 18

Werner Heldt
Sehnsucht nach Frieden /
Longing for Peace, 1945
Tusche auf Feldpostpapier /
India ink on army postal paper
29,4 × 18,5 cm
Staatliche Graphische Sammlung
München / Munich
→ Abb. S. / Fig. p. 129

HANNAH HÖCH

Hannah Höch
Wilder Aufbruch /
Wild Awakening, 1933
Öl auf Leinwand / Oil on canvas
94 × 82 cm
Berliner Sparkasse
→ Abb. S. / Fig. p. 138
Detail S. / p. 19

Hannah Höch
Die Spötter / The Mockers, 1935
Öl auf Leinwand / Oil on canvas
90,2 × 99,8 cm
Berliner Sparkasse
→ Abb. S. / Fig. p. 140

Hannah Höch
Unkraut / Weeds, 1938
Aquarell, Gouache
und Bleistift / Watercolor,
gouache, and pencil
47 × 63 cm
Sammlung Museum Reinickendorf
→ Abb. S. / Fig. p. 141

Hannah Höch
Totentanz /
Dance of Death, 1940–1942
Öl auf Leinwand / Oil on canvas
62 × 52 cm
Helga Brüggemann und
Dr. Christoph
Danelzik-Brüggemann
→ Abb. S. / Fig. p. 142

Hannah Höch
Auf dem Weg (Notzeit) /
On the Way (Time of Need), 1942
Aquarell und Deckfarben /
Watercolor and opaque paint
37,7 × 47,3 cm
Privatsammlung / Private collection,
München / Munich
→ Abb. S. / Fig. p. 144

Hannah Höch
Weltbrand / World on Fire,
um / ca. 1942
Deckfarben / Opaque paint
45,6 × 32,7 cm
Privatsammlung / Private collection,
Wuppertal
→ Abb. S. / Fig. p. 143

Hannah Höch
Anklage / Accusation,
um / ca. 1943
Aquarell und Deckfarben /
Watercolor and opaque paint
39,7 × 35,5 cm
Privatsammlung / Private collection,
Wuppertal
→ Abb. S. / Fig. p. 145

Hannah Höch
1945 (Das Ende) /
1945 (The End), 1945
Öl auf Leinwand / Oil on canvas
92,8 × 81,4 cm
Berliner Sparkasse
→ Abb. S. / Fig. p. 139

MARTA HOEPFFNER

Marta Hoepffner
Selbstbildnis / Self-Portrait, 1935
Fotomontage, Tempera auf Pappe /
Photomontage,
tempera on cardboard
36,5 × 35 cm
Zeppelin Museum Friedrichshafen
→ Abb. S. / Fig. p. 155

Marta Hoepffner
Traum 4 (Landung im Traumland) /
Dream 4 (The Landing
in Dreamland), 1935
Fotomontage, Silber-
gelatineabzug / Photomontage,
gelatin silver print
12,1 × 17,8 cm
Stadtmuseum Hofheim am Taunus
→ Abb. S. / Fig. p. 159

Marta Hoepffner
Traum 5 (Weg durch das Unheimliche) / Dream 5
(Passage Through the Otherworldly
Realm), 1935
Fotomontage, Silber-
gelatineabzug / Photomontage,
gelatin silver print
12,4 × 17,9 cm
Stadtmuseum Hofheim am Taunus
→ Abb. S. / Fig. p. 158
Detail S. / p. 20

Marta Hoepffner
Hommage à de Falla /
Homage to de Falla, 1937
Fotogramm / Photogram
29 × 20,5 cm
Museum Lände,
Kressbronn am Bodensee
→ Abb. S. / Fig. p. 157

Marta Hoepffner
Hommage à Kandinsky /
Homage to Kandinsky, 1937
Fotogramm / Photogram
29 × 21,5 cm
Museum Lände,
Kressbronn am Bodensee
→ Abb. S. / Fig. p. 157

Marta Hoepffner
Abstrakte Formen im Sand I (Hommage à Willi Baumeister) /
Abstract Forms in the Sand (Homage to Willi Baumeister), 1938
Fotografie / Photograph
38 × 26 cm
Stadtmuseum Hofheim am Taunus
→ Abb. S. / Fig. p. 160

Marta Hoepffner
Querschnitt durch einen Rotkohl /
Cross Section of a Red Cabbage, 1938
Fotografie / Photograph
30 × 24,5 cm
Stadtmuseum Hofheim am Taunus
→ Abb. S. / Fig. p. 160

Marta Hoepffner
Abstrakte Formen im Sand II /
Abstract Forms in the Sand II, 1938
Fotografie / Photograph
38 × 28 cm
Stadtmuseum Hofheim am Taunus
→ Abb. S. / Fig. p. 161

Marta Hoepffner
Selbstbildnis / Self-Portrait, 1938
Solarisation / Solarization
36 × 29,5 cm
Museum Lände,
Kressbronn am Bodensee
→ Abb. S. / Fig. p. 154

Marta Hoepffner
Abstrakte Formen in der Platanenrinde / Abstract Forms in Plane Tree Bark, 1938
Fotogramm / Photogram
40 × 30 cm
Museum Lände,
Kressbronn am Bodensee
→ Abb. S. / Fig. p. 161

Marta Hoepffner
Akt Bewegung / Nude Motion, 1940
Silbergelatineabzug auf Barytpapier / Gelatin silver print on baryta paper
30 × 19,9 cm
Städel Museum, Frankfurt am Main,
Eigentum des / property of the Städelschen Museums-Vereins e.V.
→ Abb. S. / Fig. p. 163

Marta Hoepffner
Torso, 1940
Fotografie, Solarisation /
Photograph, solarization
28,6 × 24,2 cm
Zeppelin Museum Friedrichshafen
→ Abb. S. / Fig. p. 165

Marta Hoepffner
Sitzende / Seated Figure, 1940
Solarisation, Bromsilberpapier /
Solarization, silver bromide paper
27,5 × 40 cm
Stadtmuseum Hofheim am Taunus
→ Abb. S. / Fig. p. 164

Marta Hoepffner
Feuervogel / Firebird, 1940
Fotogramm / Photogram
28,5 × 21,4 cm
Museum Lände,
Kressbronn am Bodensee
→ Abb. S. / Fig. p. 156

Marta Hoepffner
Selbstbildnis im Spiegel /
Self-Portrait in the Mirror, 1941
Überblendung /
Photographs, crossfaded
37,1 × 29,5 cm
Museum Lände,
Kressbronn am Bodensee
→ Abb. S. / Fig. p. 168

Marta Hoepffner
Komposition mit Archipenko-Skulptur / Composition with Archipenko Sculpture, 1943
Fotografie / Photograph
29,5 × 23,5 cm
Museum Lände,
Kressbronn am Bodensee
→ Abb. S. / Fig. p. 167

Marta Hoepffner
Komposition mit Flaschen /
Composition with Bottles, 1945
Fotografie / Photograph
29,5 × 23,5 cm
Museum Lände,
Kressbronn am Bodensee
→ Abb. S. / Fig. p. 166

KARL HOFER

Karl Hofer
Alarm / *Turmbläser* /
Alarm / Tower Brass Player, 1935
Öl auf Leinwand / Oil on canvas
124 × 98 cm
Museum Ettlingen
→ Abb. S. / Fig. p. 178
Detail S. / p. 21

Karl Hofer
Die Wächter /
The Watchmen, 1936
Öl auf Leinwand / Oil on canvas
152 × 127 cm
Staatliche Museen zu Berlin,
Nationalgalerie
→ Abb. S. / Fig. p. 177

Karl Hofer
Zwei Frauen am Brunnen /
Two Women at a Well, 1940
Öl auf Leinwand / Oil on canvas
102 × 77 cm
Privatsammlung / Private collection
→ Abb. S. / Fig. p. 179

Karl Hofer
Schwarzmondnacht /
Black Moon Night, 1944
Öl auf Leinwand / Oil on canvas
114 × 90 cm
Berlinische Galerie – Landesmuseum für Moderne Kunst, Fotografie und Architektur
→ Abb. S. / Fig. p. 180

EDMUND KESTING

Edmund Kesting
Abendstimmung an der Dresdener Frauenkirche /
Evening Atmosphere at the Church of Our Lady in Dresden, 1934
Öl auf Leinwand / Oil on canvas
109 × 71,5 cm
Albertinum | Galerie Neue Meister,
Staatliche Kunstsammlungen Dresden
→ Abb. S. / Fig. p. 188

Edmund Kesting
Die Frauenkirche in Dresden von der Brühlschen Terrasse aus, in nächtlicher Beleuchtung /
The Church of Our Lady in Dresden from the Brühl Terrace, Illuminated at Night, um / ca. 1936
Silbergelatineabzug /
Gelatin silver print
38,5 × 28,5 cm
Privatsammlung / Private collection
München / Munich
→ Abb. S. / Fig. p. 190

Edmund Kesting
Frauenkirche in Dresden /
Church of Our Lady in Dresden,
um / ca. 1936
Silbergelatineabzug /
Gelatin silver print
23,5 x 17,5 cm
Privatsammlung / Private collection
München / Munich
→ Abb. S. / Fig. p. 189

Edmund Kesting
Trümmerstätte an der Dresdner Frauenkirche /
Rubble at the Church of Our Lady in Dresden, 1945
Vintagedruck / Vintage print
24 × 16,9 cm
Galerie Berison, Berlin
→ Abb. S. / Fig. p. 192

Edmund Kesting
Die zerstörte Frauenkirche in Dresden mit dem umgestürzten Lutherstandbild /
The Destroyed Church of Our Lady in Dresden with the Toppled Luther Monument, 1945
Silbergelatineabzug / Gelatin silver print
38,5 × 28,5 cm
Privatsammlung / Private collection
München / Munich
→ Abb. S. / Fig. p. 191

Edmund Kesting
Tod über Dresden / Death over Dresden, aus / from
Totentanz Dresden / Dresden Dance of Death, 1945
Fotokomposition Positivmontage auf Barytpapier / Photographic composition with positive montage on baryta paper
29,6 × 23,3 cm
Courtesy
Döbele Kunst Mannheim
→ Abb. S. / Fig. p. 193
Detail S. / p. 24

JEANNE MAMMEN

Jeanne Mammen
Afrikanischer Kriegerkopf /
African Warrior Head, um / ca. 1936
Gips, bemalt mit schwarzer Tempera / Plaster, painted with black tempera
40 × 19 × 17 cm
Jeanne-Mammen-Stiftung im Stadtmuseum Berlin
→ Abb. S. / Fig. p. 205

Jeanne Mammen
Wolf, um / ca. 1939
Blei- und Buntstift auf Zeitungspapier / Pencil and colored pencil on newsprint
52 × 38 cm
Jeanne-Mammen-Stiftung im Stadtmuseum Berlin
→ Abb. S. / Fig. p. 200
Detail S. / p. 25

Jeanne Mammen
Würgeengel /
The Strangling Angel, 1939–1942
Tempera auf Karton / Tempera on paperboard
150 × 75 cm
Max-Delbrück-Centrum für Molekulare Medizin in der Helmholtz-Gemeinschaft
→ Abb. S. / Fig. p. 208

Jeanne Mammen
Tod und Verklärung eines Hamburger Matrosen (Ertrunkener Matrose) /
Death and Glorification of a Hamburg Sailor (Drowned Sailor), um / ca. 1940
Öl auf Karton / Oil on paperboard
100 × 70 cm
Jeanne-Mammen-Stiftung im Stadtmuseum Berlin
→ Abb. S. / Fig. p. 204

Jeanne Mammen
Mackensen, um / ca. 1942
Tempera auf Karton / Tempera on paperboard
104 × 76 cm
Jeanne-Mammen-Stiftung im Stadtmuseum Berlin
→ Abb. S. / Fig. p. 203

Jeanne Mammen
Sterbender Krieger (Junger Soldat im Frontfeuer) /
Dying Warrior (Young Soldier in the Front Fire), um / ca. 1943
Tempera auf Karton / Tempera on paperboard
151 × 140 cm
Jeanne-Mammen-Stiftung im Stadtmuseum Berlin
→ Abb. S. / Fig. p. 209

Jeanne Mammen
Brennendes Haus /
Burning House, um / ca. 1944
Mischtechnik und Collage auf Karton / Mixed media and collage on paperboard
49 × 35 cm
Jeanne-Mammen-Stiftung im Stadtmuseum Berlin
→ Abb. S. / Fig. p. 207

Jeanne Mammen
Teufel / Devil, um / ca. 1945
Wellpappe, bemalt / Corrugated cardboard, painted
44 × 22 × 12,5 cm
Jeanne-Mammen-Stiftung im Stadtmuseum Berlin
→ Abb. S. / Fig. p. 202

Jeanne Mammen
Männerkopf / Man's Head, um / ca. 1945
Ungebrannter Ton, mit Gips ergänzt, rotbraun eingefärbt / Unfired clay, supplemented with plaster, colored reddish-brown
27 × 12 × 15 cm
Jeanne-Mammen-Stiftung im Stadtmuseum Berlin
→ Abb. S. / Fig. p. 206

ERNST WILHELM NAY

Ernst Wilhelm Nay
Badende an der Steilküste /
Bathers along a Coastal Bluff, 1938
Farbholzschnitt von drei Stöcken in Schwarz, Dunkelgrün und Grün auf Velinpapier / Colored woodcut from three printing blocks in black, dark green, and green on vellum paper
52,9 x 75 cm
Städel Museum, Frankfurt am Main
→ Abb. S. / Fig. p. 217

Ernst Wilhelm Nay
Fünf Badende in Lofoten /
Five Bathers in Lofoten, 1938
Farbholzschnitt von vier Stöcken in Schwarz, Blau, Rosa und Grün auf Velinpapier / Colored woodcut from four printing blocks in black, blue, pink, and green on vellum paper
53 x 75 cm
Städel Museum, Frankfurt am Main
→ Abb. S. / Fig. p. 216

Ernst Wilhelm Nay
Zwei Badende am Bergsee /
Two Bathers at a Mountain Lake, 1938
Farbholzschnitt von drei Stöcken in Schwarz, Rotbraun und Blau auf handgeschöpftem Vergépapier / Colored woodcut from three printing blocks in black, reddish brown, and blue on handmade Vergé paper
46 x 68,5 cm
Städel Museum, Frankfurt am Main
→ Abb. S. / Fig. p. 216

Ernst Wilhelm Nay
Lofotenlandschaft mit Wolke / Lofoten Landscape with Cloud, 1938
Öl auf Leinwand / Oil on canvas
100 × 130 cm
Germanisches Nationalmuseum, Nürnberg / Nuremberg,
Leihgabe aus Privatsammlung / on loan from a private collection
→ Abb. S. / Fig. pp. 218–219
Detail S. / p. 40

Ernst Wilhelm Nay
Schlafende Soldaten /
Sleeping Soldiers, 1943
Gouache auf Karton /
Gouache on paperboard
19,5 × 29,7 cm
Günther-Peill-Stiftung,
Leopold-Hoesch-Museum und
Papiermuseum Düren
→ Abb. S. / Fig. p. 220

Ernst Wilhelm Nay
Frauenkopf in Hand gestützt /
Woman's Head Resting on Hand, 1944
Gouache auf Papier /
Gouache on paper
15,4 × 23,7 cm
Günther-Peill-Stiftung,
Leopold-Hoesch-Museum und
Papiermuseum Düren
→ Abb. S. / Fig. p. 221

Ernst Wilhelm Nay
Klagende Frauen III /
Lamenting Women III, 1944
Öl auf Leinwand / Oil on canvas
81 × 100,5 cm
Privatsammlung / Private collection
→ Abb. S. / Fig. p. 223

Ernst Wilhelm Nay
Männlicher Kopf in die Hand gestützt /
Male Head Resting on Hand, 1944
Bleistift auf Papier / Pencil on paper
15,7 × 22,6 cm
Ernst Wilhelm Nay Stiftung,
Köln / Cologne
→ Abb. S. / Fig. p. 221

Ernst Wilhelm Nay
Der Engel / The Angel, 1944
Öl auf Leinwand / Oil on canvas
81,5 × 100 cm
Kunsthalle St. Annen –
die Lübecker Museen
→ Abb. S. / Fig. p. 222

FRANZ RADZIWILL

Franz Radziwill
Stahlhelm im Niemandsland / The Steel Helmet
in No-Man's-Land, 1933
Öl auf Leinwand auf Holz /
Oil on canvas on wood
64 × 52,5 cm
Stadtmuseum Oldenburg
→ Abb. S. / Fig. p. 232
Detail S. / p. 41

Franz Radziwill
Flugzeuge / Immer schneller fliegen /
Airplanes / Flying Ever Faster, 1938
Öl auf Leinwand / Oil on canvas
77 × 97,5 cm
Stiftung Situation Kunst, Bochum,
Dauerleihgabe aus
Privatsammlung / permanent loan
from a private collection
→ Abb. S. / Fig. p. 234

Franz Radziwill
Stilleben mit Fuchsie /
Still Life with Fuchsia, 1938
Öl auf Leinwand auf Sperrholz /
Oil on canvas on plywood
74 × 74,5 cm
Radziwill Sammlung Claus Hüppe,
Courtesy Kunsthalle Emden
→ Abb. S. / Fig. p. 230

Franz Radziwill
Bombenangriff auf Wilhelmshaven /
Air Raid on Wilhelmshaven, 1941
Öl auf Leinwand / Oil on canvas
82 × 100 cm
Verein der Freunde Kalkars, Kalkar
→ Abb. S. / Fig. p. 235

Franz Radziwill
Wenn der Mensch ruht, ist Gott auf der Erde / When Man
Rests, God Is on Earth, 1943
Öl auf Leinwand / Oil on canvas
95 × 129 cm
Radziwill Sammlung Claus Hüppe,
Courtesy Kunsthalle Emden
→ Abb. S. / Fig. p. 231

HANS UHLMANN

Hans Uhlmann
Köpfe, Zöpfe, Bärte, Locken und Büsten aus Draht / Heads,
Braids, Beards, Tresses, and Busts
of Wire (Deckblatt der Mappe,
auch genannt *Tegeler Köpfe* /
cover of the portfolio, also called
Tegel Heads), 1934/35
Feder in Rot und Schwarz auf
Karton / Pen-and-ink drawing in red
and black on paperboard
31,4 × 24,7 cm
Staatliche Museen zu Berlin,
Kupferstichkabinett
→ Abb. S. / Fig. p. 243

Hans Uhlmann
Ohne Titel (*Blatt aus Tegeler Köpfe*) /
Untitled (Plate from Tegel Heads),
1934/35
Tuschefeder in Rot über
Bleistift auf Papier / Ink pen in red
over pencil on paper
11 × 9 cm
Staatliche Museen zu Berlin,
Kupferstichkabinett
→ Abb. S. / Fig. p. 248

Hans Uhlmann
Ohne Titel (*Blatt aus Tegeler Köpfe*) /
Untitled (Plate from Tegel Heads),
1934/35
Tuschefeder in Schwarz über
Bleistift auf Papier / Ink pen in black
over pencil on paper
11,6 × 9,2 cm
Staatliche Museen zu Berlin,
Kupferstichkabinett
→ Abb. S. / Fig. p. 248

Hans Uhlmann
Ohne Titel (*Blatt aus Tegeler Köpfe*) /
Untitled (Plate from Tegel Heads),
1934/35
Tuschefeder in Schwarz über
Bleistift auf Papier / Ink pen in black
over pencil on paper
8,7 × 8,5 cm
Staatliche Museen zu Berlin,
Kupferstichkabinett
→ Abb. S. / Fig. p. 251

Hans Uhlmann
Ohne Titel (*Blatt aus Tegeler Köpfe*) /
Untitled (Plate from Tegel Heads),
1934/35
Tuschefeder in Schwarz und
Aquarell auf Papier / Ink pen in black
and watercolor on paper
13 × 11,2 cm
Staatliche Museen zu Berlin,
Kupferstichkabinett
→ Abb. S. / Fig. p. 251

Hans Uhlmann
Ohne Titel (*Blatt aus Tegeler Köpfe*) /
Untitled (Plate from Tegel Heads),
1934/35
Tuschefeder in Rot über
Bleistift auf Papier / Ink pen in red
over pencil on paper
11,7 × 8,5 cm
Staatliche Museen zu Berlin,
Kupferstichkabinett
→ Abb. S. / Fig. p. 247

Hans Uhlmann
Ohne Titel (*Blatt aus Tegeler Köpfe*) /
Untitled (Plate from Tegel Heads),
1934/35
Tuschefeder in Rot über
Bleistift auf Papier / Ink pen in red
over pencil on paper
9,9 × 7,5 cm
Staatliche Museen zu Berlin,
Kupferstichkabinett
→ Abb. S. / Fig. p. 247

Hans Uhlmann
Ohne Titel (*Blatt aus Tegeler Köpfe*) /
Untitled (Plate from Tegel Heads),
1934/35
Tuschefeder in Schwarz über
Bleistift auf Papier / Ink pen in black
over pencil on paper
11,5 × 8,9 cm
Staatliche Museen zu Berlin,
Kupferstichkabinett
→ Abb. S. / Fig. p. 246

Hans Uhlmann
Ohne Titel (Blatt aus Tegeler Köpfe) /
Untitled (Plate from Tegel Heads),
1934/35
Tuschefeder in Rot über
Bleistift auf Papier / Ink pen in red
over pencil on paper
12,3 × 9,2 cm
Staatliche Museen zu Berlin,
Kupferstichkabinett
→ Abb. S. / Fig. p. 246

Hans Uhlmann
Ohne Titel (Blatt aus Tegeler Köpfe) /
Untitled (Plate from Tegel Heads),
1934/35
Tuschefeder in Rot über
Bleistift auf Papier / Ink pen in red
over pencil on paper
12,5 × 9,5 cm
Staatliche Museen zu Berlin,
Kupferstichkabinett
→ Abb. S. / Fig. p. 244
Detail S. / p. 42

Hans Uhlmann
Ohne Titel (Blatt aus Tegeler Köpfe) /
Untitled (Plate from Tegel Heads),
1934/35
Tuschefeder in Schwarz über
Bleistift auf Papier / Ink pen in black
over pencil on paper
10,2 × 9,8 cm
Staatliche Museen zu Berlin,
Kupferstichkabinett
→ Abb. S. / Fig. p. 245

Hans Uhlmann
Kopf, Femme aéroplane /
Head, Femme aéroplane, 1937
Eisenblech und Draht /
Sheet iron and wire
35 × 14,4 × 22 cm
Privatsammlung / Private collection
→ Abb. S. / Fig. p. 242

Hans Uhlmann
Weiblicher Kopf /
Head of a Woman, 1940
Zinkblech / Zinc sheeting
41,5 × 17 × 19,5 cm
Berlinische Galerie –
Landesmuseum für Moderne Kunst,
Fotografie und Architektur
→ Abb. S. / Fig. p. 249

Hans Uhlmann
Kopfmaske / Head Mask, 1940
Eisenblech / Sheet iron
23,5 × 19 × 6 cm
Privatsammlung / Private collection
→ Abb. S. / Fig. p. 250

FRITZ WINTER

Fritz Winter
Blitz / Lightning, 1934
Öl und Papier auf Leinwand /
Oil and paper on canvas
109 × 75 cm
Museum Folkwang, Essen
→ Abb. S. / Fig. p. 258
Detail S. / p. 43

Fritz Winter
Weiß in Schwarz / White in Black,
um / ca. 1934
Öl auf Pappe auf Leinwand /
Oil on cardboard on canvas
101 × 76,5 cm
Museumslandschaft Hessen Kassel,
Neue Galerie,
Städtische Kunstsammlung
→ Abb. S. / Fig. p. 259

Fritz Winter
An der Erde / On Earth, 1937
Öl auf Pappe auf Leinwand /
Oil on cardboard on canvas
71 × 101 cm
Museumslandschaft Hessen Kassel,
Neue Galerie,
Städtische Kunstsammlung
→ Abb. S. / Fig. p. 260

Fritz Winter
Aus der Schale / From the Shell, 1941
Grafit und Bleistift auf Papier /
Graphite and pencil on paper
15 × 10,3 cm
Franz Marc Museum,
Kochel am See,
Stiftung Etta und Otto Stangl
→ Abb. S. / Fig. p. 265

Fritz Winter
Gegeneinander /
Against Each Other, 1942
Grafit und Bleistift auf Papier /
Graphite and pencil on paper
10,7 × 15 cm
Franz Marc Museum,
Kochel am See,
Stiftung Etta und Otto Stangl
→ Abb. S. / Fig. p. 264

Fritz Winter
Eisblumen /
Frost Flowers, 1942
Grafit und Bleistift auf Papier /
Graphite and pencil on paper
10,5 × 15 cm
Franz Marc Museum,
Kochel am See,
Stiftung Etta und Otto Stangl
→ Abb. S. / Fig. p. 261

Fritz Winter
Aus den wilden Gärten /
From Wild Gardens, 1942
Grafit und Bleistift auf Papier /
Graphite and pencil on paper
18,3 × 15 cm
Franz Marc Museum,
Kochel am See,
Stiftung Etta und Otto Stangl
→ Abb. S. / Fig. p. 263

Fritz Winter
Österlich / Easter, 1942
Grafit und Bleistift auf Papier /
Graphite and pencil on paper
10,5 × 15 cm
Franz Marc Museum,
Kochel am See,
Stiftung Etta und Otto Stangl
→ Abb. S. / Fig. p. 261

Fritz Winter
Schatten verdeken den Tag /
Shadows Hide the Day, 1942
Grafit und Bleistift auf Papier /
Graphite and pencil on paper
10,7 × 15 cm
Franz Marc Museum,
Kochel am See,
Stiftung Etta und Otto Stangl
→ Abb. S. / Fig. p. 264

Fritz Winter
Blühender Garten /
Blooming Garden, 1944
Grafit und Bleistift auf Papier /
Graphite and pencil on paper
11,5 × 9,4 cm
Franz Marc Museum,
Kochel am See,
Stiftung Etta und Otto Stangl
→ Abb. S. / Fig. p. 262

Fritz Winter
Triebkräfte der Erde /
Driving Forces of the Earth, 1944
Öl auf Papier / Oil on paper
27,7 × 20,8 cm
LWL-Museum für Kunst und Kultur,
Westfälisches Landesmuseum,
Münster, Leihgabe der / on loan from
the Westfälischen Provinzial
Versicherung Aktiengesellschaft
→ Abb. S. / Fig. p. 267

Fritz Winter
Triebkräfte der Erde /
Driving Forces of the Earth, 1944
Öl auf Papier / Oil on paper
27,6 × 21,7 cm
LWL-Museum für Kunst und Kultur,
Westfälisches Landesmuseum,
Münster, Leihgabe der / on loan from
the Westfälischen Provinzial
Versicherung Aktiengesellschaft
→ Abb. S. / Fig. p. 266

Fritz Winter
Metamorphose /
Metamorphosis, 1944
Öl auf Leinwand / Oil on canvas
130 × 110 cm
Fritz-Winter-Haus Ahlen,
Helga Gausling
→ Abb. S. / Fig. p. 269

ELLA BERGMANN-MICHEL

Letzte Wahl (Wahlkampf 1932) /
Final Vote (Election Campaign 1932),
16-mm-Film / 16mm film,
Deutschland / Germany 1932/33
13:00 min.
DFF – Deutsches Filminstitut &
Filmmuseum, Frankfurt am Main
→ Abb. S. / Figs. pp. 274–275

IMPRESSUM
COLOPHON

Dieser Katalog erscheint anlässlich der Ausstellung / This catalogue is published in conjunction with the exhibition

KUNST FÜR KEINEN. 1933–1945 / ART FOR NO ONE. 1933–1945

Schirn Kunsthalle Frankfurt
4. März – 6. Juni 2022 /
March 4 – June 6, 2022

Herausgeberin / Editor
Ilka Voermann

Redaktion / Editing
Ilka Voermann
mit / with Marie Oucherif

Publikationsmanagement, Schirn / Publication Management, Schirn
Renate Voget

Projektleitung, Hirmer Verlag / Head of Project, Hirmer Publishers
Kerstin Ludolph

Projektmanagement, Hirmer Verlag / Project Management, Hirmer Publishers
Jutta Allekotte

Lektorat / Copyediting
Katrin Boskamp-Priever (Deutsch / German),
Dawn Michelle d'Atri (Englisch / English)

Übersetzung / Translation
Ursula Fethke (Englisch–Deutsch / English–German),
Amy Klement (Deutsch–Englisch / German–English)

Gestaltung und Satz / Graphic Design and Typesetting
stapelberg&fritz

Produktion / Production
Peter Grassinger

Lithografie / Prepress and Repro
Reproline Genceller, München / Munich

Papier / Paper
Tauro, 120 g/m²

Schrift / Typeface
Futura, Lineal (Frank Adebiaye, velvetyne.fr / s&f)

Druck und Bindung / Printing and Binding
Printer Trento, Trento

Printed in Italy

Bibliografische Information der Deutschen Nationalbibliothek
Die Deutsche Nationalbibliothek verzeichnet diese Publikation in der Deutschen Nationalbibliografie; detaillierte bibliografische Daten sind im Internet über http://dnb.de abrufbar.

Bibliographic information published by the Deutsche Nationalbibliothek
The Deutsche Nationalbibliothek lists this publication in the Deutsche Nationalbibliografie; detailed bibliographic data are available on the Internet at http://dnb.de.

978-3-7774-3849-8
(Deutsche Ausgabe / German edition)
978-3-7774-3852-8
(Englische Ausgabe / English edition)

www.hirmerverlag.de
www.hirmerpublishers.co.uk
www.hirmerpublishers.com

Cover: Jeanne Mammen, *Sterbender Krieger (Junger Soldat im Frontfeuer)* / Dying Warrior (Young Soldier in the Front Fire), um / ca. 1943

Ausstellung / Exhibition
Schirn Kunsthalle Frankfurt

Direktor / Director
Philipp Demandt

Stellvertretende Direktorin & Ausstellungsleitung / Deputy Director & Head of Exhibitions
Esther Schlicht

Kuratorin / Curator
Ilka Voermann

Kuratorische Assistenz / Curatorial Assistant
Marie Oucherif

Organisation / Registrars
Karin Grüning, Elke Walter, Fanny Bengsch

Leitung Hängeteam / Installation Crew Supervisor
Andreas Gundermann

Restauratorinnen / Conservators
Vera Gunder, Stefanie Gundermann, Susanne Silbernagel

Technische Leitung / Technical Services
Christian Teltz, Oliver Taschke, Stefan Schell

Ausstellungsarchitektur / Exhibition Architecture
Marc Ulm – buero.us

Ausstellungsgrafik / Exhibition Design
Benjamin Franzki, Philipp Möller, Jan Münz – Profi Aesthetics